JAHRBUCH

DES RHEIN-SIEG-KREISES

Ausgabe 36
Jahrgang 2021

:rhein-sieg-kreis

JAHRBUCH
DES RHEIN-SIEG-KREISES

Jahrgang 2021

:rhein-sieg-kreis

HERAUSGEGEBEN VOM RHEIN-SIEG-KREIS, 2020
BEARBEITUNG UND REDAKTION
ALEXANDRA LINGK UND REINHARD ZADO
ERSCHIENEN BEI EDITION BLATTWELT, REINHARD ZADO, NIEDERHOFEN

Herausgeber und Verlag danken
der Kreissparkasse Köln für die Unterstützung dieses Buches.

ISBN: 978-3-936256-88-8

Herausgeber: Rhein-Sieg-Kreis, Der Landrat
Erschienen bei Edition Blattwelt, Reinhard Zado, Niederhofen

Anschrift der Redaktion:
Rhein-Sieg-Kreis
Der Landrat – Kultur- und Sportamt –, Postfach 1551, 53705 Siegburg
Telefon: 02241 133294, Telefax: 02241 132441, E-Mail: jahrbuch@rhein-sieg-kreis.de
www.rhein-sieg-kreis.de

Anschrift von Verlag und Vertrieb:
Edition Blattwelt
Reinhard Zado, Hauptstraße 22, 56316 Niederhofen
Telefon: 02684 4551, Telefax: 02684 6592, E-Mail: rzado@rz-online.de
www.blattwelt.de

Redaktionsausschuss: Harald Eichner, Edgar Hauer, Michael Solf, Dagmar Ziegner
Redaktion: Alexandra Lingk (federführend), Reinhard Zado
Mitarbeit: Sabine Helmsen, Rainer Land, Ramona Sievers, Julia Solf
Lektorat: Regina Gehrke

Titelbild: Reinhard Zado
Gestaltung, Satz, Layout, Herstellung: Martina Schiefen, Reinhard Zado, Niederhofen

UNSERE AUTORINNEN UND AUTOREN

Dr. Claudia Maria Arndt	Leiterin des Kreisarchivs des Rhein-Sieg-Kreises
Barbara Bouillon	Diplom-Biologin, Biologische Station im Rhein-Sieg-Kreis e. V.
Dr. Horst Bursch	Gesamtschullehrer i. R., Regionalhistoriker
Alicia Enterman	Mitarbeiterin des Kreisarchivs des Rhein-Sieg-Kreises
Bernadett Fischer	Wissenschaftliche Mitarbeiterin und Referentin für Öffentlichkeitsarbeit im Dokumentations- und Informationszentrum von HAUS SCHLESIEN
Stefan Großmann	Heimatforscher
Dr. Wolfgang Isenberg	Direktor der Thomas-Morus-Akademie Bensberg i. R.
Michael Kamp M. A.	Leiter des LVR-Freilichtmuseums Lindlar
Peter Knecht	Landwirt und Heimatforscher
Dr. Andrea Korte-Böger	Wissenschaftliche Archivarin
Rainer Land	Leiter des Kultur- und Sportamtes des Rhein-Sieg-Kreises
Dr. Sigrid Lange	Leiterin des Siebengebirgsmuseums Königswinter
Alexandra Lingk M. A.	Mitarbeiterin des Kultur- und Sportamtes des Rhein-Sieg-Kreises
Astrid Mackenbach	Fachliche Leitung Büro des Landrates des Rhein-Sieg-Kreises
Dagmar Papke	Fachliche Leitung Büro des Landrates des Rhein-Sieg-Kreises
Susanne Römer-Winkler	Pressesprecherin der Stadt Bornheim
Margarethe Rogalla	Autorin, Arbeitsgemeinschaft Winterscheider Heimat-Jahrbuch
Alena Saam M. A.	Historikerin
Ira Schneider	Freie Food-Journalistin
Waltraud Sieg	Stellvertretende Schriftführerin der Dorfgemeinschaft Gerressen e. V.
Julia Solf M. A.	Mitarbeiterin des Kultur- und Sportamtes des Rhein-Sieg-Kreises
Inga Sprünken	Journalistin is-text Redaktionsbüro
Dr. Christian Ubber	Leiter der Musikwerkstatt Engelbert Humperdinck Siegburg
Alexander Wüerst	Vorsitzender des Vorstands der Kreissparkasse Köln
Reinhard Zado	Verleger, Maler, Grafiker
Eva Zoske-Dernóczi	Schulpfarrerin am Carl-Reuther-Berufskolleg des Rhein-Sieg-Kreises in Hennef

INHALTSVERZEICHNIS

INHALTSVERZEICHNIS

VORWORT

Liebe Leserinnen, liebe Leser,

seit einigen Monaten hat sich unser aller Alltag grundlegend verändert.
Ein Virus hält die Welt in Schach und stellt die Menschen vor besondere Herausforderungen und nicht selten auch vor Probleme. In allen maßgeblichen Bereichen des täglichen Lebens mussten wir vielfach Einschränkungen und Veränderungen hinnehmen, und auch jetzt sind wir noch weit entfernt von dem, was wir einmal als „Normalität" kannten.
Dass diese Einschränkungen richtig, wichtig und notwendig waren, haben die meisten inzwischen akzeptiert. Wir befinden uns aber nach wie vor in einem Prozess des Umdenkens und werden dabei in mancher Hinsicht auch immer wieder von einer
nur schwer erträglichen Ungewissheit begleitet.

Umso wichtiger ist es, nach vorne zu schauen, das Positive zu erkennen,
sich auf schöne Dinge zu konzentrieren. Wir haben mit Konsequenz, Beharrlichkeit und großer Selbstdisziplin erreichen können, dass die Pandemie in unserer Region nicht solche katastrophalen Auswirkungen nach sich gezogen hat wie andernorts.
Im Gegenteil: Die Fallzahlen im Rhein-Sieg-Kreis sind zum aktuellen Zeitpunkt erfreulich niedrig.
Dennoch wäre es leichtsinnig, von Entwarnung zu sprechen.

Der Krise zum Opfer gefallen ist in dieser Zeit im Rhein-Sieg-Kreis leider ein großer Teil der regionalen Kultur. Das schmerzt, insbesondere vor dem Hintergrund der jahrelangen intensiven Vorbereitungen für das Beethoven-Jubiläumsjahr.
Glücklicherweise konnten viele der geplanten Veranstaltungen ins kommende Jahr verschoben werden. Doch nicht nur den Jubiläumsfeierlichkeiten hat das Virus zunächst einmal einen Strich durch die Rechnung gemacht. Opernbesuche und Theatervorstellungen waren eine Zeit lang nicht und sind jetzt nur eingeschränkt möglich, Museen und Galerien blieben zunächst geschlossen und ihr Betrieb unterliegt jetzt strengen Auflagen.
Künstlerinnen und Künstler waren nicht nur in ihrem Schaffen eingeschränkt,
sondern fühlten sich auch in ihrer Existenz bedroht. Doch Not macht erfinderisch und so kam man zum Beispiel via Internet in den Genuss bemerkenswerter Konzerte oder konnte sich ganze Ausstellungen virtuell anschauen.

Die Arbeiten am Jahrbuch des Rhein-Sieg-Kreises ließen sich glücklicherweise auch unter Einhaltung des Kontaktverbotes weiterführen, und das Ergebnis liegt Ihnen nun hier vor.
Als geschichtliche und kulturelle Visitenkarte lenkt das Jahrbuch von jeher den Blick auf die Eigenheiten des Kreises und gibt zudem einen Überblick über das aktuelle Geschehen.
Dabei werden immer wieder völlig neue Facetten der Städte und Gemeinden rechts und links des Rheins und der dort lebenden Menschen sichtbar.

Mit dem aktuellen Schwerpunktthema „Kulinarik" trifft das Jahrbuch möglicherweise einen ganz besonderen Nerv: Zwar gehörten Essen und Trinken zu den Grundbedürfnissen, die auch während der pandemiebedingten Einschränkungen immer gestillt werden konnten, doch fehlte in Zeiten von „social distancing" und geschlossenen Türen der Gastronomie oft ein wenig das gemeinschaftliche Erleben. Mancher vermisste sicher auch anstelle der reinen Nahrungsaufnahme ein wenig den Genussaspekt, der mit einem Essen in besonderem Ambiente oder auch der Erkenntnis „Das Auge isst mit" verbunden ist. Andere wiederum fanden vielleicht in Zeiten von „Wir bleiben zu Hause" einen völlig neuen Zugang zu dem, was die Region auf Märkten, in Hofläden und in Lebensmittelgeschäften zu bieten hat.

Ich lade Sie, liebe Leserinnen und Leser, mit der Lektüre des Jahrbuchs herzlich ein, unseren schönen Rhein-Sieg-Kreis unter dem besonderen Blickwinkel der Kulinarik kennenzulernen. Freuen Sie sich auf interessante Informationen zu aktuellen und historischen Ernährungsaspekten, erfahren Sie Wissenswertes über die Verbindung von Genuss und Nachhaltigkeit, schmunzeln Sie über kulinarische Anekdoten der Vergangenheit, lernen Sie Gemeinsamkeiten und Gegensätze traditioneller und moderner Lebensmittelversorgung kennen und einiges mehr.

Eine Publikation dieser Art kann natürlich niemals Anspruch auf Vollständigkeit erheben. Intention des Jahrbuchs ist es vielmehr, wie auch bisher den Blick auf viele kleine und große Besonderheiten zu lenken.

Mein Dank gilt den Autorinnen und Autoren, die mit ihren Beiträgen das Jahrbuch mit Leben erfüllen sowie all denen, durch die seine Herstellung erst möglich wird.

Herzliche Grüße
Ihr

Sebastian Schuster
Landrat des Rhein-Sieg-Kreises

Warum sich der Spargel in Bornheim so wohlfühlt

Voll im Trend: Eine Region mit Biogemüse, Freilandtieren und Hofläden

Von Susanne Römer-Winkler

Seine Markenzeichen sind die schlanke Linie und das helle Köpfchen. Am liebsten kommt er ganz in Weiß daher, manchmal bevorzugt er Grün und wenn er nicht aufpasst, wird er schnell blau. Er ist in Bornheim zu Hause, aber weit über die Stadt- und Landesgrenzen hinaus bekannt …

Die Rede ist natürlich vom Bornheimer Spargel. Seit März 2014 ist er im EU-Register für regionale Spezialitäten eingetragen und gilt als geschützte geografische Angabe. Nur Spargel, der in der Bornheimer Region linksrheinisch zwischen Wesseling und Bonn angebaut wird, darf seither als *Bornheimer Spargel* verkauft werden. „Mit seinem Patentschutz steht unser Spargel auf derselben Stufe wie Parmaschinken und Champagner", erklärt Bornheims langjähriger Bürgermeister Wolfgang Henseler stolz. „Übrigens eine sehr leckere Kombination, die ich nur empfehlen kann."

Kein Wunder also, dass man in Bornheim die alljährliche Eröffnung der Spargelsaison gemeinsam mit der Nachbarstadt Brühl ausgiebig feiert. Vor 16 Jahren ins Leben gerufen, findet die bunte Veranstaltung abwech-

Schon bei den Römern beliebt

Aber was macht den Bornheimer Spargel eigentlich so besonders? In erster Linie wohl sein hervorragender, kräftiger Geschmack, den schon die Römer liebten und deshalb mit an den Rhein brachten. So diente Bornheim damals als Obst- und Gemüsegarten für die römischen Kolonien, da die milden Temperaturen, die geringen, aber ausreichenden Niederschläge und vor allem die sandigen Lössböden ideale Rahmenbedingungen lieferten. Und daran hat sich bis heute nicht viel geändert – obwohl der Klimawandel mit den trockenen Rekordsommern der letzten Jahre auch den Bornheimer Landwirten zu schaffen macht.

Regional ist Trumpf

Zugleich liegen die regionalen Produkte aber gerade wegen des Klimawandels und des zunehmenden Umweltbewusstseins immer mehr im Trend. Kurze Wege, wenig Verpackung und das Wissen, wo es herkommt – all dies wird den Verbrauchern immer wichtiger. Genau wie die Garantie, dass Obst und Gemüse ohne Chemiekeule angebaut und Tiere artgerecht gehalten werden. Diese Ansprüche erfüllen die authentischen Bornheimer Erzeugerbetriebe mit ihren urigen Hofläden perfekt: Sie bieten den Kunden, die zum Teil aus Köln, Bonn und Umgebung „anreisen", breite Produktpaletten und innovative Ideen wie das wöchentliche Selbsternte-Abo beim Gemüsehof Steiger oder die gelieferte Gemüsekiste vom Biolandhof Apfelbacher.

Die amtierende Spargelkönigin Daniela Kastner überreicht 2019 einen Präsentkorb mit regionalen Köstlichkeiten.

selnd in Bornheim und Brühl statt – mit Musik, Bühnenprogramm und allerlei Köstlichkeiten rund um die weißen Stangen. Der bundesweit bekannte Aktionskünstler Rainer Bonk schuf damals den *Brühl-Bornheimer Blauspargel*, um das Edelgemüse auf ungewöhnliche Weise zu präsentieren: nämlich als leuchtend blaues Objekt aus Kunststoff. Unter dem Motto *Brühl-Bornheimer Blauspargel – immer eine Spargellänge voraus!* wurde die erfolgreiche Gemeinschaftsaktion im Jahr 2005 erstmalig durchgeführt. Beteiligt sind neben den Städten Bornheim und Brühl der Verein Bornheimer Spargelanbauer e.V., die Brühler GastroRunde, Bornheimer Gastronomiebetriebe, der Naturpark Rheinland, der Verein Rhein-Voreifel Touristik und eine Vielzahl von landwirtschaftlichen Erzeuger- und Einzelhandelsbetrieben.

Natürlich darf bei diesem hochoffiziellen Termin auch die Spargelkönigin nicht fehlen. Daniela Kastner heißt die aktuell amtierende Hoheit. Sie ist bereits die achte junge Dame in diesem Amt – und nicht nur optisch wie gemacht für den Job: Als Studentin der Human-Ernährung weiß die hübsche Bonnerin nämlich ganz genau, warum der Spargel so gesund ist: „Neben Antioxidantien sowie Vitamin C und E enthält er Inulin und Fructooligosaccharide, die gut für die Milchsäurebakterien im Darm sind." Sie selbst isst die edlen Stangen natürlich auch

gern – am liebsten als Spargel-Erdbeer-Salat auf Rucola. Mit Bornheim ist die 29-Jährige (die ursprünglich übrigens aus Hamburg stammt) durch ihren Job verbunden, denn seit zwei Jahren verkauft sie für den Biohof Bursch in dessen Hofladen in Bornheim-Waldorf sowie auf dem Bonner Markt die hochwertigen regionalen Erzeugnisse.

Leonie Palm 2016 als 6. Brühl-Bornheimer Spargelkönigin

Aktionen rund um die Höfe

Innovativ sind auch die Veranstaltungen rund um den Bornheimer Spargel und die anderen regionalen Köstlichkeiten. Neben der offiziellen Eröffnung der Spargelsaison ist das *Frühlingserwachen im Vorgebirge*, das die Bornheimer Stadtverwaltung gemeinsam mit zahlreichen Erzeugerbetrieben und Kunsthöfen alljährlich organisiert, ein weiterer Publikumsmagnet. Auf dem Fahrrad quer durchs Stadtgebiet radeln, die aufblühende Natur erleben, auf den Höfen heimische Produkte genießen und an ausgewählten Kunststätten Einblicke ins kreative Handwerk erhalten: Diese einzigartige Kombination zieht seit nunmehr 13 Jahren immer mehr Besucher an, die von immer weiter her kommen – manche sogar aus den Niederlanden.

Doch auch außerhalb dieser besonderen Anlässe strömen viele Erholungssuchende nach Bornheim. Schließlich verfügt die Flächenkommune im Grünen über gut ausgebaute Rad- und Wanderwege und eine tolle Landschaft. Ausgewiesene Wege leiten über die schönsten Verbindungen, vorbei an zahlreichen Burgen und Schlössern. Der Vorgebirgshang, der Kottenforst und die angrenzende Ville-Seenplatte vermitteln Natur pur und bieten großartige Aussichten über die Kölner Bucht und bis zum Siebengebirge. Auch der Beethoven-Rundgang, der Heinrich-Böll-Weg oder die Apfelroute laden ganzjährig zu Wanderungen oder Radtouren ein.

Und auf all diesen Wegen kommt man irgendwann an einem der vielen Bornheimer Erzeugerbetriebe vorbei. Wer sich dort nicht nur mit frischen und gesunden Leckereien versorgen, sondern auch einmal hinter die Kulissen blicken möchte, kann eine Hofführung buchen. Sehr sehenswert ist zum Beispiel der Obstbaubetrieb Schmitz-Hübsch, Deutschlands ältester Anbaubetrieb, der zugleich einer der modernsten Obstbaubetriebe weltweit ist. Viele weitere Höfe öffnen ebenfalls gern ihre Tore – meist sind es zertifizierte Biobetriebe, die den Spagat zwischen Trend und Tradition gekonnt meistern.

Wer Tiere mag, ist richtig beim Bioland Ziegenhof Rösberg mit eigener Käserei. Neben glücklichen Ziegen, Hühnern und Schweinen leben dort auch drei muntere Esel, die sogar den *Heimatgenuss-Award* gewonnen haben, als dieser 2019 zum ersten Mal ausgeschrieben wurde. Der Award ist Teil des Projekts *Gutes aus NRW genießen*, das von der EU und dem Land Nordrhein-Westfalen gefördert und von Tourismus NRW gemeinsam mit den Partnern DEHOGA, Brauereiverband NRW und dem Kreis Lippe umgesetzt wird.

Dieser Esel vom Ziegenhof Rösberg wandelt gern auf den Spuren Heinrich Bölls.

Überzeugt haben die Esel – gemeinsam mit ihrer Besitzerin Ilona Kuhnen, Tiertrainerin Beate Schlüters und Familie Weidenbrück vom Landidyll Hotel Weidenbrück – mit der *Kulinarischen Eseltour für Leib und Seele*. Das Konzept vereint Natur, Kultur, Entspannung und Genuss, denn gemeinsam mit den freundlichen Grautieren wandelt man auf den Spuren des Literaturnobelpreisträgers und Bornheimer Ehrenbürgers Heinrich Böll durch die schöne Vorgebirgslandschaft und pausiert bei einem Picknick mit saisonalen regionalen Lebensmitteln.

Ebenfalls ein tolles Konzept gibt es beim Biobauern Leonhard Palm in Bornheim-Uedorf: Die Mietgärten *meine ernte* bieten Städtern einen eigenen Gemüsegarten mitten im Feld, in dem sie selbst umgraben und Unkraut zupfen, säen und natürlich auch ernten können – alles unter fachlicher Anleitung. Gegründet und betreut von zwei Bonnerinnen, ist das Konzept mittlerweile bundesweit erfolgreich.

Wer die Produkte doch lieber aus dem Regal als aus der Erde holt, kann bei Biobauer Palm – oder seinen vielen Kollegen im gesamten Stadtgebiet – auch einfach in den Hofladen gehen. In der Saison gibt es dort

Gemüsefelder im Vorgebirge

täglich Bornheimer Spargel frisch vom Feld. Denn Leonhard Palm gehört zu den größten Spargelanbauern in der Stadt und hat sich um die edlen Stangen gleich mehrfach verdient gemacht: Als Vorsitzender des Vereins Bornheimer Spargelanbauer e.V. hat er gemeinsam mit der Stadt Bornheim den Prozess der EU-Patentierung maßgeblich begleitet und ist jetzt Koordinator und Ansprechpartner bei der zweijährlichen Kontrolle der zahlreichen Spargelhöfe. Außerdem hat er vier Töchter, von denen zwei bereits als Spargelkönigin „regierten". Alle vier packen auf seinem Biohof mit an.

Ebenfalls eine Spargelkönigin – nämlich die amtierende – hat ja der Biohof Bursch in Bornheim-Waldorf hervorgebracht. Und auch sonst trägt Inhaber Heinz Bursch erheblich dazu bei, dass das Bornheimer Edelgemüse in aller Munde ist. Dabei ist nicht nur sein Spargel beliebt: Über 60 weitere Sorten Biogemüse und -obst reifen über das Jahr auf den Feldern des Betriebs. Im Hofladen gibt es auf 600 Quadratmetern neben den eigenen Produkten ein umfangreiches Naturkost-Vollsortiment, ein gemütliches Café mit selbst gemachten Kuchen und Torten sowie ein Bistro mit Mittagstisch für Bornheim und Umgebung. Dazu betreibt Bursch 17 eigene Marktstände in den Regionen Bonn, Köln, Leverkusen und dem Kreis Bergisch-Gladbach.

Dank Bursch, Palm und den vielen anderen Spargelbauern im Stadtgebiet kommt er eben herum, der Bornheimer Spargel, und wird von Jahr zu Jahr berühmter. Und die Bornheimer lieben ihn natürlich sowieso – ob mit Parmaschinken, Champagner oder pur spielt dabei keine Rolle.

Planen die Spargelsaisoneröffnung gemeinsam: Spargelbauer Leo Palm, Bornheims Bürgermeister Wolfgang Henseler, Spargelkönigin Daniela Kastner, Brühls Bürgermeister Dieter Freytag.

Von Pferden, Kühen und Traktoren

Entwicklungen und Erinnerungen

Von Rainer Land

Ella muss weichen

Eine meiner sehr frühen Kindheits-erinnerungen, mit einem sche-menhaften Bild verbunden, han-delt davon, dass unser Pferd ver-kauft wurde. Es machte 1962 einem Traktor Platz. Der *Deutz D 15* steht heute noch bei meinem Bruder in der Scheune. Hin und wieder, ei-gentlich viel zu selten, setze ich mich auf den Blechsitz, ziehe den Anlasserknopf halb, warte zehn Sekunden des Vorglühens ab, ziehe dann den Anlasserknopf durch und mit etwas Glück springt der Einzylindermotor mit seinem ty-pischen Tuckern an, dass man fast die Takte und Umdrehungen mitzählen kann. Auf diesem Ge-rät, das mit seinen im Fahrzeug-schein dokumentierten 14 PS weniger Leistung aufbietet als mein Aufsitzrasenmäher heute, habe ich das Fahren gelernt, na-türlich nicht erst mit 16 Jahren, als der Führerschein das Traktor- und Mopedfahren endlich offiziell erlaubte. Bald sechs Jahrzehnte verbinden mich mit unserem *D 15*.

Was mit dem Pferd, vermutlich einem Rheinischen Kaltblut, spä-ter geschah, kann ich nicht mit Sicherheit sagen. Man hat es mir wahrscheinlich auch nicht offen erzählt. Auf einem Bauernhof geht man pfleglich und achtsam mit seinem Vieh um, aber selten neigt jemand zur Sentimentalität. „Ella" hat vermutlich kein Gnadenbrot bekommen.

Für meinen Großvater war schon die Anschaffung des Pferdes Mitte der 1950er-Jahre ein Fortschritt gewesen, spannte er bis dahin doch eine seiner wenigen Kühe vor Pflug, Egge oder Wagen. Nun zog der technologische Fortschritt ein. Opa machte mit über 60 Jah-ren noch den Traktorführer-schein, stand in aller Herrgotts-frühe auf, um sich noch vor der Tagesarbeit den Lehrunterlagen der Fahrschule zu widmen, schaff-te die Prüfung und wurde zum Traktorfahrer, wenngleich er den Respekt vor dem Fahrzeug nie ablegte und alles Schwierigere meinem Vater überließ.

Weizenernte 1956

Freilaufende Hühner auf dem Hof

Kleine Höfe, viel Arbeit, wenig Einkommen

Der Hof meiner Großeltern und meiner Eltern, heute meines Bruders und meiner Schwägerin, liegt in Windeck im östlichen Rhein-Sieg-Kreis, auf den Höhen am Rand des Siegtals im Übergang zum Westerwald. Schwere und steinige Lehmböden sind wenig ertragreich und eignen sich vor allem für eine nach heutigen Maßstäben extensive Grünlandwirtschaft mit etwas Ackerbau. Auf weniger als zehn Hektar Nutzfläche wurden Milchkühe gehalten sowie Getreide und Fut-

terrüben zur Versorgung des eigenen Viehs angebaut. Hinzu kamen Kartoffeln für den Eigenbedarf, für einen bescheidenen Verkauf an einige Stammkunden und als Futter für die Hausschweine, die ebenso wie ein paar Hühner der Selbstversorgung dienten. Ein paar kleine Waldgrundstücke lieferten Brand- und selten auch Bauholz.

Ein paar Zentner Brotgetreide wurden an einen Müller geliefert, bei dem ein örtlicher Bäcker sein Mehl bezog. Der wiederum schrieb uns den Gegenwert des aus unserem Getreide gemahlenen Mehles gut. Bis dieser Gegenwert aufgebraucht war, bezahlten wir nur einen „Backlohn" für das Brot, das der Bäcker uns bei seinen regelmäßigen Verkaufsfahrten über die Dörfer vorbeibrachte. Die Brotlieferungen wurden in einem kleinen Notizheft festgehalten und hin und wieder abgerechnet.

Diese Art des Wirtschaftens und die Größe des Hofes waren typisch für die Strukturen an der Oberen Sieg und weite Teile des bergischen Rhein-Sieg-Kreises noch bis in die 1970er-Jahre hinein. Aufschlussreich ist ein Blick in die entsprechende Statistik im 1974 herausgegebenen *Kreisentwicklungsplan* des Rhein-Sieg-Kreises[1]: 1970 wurden in Windeck sage und schreibe 896 landwirtschaftliche Betriebe gezählt, von denen aber nur 146 als hauptberuflich bewirtschaftet galten. Keiner (!) dieser Betriebe erfüllte das damalige Kriterium eines Vollerwerbsbetriebes, wonach der Betriebsleiter keine außerlandwirtschaftliche Tätigkeit ausübt und ein mit anderen Einkommensklassen vergleichbares Betriebseinkommen erzielt. Vielmehr werden 140 Höfe in der Statistik als Übergangsbetriebe geführt: ebenfalls hauptberuflich bewirtschaftet, aber mit einem Einkommen weit unter dem vergleichbaren Durchschnitt. Mit anderen Worten: Die Landwirte und ihre Familien arbeiteten tagaus, tagein nichts anderes als im Stall und auf dem Feld, kamen aber auf keinen grünen Zweig und waren zumindest unter wirtschaftlichen Gesichtspunkten „arm dran". 750 Betriebe galten damals als nebenberuflich bewirtschaftet, davon hatten nur 50 eine Nutzfläche von mehr als fünf Hektar. 700 blieben darunter. Die meisten von ihnen hatten weniger als zwei Hektar – eine Größenordnung, die man heute gar nicht mehr erfasst, weil man hier kaum noch von „Betrieben" sprechen kann.

Landwirtschaft im Rhein-Sieg-Kreis im Spiegel der Statistik

Diese Statistik spiegelt einerseits die besonderen örtlichen Verhältnisse, die am Ende einer langen Entwicklung mit Erbteilungen über viele Generationen stehen und sicher auch auf die ungünstigen klimatischen Bedingungen und die relative Abgeschiedenheit des Raumes zurückzuführen sind. Andererseits sind ähnliche Strukturen und Tendenzen, wenngleich in der Regel weniger aus-

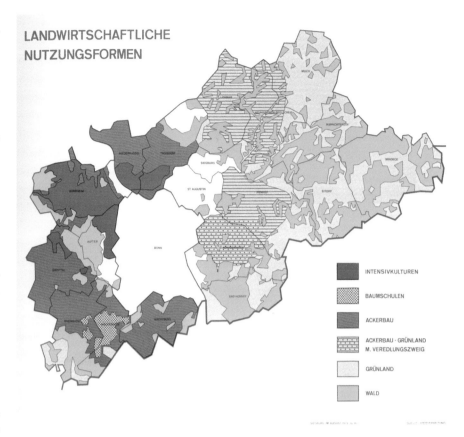

LANDWIRTSCHAFTLICHE NUTZUNGSFORMEN

INTENSIVKULTUREN

BAUMSCHULEN

ACKERBAU

ACKERBAU · GRÜNLAND M. VEREDLUNGSZWEIG

GRÜNLAND

WALD

Aufgrund der naturräumlichen Voraussetzungen dürfte sich an den vorherrschenden landwirtschaftlichen Nutzungsformen, die der Kreisentwicklungsplan 1974 festhält, bis heute wenig geändert haben.

geprägt, auch für andere Bereiche des Rhein-Sieg-Kreises ablesbar, vor allem in den vom Grünland geprägten Gegenden des mittleren und östlichen Kreisgebietes. Deutlich anders, mit einem wesentlich höheren Anteil

größerer und erwerbskräftigerer Betriebe, sind die Strukturen auf den Ackerflächen in der Rheinebene (Niederkassel und Troisdorf) sowie in der Zülpicher Börde (Swisttal, Meckenheim, Rheinbach). Im Bereich des intensiven Obst- und Gemüseanbaus in Bornheim und Alfter begegnet uns wiederum ein bemerkenswert hoher Anteil kleinerer Nebenerwerbsbetriebe.

Das hier skizzierte statistische Bild des Jahres 1970 markiert einen Zwischenstand einer bis heute andauernden dynamischen Entwicklung. Insgesamt 6682 landwirtschaftliche Betriebe weist das Schaubild im *Kreisentwicklungsplan* für 1970 aus. Das ist schon ein Drittel weniger als 1960 (9981) und nur noch etwas mehr als die Hälfte der Zahl von 1949 (12 375). Fünfzehn Jahre später, 1985, hatte sich die Zahl der landwirtschaftlichen Betriebe noch einmal mehr als halbiert (2997)[2]. Nach der letzten veröffentlichten Statistik des Kreises werden 2016 nur noch 896 Betriebe gezählt. Zwar ist auch die landwirtschaftliche Nutzfläche von 52 101 Hektar im Jahr 1970 auf aktuell 43 495 zurückgegangen (minus 16,5 Prozent), infolge der Konzentration ist die durchschnittliche Betriebsgröße jedoch von 7,8 auf 48,5 Hektar gestiegen.

Aus dem Kreisentwicklungsplan 1974: Landwirtschaftliche Betriebsgrößen 1949, 1960, 1970

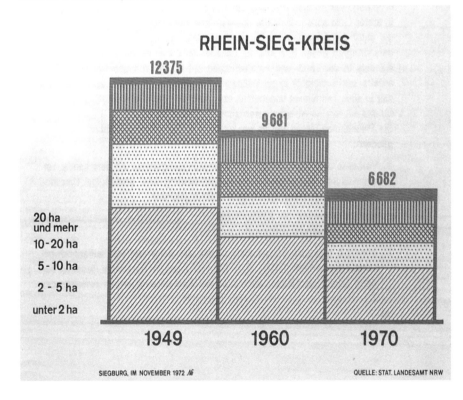

„Veröffentlichung strengstens untersagt!" – Betriebsgrößen und Milchleistungen damals und heute

Doch nun noch einmal zurück zum Hof meiner Familie und den Verhältnissen vor Ort. Überliefert ist eine statistische Auswertung der Milchleistungsprüfungen aus dem Jahr 1958. Dabei handelt es sich um eine regelmäßige Erfassung der Milchmengen und bestimmter Parameter der Milchqualität, wie sie seit gut einhundert Jahren – bis heute – durchgeführt wird. „Die Erhebung der Daten dient dem volkswirtschaftlichen und insbesondere dem tierzüchterischen Interesse", schreibt der Landeskontrollverband NRW e. V. auf seiner Homepage[3]. „Die Ergebnisse sind eine wichtige Grundlage für das Herdenmanagement in den Bereichen Sicherung der Milchqualität, Verbesserung der Eutergesundheit, Optimierung der Fütterung, Auswahl der Zuchttiere."

Was auf zwei DIN-A4-Seiten mit dem Vermerk „Veröffentlichung strengstens untersagt!" für den „Prüfungsbezirk Leuscheid" festgehalten ist, lohnt den genaueren Blick, weil sich darin die kleinteiligen Verhältnisse und Strukturen widerspiegeln. In den Dörfern und Weilern dieses Bezirks, der geschätzt vielleicht ein Fünftel der Fläche der heutigen Gemeinde Windeck umfasst, gab es 62 dem Kontrollverband angeschlossene

Milchkuhhalter, die zusammen im Jahresdurchschnitt 310 Kühe in ihren Ställen hatten – ziemlich genau fünf pro „Betrieb". Die Streuung war dabei relativ gering: Der „größte Bauer" kam auf gut neun Kühe im Jahresdurchschnitt; am anderen Ende der Skala findet sich ein Hof mit weniger als zwei Kühen. Mit einer „durchschnittlichen Kuhzahl" von 3,4 befand sich mein Großvater in der hinteren Hälfte der Tabelle, dürfte aber mit Genugtuung vermerkt haben, dass seine kleine Herde in der durchschnittlichen Fettmenge pro Kuh und Jahr – seit jeher ein Indikator für besonders gehaltvolle Milch und ein Hinweis auf gute Fütterung – auf den siebten Platz kam.

Im Schnitt lieferte eine Kuh damals im Jahresdurchschnitt 3645 Kilogramm Milch. Heute hält der Jahresbericht des Landeskontrollverbandes NRW 2019[4] für den Rhein-Sieg-Kreis eine Durchschnittsleistung von 8240 Kilogramm fest. Und belegt einen durchschnittlichen Milchkuhbestand je angeschlossenem Betrieb in Nordrhein-Westfalen von 96,9 Kühen – das Zwanzigfache dessen, was in meinem Geburtsjahr „bei uns" üblich war.

Ein Sprung nach vorne

Diese Entwicklung hat sich wohl niemand, der damals seine kleinen Flächen bewirtschaftete, vorstellen können, obwohl es eine Zeit war, in der das sogenannte Wirtschaftswunder auch auf die Landwirtschaft überzugreifen schien und vielerorts Optimismus angesagt war.

Allenthalben schafften sich jetzt auch die „kleinen Bauern" Zugmaschinen an, stellten sich einen Deutz, Eicher, Fendt, Kramer, Güldner, Lanz, Hanomag, Porsche oder ein anderes der vielen Fabrikate aus dem In- und Ausland auf den Hof. Der „Schlepperboom" hatte nun die kleinen Betriebe – und zugleich seinen Höhe- und Endpunkt – erreicht. Auf den Agrarflächen der Bundesrepublik waren 1963 etwa eine Million Traktoren im Einsatz. 1950 wurden erst 140 000

Stück gezählt[5]. Der Markt war aber nun gesättigt, zumindest im Bereich der unteren Leistungsklassen, wie sie auf den Grünland- und Ackerbauernhöfen in weiten Teilen unseres Kreises vorherrschten.

Der technologische Fortschritt kam im Zuge eines wirtschaftlichen und sozialen Wandels daher und war staatlich gefördert. Der *Grüne Plan*, das Mitte der 1950er-Jahre von der Bundesregierung ins Leben gerufene Agrar-Förderprogramm, entfaltete Wirkung, nicht zuletzt aufgrund von Preisgarantien und direkten Subventionen auch in der kleinbäuerlichen Landwirtschaft.

Das Ziel der staatlichen Maßnahmen definiert das noch heute geltende Landwirtschaftsgesetz von 1955 mit für einen Gesetzestext erstaunlicher Klarheit:

Um der Landwirtschaft die Teilnahme an der fortschreitenden Entwicklung der deutschen Volkswirtschaft und um der Bevölkerung die bestmögliche Versorgung mit Ernährungsgütern zu sichern, ist die Landwirtschaft mit den Mitteln der allgemeinen Wirtschafts- und Agrarpolitik – insbesondere der Handels-, Steuer-, Kredit- und Preispolitik – in den Stand zu setzen, die für sie bestehenden naturbedingten und wirtschaftlichen Nachteile gegenüber anderen Wirtschaftsbereichen auszugleichen und ihre Produktivität zu steigern. Damit soll gleichzeitig die soziale Lage der in der Landwirtschaft tätigen Menschen an die vergleichbarer Berufsgruppen angeglichen werden.

Von Flurbereinigungen und dem Rheinischen Bohnapfel

Dass damit auch Entwicklungen eingeleitet wurden, die heute eher kritisch gesehen werden, steht auf einem anderen Blatt. Damals stellte kaum jemand beispielsweise den Sinn von Flurbereinigungen in Frage, waren doch aufgrund der überkommenen Realteilung die Flächen vielfach sehr zersplittert und die Bewirtschaftung der kleinen Parzellen schwierig. Wenn es Bedenken gab, dann eher mit Blick auf die Kosten, die von den Teilnehmern eines Flurbereinigungsverfahrens zumindest teilweise aufzubringen waren – Bedenken, die von der Aussicht, künftig zusammenhängende Flächen besser bewirtschaften und nutzen zu können, in der Regel überwogen wurden. Die damit einhergehenden Veränderungen im Landschaftsbild und die ökologischen Aus-

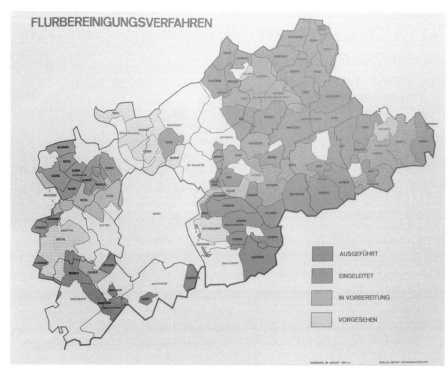

FLURBEREINIGUNGSVERFAHREN

AUSGEFÜHRT

EINGELEITET

IN VORBEREITUNG

VORGESEHEN

Vor allem in den Bereichen des Kreises mit kleinbäuerlichen Strukturen wurden Flurbereinigungen durchgeführt (aus dem Kreisentwicklungsplan 1974).

wirkungen einer einseitig an wirtschaftlichen Erfordernissen orientierten Flurbereinigung kamen erst später ins Bewusstsein, keineswegs immer zum Wohlgefallen der betroffenen Landwirte.

Über eine lange Zeit gehörten Streuobstwiesen zum gewohnten Bild eines Grünlandbetriebes. Mähwiesen und Viehweiden waren zugleich Obstwiesen. Hochstämmige Obstbäume, locker auf der Wiese verteilt und besonders auch an den Rändern der Wege und Parzellen angepflanzt, lieferten meist widerstandsfähige, dem Standort angepasste Sorten von Äpfeln, Birnen, Kirschen und Pflaumen für den Eigenbedarf und für die lokale Vermarktung und Weiterverarbeitung, beispielsweise zu Apfelkraut, einer typischen regionalen Spezialität.[6] *Land's Apfelkraut* aus Herchen war eine bekannte Marke, die in den 1970er-Jahren von der *Grafschafter Krautfabrik* in Meckenheim übernommen wurde. Diese gelungene Symbiose von Obstanbau und Grünlandwirtschaft, in früheren Zeiten als modern und gewinnbringend angesehen und von der Obrigkeit gefördert, geriet in Bedrängnis, als man sich einerseits von einem intensiven Plantagenanbau einen größeren Nutzen versprach und andererseits die Bäume einem effektiven Maschineneinsatz auf den Wiesen im wahrsten Sinne des Wortes im Wege standen. Vor rund einhundert Jahren setzte diese Trendwende ein. So propagierte im Jahr 1922 die *Deutsche Obstbau-Gesellschaft*

den bevorzugten Anbau weniger einheitlicher Obstsorten, die man als „Reichsobstsorten" bezeichnete. Ein Baum aus dieser Zeit, ein *Rheinischer Bohnapfel*, hat in unserem Garten überdauert und trägt heute noch.

In den 1950er-Jahren schien dann kein Halten mehr. 1953 verkündete das Bundesernährungsministerium: „Für Hoch- und Halbstämme wird kein Platz mehr sein. Streuanbau, Straßenanbau und Mischkultur sind zu verwerfen."[7] Staatliche Prämien für das Roden von Hochstämmen und die Neuanlage niedrigstämmiger Plantagen, die bis in die 1970er-Jahre hinein gezahlt wurden, führten zu gravierenden Veränderungen. Zur Wahrheit gehört aber auch, dass die traditionellen Obstbäume und -sorten deutlich weniger ertragreich waren und die Ernte erheblich mühsamer war.

Der Verlust, der mit diesem Wandel einherging, trat erst allmählich in das Bewusstsein. Das Landschaftsbild hatte sich stark verändert und die Artenvielfalt war zurückgegangen. Hatte man das lange ignoriert oder als unumgänglich hingenommen, so setzte in den 1980er-Jahren ein Umdenken ein, das den ökologischen Gesichtspunkten einen deutlich höheren Stellenwert einräumte. Für die Streuobstwiesen hatte dies zur Folge, dass nunmehr öffentliche Mittel für ihren Erhalt und für die Neuanlage eingesetzt werden.

Alles fließt?

Diese hier skizzierte Entwicklung dient als ein Beispiel für den Bedeutungs- und Verständniswandel, dem die Landwirtschaft unterliegt. Dabei gilt es, zwischen dem Blick von außen auf das Landleben durch eine mitunter positiv eingefärbte Brille und den realen Bedingungen zu unterscheiden.

Landleben ist derzeit sehr in Mode. Zeitschriftentitel wie *Landlust* füllen die Regale der Zeitungshändler. *Land und lecker* und ähnliche Sendungen sorgen im Fernsehen für ein neues Image. Das ist gut so, ich will es in keiner Weise kritisieren. Aber die Gefahr, sich hieraus ein unvollständiges Bild zu machen, ist nicht von der Hand zu weisen. Meist kommen die wirtschaftlichen Rahmenbedingungen allenfalls am Rande vor und Arbeitsintensität und -belastungen werden ausgeblendet.

Das gilt auch für den Blick zurück. Eine Verklärung vergangener Zeiten führt in die Sackgasse. Sie blendet die mitunter prekären wirtschaftlichen, auch die sozialen und hygienischen Verhältnisse in weiten Bereichen der kleinbäuerlichen Landwirtschaft aus. Die Landwirtschaft, wie ich sie als Kind noch miterlebt habe, war nicht romantisch, auch wenn sie im gemeinsamen Erleben von Saat und Ernte, vom Wachsen und Gedeihen durchaus viele schöne Momente

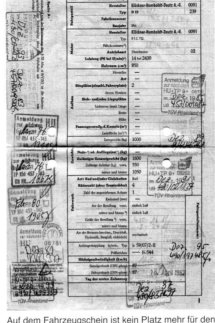

Auf dem Fahrzeugschein ist kein Platz mehr für den TÜV-Stempel.

Aussaat in den 1950er-Jahren

hatte und nicht ohne Gefühl vonstattenging. Sie war in ihrem Ursprung auf Selbstversorgung angelegt und bedeutete in der überkommenen Form vielfach, von der Hand in den Mund zu leben. Das Nahrungsangebot entsprach der Jahreszeit, den regionalen klimatischen Bedingungen, der Leistungsfähigkeit der Böden. Bei all diesen Vorteilen: Die Ernährung war auch eintöniger und einseitiger, nicht selten auch knapper als das, was wir heute gewohnt sind.

Die winzigen Höfe, von denen in diesem Beitrag die Rede ist, sind bisweilen auch ein Beleg für Rückständigkeit und Armut, für Perspektivlosigkeit und fehlende Arbeitsplätze. Wer heute mit offenen Augen in den Dörfern unterwegs ist, kann Spuren davon nicht übersehen. Auch um die soziale Sicherheit stand es lange Zeit schlecht. Meine Großeltern kamen erst im fortgeschrittenen Alter aufgrund der bereits erwähnten Reformen im Zusammenhang mit dem Landwirtschaftsgesetz von 1955 in den Genuss einer gesetzlichen Kranken- und Rentenversicherung. Letztere hätte ihnen keinen sorgenfreien Lebensabend außerhalb des Versorgungssystems der bäuerlichen Mehrgenerationenfamilie ermöglicht, bedeutete aber doch ein Stück finanzieller Sicherheit. Das im Übrigen ein solcher „Betrieb" nur funktioniert, wenn alle nach ihren Kräften und Möglichkeiten mitarbeiten, auch die Kinder, sei nur am Rande erwähnt.

Unser Hof war und blieb zu klein, um die Familie allein zu ernähren und ihr einen Lebensstandard zu ermöglichen, der einem Vergleich mit anderen Haushalten standgehalten und den sicher auch steigenden Erwartungen entsprochen hätte. Mein Vater ging im Hauptberuf einer anderen Tätigkeit nach, blieb aber aus vollem Herzen Landwirt im Nebenerwerb, mit allen Konsequenzen für ihn persönlich und die ganze Familie. Mein Bruder und seine Frau gehen diesen Weg bis heute weiter – mit ganz viel Herzblut, sonst wäre es unmöglich.

Aus der Betriebsanleitung des *Deutz D 15*

Die Handhabung

Betrieb des Motors

1. **Ölstand, Kraftstoffvorrat, Reifendruck prüfen.**

   Abschmieren nach Schmierplan. Die **Schalthebel** des Getriebes, der Zapfwelle und des Mähbalkenantriebes müssen beim Anlassen des Motors **in Ausrückstellung** stehen, die **Handbremse angezogen** sein.

2. **Abstellhebel „A"** auf dem Einspritzpumpendeckel durch Betätigung des Gestänges **in Betriebsstellung** bringen. Handhebel „12" der **Drehzahlverstellung auf hohe Drehzahl** stellen. **Lichtschlüssel eindrücken**, wobei rotes Licht aufleuchten muß.

   Glühanlaßschalter „14" in Stellung „1" drehen (Vorglühen ca. 15–20 Sekunden). Aufleuchten des Glühüberwachers beobachten. Bei kaltem Motor etwa 1 Minute lang vorglühen, bei betriebswarmem Motor ist das Vorglühen nicht erforderlich. **Dann Anlaßschalter in Stellung „2" drehen.** Hierbei tritt der Anlasser in Tätigkeit. **Sobald der Motor zündet, Anlaßschalter loslassen.**

   Nicht anlassen, solange Motor und Anlasser sich bewegen. Öldruckanzeigeleuchte und Ladekontrolleuchte beobachten (müssen bei laufender Maschine verlöschen).

   (max. Betätigung des Anlasser 15 Sekunden).

In meiner Erinnerung funktionierte dieses Modell während meiner Kindheit und Jugend recht gut. Natürlich blieben mir die finanziellen Dinge in ihrer letzten Konsequenz verborgen. Aber es konnten einige Flächen dazu erworben werden, Investitionen in Haus und Hof waren möglich. Ich erinnere mich, dass vor rund 50 Jahren ein staatlich gestützter Milchpreis von über 60 Pfennig je Liter gezahlt wurde. Heute liegt der Erzeugerpreis mit etwas über 30 Cent auf einem ähnlichen Niveau. Hier ist nicht der Raum, diese Entwicklung und ihre vielfältigen Ursachen zu diskutieren. Aber schon allein dieser Wert verdeutlicht, dass über Jahrzehnte kein anderer Weg als „wachsen oder weichen" möglich erschien.

Das Unbehagen daran ist im Laufe der Zeit immer größer geworden. Neue Wege werden diskutiert und ausprobiert, nicht erst seit heute. Erzeuger und Verbraucher denken um. Biologisch-dynamische Landwirtschaft, regionale Produktion und Direktvermarktung sind Stichworte dafür. Aber dieses Umdenken hat noch keine gesellschaftlich und wirtschaftlich relevante Dimension erreicht. So will es mir jedenfalls bislang scheinen. Doch nun schreibe ich diesen Artikel unter dem Eindruck der Corona-Pandemie seit März 2020. Der Lockdown im Frühjahr hat auf einen Schlag die Abhängigkeit unserer Lebensmittelversorgung vom globalen Handel und von den

Bei der Kartoffelernte halfen die ganze Familie und das halbe Dorf.

grenzüberschreitenden Lieferketten deutlich gemacht. Plötzlich waren lagerfähige Lebensmittel und solche mit kurzen Transportwegen gefragt, gab es Lücken in den üblicherweise prall gefüllten Regalen, standen die Leute vor den Hofläden Schlange und bestellten Gemüsekisten bei den regionalen Lieferanten. Der Betrieb, der uns seit vielen Jahren wöchentlich mit regionalem Gemüse beliefert, sah sich gezwungen, keine neue Kundschaft mehr anzunehmen. Und als sich die Lage zu beruhigen schien, deckte der Corona-Ausbruch in der fleischverarbeitenden Industrie viele Schwachstellen und Probleme auf. Man kann diese Zustände nicht

isoliert betrachten. Sie sind das Ergebnis eines langen Konzentrations- und Globalisierungsprozesses auf vielen Gebieten der Nahrungsmittelproduktion. Mit einfachen und pauschalen Lösungen wird man ihnen nicht beikommen. Ob die neue Wertschätzung kleinerer, übersichtlicherer und unabhängigerer Strukturen andauern wird und wie man sie in praktische Schritte umsetzen kann, ist eine spannende Frage. Die kleinbäuerliche Landwirtschaft meiner Kindheit kann und wird es nicht mehr geben, aber Hoffnung keimt auf, dass das, was davon übrig geblieben ist, eine Zukunft hat.

Anmerkungen siehe Seite 231.

Dorflandschaft an der Sieg mit Obstbaumkulturen (Dattenfeld in den 1920er-Jahren)

Rhabarber? Rhabarber!

Geschichte und Entwicklung einer Kulturpflanze im Rheinland[1]

Von Wolfgang Isenberg

Kompott mit viel Zucker – damit verbanden sich für viele lange die ersten Erinnerungen an Rhabarber. Doch das Spektrum der Produkte, die auf Rhabarber als Bestandteil zurückgreifen, ist längst deutlich vielfältiger geworden: Gin, Schnaps, Likör, Wein, Schorle, Saft, Marmelade, Grütze, Suppe, Ketchup, Chutney, Tee, Bonbons und neben Kuchen und Aufläufen sogar Duschgel mit Rhabarber und Wacholderbeere als Kopfnote … Beispiele, die widerspiegeln, dass Rhabarber zu einem regelrechten Trendprodukt geworden ist. Das Thema Rhabarber verfügt aber noch über deutlich mehr Facetten. Es eröffnet nicht nur interessante Einblicke in die Welt einer Gemüseart, sondern gleichzeitig auch in Aspekte der Wirtschafts- und Sozialgeschichte des Rheinlandes. Zunächst empfiehlt sich jedoch ein Blick zurück.

Rhabarber findet vielseitige Erwähnung – in Mythologie und Literatur, als Heilpflanze und Medizin

Die Ursprünge des Rhabarbers liegen im Himalaya. Einige Rhabarber-Arten blicken auf eine lange Tradition als Heilpflanze zurück. Ihre „Karriere" soll die Wurzel des Arznei-Rhabarbers vor rund 5000 Jahren in China begonnen haben. Es ist auch davon auszugehen, dass die getrocknete Wurzel Ärzten in den alten Kulturländern des Mittelmeerraumes bekannt war. In der persischen Mythologie ist das erste Menschenpaar Marshyak und Marshyanak in neun Monaten aus einer Rhabarber-Pflanze erwachsen, und zwar mit den Händen an den Ohren da-

stehend[2]. Die englische Medizin führte die Heilpflanze 1629 ein. Bei Ärzten und Apothekern wurde sie zu einem begehrten Importgut. Die Briten handelten vorwiegend mit indischem Rhabarber. Den qualitativ besseren russischen Rhabarber importierten sie nicht nur allein für den heimischen Markt, sondern verkauften ihn im großen Umfang auch auf dem Kontinent.[3] Erste eigene Anbauversuche erfolgten 1762 auf der Insel. Bis ins frühe 19. Jahrhundert wurde Rhabarber in England vornehmlich für medizinische Zwecke angebaut und verwendet. Der Kreisarzt von Insterburg in Ostpreußen, Dr. Brück, plante bereits 1759 die Anlage einer großen Rhabarber-Anpflanzung mit rund tausend Stauden, die er bereits in seinem Garten vorgezogen hatte. Sein öffentliches Gesuch, ihm eine geeignete Fläche,

Briefkopf Adam Weßling, 1916

Anzeige in der Festschrift zum 50-jährigen
Jubelfest des Männer-Gesang-Vereins,
Mondorf 1931, S. 66

Rhabarber-Teilpflanzen

Mondorfer Rotstiel, garantiert beste, edelste, ertrag-
reichste Sorte der Welt, gibt preiswert jedes
Quantum ab die
Rhabarber-Grosskultur
Adam Wessling in Mondorf, Siegkreis a. Rhein
Höchstprämiiert: [512]
Ausstellung Duisburg 1908, Düsseldorf 1909.

Anzeige von Adam Weßling in der Deutschen Obstbauzeitung, 60. Jg. (1914), S. 511

„die für Preußen sehr nützlich hätte sein können", zur Verfügung zu stellen, wurde jedoch abgelehnt.[4] Kaum ein Medikament im 18. und 19. Jahrhundert erfreute sich ähnlicher Aufmerksamkeit. Eine abführende und reinigende Wirkung war der Hauptnutzen des Arznei-Rhabarbers.[5] So nahm J. W. Goethe wohl regelmäßig Rhabarber-Pillen zur Hilfe, denn er „aß sehr viel, selbst dann, wenn er sich über Mangel an Appetit ernstlich beklagte."[6] „Und eine geringe Dosis Rhabarbertinctur stellte die Ordnung wieder her."[7] Der gelernte Apotheker Theodor Fontane lässt seine Protagonistin in dem Roman Effi Briest sich hinter einer Rhabarber-Staude verstecken („die haben so große Blätter, noch größer als ein Feigenblatt"). Seiner Frau schreibt er einmal „Bitte reibe mir doch etwas Rhabarber"[8]. Damit lieferte er den Hinweis auf ein gesundheitliches Problem.

Rhabarber in England

Joseph Myatt aus Deptford bei London soll um 1810 als Erster mit dem kommerziellen Anbau von Rhabarber als Lebensmittel in England begonnen haben. Mit sinkenden Zuckerpreisen in der Mitte des Jahrhunderts stieg dann die Nachfrage nach Rhabarber.

Seit 1877 wurde das Gemüse aus dem Rhubarb Triangle („Rhabarber-Dreieck" Leeds-Bradford-Wakefield) unter „Yorkshire Forced Rhubarb" auf den Märkten angeboten. Durch das Austreiben in dunklen Hallen und einer Ernte bei Kerzenlicht war der Rhabarber früher im Jahr erhältlich und hatte einen anderen, intensiveren Geschmack als der im Freien kultivierte Rhabarber. Im Jahr 2010 erkannte die Europäische Union den „Yorkshire Forced Rhubarb"[9] als schützenswerte lokale Besonderheit an.[10]

Aller Anfang ist schwer: Erster Rhabarber-Anbau in Deutschland

Den ersten erwerbsmäßigen Anbau von Rhabarber in Deutschland initiierte 1848 Peter Holster, ein Händler aus Kirchwerder-Warwisch in den Vierlanden südlich von Hamburg. Die damit verbundenen wirtschaftlichen Aussichten hatte Holster wahrscheinlich durch seine bestehenden Handelskontakte nach England sowie zu einem Engländer, der in Eimsbüttel eine Handelsgärtnerei betrieb, erahnen können.[11] Doch so einfach verlief die Erfolgsgeschichte des Rhabarbers hierzulande zunächst nicht.

Viel Werbung war nötig

Nicht nur für Holster war es erst einmal schwierig, für das Gemüse die entsprechenden Abnehmer zu finden. Mit selbst zubereitetem Rhabarber-Kompott („Englischem Kompott") zog er durch Hamburger Restaurants und Hotels und ließ Köchinnen und Gäste probieren, um sie auf diese Weise zu überzeugen. Der Hamburger Gärtner C. A. J. Kruse sprach eigens vor Hausfrauenvereinen und veröffentlichte 1879 seinen Rhabarber-Werbevortrag in der „Deutschen Gärtner Zeitung". Er musste seine Gäste regelrecht ermutigen, die Speisen und Getränke aus Rhabarber, die er mit seiner Tochter zubereitet hatte, auch zu probieren und hatte dabei gegen manche Vorbehalte anzukämpfen. L. A. Muth, ein in Wiesbaden ansässiger Gärtner, hielt vor Damenvereinen werbende Vorträge und bedauerte gegenüber seinen Kollegen, dass die Rhabarber-Kultur in Deutschland nicht so weit verbreitet sei, wie sie es verdienen würde:

Der Hauptgrund liegt darin, dass unsere deutschen Hausfrauen die Verwertung dieses schätzbaren und delikaten Gemüses nicht kennen (…). In Kur- und Badestädten, wo viele Engländer und Amerikaner verkehren, ist der Rhabarber auf den Märkten ein ‚gangbarer' Artikel.[12]

Hinrichsen zitiert die „Monatszeitschrift zur Beförderung des Gartenbaus in den Kgl. Preußischen Staaten" von 1897:

In Hamburg wird der Rhabarber seit mindestens 30 Jahren in großen Massen, ähnlich wie in England, als Compot benutzt, und es ist zu bedauern, dass in dieser langen Zeit sich dieses ganz vorzügliche Gericht nicht einmal 38 Meilen weit verbreitet hat. (…) Es muss Aufgabe des Gartenbaus sein, die Benutzung so gesunder Speisen weiter zu verbreiten.

Marktnachen mit Rhabarber, um 1930

Die Rhabarber-Geschichte an der unteren Sieg

Die Brüder Hermann und Josef Weßling entdeckten 1882 im Garten von Arnold Weßling, ihrem Namensvetter, mit dem sie auch verwandtschaftlich verbunden waren, den bis dahin an der unteren Sieg unbekannten Rhabarber.[15] Beide schätzten offensichtlich das wirtschaftliche Potenzial für die Region, die nach der flächendeckenden Aufgabe des Weinbaus dringend eine wirtschaftliche Alternative mit lukrativer Einnahmemöglichkeit benötigte, richtig ein.

Bis in die Mitte des 19. Jahrhunderts hinein wurde im Sieg-Kreis noch intensiv Weinbau betrieben. Im Jahr 1849 betrug die Wein-Anbaufläche rund 484 Hektar, im Jahr 1887 nur noch 183 Hektar[16], davon 80 Ar in Mondorf. Mit Ausnahme des Siebengebirges galt der Weinbau nach der Wende des 19. Jahrhunderts vor allem (aber nicht nur) aufgrund der Reblaus jedoch als erloschen. Er verschwand zunächst überall dort, wo das Weinrebengelände ohne große Mühe in kulturfähiges Ackerland bzw. zu Gemüse- und Obstgärten umgewandelt werden konnte. An der unteren Sieg von Bergheim bis Lülsdorf war nach den 1870er-Jahren kaum noch Rebengelände anzutreffen.[17]

In Eschmar, Müllekoven, Bergheim, Mondorf, und Rheidt bildete sich ein geschlossener Gürtel mit Kirsch-, Pflaumen-, Äpfel-, Birnen und Pfirsichbäumen. Die Erträge waren angesichts eines geringeren Kapital- und Arbeitsaufwandes höher als die aus den Weinbergen. Rhabarber-Anbau bescherte jetzt den früheren Weinbauern eine ergiebige, zusätzliche Einnahmequelle und zwar zu einer Jahreszeit, in der vorher keinerlei Einnahmen zu verzeichnen waren.

Der Berliner Hausfrauen-Verein wurde zu einem starken Akteur in der Rhabarber-Werbung. Seit 1896 brachte er größere Mengen Rhabarber in den Handel und veröffentlichte in seiner Vereinszeitung „Rezepte für die Stiele". Der in Frankfurt/Oder ansässige Baumschulbesitzer und Gartenbauunternehmer Heinrich Jungclaussen, der England von verschiedenen Aufenthalten kannte, engagierte sich recht intensiv für die Ausweitung des Rhabarber-Anbaus. In seiner 1897 in dritter Auflage erschienenen Werbeschrift rechnete er die wirtschaftlichen Erfolge vor[13], die sich mit dem Anbau von Rhabarber erzielen lassen würden. Er vertrieb auch selbst Rhabarber-Samen mit kurzen Anbauanleitungen. Ein Kilogramm Rhabarber-Samen der Sorte Viktoria („verbesserte rotstielige, hochfeine, ertragreiche, wohlschmeckende Sorte") kostete 12 RM.[14]

Rheinische Pionierleistung

Rund 34 Jahre nach den ersten Anpflanzungen in Hamburg und intensiverer Werbung für den Rhabarber in Deutschland startete der Anbau an der unteren Sieg. Trotz seiner Bedeutung, von der noch zu berichten sein wird, scheint diese rheinische Pionierleistung in der einschlägigen Berichterstattung übersehen zu werden.

Die Familie Weßling, hier insbesondere Adam Weßling (1867-1919), ein Neffe von Arnold Weßling, sah ebenfalls schon bald im feldmäßigen Rhabarber-Anbau die Chance, neben Zwetschen oder Stachelbeeren ein früh im Jahr reifes Erzeugnis auf den Markt bringen zu können, das bei einem bescheidenen Arbeitsaufwand auch eine gute Rendite versprach. Auch wenn es (noch) keinen Beleg dafür gibt, so lässt sich davon ausgehen, dass Weßling und seine Familie die Diskussion in Fachkreisen, wie oben ausgeführt, verfolgt haben mussten.[18] Er selbst legte große Kulturen an und sicherte sich zum Teil den in Bonn und auf dem Truppenübungsplatz anfallenden Naturdünger. Der

Bei der Rhabarber-Ernte in Mondorf, 1933

zunächst gestartete Versuch der Familie Weßling, den Rhabarber-Anbau zu monopolisieren, scheiterte. Im Gegenteil: Adam Weßling konnte die generierte Nachfrage nicht adäquat bedienen. Er vergrößerte die Anbaufläche über die Grenzen von Mondorf hinaus, bezog andere Produzenten mit ein, kaufte im großen Stil Rhabarber bei Landwirten an der unteren Sieg ein. Auf seinen zahlreichen Reisen warb er Kommissäre an und baute zur Vertriebsabsicherung seiner Erzeugnisse eine Verteilerorganisation auf, die den Rhabarber zu zufriedenstellenden Erlösen auf weit entfernten Märkten unterbrachte.[19]

Der geregelte Vertrieb motivierte auch in den benachbarten Dörfern Nebenerwerbslandwirte sowie Vollerwerbslandwirte gleichermaßen, Rhabarber-Kulturen anzulegen, zumal sich der Anbau auch noch optimieren ließ: der klassische Mondorfer Feldgarten mit dem Rhabarber als Unterkultur sowie Obstbäumen oder Beerensträuchern als Hauptkultur. Im Laufe der Jahre konnten sich fast alle Bewohner, besonders auch im Hinblick auf die relativ einfache Vermehrung durch Wurzelteilung, in den Besitz der Wurzelstöcke bringen, sodass bald viele ihr eigenes Rhabarber-Feld besaßen. Im Herbst 1898 hatte jeder Landwirt, der auf dem Markt anbot, Rhabarber mit aus Frankfurt a. M. bezogenen Setzlingen, zu 80 Pfennig das Stück, angepflanzt.[20] Förderlich für den Anbau war zudem, neben den klimatischen Bedingungen und den Böden, die im Frühjahr zeitig und schnell abtrockneten, auch die pflegeleichte Bearbeitung der Kulturen. Außerdem

Rhabarber-Ernte, 1940

lieferte die in der Zeit übliche Viehhaltung genügend Naturdünger, den der Rhabarber in besonderer Weise erforderte.

Das hohe Engagement der Landwirte führte auch zur Züchtung einer eigenen Rhabarber-Sorte: Der „frühe rotstielige Mondorfer" war 14 Tage vor anderen Sorten reif.[21] So ließ sich ein guter Absatz bei entsprechenden Preisen sichern.[22] Adam Weßling dynamisierte seinen Rhabarber-Handel derart, dass er noch Obst in Hessen und Baden aufkaufte und seinen Vertrieb bis nach Großbritannien ausweitete. Der Handel mit Großbritannien hatte an der unteren Sieg durchaus Tradition. Bis Ende des 19. Jahrhunderts

gingen von Rheidt aus Reineclauden in Körben zunächst per Achse zur Laach (Nebenarm des Rheins), sie wurden hier in große Nachen verladen und zu den Dampfern der Niederländischen Dampfschifffahrtsgesellschaft transportiert. Vor Ort kauften auch englische Agenten Obst auf. Tausende und Abertausende von Körben gingen so zu den Auktionen nach Hull in England.[23]

Rhabarber und die Korbmacherei

Weßling stellte zunächst selbst aufwendige „Versandbehältnisse" für den Rhabarber in Form der Mondorfer Weidenkörbe her.[24] Dazu baute er einen eigenen Korbmacherbetrieb auf und beschäftigte zehn bis zwölf Korbmacher. Als die an der unteren Sieg wachsenden Weiden nicht mehr genügend Rohmaterial ergaben, kaufte er grüne Weiden nach persönlicher Prüfung vor Ort in Schlesien und Galizien. Die angelieferten Weiden wurden am Rheinufer zum Trocknen aufgestellt. Fertige Körbe gingen waggonweise mit bis zu 50 000 Stück ohne Zwischenhandel in den Markt.[25] Der Preis für Rhabarber-Spezialkörbe lag bei 1,00 bis 1,20 Mark das Stück[26]. In Mondorf wurden traditionell Korbwaren von Heimarbeitern hergestellt. Vor dem Ersten Weltkrieg waren es 250 Korbflechter, zwischen 1924 und 1930 ging ihre Zahl auf 100 zurück[27], 1934 führt das Adressbuch für den Siegkreis noch 42 Korbmacher in Mondorf auf und 1937 waren es nur noch 30. In dem Schreiben an den Landrat nennt der Amtsbürgermeister auch den Materialaufwand der

Bei der Rhabarber-Ernte in Mondorf, 1933

Korbmacher: 1 Zentner grüne Weiden kosteten 2,80 bis 3,00 RM, daraus ließen sich 18 bis 20 Kartoffelkörbe für 0,70 RM je Korb herstellen. Die folgenden Zeilen von Lehrer Wilhelm Brass 1932 in der Festschrift zum 25-jährigen Bestehen des Mondorfer Männer-Gesang-Vereins „Liederkranz" spiegeln die Hoffnungen und wirtschaftlichen Erwartungen wider, die in den Rhabarber-Anbau als Alternative zur Korbmacherei gesetzt wurden:

Heute sind wir so weit, dass fast jeder, der ein Stückchen Land hat, auch Rhabarber pflanzt. (…) Der Anbau von Rhabarber ist für die Entwicklung unseres Dorfes von großer Wichtigkeit (…) Vielen bringt die Pflanze Arbeit, Verdienst und Brot. Eine alte Hausindustrie – die Korbflechterei – geht zurück, ein neuer, viel versprechender Industriezweig blüht empor. (…) Das Korbmacherhandwerk ist längst zu einem kleinen Nebenverdienst herabgesunken. Dafür aber tritt seit etwa 20 Jahren ein überaus zukunftsreicher, neuer Erwerbszweig an die Stelle: die Erzeugung von Gemüse- und Obstkulturen, deren Anbau gefördert wird (…) durch die Nähe guter Absatzgebiete in Köln und Bonn. Hier finden wir die so heiß ersehnten Arbeitsmöglichkeiten.

Paul Schlimgen am Rhabarber-Packgestell, etwa 1940

Zielstrebige Akteure im Rhabarber-Anbau: Die Familie Schmitz-Weßling

In ihren Erinnerungen sieht Eva Schmitz-Weßling ihre Familie, vor allem ihre beiden Großeltern, mit der Leistungsfähigkeit und dem Veränderungswillen als treibende Kraft in der Entwicklung des gesamten unteren Siegkreises. Ihr Vater starb 1919 im Alter von 51 Jahren an den Folgen eines Überfalls auf eines seiner Rhabarber-Felder. Zwei Diebe, die dort Rhabarber-Wurzeln entwenden wollten, hatten ihn mit mehreren Revolverschüssen verletzt[28] – tragischer Ausgang einer scheinbar wohl geübten Praxis, sich gegenseitig die nachgefragten Rhabarber-Wurzeln zu entwenden. Die Mutter führte den umfangreichen Betrieb lange Jahre weiter. Für Eva Schmitz-Weßling steht fest, dass die Familien Schmitz und Weßling „auf das wirtschaftliche und kulturelle Leben

Mondorfs und darüber hinaus auf einen stetigen Aufschwung des Amtsbezirks Niederkassel starken, befruchtenden Einfluß genommen haben".[29] Sie benennt die Schwierigkeiten, einer „konservativen Landbevölkerung" technische Neuerungen (Telefon, Auto, Schreibmaschine) oder auch moderne landwirtschaftliche Anbaumethoden näherzubringen. So hätten alle Überredungskünste zur Einführung des feldmäßigen Rhabarber-Anbaus nicht eher gefruchtet, bis der praktische Erfolg die letzten Gegenargumente ausräumte.

Kritik übt sie an den in ihren Augen „patriarchalischen Machtverhältnissen in der damaligen Kommunalpolitik" als „Hemmnisse für eine fortschrittliche" Entwicklung. Gegen diese habe man mit Geschick, List und Witz angekämpft. Sie selbst zeigte in ihrer selbstbewussten, zukunftsorientierten Haltung eine hohe Affinität für moderne Fortbewegungsmittel. Nicht nur für den Familienbetrieb schaffte sie schon 1926 einen Lieferwagen an, sondern auch für sich selbst einen eigenen Personenwagen, nachdem sie und ihre Schwester als erste Frauen den Führerschein im Amt Niederkassel erworben hatten.[30] Richard Hubert Schmitz, gelernter Korbmacher aus Bergheim und Schwieger-

vater von Eva Schmitz-Weßling fand eine Alternative zum Korbmacherhandwerk. Er errichtete eine Limonadenfabrikation im Herzen Mondorfs.[31] Ob er bei der Herstellung auf Rhabarber als Grundstoff zurückgriff, ist nicht überliefert. Jedenfalls gelang es ihm offenbar mit Umsicht und hohem Engagement, einen großen, festen Kundenkreis zu schaffen. Vertreten war er mit seiner Limonade in den Wirtshäusern der Umgebung sowie in den Soldatenkantinen des Truppenübungsplatzes Wahn, die er zunächst täglich mit Pferdefuhrwerken, später mit einem Kraftfahrzeug belieferte und daher 1913 als erster Autobesitzer in Mondorf gelten kann.[32]

Anbau und Vermarktung des Rhabarbers sind starken Schwankungen unterworfen. Deutlich wird dies an den folgenden Beispielen.

Rhabarber-Konjunkturen: Der Erste Weltkrieg

Die Bergheimer Schulchronik spricht für das Kriegsjahr 1917 von einem …

… ungeheuren Gewinn aus den großen Rhabarber-Anlagen. (…) Wenn auch die Rhabarber-Ernte wegen der lang andauernden Kälte erst spät einsetzte, so sind doch die Rhabarberzüchter auf ihre Rechnung gekommen. (…) Waggon für Waggon wurde abgeschickt, schon an einem Tage 11 bis 13. Der Preis war enorm hoch, 18 Pfennige pro Pfund in den ersten Wochen. Die Verkäufer bekennen selbst, dass er zu hoch gewesen sei. Und doch mußte der Landrat mit Beschlagnahme drohen, um denselben nicht noch mehr in die Höhe schnellen zu lassen. Ein Rhabarber-Züchter war in der Lage, eine Parzelle, die er im Frühjahr mit 30 bis 40 Mark je Rute gekauft hatte, mit dem Erlöse aus dem ersten Rhabarber-Risse auszubezahlen. (…) Das Land ist fürchterlich im Preis gestiegen. (…) Und dabei sind's bezeichnenderweise nur in seltensten Fällen Ackerer, die diese hohen Preise zahlen, sondern Rhabarber-Züchter oder Fabrikarbeiter. (…) Gerade unsere Gegend zeichnet sich wegen des nahen Industriezentrums durch hohe Obst- und Gemüsepreise aus.[33]

Die Rhabarber-Kultur, die sich von Jahr zu Jahr vergrößert, wirft einen ausnehmend hohen Gewinn ab. Bei einer kleinen Anbaufläche von 26 Ruten[34] schätzt der Landwirt seinen Erlös aus dem Rhabarber auf 900 Mark; „dies würde also auf den Kölner Morgen fast 8000 M ausmachen. Ein hiesiger Händler, der schon vor wenigstens 1 Monat für annähernd 75000 M Rhabarber verkauft hatte, beziffert den Gesamterlös für Bergheim auf ¼ Million M".[35]

Und die Kehrseite, die Konsequenzen für die Kunden, darauf verweist ein Zeitungsartikel – der Bonner General-Anzeiger schreibt am 15.5.1918:

Trotz der enorm großen Rhabarber-Kulturen in Mondorf usw. ist auf dem ganzen Markt kaum Rhabarber zu finden. Allem Anschein gemäß ist hieran der festgesetzte Höchstpreis schuld, denn vordem kam er noch in großen Mengen auf den Markt. [36]

Der Grund für die Knappheit: Die Ware wurde nämlich für Kunden versteckt, die bereit waren, einen höheren Preis als den festgesetzten Höchstpreis zu entrichten.[37]

Zur Verbesserung der Ernährungssituation der Einwohner empfiehlt Solingens städtische Gemüseberatungsstelle im Oktober 1915 den Anbau von Rhabarber:

Pflanzt Rhabarber. Rhabarber ist eine der ertragreichsten Gemüsepflanzen, die ohne besondere Pflege auf jedem Boden gedeiht, wenn sie gut gedüngt ist.

Die Beratungsstelle bringt in großer Stückzahl zwei Sorten in den Handel, die zu unterschiedlichen Zeiten zu ernten sind.[38] Dagegen erweist sich der Hinweis auf den Verzehr von Rhabarber-Blättern als dem „neuen Spinat", „schönes und dabei sehr

billiges Frühlingsgemüse"[39] als recht problematische Empfehlung. Die Reichsstelle für Gemüse und Obst warnt wegen Vergiftungserscheinungen vor einer entsprechenden Verwendung der Rhabarber-Blätter.[40]

Während des Ersten Weltkrieges werden auf den Feldern auch Kriegsgefangene eingesetzt. Eva Schmitz-Weßling schreibt, dass ihre Mutter Kriegsgefangene aus verschiedensten Nationen beaufsichtigt habe.[11] Nach dem Ersten Weltkrieg ist der Rhabarber-Anbau wieder rückläufig. Schmitt schätzt, dass bis in die 1920er-Jahre an der unteren Sieg nur noch ein Drittel der früheren Fläche, also etwa 80 bis 100 Morgen, mit Rhabarber bestellt wurde.[42]

Zwischen den Weltkriegen

Der Untere Siegkreis, vor allem die damaligen Gemeinden der heutigen Stadt Niederkassel, galten zwischen den beiden Weltkriegen als Zentrum der Obst- und Gemüsezucht. Schmitt sieht die Entstehung dieser Spezialkulturen in erster Linie in den guten Absatzverhältnissen (Bonn, Köln, Siegburg) sowie günstigen Transportmöglichkeiten (Rhein, Kleinbahn) begründet sowie einer agrarischen Wirtschaftsweise, die ständig der Konjunktur folgt.[43] Hinter den Dämmen reihte sich Rhabarber-Feld an Rhabarber-Feld, meist in Unterkultur von Beeren- oder Buschobst.[44] „Mit Kind und Kegel ziehen die Familien der Anbauer in die Felder mit Fahrzeugen aller Art."[45] Bekannt ist, dass in den 1930er-Jahren Hunderte von Tonnen Rhabarber, Stachelbeeren, Pflaumen, Pfirsiche und Schattenmorellen deutschlandweit verkauft und waggonweise von Mondorf sowie

Tabelle 1: Rhabarber-Anlieferung in Bergheim

Bergheim versandt wurden. Im Bereich der Reichsbahndirektion Köln gingen 1936 deutschlandweit insgesamt 19 860 Zentner Rhabarber (Berlin, Dresden, Schlesien) in den Versand. Davon stammten 70 Prozent von der unteren Sieg und wurden über die Bahnhöfe Troisdorf und Beuel versandt, 25 Prozent wurden über den Bahnhof Roisdorf mit Erträgen aus dem Vorgebirge, dem zweitbedeutsamsten Anbaugebiet, verschickt.[46] Von Bergheim traten 1940 an die 340 Waggons mit Rhabarber beladen ihre Reise an. Neben Rhabarber wurden vor allem Stachelbeeren und Pflaumen in Bergheim angeliefert.

Der außergewöhnliche Erfolg des „Mondorfer Spargels" (Rhabarber) führte, wie schon ausgeführt, zu einer ständigen Erhöhung der Preise für landwirtschaftliche Flächen und auch zu einer Ausweitung des Gemüse- und Obstanbaus. Gleichzeitig fand eine Verdrängung anderer landwirtschaftlicher Nutzungen statt. Das war Ende der 1930er-Jahre das (eher ideologisch geprägte) Argument für die Kultivierung der Siegniederung. Anfang 1940 wurden nach einem Umlegungsverfahren rund 300 Morgen Nutzfläche für Obst, Kartoffeln und Getreide im Überschwemmungsgebiet von Rhein und Sieg geschaffen.[47]

Rhabarber-Ernte

Rhabarber-Ernte, 1941

Exkurs: Rhabarber aus dem Dunkeln

Mit einem Rhabarber, der noch vor der eigentlichen Freilandsaison auf den Markt gelangt, lässt sich immer noch ein höherer Erlös erzielen. Für diese Rhabarber-Treiberei kamen verschiedene, jedoch zum Teil recht aufwendige Verfahren zum Einsatz. In den 1920er-Jahren wurden in den Vierlanden über Freiland-Rhabarber 1,30 Meter hohe, immer dunkle und begehbare Holzkästen errichtet und entsprechend beheizt. Die Heizperiode konnte durchaus bis zu zehn Wochen dauern. Zur Sicherung der Hausbrandversorgung wurde 1920 für einige Wochen die Verwendung von Kohle und Koks für jede Art von Treiberei verboten.[48] In ähnlicher Form wird der Anbau noch heute betrieben, auch im Rheinland. Ein Kerpener Landwirt ließ im Dunkeln einer Halle auf rund 3000 Quadratmetern Rhabarber der Sorte „Goliath" wachsen. Die Pflanzen hatten schon anderthalb Jahre auf dem Feld gestanden, wurden mit dem sie umschließenden Erdreich ausgegraben und einfach auf dem Betonboden einer mit Öl beheizbaren Halle ausgelegt, 28 Tage lang bei 17 Grad bzw. bei 12 Grad. Im Dunkeln trieben die Pflanzen aus, wobei die später zu erntenden Stangen saftig rot bleiben. Die Halle sei bes-

Verladung des Rhabarbers

ser zu beheizen als ein Treibhaus, so das Fazit nach zehn Jahren Experiment, und der Anbau in der Halle eine gute betriebswirtschaftliche Ergänzung.[49] In West-England, dem sogenannten „Rhabarber-Dreieck", ist der Rhabarber aus dem Dunkeln unter „Forced Rhubarb", wie schon beschrieben, als Spezialität bekannt.[50]

Die Vermarktung

Zu Beginn der Rhabarber-Anbauphase an der unteren Sieg zahlte es sich sicherlich aus, dass Adam Weßling so engagiert Vertriebswege für die Produkte erschlossen hatte. Am 15.11.1913 kommt es zur Gründung der Rhabarber Absatz-Genossenschaft von Bergheim-Müllekoven. Der Bergheimer Schulchronist vermerkt in seinem Eintrag:

Sie [die Absatz-Genossenschaft] bezweckt, mit möglichster Umgehung des Zwischenhandels die Ware (Rhabarber, Obst usw.) an den Konsumenten abzusetzen und durch Beseitigung der Konkurrenz der hiesigen Züchter einen angemessenen Preis zu erzielen. Bei dem großen Umfang, den bei uns die Rhabarberzucht angenommen (dieses Jahr dürften viele Tausend aus dem Rhabarber gelöst worden sein und zwar großenteils zu dieser Zeit, in welcher dem Gärtner u. Ackerer keinerlei Einnahmen vermachten) dürfte dieser Genossenschaft bei verständiger Leitung eine schöne Zukunft erblühen.[51]

Die reine Rhabarber-Genossenschaft wurde später in eine Bezugs- und Absatzgenossenschaft erweitert, um auch die anderen örtlichen Erzeugnisse wie Stachel- und Erdbeeren sowie wie Zwetschen, Pfirsiche, Äpfel, Birnen und Gemüse zu vermarkten. Ge-

Rhabarber-Ernte der Baumschule Josef Frohn, Rheidt

müse- und Obstbauern aus der Gemeinde Mondorf gründeten 1930 eine „Absatzvereinigung für Gemüse und Obst Mondorf-Sieg", die ebenfalls unter Umgehung des Zwischenhandels direkt an Großabnehmer (Konserven- und Marmeladenfabriken) und den Großmarkt liefern sollte. Obst und Gemüse (1930: 4500 Zentner Rhabarber) wurden waggonweise nach Süd- und Ostdeutschland sowie in das Ruhrgebiet versandt oder Aufkäufer kamen nach Bergheim und Mondorf, wie zum Beispiel der „seit Mitte Januar schon wieder in Mondorf arbeitende Berliner Großaufkäufer". [52]

Im Jahr 1936 wurden zur Einschränkung der „Schwarzverkäufe" strenge Absatzregeln eingeführt. Danach konnten Produzenten aus dem Amt Niederkassel ihren Rhabarber nur noch über den Großmarkt in Köln und jene aus dem Siegkreis (Bergheim-Müllekoven) über den in Bonn verkaufen. Das galt auch für die Einkäufer, die vor Ort die Ware aussuchten.[53] Die Bindung an die Großmärkte schränkte vermutlich langfristig den Verkaufsradius und das örtliche Engagement für den Vertrieb ein. Über Jahrzehnte ermöglichte die seit 1914 zwischen Siegburg, Bergheim, Mondorf, Rheidt und Lülsdorf verkehrende Kleinbahn den Anschluss an das deutsche Eisenbahnnetz. Ähnlich wie in Hamburg oder Yorkshire sorgten gute Ei-senbahnverbindungen für die ersten Absatzerfolge des Rhabarber-Anbaus und den Ausbau des Händlernetzes. Mit Beginn der 1950er-Jahre verstärkten sich wieder die Problemlagen, wie die Siegkreis-Rundschau vom 23.4.1951 berichtete:

Der „Mondorfer Rotstiel" fiel im Hauptanbaugebiet mit 6-8 Tonnen am Tag an. Früher ging er nach Berlin, heute findet er seinen beschränkten Absatz in Nordrhein-Westfalen, hauptsächlich auf dem Kölner Großmarkt. Es ist aber so, dass er in weitaus größeren Mengen angeboten als abgenommen wird. Die Folge: Es verdarb viel Rhabarber oder er wurde von den Bauern ausgeworfen und untergepflügt.

Dringend geboten: Weiterverarbeitung von Obst und Gemüse an der unteren Sieg

Schon früh setzten die Überlegungen und Versuche ein, die Erntemengen in Konserven- oder Marmeladenfabriken abzusetzen. Adam Weßling und seine Frau experimentierten bereits mit der Weiterverarbeitung des Rhabarbers. Der landwirtschaftliche Verein für Rheinpreußen zeichnete ihre Bemü-hungen 1908 und 1909 im Rahmen der Provinzialausstellung in Düsseldorf mit Medaillen aus.[54] Die Diskussion der Möglichkeiten einer Verarbeitung großer Erntemengen, die sich nicht auf dem Markt verkaufen ließen, tauchte immer wieder auf. Oft konnten die Absatzgenossenschaften oder die Erzeugermärkte die Preisstürze bei Überangeboten auf dem Markt nicht verhindern und entsprechend vermeiden, dass das Obst nicht abgeerntet oder die Obstbäume gerodet wurden. So berichtet der General-Anzeiger im Juni 1951:

Die Menge des in der Haupterntezeit anfallenden Obstes und Gemüses im unteren Siegkreis ist bisweilen so groß, daß sie vom Großmarkt in Köln nicht angenommen werden kann. Die Landwirte sind durch solche Entwicklungen im vergangenen Jahr an den Rand des Ruins gebracht worden, als Rhabarber in unübersehbaren Mengen angefahren und beim Verkauf auf dem Großmarkt nicht einmal so viel erlöst werden konnte, um alleine den Transport zu bezahlen, geschweige Einnahmen für Ernte, Düngung oder Saat.[55]

In den 1950er-Jahren kam es auch im Kontext des sich abzeichnenden landwirtschaftlichen Strukturwandels zu intensiveren Überlegungen, die Landwirte an der unteren Sieg

Verladung des Rhabarbers

Strukturwandel: aufgegebene Obstgärten in Mondorf

mit dem Bau von Kühlhäusern und Gefrieranlagen zu unterstützen oder eine Konservenfabrik anzusiedeln. Die Amtsverwaltung Niederkassel suchte entsprechend auf der Kölner ANUGA (1953)[56] und schaltete Anzeigen zur Ansiedlung einer „Konserven- und Marmeladenfabrik, Süßmosterei oder Brennerei im größten Anbaugebiet des Siegkreises. Ein Baugelände mit Bahnanschluß zu günstigen Bedingungen kann vermittelt werden". Das Engagement der Gemeinde führte jedoch nicht zum erhofften Erfolg. Zu hoch waren letztlich die Investitionen, die zum Aufbau rentabler Verwertungsanlagen hätten getätigt werden müssen.

Drastischer Strukturwandel

Nach dem Zweiten Weltkrieg entwickelte sich eine starke Abwanderung in außerlandwirtschaftliche Erwerbsalternativen. Dieser Strukturwandel hatte sich bereits gegen Ende des 19. Jahrhunderts mit der Ansiedlung von Industriebetrieben in Siegburg, Troisdorf und Lülsdorf und den dortigen besseren Verdienstmöglichkeiten angedeutet. Während zunächst eine Landwirtschaft im Nebenerwerb, die sich fast ausschließlich auf Obst- und Gemüsebau und hier sich besonders auf Rhabarber beschränkte, bis kurz nach dem Zweiten Weltkrieg erhalten blieb, kam es zu einem Wandel der Agrarstrukturen. Bäuerliche Kleinbetriebe, vor

allem als Nebenerwerbsbetriebe, wurden aufgegeben. Die Preise für Obst und Gemüse deckten nicht mehr die Aufwendungen für die Bearbeitung der Gärten mit der Folge, dass sie verödeten und gerodet wurden. Ackerflächen wurden zusammengefasst und an verbliebene landwirtschaftliche Betriebe verpachtet. Die Obstverwertung, die überaus kritische Vermarktungssituation und der Preisverfall beherrschten die Themen der 1950er-Jahre.

Siedlungsverdichtung der ehemaligen Gartenlandschaft in Mondorf

Ende der Sechzigerjahre befand sich das nördliche Siegmündungsgebiet im Zustand einer „verfallenden Gartenbaulandschaft".[57] Großparzellierter Ackerbau beherrschte das Bild der Agrarlandschaft. „Im Gemüsebau ist der Rhabarber noch gelegentlich anzutreffen. 1968/69 nahm er 8,7 ha ein, 1982 war er auf 3 ha zurückgegangen."[58] Nach vielen Jahrzehnten hatte er seine beherrschende Stellung verloren, zumal auch das Kundeninteresse an Rhabarber stark rück-

Rhabarber für die Vio-Schorle

läufig war. Die Renaissance des Rhabarber-Anbaus seit dem Jahr 2000 fand dann nicht mehr an der unteren Sieg statt. Die Anbauflächen lagen nun in anderen Teilen des Rhein-Sieg-Kreises. Viele landbesitzende Familien hätten das Interesse an einer intensiven Bodenbearbeitung mehr und mehr verloren und lieber höhere Renditen im Immobilienbereich aus der Nutzung ihres Landes gezogen, schrieb Sander[59]. Eine Entwicklung, die auch der Realteilung mit ihrer Bodenzersplitterung geschuldet war. Die Eröffnung der Brückenverbindung zwischen Mondorf und Beuel hatte diesen Trend noch wesentlich verstärkt. An der unteren Sieg kommt es weiterhin zu einer starken Verdichtung der ehemaligen Gartenlandschaft und der Rhabarber lebt heute eher nur noch in der Erinnerung der Bevölkerung weiter, die die Rhabarber-Tradition beschwört, Straßen nach ihm benennt, Lieder über ihn singt, ihm ein Denkmal errichtet ("Rhabarber-Brunnen" aus Mayener Basaltlava auf dem Adenauerplatz in Mondorf) oder die alte Bahnverbindung Lülsdorf-Siegburg liebevoll immer noch *Rhabarberschlitten* nennt.

Der Rhabarber bleibt rheinischer Exportschlager

In Deutschland wird 2019 insgesamt auf 1303,7 Hektar Rhabarber angebaut. Mit 628,1 Hektar liegt das größte deutsche An-

baugebiet in NRW. Rheinland-Pfalz folgt bei weitem Abstand mit 169,7 Hektar, Baden-Württemberg schließt mit 150,7 Hektar an. Bayern erreicht 138,1 Hektar. Die anderen Bundesländer weisen deutlich geringere Flächen aus. Auffallend ist die Wachstumsentwicklung in NRW, die ab 2002 steil ansteigt (Tabelle 2) und 2019 zu der Rekordmarke von 628 Hektar führt.

Ausgangspunkt und Motor ist der Anbau im Regierungsbezirk Köln. Bei den Ernteflächen überholt der Rhein-Erft-Kreis 2016 leicht den klassischen Spitzenreiter – den Rhein-Sieg-Kreis: Im Erft-Kreis wurden auf 206 Hektar und im Rhein-Sieg-Kreis auf 190 Hektar Rhabarber geerntet, dort wurde der Anbau 1975 noch auf 47 Hektar betrieben. Der Rhein-Erft-Kreis startete im Jahr 2000 bei einer Anbaufläche mit 28 Hektar und lag 2016 bei 206 Hektar. Im Rheinland produzieren rund 30 der Landgard Mitgliedsbetriebe[60] das traditionelle Frühlingsgemüse. Die Erzeugergenossenschaft liefert als einer der größten deutschen Rhabarber-Anbieter davon nicht nur etwa 500 Tonnen an die

Tabelle 2: Anbaufläche für Rhabarber in Nordrhein-Westfalen 1950-2019, Angaben in Hektar

Industrie, wo der Rhabarber z.B. zu Saft verarbeitet wird, sondern versorgt den deutschen Verbrauchermarkt sowie den in England, Frankreich, Österreich, in Skandinavien und der Schweiz. Hans-Jürgen Peters, Merzenich, baut die Rhabarber-Sorte „Goliath" für Coca Cola[61] an und ist einer ihrer größter Rhabarber-Lieferanten. Morgens auf dem Feld geerntet, kommt der Rhabarber über Nacht beim Fruchtsafthersteller im Südharz an. Am nächsten Tag geht er als Direktsaft zur Abfüllung als Rhabarber-Schorle nach Lüneburg.

Und so wird in Zukunft vermutlich eher die Rhabarber-Schorle unsere Erinnerungen an den Rhabarber prägen als das saure Kompott mit Zucker.

Literaturverzeichnis:

Böhm, Hans: Das Vorgebirge: Entwicklung und Struktur einer Gartenbaulandschaft am Rande des Verdichtungsraumes Rhein-Ruhr. In: Erdkunde, Band 35 (1981), S. 182-193.
Brass, Wilhelm: Aus der Chronik von Mondorf. In: Festschrift zum 25jährigen Bestehen des Mondorfer Männer-Gesang-Vereins „Liederkranz". Mondorf 1932, S. 7-18.
Brodeßer, Heinrich: Heimatbuch Rhein-Sieg. Troisdorf 1985.
Brodeßer, Heinrich: Die Landwirtschaft – Obst- und Gemüsebauern. In: Bergheimer Geschichte und Geschichten, Band 2, Troisdorf-Bergheim 2004, S. 78-83.

Eliade, Mircea: Geschichte der religiösen Ideen. Bd. 2: Von Gautama Buddha bis zu den Anfängen des Christentums. Freiburg 1979.
Frohn, Josef: Obstbauliche Erinnerungen aus meiner Jugendzeit. In: Rheinische Monatsschrift für Obst-, Garten- und Gemüsebau, Heft September1936. Abgedruckt in: Frohn, Josef: 30 Jahre auf Reineclauden-Unterlagen Type Frohn. Geschrieben aus der Praxis für die Praxis. Rheidt 1949.
Gravenkamp, Horst: Um zu sterben muß sich Herr F. erst eine andere Krankheit anschaffen. Göttingen 2004.
Hinrichsen, Torkild: Rhabarber, Rhabarber! Kulturgeschichte, Botanik, Anbau und Nutzung. Husum 2003.
Jungclaussen, Heinrich: 200 bis 300 Mark jährlich Reinertrag vom Morgen Land durch Rhabarberkultur. Frankfurt (Oder) 1897.
Jungclaussen, Heinrich: Sämereien Preisliste 1931. Frankfurt (Oder) 1931.
Muth, L. A.: Die Kultur, Treiberei und Verwertung des Rhabarbers. In: Allgemeine Deutsche Gärtner Zeitung, 1. Jg. (1891), S. 120, 136-137.
Ossendorf, Karlheinz: Mondorfer Rotstiel. 100 Jahre alt. In: Niederkasseler Hefte Nr. 3 (1990), S. 80-96.
Ossendorf, Heinz und Eva Schmitz-Weßling: Beiträge zur Geschichte des Geschlechts Schmitz-Weßling. Mondorf. 1942-1947. Siegburg 1948.
Sander, Hans-Jörg: Wirtschafts- und sozialgeographische Strukturwandlungen im nördlichen Siegmündungsgebiet. Bonn 1970 (Arbeiten zur Rheinischen Landeskunde, Heft 30).
Sander, Hans-Jörg und Isolde Schroeder: Junge Wandlungen der Agrarstruktur und Agrarlandschaft im Nördlichen Siegmündungsgebiet. In: Zeitschr. f. Agrargeographie, Heft 4 (1985), S. 357-375.
Sanke, Hermann: Mondorf im Licht der Geschichte. Mondorf 1977.
Schmitt, Wilhelm: Der Weinbau im Siegkreise. In: Heimatblätter des Siegkreises, 1. Jg. (1925), Heft 1, S. 10-13.
Schmitt, Wilhelm: Der Obst- und Gartenbau an der unteren Sieg. In: Heimatblätter des Siegkreises, 1. Jahrgang, Juli/Oktober 1925, Heft 3/4, S. 68-70.
Schmitt, Wilhelm: Die Landwirtschaft des Siegkreises in

Übersichten und Zahlen. Siegburg 1946.
Schulte Beerbühl, Margrit: Deutsche Kaufleute in London. Welthandel und Einbürgerung. München 2007.
Toews, Heinrich: Kurze Chronik der Stadt Insterburg. Insterburg 1883.

Anmerkungen:

1 Für ihre Unterstützung danke ich den Archivarinnen Dr. Claudia Arndt (Rhein-Sieg-Kreis), Waltraud Rexhaus (Stadt Niederkassel), Antje Winter (Stadt Troisdorf) sowie Roland Klinger (Mondorf) und dem Kreis der Niederkasseler Lokalhistoriker mit Josef Schnabel, Andreas Odenthal, Lothar Schwarz u.a.
2 Eliade, S. 272.
3 Schulte Beerbühl, S. 270.
4 Toews, S. 53/54.
5 Hinrichsen, S. 28.
6 Morgenblatt für gebildete Stände, Nr. 109 vom 7. Mai 1833, S. 445.
7 Schreibt der Leibarzt Dr. Carl Vogel: Die letzte Krankheit Goethe's.1883.
8 Gravenkamp, S. 60.
9 Die Verankerung des Rhabarbers in der regionalen Wirtschaft ist aufschlussreich: Rhabarber-Festival oder Touren der E. Oldroyd & Sons Ltd durch die Rhabarber-Kulturen.
10 Verordnung (EG) Nr. 510/2006 des Rates, „Yorkshire Forced Rhubarb", Amtsblatt der Europäischen Union C 189/29, 12.8.2009.
11 Hinrichsen, S. 46.
12 Muth, S. 136-137; Hinrichsen S. 47.
13 Jungclaussen 1897.
14 Jungclaussen 1931.
15 Ossendorf 1990, S. 80.
16 Schmitt 1946, S. 13.
17 Schmitt 1925, S. 11.

18 Auf der anderen Rheinseite, im Vorgebirge, legte Otto Schmitz-Hübsch 1896 den Grundstein für den großflächigen Erwerbsobstbau in Deutschland. Bis ins 19. Jahrhundert beschränkte sich der Obstanbau auf Streuobstwiesen, Wegrandpflanzungen und Obstgärten.

19 Ossendorf 1990, S. 85.

20 General Anzeiger vom 11.4.1899.

21 Schmitt, zitiert in Ossendorf 1990, S. 84.

22 Heute wird diese Sorte auf den Seiten des Nationalen Inventars Pflanzengenetischer Ressourcen in Deutschland als „verschollen" geführt. Das sind Sorten, die in historischen Quellen erwähnt werden, keine Sortenzulassung mehr besitzen und wo keine Saatgutmuster mehr nachweisbar sind.

23 Frohn 1936.

24 In späteren Jahren wurde der Rhabarber aus Kostengründen nur noch mit Weidenzweigen zu kleinen Paketen zusammengeschnürt.

25 Ossendorf 1990, S. 86.

26 Ossendorf und Schmitz-Weßling, S. 54.

27 Mitteilung des Amtsbürgermeisters von Niederkassel am 9.3.1937 an den Landrat in Siegburg.

28 General-Anzeiger vom 10. Juni 1919 und vom 11. Juni 1919.

29 Ossendorf und Schmitz-Weßling, S. 51.

30 Ossendorf und Schmitz-Weßling, S. 56.

31 Ossendorf und Schmitz-Weßling, S. 53.

32 Leider verlieren sich die Spuren der Mondorfer Limonadenfabrik. Der Autor ist für weiterführende Hinweise dankbar.

33 Stadtarchiv Troisdorf, Schulchronik Bergheim (B 998), S. 52.

34 Die Rute ist ein altes Flächenmaß im Rheinland und in Preußen: 1 Rute = 14,185 m² (Quelle: http://genwiki.genealogy.net/Rute).

35 Stadtarchiv Troisdorf, Schulchronik Bergheim (B 998), S. 40.

36 http://bonn1914-1918.de/chronik-1918/75-mai-1918/1462-1918_05_15.html

37 Bonner General-Anzeiger vom 4.6.1918.

38 Bergische Arbeiterstimme vom 22. Oktober 1915, veröffentlicht am 22.10.2015 durch das Stadtarchiv Sulingen.

39 Siegburger Kreisblatt vom 4. Juni 1915, Stadtarchiv Troisdorf, Pressesammlung.

40 Siegburger Kreisblatt vom 10. Mai 1918, Stadtarchiv Troisdorf, Pressesammlung.

41 Ossendorf und Schmitz-Weßling, S. 56.

42 Schmitt zitiert von Ossendorf S. 88.

43 Schmitt 1925, S. 69.

44 General-Anzeiger vom 13.7.1938.

45 Mittelrheinische Landeszeitung vom 15./16.4.1939.

46 Mittelrheinische Landeszeitung vom 26. Mai 1937.

47 Diverse Schriftwechsel zum Thema Landschaftsschutzgebiet Siegniederung u.a. zwischen dem Provinzialbeauftragten für den Naturschutz, der Kreisstelle für den Naturschutz Siegburg oder dem Kulturamt in Siegburg. Archiv des Rhein-Sieg-Kreises 3046, Datierung 1936-1944.

48 Bergedorfer Zeitung vom 10.1.1920, Hinrichsen 2003, S. 64.

49 Meisen, Wilfried: Landwirtschaft in Kerpen. Rhabarber wächst im Dunkeln. Kölner Stadt-Anzeiger vom 25.1.2015.

50 www.bauernzeitung.ch/artikel/der-rhabarber-aus-dem-dunkeln vom 8.3.2020.

51 Stadtarchiv Troisdorf, Schulchronik Bergheim (B 998), S. 17.

52 Mittelrheinische Landes-Zeitung 10./11.4.1937.

53 Mittelrheinische Landeszeitung vom 19. Juni 1936.

54 Ossendorf und Schmitz Weßling, S. 14.

55 General-Anzeiger vom 7.6.1951.

56 Z.B.: Zeitschrift „Die industrielle Obst- und Gemüseverwertung", Heft 9 vom 6.5.1954.

57 Sander und Schroeder 1985, S. 352.

58 Sander und Schroeder 1985, S. 361.

59 Sander 1970; Sander und Schroeder 1985.

60 Karsch, N.: Startschuss für den Frühling mit frischem Rhabarber aus regionalem Anbau. 11.3.2020. (https://www.blattgrün.de/neugier/startschuss-fuer-den-fruehling-mit-frischem-rhabarber-aus-regionalem-anbau/)

61 Rhabarber für ViO Schorle. 23.6.2019. (https://www.coca-cola-deutschland.de/suche?q=rhabarber&tags=)

Kaffeepause bei der Rhabarber-Ernte mit Brot und Rhabarber-Schmures, 1941

Einkaufen und Vorratshaltung im Wandel der Zeit

Früher einkochen – heute Taschen schleppen?!

Von Ira Schneider

In früheren Zeiten war es ein Muss, für den Winter einen Vorrat anzulegen. Besonders in ländlichen Regionen konnte man nicht immer alles kaufen. Vom dörflichen Krämerladen über den mobilen Kaufladen bis zum Tante-Emma-Laden 2.0 ist viel geschehen. Die zunehmende Industrialisierung (durch die in der Küche unter anderem der Brühwürfel Einzug hielt) und die flächendeckende Verbreitung des Kühlschranks nach dem Zweiten Weltkrieg haben Esskultur und Vorratshaltung einem großen Wandel unterworfen. Der Ruf nach mehr Nachhaltigkeit und Wiederbelebung des ländlichen Raums lässt uns nun im 21. Jahrhundert – zunächst in der Nische – die Rolle rückwärts erleben.

150 Jahre Konsumieren und Hauswirtschaften im Rhein-Sieg-Kreis

„Essen muss der Mensch, das weiß ein jeder" schrieb der österreichische Schriftsteller Franz Grillparzer in seinem Lustspiel „Weh dem, der lügt!" im Jahr 1840. Frei nach dieser Sentenz strömen zum Wochenende Menschenmassen in die Einkaufszentren und Supermarktketten. Zu jeder Jahreszeit erwartet uns dort ein reichhaltiges Angebot an frischen, aber auch verarbeiteten Lebensmitteln. In nahezu jedem Einkaufswagen findet sich ein ganzes Regalbrett voll mit Waren des täglichen Bedarfs und darüber hinaus. In einem durchschnittlichen Supermarkt, der heute etwas über 10 000 Artikel in seinem Sortiment führt, ist so gut wie alles zu haben. Gefühlt ist es in den Geschäften immer voll und so mancher fragt sich vielleicht einmal: Was haben die Menschen eigentlich früher gemacht, als es die engmaschige Versorgung durch die großen Ketten noch nicht gab? Wo bekamen unsere Vorfahren ihre Lebensmittel her?

auch eine Streuobstwiese mit Äpfeln, Birnen und Steinobst in der Nähe, von der man ebenfalls zehrte und die Überschüsse für den Vorrat einkochte oder trocknete. Wer etwas Platz hatte, betrieb außerdem Tierhaltung – um den eigenen Bedarf mit Eiern, Milch und Fleisch zu decken. So war es bis nach dem Zweiten Weltkrieg üblich und notwendig, dass selbst Arbeiterfamilien, die in Siedlungshäusern wohnten, Kaninchen oder Hühner hatten. In einigen Gegenden fanden regelmäßig Wochen- oder Jahrmärkte statt, auf denen Werkzeuge, Körbe, Bürsten oder auch Kurzwaren angeboten wurden. Und auch Viehmärkte luden dazu ein, für den sonstigen Bedarf einzukaufen. Denn außer Bäckereien und Metzgereien gab es keine stationären Geschäfte. Wer Glück hatte, wurde von Zeit zu Zeit von durch die Lande streifenden Händlern, sogenannten Hausierern mit einem Bauchladensortiment, besucht.

Selbstversorger-Garten statt SB-Theke

Wer im 19. Jahrhundert essen wollte, musste von der Pike auf vorsorgen – in jeder Hinsicht. Denn zu kaufen gab es wenig. Die meisten Menschen betrieben Landwirtschaft und waren Selbstversorger. Und auch wer einen Beruf wie Schuster, Schmied oder Töpfer ausübte, hatte nebenbei einen kleinen Hof mit etwas Land oder einen großen Garten. Der Nutzgarten versorgte die Familien mit Grundnahrungsmitteln wie Kartoffeln, Kohl, Erbsen, Bohnen und Wurzelgemüse. Im Sommer hatte man außerdem Salat und Beerenfrüchte. Oftmals gab es

Gemischtwarenläden sorgen für Nahversorgung mit Grundsortiment

Erst gegen Ende des 19. Jahrhunderts gab es in den Städten sogenannte Kolonial- oder Gemischtwarenläden, die ein breiteres Sortiment an Lebens- und Genussmitteln als auch an Gebrauchsgegenständen führten. Neben privaten Kaufleuten mit Krämerläden hatten sich im Zuge der Industrialisierung Konsumgenossenschaften gegründet, um eine günstige Versorgung der Arbeiterschaft

in den Großstädten sicherzustellen. Auf dem Land bürgerten sich die liebevoll als *Tante-Emma-Läden* bezeichneten Geschäfte, die häufig auch die Waren mit Fahrzeugen ausfuhren, erst nach dem Zweiten Weltkrieg mit verstärkter Produktion und Verbreitung des Autos ein. Denn die Lieferfahrzeuge konnten den Transport der Waren auch in nicht so gut an den öffentlichen Verkehr angebundene Ortschaften gewährleisten.

Nahversorgung nach dem Zweiten Weltkrieg am Beispiel des Dorfes Kohlberg

So berichtet Birgit Gelhausen, geborene Krämer, aus Windeck-Kohlberg, dass sich nach und nach aus der Gastwirtschaft und Bäckerei des Großvaters ein Gemischtwarenladen entwickelte: „Mein Großvater August Krämer war gemeinsam mit meinem Onkel in der Backstube tätig. Später fuhr mein Onkel, Helmut Krämer, das Brot mit dem Auto zu den Kunden. Ganz früher gab es in der Bäckerei einige Verkaufsregale, später führten wir auf der einen Seite des Ladenlokals komplett Lebensmittel, auf der anderen Haushaltswaren." Ihr Vater Werner Krämer, Jahrgang 1929, übernahm 1958 von seinem Onkel und der Tante den Betrieb und war – außer dem Metzger Krieger in Bitzen und einem weiteren kleinen Lebensmittelladen der Familie Kapp in Kohlberg – einer von drei Läden in der näheren Umgebung. Da nicht jeder ein Auto hatte und selbst in die Stadt zum Einkaufen fahren konnte, war der Laden der Geschwister Krämer in der damals rund 200-Seelen-Ge-

meinde ein Anlaufpunkt für viele, auch aus den benachbarten Ortschaften. „Die Gemeinde Windeck besteht ja aus 67, zum Teil sehr kleinen Ortsteilen. Mein Vater rief die Kunden oftmals an und nahm eine Bestellung auf. Er besorgte dann das Gewünschte und lieferte es zudem aus. Dieser Service sicherte uns später, als die ersten Supermarktketten in den 1970er-Jahren aufkamen, sogar das Geschäft", so Birgit Gelhausen, die selbst von klein auf voll im Laden mitarbeitete. Auch der örtliche Metzger fuhr im Übrigen mit einem Fleischwagen über die Dörfer.

Konkurrenz durch Supermärkte und Discounter seit den 1970ern

„Der Lieferbus wurde von meinem Vater schließlich zu einem mobilen Laden mit Regalen umgebaut und er fuhr dann auch mit Molkereiprodukten und Frischwaren rund. Besonders die Landwirte freuten sich über unseren verbindlichen Service, denn sie konnten nicht lange von Hof und Feld weg und wussten genau, wann wir mit unserem Bus kamen", erzählt Birgit Gelhausen, die 1954 auf die Welt kam. Die Zeiten wurden jedoch zunehmend härter – auch für das fahrende Geschäft. Viele Leute, die selbst ein Auto hatten, fuhren ab Mitte/Ende der 1970er-Jahre immer öfter zu den Supermärkten und Discountern, die wie Pilze aus dem Boden schossen, um dort ihre Haupteinkäufe zu tätigen.

Dass man sich im Geschäft selbst bedienen konnte, kam in Deutschland gegen Ende der 1950er-/Anfang der 1960er-Jahre auf und war für viele Kunden ein neues Erlebnis. 1962 eröffneten die Brüder Albrecht ihren ersten Lebensmitteldiscounter, umgingen die damals noch bestehende Preisbindung der Markenhersteller durch Eigenmarken und schufen einen neuen Vertriebstyp – der günstig konnte.

Dienst am Kunden – das fahrende Geschäft

Familie Krämer entschloss sich 1987, das stationäre Geschäft ganz zu schließen, da die Mutter krank wurde und die Prioritäten dann anders gesetzt werden mussten. „Mein Vater fuhr allerdings noch bis 1993 mit dem rollenden Laden zu den Kunden, obwohl das feste Zusammenstellen des Sortiments mit sehr viel Stress verbunden war. Wenn die Molkereiprodukte am Vorabend noch nicht angekommen waren, so musste mein Vater morgens extra früh aufstehen, um den Wagen nachzubestücken oder manches Mal fuhr er auch – um die immer anspruchsvoller gewordenen Kunden befriedigen zu können – vor seiner Tour noch beim Lebensmittelgroßhändler vorbei", so Gelhausen. Rückblickend resümiert Birgit Gelhausen, die nun im Ruhestand ehrenamtlich bei den Tafeln tätig ist, dass uns heute das Gefühl für den Wert der Lebensmittel verloren gegangen ist, da immer und überall alles verfügbar ist. „Wenn ich sehe, welche Überschüsse wir zum Beispiel auch

an Genussartikeln wie Schokoladen reinbekommen, bei denen das Mindesthaltbarkeitsdatum noch nicht einmal überschritten ist, denke ich, dass es uns zu gut geht." Und sie fragt sich, ob vielleicht Grippe-Epidemien mit Isolation, so wie wir es im Frühjahr 2020 mit der Covid-19-Pandemie erlebten, unser Gefühl für eine sinnvolle Vorratshaltung künftig wieder aktivieren können oder nur zu Hamsterkäufen mit anschließender Wegwerfmentalität führen. Die Frage „Was brauche ich wirklich?" stellt sich angesichts der unüberschaubar gewordenen Auswahl an Produkten heute Verbrauchern, die nachhaltig wirtschaften möchten.

Was man wirklich braucht

Am Beispiel einer bäuerlichen Familie: Selbstversorgung und Vorratshaltung 1950 bis 1980

Magreth Schneider, Jahrgang 1946, stammt aus einem landwirtschaftlichen Haushalt und arbeitete auf dem elterlichen Betrieb bis zu dessen Aufgabe im Jahr 1989 mit. Ihre Eltern hatten im Töpferort Wachtberg-Adendorf zunächst eine gemischte Landwirtschaft mit 12 Milchkühen, die von Hand gemolken wurden, etlichen Schweinen und Hühnern sowie Obst. In den 1950er-Jahren, als der Vater, Anton Söndgen (Jahrgang 1907), aus dem Krieg heimgekehrt war, verfolgte der Familienbetrieb immer stärker die Idee des Obstanbaus im fruchtbaren Drachenfelser Ländchen, der Grenze zur „Goldenen Meile" rund um Meckenheim. Die Familie produzierte Äpfel, Birnen, Pflaumen und Zwetschen, Schattenmorellen und Mirabellen für den Centralmarkt in Bornheim-Roisdorf und hatte darüber hinaus eine Direktvermarktung. „Meine Eltern schafften

schließlich 1957 die Kühe ab und konzentrierten sich ganz auf den Obstanbau, der mit hoher Nachfrage und guten Marktpreisen einen Boom erlebte. Viele Landwirte im Ort taten es uns gleich und spezialisierten sich", so Schneider.

Mit der Fokussierung auf den Betriebszweig Obst und mit dem flächendeckenden Aufkommen des Kühl- und Gefrierschranks in den 1960ern veränderte sich nach und nach auch das private Einkaufs- und Vorratsverhalten der Familie. „Solange wir die Kühe und unseren Garten von 500 Quadratmetern hatten, kauften wir für die vierköpfige Kernfamilie und unsere Helfer sehr wenig von auswärts zu. Wir waren zu 80 Prozent Selbstversorger, machten Sahne, Quark, Butter, Buttermilch und Handkäse selbst, und versorgten mit unserer Milch noch weitere 20 Familien im Ort. Die Milch, die wir nicht brauchten, wurde nach dem Melken morgens um sieben an der Straße für die Molkerei in Berkum abgeholt", erinnert sich Schneider, die als Kind bereits für das Spü-

len der großen 40-Liter-Molkereikannen verantwortlich war. Die privaten Milchkunden kamen mit kleineren Alu-Kannen und nahmen auch noch Eier oder Suppenhühner mit. Maria Söndgen, die Mutter von Magreth Schneider, lieferte außerdem mit dem

Ein Schlachttag wie früher. Eine Foto-Impression aus dem Freilandmuseum Wackershofen, wo Metzger der Bäuerlichen Erzeugergemeinschaft Schwäbisch Hall die Schlachtung eines Schweins mit anschließender Warmverarbeitung demonstrieren.

Blaubeeren und Schlehen, um diese zu Gelee, Frucht-Sirup oder Aufgesetzten zu verarbeiten. Große Mengen an Beerenfrüchten, darunter auch Himbeeren und Johannisbeeren aus dem Hausgarten, verarbeitete man mithilfe eines Dampfentsafters. Oft stand meine Mutter bis nachts am Herd, um einzukochen, denn über Tag wartete die Arbeit auf dem Hof, im Feld und im Garten", erinnert sich Magreth Schneider an ihre Kindheit.

Hausschlachtungen decken den Fleischbedarf

Ab Oktober gab es dann bis März vier Hausschlachtungen, zu denen ein mobiler Metzger auf den Hof kam. Der Schlachttag war ein harter Arbeitstag, an dem die ganze Familie und oftmals noch helfende Verwandte im Einsatz waren. „Der Schinken wurde zunächst in ein Pökelfass mit Salpeter eingelegt und trocknete dann über Tage hinweg in einem Räucherschrank. Eine erfahrene Hausfrau konnte an der Schwarte erkennen, wann der optimale Zustand erreicht war.

Von Schulter und Lummer machte meine Mutter Braten, die sie auf Scheiben schnitt und mit dem Bratensud in 2-Liter-Gläser einweckte. Sonntags hatte die Hausfrau dann schnell gekocht und musste nur noch die Soße abbinden und abschmecken", so Magreth Schneider. Auch andere Fleisch- und Wursterzeugnisse, wie frische Mett- und Bratwürste, stellte man am Schlachttag her. In einem großen Wurstkessel, der sonst als Waschzuber diente, wurden Innereien und Fleisch sukzessive gekocht. Blut-, Leber- und Mettwurst wurden zudem in Dosen eingemacht. Die Verschlussmaschine hatte man nicht selbst, sondern lieh sie sich reihum gegen eine Gebühr im Ort. Abends kamen die Milchkunden mit ihren Kannen, in der sie am Schlachttag statt Milch gerne die Wurstbrühe mit aufgeplatzten Würsten und Fleischresten, auch „Wurstsuppe" genannt, mitnahmen.

Fahrrad freitags bei Privatkunden im benachbarten Meckenheim Eier und Suppenhühner aus. „Damit die Eier unterwegs in der Tasche am Rad nicht kaputt gingen, ummantelte meine Mutter sie mit Zeitungspapier und packte Stangen à fünf Eier, denn aufwendiges Verpackungsmaterial kannte man nicht", so Schneider.

Der Hausgarten ist Nahversorgung

Bis in die 1980er-Jahre machte Maria Söndgen alles für den Winter ein, was der Hausgarten an Überschüssen in der Saison hergab. In dem kühlen Gewölbekeller unter dem Wohnhaus des Hofes bewahrte die Familie 20- und 80-Liter-Töpfe aus Steingut auf, in denen Rote Bete, milchsauer vergorene Schnippelbohnen und Möhren, Sauer-

kraut, saure Gurken und Rotweinzwetschen lagerten. In feuchte Sandkisten und -töpfe hatte man außerdem Möhren und Rote Bete eingeschlagen, damit diese nicht schrumpelig wurden. Außerdem gab es eine 10-Zentner-Kartoffelkiste. In der kühlen Speisekammer im Haus waren rund 200 gut gefüllte Weck-Gläser von jeweils ein bis zwei Liter Volumen der Stolz der Hausfrau.

„Meine Mutter kochte von Juni/Juli bis Oktober – bis das erste Schwein wieder geschlachtet wurde – sukzessive süße und saure Kirschen, Stachelbeeren, Pflaumen, Mirabellen, Birnenkompott und Apfelmus ein, außerdem verschiedene Sorten an Konfitüren. Darüber hinaus wurde Pflaumenmus, das ein beliebter Brot- und Kuchenbelag war, über Stunden in einem gusseisernen Kessel eingeköchelt. Man ging auch sammeln: unter anderem Brombeeren,

Solange die Landwirtsfamilie eigenes Milch- und Schlachtvieh sowie den Hausgarten hatte, musste sie – abgesehen von Schmierseife, Waschpulver und Körperpflegeprodukten, Kleidung oder Kurzwaren – im Grunde nur Brot, Mehl, Zucker, Salz, Gewürze, Essig, Öl, Kaffee und Schwarztee zukaufen. Rüben- oder Apfelkraut erwarb die Familie im Lebensmittelgeschäft oder direkt bei der Krautfabrik in Meckenheim in großen Eimern und portionierte nach Bedarf

selbst. Denn das Zubereiten von Obstkraut in Privathaushalten oder kleinen Manufakturen war in der Meckenheimer Gegend wegen der Großproduktion in der Grafschafter Krautfabrik Josef Schmitz KG nicht mehr üblich.

„Wir waren auch unser eigener Getränkeversorger"

Bis die 1950er- und 1960er-Jahre stellte man in den Haushalten auch die Getränke noch selbst her, denn Getränkemärkte und Kistenschleppen gab es noch nicht. „Über Tag trank man häufig Kräutertee: Kamille, Pfefferminze und Salbei wurden wild gesammelt oder im Hausgarten kultiviert. Die Kräuter band man dann zu Sträußen und trocknete sie luftig hängend unter dem Dach. Und auch als Apotheke diente der Hausgarten. Denn zum Arzt ging man nur in äußersten Notfällen.

Von Schwarztee machten wir im Sommer mit Zucker und Zitronenscheiben außerdem einen Eistee, den wir auch unseren Erntehelfern anboten und zum Kühlen in den Bach oder unter die Bäume stellten. Einige Töpferbetriebe im Ort bezogen in den 1950er-Jahren bereits Mineralwasser für ihre Mitarbeiter in Flaschen, welches direkt von den Brunnen und Abfüllern aus dem Ahrtal kam und angeliefert wurde.

Zu besonderen Anlässen trug man in früheren Zeiten gerne Bleyle-Moden.

Mein Vater bereitete gerne einen selbst gemachten Sprudel oder eine Limonade. Das Rezept kannte er noch aus seiner Kindheit. Er gab in kühles Leitungswasser etwas Natron, Essig oder Zitronensaft und Zucker. Darüber hinaus machten wir von unseren hausgemachten Fruchtsirupen, die man sonntags gerne zu Grieß- und Vanille-Flammeri aß, erfrischende Schorlen", so Magreth Schneider.

Gute Nahversorgung für den damals rund 1000-Seelen-Ort

Bereits in Magreth Schneiders Kindheit gab es in Wachtberg-Adendorf zwei Bäckereien, wo Familien auch ihr selbst gebackenes Brot, Blechkuchen oder Stollen zum Wochenende abbacken lassen konnten, zwei Metzgereien und zwei Nahversorger mit Lebensmitteln sowie ein Tuch- und Stoffwarengeschäft, das außerdem Schreibwaren und Schuhe anbot. Bis Ende der 1960er-Jahre – so erinnert sie sich – kamen auch aus den benachbarten Gemeinden Klein Villip, Arzdorf und Fritzdorf Kunden gerne in Adendorf einkaufen. „Um Kleidung einzukaufen, fuhren viele auch nach Meckenheim, wo es ein Bleyle-Geschäft (Anm. d. Red. – die Firma Bleyle, ein Hersteller von Strick- und Wirkwaren aus Stuttgart, eröffnete in den 1950er-Jahren in Westdeutschland und West-Berlin sogar eigene Geschäfte mit Bekleidung für die ganze Familie) gab", so Schneider.

Die bewegten 1970er und das SB-Erlebnis – alles geht und fährt zum Einkaufen

In den 1970er-Jahren angekommen, fuhren die Leute – genau wie Birgit Gelhausen aus Windeck auch berichtet – immer öfter selbst einkaufen. In Meckenheim war zahlreicher neuer Wohnraum für die Mitarbeiter der Bonner Ministerien geschaffen worden. In dessen Zentrum öffneten ein großes HIT-Discount-Warenhaus und andere Geschäfte. Darüber hinaus fuhren ein mobiler Bäcker mit Brotwagen, ein Eiermann und ein Getränkelieferant über die Orte, was den Leuten mit wenig Zeit oder ohne Auto entgegenkam.

„Ab den 1960er-Jahren verändert sich durch den Kühl- und Gefrierschrank sowie das Autofahren in den Familien überhaupt vieles. Mit dem Abschaffen der Hoftiere und der Spezialisierung auf Obst waren auch wir als Landwirte auf einmal abhängig von den örtlichen Nahversorgern. Diese waren seit Ende der 1950er-Jahre an bekannte Einkaufsgenossenschaften und Handelsgesellschaften wie Edeka und VéGé angeschlossen. Meine Mutter bereitete unter der Woche dann auch schon mal eine Tütensuppe als Vorspeise und machte nicht mehr so viel in Steintöpfe

und Gläser ein. Denn das Einfrieren von blanchiertem Gemüse kam in Mode, es war weniger aufwendig und wurde als nährstoffschonender angepriesen. Ab den 1980er-Jahren lieferte auch Bofrost regelmäßig Tiefkühlkost in den Ort", erinnert sich Magreth Schneider. Den Hausgarten hielt die Familie, allerdings mit etwas kleinerem Sortiment, über die Jahre bei – heute ist er nur noch Hobby.

Naturkost- und Bioläden, Wochenmärkte und bäuerliche Direktvermarktung

In den späten 1960ern und frühen 1970er-Jahren gründeten sich die ersten Naturkost- und Bioläden als Gegenbewegung zu den neuen Supermärkten mit ihrem immer breiter werdenden Sortiment. Es wurden erste Stimmen in der Bevölkerung laut, die, ob der steigenden Anzahl an Pestizid-Einsätzen in der intensiven Landwirtschaft, Autoverkehr und Supermärkten mit Fertiggerichten und hoch verarbeiteten Produkten mit Zusatzstoffen, für mehr Nachhaltigkeit plädierten. Vollwertkost und Vegetarismus (sich orientierend an den Vorläufern der Naturkost-Bewegung zu Beginn des 20. Jahrhunderts) gewannen immer mehr Anhänger. Mit gut 100 Bioläden bundesweit zum Ende der 1970er-Jahre war eine Nische geboren, die ab Mitte der 1980er-Jahre stetig Zuspruch erhielt.

Drei Bio-Pioniere im Rhein-Sieg-Kreis sind die Landwirtsfamilien Hüsgen aus Hennef (Bioland), Bursch aus Bornheim und Bois aus Meckenheim (beide Demeter), welche neben der Umstellung auf ökologische Landwirtschaft für ihre Kunden einen Hofladen mit einem Naturkost-Vollsortiment aufbauten. Frische Obst- und Gemüsesorten in Bioland- bzw. Demeter-Qualität kommen stets frisch und saisonal aus eigenem Anbau in den Verkauf und werden ergänzt durch ein breites Spektrum an Bio-Lebensmitteln. Seit Anfang der 1990er-Jahre bieten einige ökologisch wirtschaftenden Betriebe im Rhein-Sieg-Kreis außerdem eine Bio- oder Gemüsekiste an. Die wechselnden Zusammenstellungen von saisonalem Obst und Gemüse werden in verschiedenen Gebinde-Größen wöchentlich oder auf Wunsch auch zweiwöchentlich als Kisten-Abo an Privathaushalte geliefert. Bestellen kann man auch über das Internet.

Bio kommt in Mode

Die Einführung des staatlichen Bio-Siegels im Jahr 2001 machte auch für viele Supermarktketten das Verkaufen von Bio-Lebensmitteln attraktiv und mit Blick auf die Produktions- und Verkaufszahlen lässt sich resümieren, dass ökologisch angebaute Lebensmittel im Jahr 2020 längst im Mainstream angekommen sind. Jeder Verbraucher muss allerdings selbst entscheiden, ob ihm die Mindestauflagen eines staatlichen Bio-Siegels oder EU-Bio-Logos (eingeführt 2010) reichen oder ob er sich für die höheren Kriterien der verschiedenen Öko-Anbauverbände entscheidet, was sich auch im Preis der Produkte widerspiegelt.

Neben biologisch angebauten Lebensmitteln liegen seit einigen Jahren auch regional erzeugte Waren vom „Bauern nebenan" wie-

der im Trend – Hofläden und Direktvermarkter rücken quasi als Gegentrend zum „Massen-Bio" aus Übersee ins Visier der sensibilisierten Verbraucher. Die Landwirte mit Hofladen haben es jedoch nicht einfach am Markt, denn lebensmittel-, veterinär-, gewerbe- und steuerrechtliche Fragen sind nicht ohne und der damit verbundene zusätzliche Aufwand wächst mit jedem Jahr. Zudem muss – genau wie beim Supermarkt auch – Kommunikation und Werbung betrieben werden, um den modernen Kunden zu binden. Denn die Auswahl, wo dieser kaufen kann, war noch nie größer als heute.

Mit Selbsternte im Feld oder dem Verpachten von Parzellen an Familien, also dem Schrebergärtnern 2.0, sind außerdem neue Modelle für Familien und Naturverbundene entstanden.

Der Siegburger Wochenmarkt – seit über 900 Jahren

Erfreulicherweise gibt es an vielen Orten im Rhein-Sieg-Kreis (entgegen der bundesweiten Entwicklung des Wochenmarktsterbens) noch regionale Märkte, die die Einwohner mit saisonalen und frischen Produkten von regionalen Erzeugern von Obst über Gemüse, Fleisch und Wurstspezialitäten, Honig, Brot bis hin zu Blumen versorgen und damit auch die biologische Vielfalt der Region herausstellen. Foto-Dokumente aus dem Siegburger Stadt-Archiv über den Siegburger Wochenmarkt auf dem Marktplatz in der Innenstadt gibt es seit 1900. Der Siegburger Markt existiert jedoch schon viel länger.

Seine Wurzeln reichen bis ins Jahr 1069, als die Abtei das Marktrecht für die Stadt am Fuße des Michaelsbergs erhielt, und er war seit dem frühen Spätmittelalter auch Hauptumschlagplatz für die zahlreichen Töpferwaren aus der Aulsgasse.

Der Wochenmarkt, immer noch am selben Platze, findet heute montags bis samstags täglich statt und ist damit nicht nur einer der ältesten, sondern auch regelmäßigsten Märkte in ganz Nordrhein-Westfalen. Dass die Zeit auf dem Marktplatz in der Siegburger Innenstadt allerdings nicht stillsteht, zeigen unter anderem jüngere Entwicklungen zur Beschränkung von Plastik. Seit 2016 gehen die Händler mit dem Gebot der Zeit und packen ihre Waren wieder wie früher in Papiertüten, obwohl das für sie teurer ist. Für Fleisch und Fisch können die Kunden ihre eigenen Behälter von zu Hause mitbringen. Gemäß der Selbstverpflichtung des Handels, Plastiktüten zu beschränken, zahlen Kunden eine Gebühr von 10 Cent pro Plastiktüte, wenn sie eine eigene Tasche vergessen haben.

In Zeiten von Covid-19 erlebten die Wochenmärkte regen Zulauf, denn hier kann man den erforderlichen Mindestabstand einhalten und gleichzeitig Nähe zu regionalen Erzeugern, tagesfrischen Produkten und soziales Miteinander erfahren. Und das ist es auch, was das Markterlebnis seit eh und je ausmacht. Verkäufer und Besucher begegnen sich hier auf Augenhöhe, tauschen sich aus – über die Produkte und oft auch über Privates.

Maria Schneider und ihr Sohn Dietrich um 1950 auf dem Weg zum wöchentlichen Einkauf in die Siegburger Innenstadt

41

Unverpackt-Läden – Tante Emma 2.0. ist plastikfrei

Ressourcen sparen, Müll vermeiden, plastikfrei einkaufen. Mit dem Einstieg in das 21. Jahrhundert wurden immer mehr Stimmen laut, die sich nicht nur mit der Forderung nach mehr „Bio" für mehr Nachhaltigkeit starkmachen, sondern auch mit Initiativen gegen Lebensmittelverschwendung, einer Lobby für krummes Obst und Gemüse, einer Zero-Waste-Politik (Null-Abfall-Strategie) gegen das Vergeuden von Rohstoffen angehen möchte. Für die immer kleiner gewordenen Haushalte werden immer ausgefeiltere und kleinteiligere Verpackungen auf den Markt gebracht. Und auch die globaler gewordenen Lieferketten beanspruchen für die langen Transportwege viel Verpackung, um die Waren vor Stoß und Beschädigung zu schützen. Das alles mündet seit den 1980er-Jahren in Verpackungsbergen, die sowohl im Supermarkt vor Ort als auch beim Verbraucher zu Hause anfallen. Gegen den Verpackungswahnsinn eröffnen bundesweit nach und nach sogenannte „Unverpackt-Läden".

Das verpackungsfreie Einkaufen hat mit „Fräulein Jule" 2018 auch im Rhein-Sieg-Kreis Einzug gehalten. Die damals 39-jährige Bettina Roth hatte bereits im privaten Umfeld einige Jahre Erfahrung gesammelt mit der Umsetzung der Zero-Waste-Idee. „Ich versuchte – inspiriert durch den ersten eigenen Gemüseanbau während meiner Elternzeit und einem Nebenjob in einem Hofladen – so wenig Plastikmüll und andere Abfälle zu produzieren wie möglich. In einigen Lebensbereichen funktionierte das schon sehr gut. In anderen war es noch schwierig", erzählt die ehemalige Grundschullehrerin und zweifache Mutter, die eine Affinität zu alten Dingen hat und erschrocken ist über die weit verbreitete Wegwerfmentalität. Aus Motivation für die Generation ihrer Kinder habe sie auch privat etwas gegen die Plastikberge im Meer tun wollen. „Als der Wiedereinstieg in meinen alten Beruf nicht befriedigend war, habe ich die Idee gehabt, einen Unverpackt-Laden in Lohmar-Wahlscheid zu eröffnen. Ich war schon länger selbst Kundin in solchen Läden in Bonn und Köln und fand es schade, dass wir so etwas nicht hier in der Ecke haben", sagt Roth, die mit ihrer Familie direkt vor Ort in einem alten Fachwerkhaus mit Omas Möbeln wohnt und auch die Alltagsgeräte von früher noch aktiv nutzt. „Ich finde es einfach schade, wenn gute Dinge weggeworfen werden", sagt sie.

Mit ihrer Geschäftsidee und dem überschaubaren Sortiment an liebevoll zusammengestellten regionalen und überregionalen Produkten stieß sie nicht nur bei den Wahlscheidern auf große Resonanz, sondern auch bei vielen Familien in Nachbargemeinden. „Unser Kundenstamm kommt etwa zur Hälfte auch aus Overath, Much und Neunkirchen-Seelscheid. Wer von weiter her kommt, kauft mit Eimern gleich für den ganzen Monat ein. Wer aus dem Ort stammt, kommt öfter mit kleinen Gebinden", so die Gründerin. Viele ihrer Kunden seien übrigens Bio-Käufer und bemängelten, dass es auch im Bio-Laden zu viel Verpackungsmüll gibt.

„Wir bieten unverpackt Gewürze, Hülsenfrüchte und Saaten, Kaffee, Kakao und Tee, außerdem Getreide und Mehle sowie Körperpflegeprodukte. Wir legen einen besonderen Fokus darauf, die Produkte immer aus dem nächstgelegenen Herstellungsort zu beziehen. Unser Reis stammt zum Beispiel nicht aus Asien, sondern aus Italien. Wer selbst keine Behälter hat, für den haben wir auch Schraubgläser in verschiedenen Größen, Stofftaschen und Brotbeutel, Trinkflaschen aus Edelstahl oder Glas, Brotdosen und Bügelgläser im Angebot", so Bettina Roth. Jeder Kunde bedient sich an den Behältern selbst und der Preis der Produkte wird durch Abwiegen pro 100 Gramm abgerechnet. Dadurch, dass alles abgefüllt und abgewogen werden muss, dauert das Einkaufen etwas länger als in herkömmlichen Geschäften. „Viele genießen es allerdings, dass hier der Einkauf entschleunigt ist und man so auch Zeit für Gespräche hat", so Roth. Kundenbindung in Form von privaten Gesprächen und Tipps sind – wie früher bei Tante Emma – wieder wichtig. Denn fast jeder Unverpackt-Neuling hat auch brennende Fragen zur Umsetzung der Plastikfrei-Idee.

„Unser Geschäftsname setzt sich übrigens analog zu der freundlichen älteren Dame ‚Tante Emma', die früher oft hinter der Theke stand, aus ‚Fräulein' und ‚Jule' zusammen. Fräulein ist ein altmodischer Begriff und weist einerseits auf vergangene Zeiten hin, andererseits auf das Persönliche, das man bei uns im Laden erlebt. Jule ist der Name meiner Tochter und klingt für mich frisch und modern. Damit wollte ich auf künftige Generationen aufmerksam machen", so Bettina Roth, die selbst in Zeiten von Covid-19 gelassen bleibt. Denn ihre Kunden hamstern nicht, bauen auf Erfahrungswerte und wissen, was sie für eine vierköpfige Familie an Grundzutaten für die Woche oder den Monat benötigen. Da in vielen Geschäften das Mehl oder die Nudeln vergriffen waren, haben auch neue Kunden in den Unverpackt-Laden gefunden. Desinfektionsmittel im Eingangsbereich, das häufigere Reinigen der Griffe an den Behältern und die Auflage, nur einen Kunden pro 10 Quadratmeter in ihren Laden zu lassen, bringen Bettina Roth nicht aus dem Konzept und man merkt, dass sie nicht nur bei der Verpackungsdiät, sondern auch im gesunden Entschleunigen Erfahrung mitbringt.

Unverpackt wird zum Trend

Zwischenzeitlich gibt es im Rhein-Sieg-Kreis einen weiteren Unverpackt-Laden. Auch in Königswinter-Oberpleis können umweltbewusste Menschen nun in der Drogerie Oppermann bei Martin Pothmann Produkte zum Selbst-Abfüllen erwerben.

Auf Zeitreise im Windecker-Ländchen

Zu Besuch im Museumsdorf und Heimatmuseum Altwindeck

In jedem Jahr am 3. Oktober findet der traditionelle Burg- und Handwerkermarkt im Museumsdorf Altwindeck statt. Malerisch gelegen unter der Burgruine sind die Fachwerkhäuser, Scheunen und Mühlen des Heimatmuseums, in denen das Leben und Arbeiten der Menschen vor über 100 Jahren im Windecker Ländchen lebendig wird. Ein

Förderverein kümmert sich liebevoll um den Erhalt der Gebäude und veranstaltet verschiedene Themen- und Aktionstage im Jahr.

So kurz nach dem Erntedankfest dreht sich im Museum – neben dem zentralen Thema „altes Handwerk" am Tag der Deutschen Einheit alles rund um den Apfel und den Er-

halt der biologischen Vielfalt. Der Förderverein „Freunde und Förderer des Emil Hundhausen Heimatmuseums in Altwindeck e.V." demonstriert, wie im alten Backes Brot und bergische Plattenkuchen gebacken werden oder wie eine Göpelmühle funktioniert. An einer Obstpresse wird Saft aus alten Streuobstsorten gemacht. Jeder darf probieren, wie's schmeckt und sich im Rahmen einer Obstsortenschau informieren, welche heimischen Sorten in der Region gedeihen. Um die 70 regionale Aussteller, wie Korbflechter, Bürsten- und Seifenmacher, Honigerzeuger oder Konfitürenhersteller, bieten ihre Waren feil und geben gerne Auskunft über ihre Arbeit. Kurzum: Für jeden ist etwas dabei. Wer mehr über die drei Mühlen, eine Göpel- und eine Wassermühle sowie ein historisches Sägewerk mit Transmissionen erfahren möchte, kommt am Pfingstmontag zum Deutschen Mühlentag gerne wieder, wenn die Mühlen des Museums im Fokus stehen.

1964 wurde das Museum vom Heimatforscher Emil Hundhausen in einem früheren Kuhstall am Fuße der Burg Windeck eingerichtet. Über Jahrzehnte hatte der gelernte

Auch einen Bauerngarten nach altem Vorbild beherbergt das Museum.

Dentist, dessen Praxis mit Werkzeugen von anno dazumal ebenfalls im Museum ausgestellt ist, geschichtlich bedeutsame Gegenstände der Region zusammengetragen. Im Laufe der Jahre fand eine stetige Erweiterung des Museums statt, zunächst durch das Wohnhaus von Bruno Althoff, der auch den Kuhstall als Provisorium zur Verfügung gestellt hatte. Fortan konnten Räumlichkeiten wie eine Bauernstube mit Mobiliar eingerichtet werden, die das Leben der Landbevölkerung dokumentieren und lebendig werden lassen. Auch ein Steinofen von der Burg Neuwindeck aus dem 12. Jahrhundert fand Einzug in das Museum. Älteste Exponate sind Faustkeile und Klingen aus der Altsteinzeit. Ob Wäsche waschen, Apfelkraut herstellen oder Fruchtsaft pressen – vieles dreht sich in der Dauerausstellung des Museums um den Alltag und die Vorratshaltung unserer Vorfahren. Eine Brennstube (Destille) zeigt unter anderem, wie man Korn und Wacholderschnaps herstellte.

Ein original eingerichteter Tante-Emma-Laden gibt Einblick in das Kolonialwarenwe-

sen und die Kauf-Gewohnheiten der Menschen. So war im Rheinland Obst- und Rübenkraut ein beliebter Brotaufstrich. Im Kaufladen dokumentieren alte Bücher, dass es besonders zum Wochenende einen hohen Umsatz an Korinthenbrot und Kraut gab. Die süßen Stullen waren ein willkommener und preiswerter Kuchenersatz für die großen Familien.

„Unter anderem erfahren die Besucher, dass es aufgrund der Bodenbeschaffenheit in der Oberbergischen Region keinen Anbau von Speisezuckerrüben gab. Folglich produzierte man hier nur Obstkraut, dessen Herstellung gegen Ende des 19. Jahrhunderts von kleineren Betrieben, sogenannten *Appelpaatschen*, übernommen wurde. Die Bekannteste war die Firma Land in Herchen-Bahnhof, welche ihre Produkte weltweit vertrieb. Nach Aufgabe des Betriebes Ende der 1970er kaufte die Grafschafter Krautfabrik aus Meckenheim die Rezepturen und produzierte weiterhin ‚Land's Apfelkraut'", so Andreas Lutz, Erster Vorsitzender des Fördervereins.

44

„Suure Kappes im Fass" Sauerkraut wie früher selber machen

Auf dem Arche-Hof Windeck von Lisa Anschütz und Karl-Josef Groß wird Selbstversorgertum auch heute noch großgeschrieben. Auf ihrem 40 Hektar großen Hof in Kohlberg züchtet die Familie im Nebenerwerb vor allem alte und vom Aussterben bedrohte Haustierrassen wie Glanrinder, Bentheimer Landschafe, schwarze Bronzeputen oder Krüper-Hühner. Die Tiere werden wie früher auf dem Hof geschlachtet und „von der Schnauze bis zum Schwanz" verwertet. Das Fleisch verkaufen die Landwirte an Stammkunden aus der näheren Umgebung. In ihrer Freizeit spinnt Lisa Anschütz Wolle, fertigt Kleidung, Schuhe, Kissen und Sitzmöbel aus der Wolle und dem Leder. Für ihre nachhaltigen Ideen erhielt sie sogar mehrfach den *Arca Deli-Award der Save Foundation*. Für den Eigenbedarf sind Sauerteigbrot aus dem Hofbackes, selbst gemachte Nudeln von Knickeiern, Eingewecktes von Obst und Gemüse aus dem Hausgarten sowie selbst gestampftes Sauerkraut für die Familie selbstverständlich.

Sauerkraut einzumachen ist nicht schwer, sondern erfordert nur ein wenig Kraft und Geduld: Davon sind Slow-Food-Anhänger nach wie vor überzeugt. Und so treffen sich im Herbst verschiedene Regional-Gruppen von Slow Food Deutschland, um mit Lisa Anschütz und Karl-Josef Groß in gemeinschaftlicher Runde eigenen Kappes einzustampfen.

Kappesköpp, Kappesbrett (auch Schaav genannt), Pott und Stampel gehören zur Grundausstattung des Krauteinmachens.

45

Hier ist das Rezept:

Schritt 1: Kohlköpfe vierteln und Strünke rausschneiden.

Schritt 2: Kohlviertel auf einem *Kappesbrett* (spezieller Krauthobel) in feine Streifen raspeln.

Schritt 3: Eine Schicht Kappes in einen Tontopf (Gärtopf) füllen und mit einem Holz-Stampfer oder mit der eigenen Faust so lange bearbeiten, bis der Krautsaft aus den Kappesstreifen austritt.

Schritt 4: Eine neue Lage Kappes einfüllen und wieder so verfahren. Zwischendurch etwas Salz und Gewürze (nach Gusto: Lorbeerblätter, Pfeffer, Kümmel, Wacholderbeeren ...) zugeben. Man rechnet pro Kilo Weißkohl circa 30 Gramm Salz.

Schritt 5: Wenn der Topf zu drei Vierteln voll ist und sich eine leicht schäumende Saftschicht gebildet hat, deckt man die Oberfläche mit einer Lage ganzer Krautblätter ab.

Schritt 6: Zu guter Letzt legt man die Beschwerungssteine (Zubehör beim Gärtopf) obenauf. Diese drückt man kräftig runter, damit eine mehrere Zentimeter hohe Wasserschicht aus Kappessaft das Gärgut abdeckt.

Schritt 7: Der Deckel kommt obenauf und zu Hause füllt man die Überlaufrinne des Topfes mit Wasser, sodass der Behälter luftdicht verschlossen ist und weder Bakterien noch Schmutz von außen an das Gärgut kommen.

Schritt 8: Der Topf kann – um die Milchsäuregärung schneller in Gang zu bringen – bis zu einer Woche im Warmen aufgehoben werden. Danach kommt er in den kühlen Keller, wo der Kohl 6 bis 8 Wochen bei völliger Ruhe vor sich hingärt. Der Topf darf in dieser Zeit nicht geöffnet werden! Nach portionsweiser Entnahme des fertigen Sauerkrauts muss der Topf wieder wie oben beschrieben verschlossen werden.

Fermentiertes Superfood

In heutigen Zeiten ist das Fermentieren von Lebensmitteln in kleineren Gebinden wie Weck-Gläsern wieder in Mode gekommen und funktioniert nach demselben Prinzip. Als Basis für das spontane oder wilde Fermentieren von rohem Gemüse dient eine Salzlake aus einem Liter Wasser und zwei gestrichenen Esslöffeln Meersalz. Das klein geschnittene Gemüse wird mit Gewürzen und Kräutern in Gläser eingeschichtet und mit der Lake vollständig übergossen. Alternativ kann das Gemüse geraspelt und mit einem Esslöffel Salz auf ein Kilogramm Gemüse gestampft oder geknetet werden, bis der eigene Saft austritt und es bedeckt. Sobald das Ferment nach einigen Tagen bei Zimmertemperatur „arbeitet“ und die ersten Luftblasen aufsteigen, haben Milchsäurebakterien – die von Natur aus auf dem Gemüse sitzen – den Zucker in Kohl & Co. in Milchsäure umgewandelt. Schon nach drei bis fünf Tagen sind die fermentierten Köstlichkeiten verzehrfertig.

Den ganzen Winter über lassen sich aus dem Vorrat leckere Gerichte wie „Sauerkraut untereinander mit Bratwurst" zaubern.

46

Weinbau im Siebengebirge

Von Sigrid Lange

Helmut Georg, Arbeiter im Weinberg, Feder/Tusche aquarelliert, um 1980

Einst ein wichtiger Erwerbszweig

Jahrhundertelang war der Weinanbau im Siebengebirge zwischen Niederdollendorf und Bad Honnef ein wichtiger Erwerbszweig, der überwiegend auf sehr kleinen Parzellen von oft nur 100 bis 500 Quadratmetern Größe im Nebenerwerb betrieben wurde.[1] Daneben existierten aber auch große Weingüter mit langer Tradition. Die Anbauflächen lagen nicht nur in Rheinnähe, sondern erstreckten sich auch an den sonnigen Hängen in den Seitentälern von Rhöndorf bis Oberdollendorf. Diese weite Verbreitung ist vor allem auf die Bedeutung des Weins als Alltagsgetränk zurückzuführen, solange nicht überall sauberes Trinkwasser zur Verfügung stand. Zusätzlich gab es kleine Weingärten innerhalb der Orte und Weinstöcke an Hauswänden oder Mauern, deren Trauben vornehmlich dem privaten Verbrauch dienten und oft als Verzehrobst oder für Gelees verwendet wurden.

Geschichte des Weinbaus

Die Anfänge des Weinbaus im Siebengebirge sind schwer zu fassen, da archäologische Funde aus römischer Zeit im rechtsrheinischen Gebiet spärlich sind und sich im Siebengebirge nach heutigem Stand fast ausschließlich auf den Steinabbau beziehen. Im linksrheinischen Gebiet dagegen sind sie häufiger und stützen die These, dass die Römer den Weinbau während ihrer Eroberungszüge im 1. Jahrhundert n. Chr. in den Gebieten nördlich der Alpen bis nach England verbreiteten.[2] Belege sind beispielsweise die bei Bad Neuenahr freigelegten Terrassen mit verschütteten Rebanpflanzungen, in denen Münzfunde aus dem 3. Jahrhundert n. Chr. eine Datierung in römische Zeit ermöglichen. An der Mosel wurden am Rande von Weinbergen Steinbecken gefunden, die damals zum Keltern benutzt wurden.[3]

Für die Fortsetzung des Weinbaus in nachrömischer Zeit sprechen vor allem die in historischen Quellen vielfach verwendeten Fachwörter, die sich auf die lateinisch/römische Sprache zurückführen lassen, wie z.B. *calcatorium* für die Kelter, *vinum* für den Wein oder *mustum* für den Most, und verschiedene Gesetze in der ins 5./6. Jahrhundert datierten *lex salica* – einem fränkischen Rechtsbuch –, nach denen beispielsweise der Diebstahl von Weintrauben bestraft wurde.[4] Seit dem 7. Jahrhundert gibt es in Schenkungsurkunden und Güter-

Grenzstein für die Anlage von drei Weinbergterrassen „Im Bocksacker" am Fuße des Drachenfels, beauftragt durch den Prior Bruno Bock des Klosters Meer bei Neuss, Wolkenburg-Andesit, 1767

Grenzstein des Klosters Heisterbach mit Kennzeichnung eines sogenannten Drittelwingert, 18. Jahrhundert

verzeichnissen vermehrt Hinweise auf den Weinbau. Diese belegen allerdings nur die Existenz der genannten Weinberge und -güter, geben jedoch keine Auskunft über deren tatsächliches Alter.

Ein frühes Dokument vom Mittelrhein ist die Schenkungsurkunde eines Helmgar aus dem Jahr 691, der dem Bonner Cassiusstift ein Weingut in Braubach vermacht. 804 überlässt ein gewisser Rungus demselben Stift einen Weingarten im heutigen Bonner Ortsteil Mehlem.[5] Viele weitere Hinweise auf den Weinbau finden sich im sogenannten Prümer Urbar von 893, darunter beispielsweise im heute verschwundenen Ort Reitersdorf bei Bad Honnef.[6]

Für Königswinter-Oberdollendorf wird der Weinbau erstmals 966 in einer Schenkungsurkunde Kaiser Ottos erwähnt.[7] Eine kaiserliche Urkunde aus dem Jahr 1015 bestätigt schließlich zweifelsfrei den Weinbau auch in Königswinter. Damals überließ Kaiser Heinrich II. dem Bonner Frauenstift Dietkirchen ein Gut im Ort „Winetre" im Auelgau, einem mittelalterlichen Verwaltungsbezirk, zu dem auch Königswinter gehörte.[8]

Aus den überlieferten Quellen lässt sich schließen, dass die zunächst überwiegend im Staatsbesitz befindlichen Weingüter im 10. und 11. Jahrhundert durch Schenkungen an neu gegründete Klöster und Stifte übergingen. Diese Entwicklung gab es auch im Siebengebirge, wo sich unter den Weinbergsbesitzern seit dem 12. Jahrhundert

Urkunde von Kaiser Heinrich II. aus dem Jahr 1015 zur Schenkung eines Weinguts in Königswinter an das Bonner Frauenstift Dietkirchen, zugleich erste Erwähnung von Königswinter

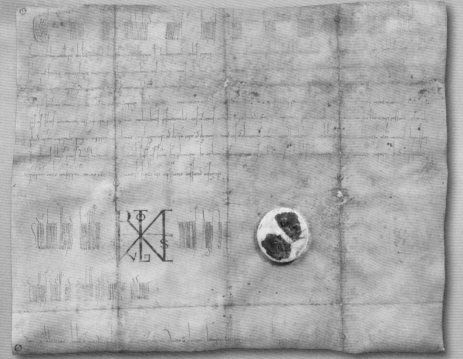

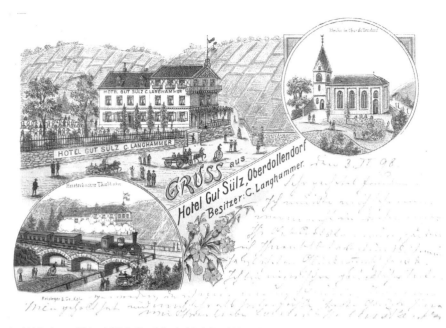

Ansichtskarte vom Weingut Sülz in Oberdollendorf, kolorierte Lithografie, um 1900

nachweislich u.a. das Damenstift Vilich, das Marienstift Aachen, das Cassiusstift Bonn und zahlreiche Kölner Klöster finden.[9] Besondere Bedeutung für den Weinbau im Siebengebirge hatten jedoch vor allem die Zisterziensermönche, die sich im ausgehenden 12. Jahrhundert zunächst auf dem Petersberg und dann im Heisterbacher Tal ansiedelten. In den nachfolgenden Jahrhunderten vergrößerte sich auch ihr Besitz. Mit dem Weinanbau konnten die Zisterzienser nicht nur ihren eigenen wachsenden Bedarf an Messwein decken, sondern auch wirtschaftliche Interessen verfolgen. Dieser Handel lässt sich u.a. anhand der für das Kloster freigegebenen Fassmengen bei den Rheinzöllen belegen.[10]

Der hohe Stellenwert, den die Weinwirtschaft bei den Zisterziensern besaß, ist auch für andere Orte belegt, an denen sich Zisterzienser ansiedelten.[11] In den Verträgen mit ihren Pächtern gaben die Zisterzienser genau vor, wie Weinberge zu bewirtschaften und zu pflegen waren.[12] Die anteiligen Abgaben der Pächter an das Kloster wurden in Heisterbach häufig mit einem Abgabeanteil von einem Drittel der jährlichen Ernte festgelegt. Diese sogenannten *Drittelwingerte* wurden mit entsprechend bezeichneten Grenzsteinen markiert.[13] Eine besondere Rolle spielte in diesem Zusammenhang das 966 erstmals erwähnte Oberdollendorfer „Weingut Sülz". Seit dem 13. Jahrhundert befand es sich im Besitz des Klosters Heisterbach und war zentrale Anlaufstelle für die klösterliche Weinwirtschaft: Hier mussten die Pächter der nahe gelegenen und auch entfernteren Weinberge Rechenschaft ablegen und die vertraglich vereinbarten Anteile der Ernte für das Kloster abführen.[14] Nach der Aufhebung des Klosters wurde das Weingut unter verschiedenen Besitzern weitergeführt und ist noch heute eine Weingaststätte.

Wein aus dem Siebengebirge gewann jedoch nicht nur im kirchlichen Umfeld an wirtschaftlicher Bedeutung, sondern auch als Handelsgut weltlicher Weinbergsbesitzer. Dafür sorgte der steigende Wohlstand in den Städten, der zu einer größeren Nachfrage führte. Belege für den zunehmenden Weinhandel finden sich beispielsweise in den teilweise seit dem Mittelalter erhaltenen Unterlagen der Zollstationen, die seit dem 12. Jahrhundert warenbezogene Mengen abrechneten.[15]

Außer den schriftlichen Quellen, die seit dem Mittelalter den Weinbau im Siebengebirge belegen, gibt es ab dem 16. Jahrhundert auch Bildmaterial. Ein frühes Beispiel dafür ist die Darstellung der Beschießung Königswinters während des Truchsessischen Kriegs im September 1583. Der Stich aus der Reihe der Geschichtsblätter von Frans und Abraham Hogenberg zeigt ein topografisch zwar nicht korrekt wiedergegebenes Landschaftsbild, in dem jedoch der Weinanbau an den rheinseitigen Hängen anhand detailreich wiedergegebener Rebstöcke im Vordergrund und formelhafter Verkürzung im Hintergrund ablesbar ist. Auch der 1646 entstandene Kupferstich von Matthäus Merian zeigt regelmäßig gesetzte Weinstöcke am Fuße des Drachenfels.

Zu diesem Zeitpunkt war der Höhepunkt des Weinbaus auch im Siebengebirge bereits überschritten. Erste Rückgänge seit dem ausgehenden 16. Jahrhundert hängen mit dem Aufkommen anderer Alltagsgetränke wie Bier und mit den Kriegen des ausgehenden 16. und 17. Jahrhunderts zusammen.[16] Erst im 18. Jahrhundert erholte sich der Weinbau wieder und erfuhr eine neue Blüte. Mitte des 19. Jahrhunderts waren im früheren Siegkreis noch 483,5 Hektar mit Rebstöcken bepflanzt; davon lag der größte Flächenanteil im Siebengebirge.[17]

Linksrheinisch ging der Weinbau aufgrund schnell wachsender Städte wie Bonn und

Die Belagerung von Königswinter im Jahr 1583, Kupferstich von Frans Hogenberg, um 1590

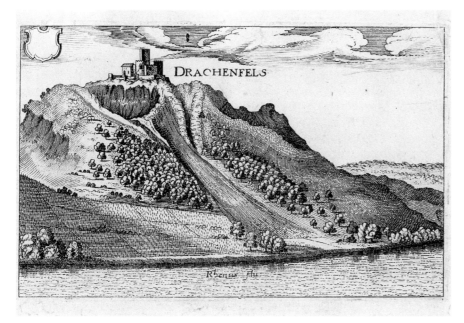

"Drachenfels", Kupferstich von Matthäus Merian, 1646

Markt brachten, und die verhältnismäßig kleinen Anbauflächen mit wenig Ertrag für den einzelnen Winzer. Der Bau von privaten Häusern, industriellen Anlagen, Straßen und Eisenbahnstrecken führte besonders in der Rheinebene zum Verlust von Anbauflächen. Zudem lockte die Industrie mit ganzjährig sicheren und witterungsunabhängigen Einkommen. Zunehmende Schädlingsplagen, klimabedingte Missernten und Umweltschäden durch den wachsenden Dampfschifffahrtsverkehr und die Eisenbahn schadeten dem Weinbau zusätzlich. In Oberdollendorf verringerte sich 1913 die 100 Jahre zuvor noch 50 Hektar umfassende Weinbaufläche auf 20 Hektar, in Niederdollendorf von vormals 30 Hektar auf nur noch 10 Hektar.[19]

Der Weinbau erreichte 1924 einen Tiefpunkt: In Oberdollendorf wurden nur noch 7,5 Hektar und in Niederdollendorf nur noch 2,5 Hektar bewirtschaftet. Daraufhin schlossen sich Winzer zusammen, um den Weinanbau durch gemeinsame Fortbildung, Exkursionen und Rekultivierungen wieder zu fördern: In "Beispielswirtschaften" wurden neue Anbaumethoden und Rebsorten erprobt. Die seit den 1920er-Jahren angebotenen Förderprogramme für die Neuanlage von Weinbergen waren vielerorts mit einer verbesserten Infrastruktur zur Bewirtschaftung verbunden. Diese Maßnahmen und die

Köln und dem damit verbundenen steigenden Bedarf an Frischobst und Gemüse sowie an Bauland und der Notwendigkeit moderner Infrastruktur bereits Mitte des 19. Jahrhunderts stark zurück.

Im Siebengebirge zwischen Oberdollendorf und Rhöndorf blieb er jedoch wichtiger Wirtschaftsfaktor. 1854 zählte der Königswinterer Bürgermeister in Königswinter und Honnef noch 290 Winzer mit jeweils etwa 2 bis 3 Morgen Land.[18]

Erst gegen Ende des 19. Jahrhunderts verlor der Weinbau auch im Siebengebirge an Bedeutung. Gründe waren verbesserte Verkehrswege, die bessere und billigere Weine aus anderen Regionen auf den lokalen

Caspar Scheuren, Der Drachenfels, Öl auf Leinwand, um 1835-40

Ansichtskarte des Drachenfels mit brachliegenden Weinbergen, Fotoreproduktionstechnik, um 1976

Weinlagen und Weingüter

Die so entstandenen, insgesamt 20 Hektar großen Weinbauflächen sind im deutschen Weingesetz und der zugehörigen Weinverordnung unter der Bezeichnung „Bereich Siebengebirge" als „Großlage Petersberg" mit neun Einzellagen festgeschrieben und der Weinregion Mittelrhein zugeordnet.[23] Anders als in früheren Jahrhunderten, in denen im Siebengebirge überwiegend Reben für rote Weine kultiviert wurden, sind es heute häufig weiße Rebsorten, die angebaut werden. Insgesamt erzeugen die vier verbliebenen Winzer im Siebengebirge jährlich über 2000 Hektoliter Wein, die vor allem regional vermarktet werden, im Gaststättenbereich und über den Online-Handel aber auch überregional vertrieben werden.

Auf dem Sülzenberg (3 Hektar),[24] dem Laurentiusberg (2,3 Hektar) und dem Rosenhügel (2,9 Hektar) werden an der Dollendorfer Hardt insgesamt ca. 7,2 Hektar vom Weingut Blöser bewirtschaftet, das als einziger Weinbaubetrieb in Oberdollendorf noch heute besteht. Die Geschichte des Weinguts der Familie Broel-Blöser reicht zurück bis ins Jahr 1696. Lange Zeit betrieb die Familie im Ort neben Weinbau auch Obstanbau und eine Gaststätte. Das heutige Weingut mit ausschließlicher Weinwirtschaft entwickelte sich erst nach dem Zweiten Weltkrieg, als zu den nur noch etwa 2 Hektar in den 1960er-Jahren weitere Flächen hinzukamen, die nach der Flurbereinigung leichter bewirtschaftet werden konnten, beispielsweise durch den Einsatz von Maschinen. Kurz zuvor hatte die Familie das Gebäude des 1967 aufgelösten örtlichen Winzervereins mit Kelterhalle und großem Weinkeller übernommen.[25]

In Niederdollendorf gehören zur „Großlage Petersberg" die Einzellagen Goldfüßchen (2,6 Hektar), Heisterberg (1,7 Hektar) und Longenburgerberg (3,5 Hektar), von denen zurzeit nur noch der Heisterberg bewirtschaftet wird. Auch dieser war einst Teil der klösterlichen Weinwirtschaft in Heisterbach und wurde im Kontext einer Zinsablösung erstmals 1329 als *Paffinroyt* (Pfaffenröttchen) mit einer Weinbaufläche von 2 Morgen erwähnt. Nach der Säkularisation gelangte das Weingut in den Besitz des Bonner Universitätsprofessors Philipp Joseph von Rehfues, wurde aber weiterhin von einem Pächter bewirtschaftet, der auch einen Gasthof betrieb.[26]

Bemühungen in nationalsozialistischer Zeit, den deutschen Wein als Volksgetränk zu definieren,[20] führten in den 1930er-Jahren zu einer Erholung im Weinbau: In Oberdollendorf bewirtschafteten 1939 insgesamt 89 Winzer 21 Hektar, in Niederdollendorf teilten sich 11 Winzer eine Fläche von etwa 10 Hektar. In Königswinter wurden zu diesem Zeitpunkt wieder 21 Hektar bewirtschaftet, in Rhöndorf erreichte man nach einem Rückgang der Fläche zu Beginn der 1930er-Jahre auf nur noch 1,4 Hektar einen Anstieg auf fast 8 Hektar.[21]

Bürgermeister Günter Hank bei der Grundsteinlegung für die Flurbereinigung der Weinberge im Siebengebirge in Oberdollendorf, Fotografie, 1978

Dem kurzen Aufschwung folgte mit dem Zweiten Weltkrieg und der unmittelbaren Nachkriegszeit erneut eine Phase des Rückgangs, die mit der Rodung von Flächen für den Anbau von Nahrungs- und Futtermitteln, mit Arbeitskräftemangel und damit verbundener Vernachlässigung der Weinberge und mit Problemen durch Schädlingsbefall oder witterungsbedingten Schäden zusammenhing. Bis in die 1960er-Jahre reduzierte sich der Flächenanteil der Weinberge trotz staatlicher Subventionen gravierend, vielerorts pflanzte man nun Obstbäume oder ließ die Flächen brachliegen.

Erhalt des Landschaftsbildes

Dieser Niedergang führte zur Sorge um den Verlust eines über Jahrhunderte vom Weinbau geprägten Landschaftsbilds mit negativer Wirkung auch auf den Tourismus. Unter der Federführung des damaligen NRW-Landwirtschaftsministers Dieter Deneke begann man deshalb im Siebengebirge 1973 mit einer Flurbereinigung der Weinberge, die von 1973 bis 1978 in drei Abschnitten durchgeführt wurde. Dafür wurden zunächst die kleinzelligen Weinbauflächen vom Amt für Agrarordnung in Siegburg den Besitzern abgekauft und durch umfassende Geländearbeiten saniert. Außerdem wurden neue Stützmauern gebaut und Wirtschaftswege angelegt. Die neu parzellierten Flächen wurden anschließend zu günstigen Konditionen an interessierte Vollerwerbswinzer verkauft.[22]

Ansichtskarte der Weinberge in Dollendorf, Fotografie, um 1950

1953 gelangte das Pfaffenröttchen in den Besitz des *Landschaftsverbands Rheinland*, der im Gutshaus eine Bildungsstätte einrichtete und die Bewirtschaftung zunächst dem 1929 gegründeten Winzerverein von Oberdollendorf überließ. Nach der Auflösung des Vereins 1967 betrieb die 1958 in „Jugendhof Rheinland" umbenannte Bildungsstätte den Weinberg noch bis 1983 selbst, danach verbuschte das Gelände. Da sich auch weiterhin kein interessierter Pächter fand, wurden 1994 die Planungen für die Flurbereinigung aufgegeben, die wegen des Ausbaus der B 42 zunächst nur zurückgestellt worden waren. 2001 wurde der Heisterberg im

Rahmen eines Gemeinschaftsprojekts des *Landschaftsverbandes* und des *Rheinischen Vereins für Denkmalpflege und Landschaftsschutz* gerodet, der Weinbergweg erneuert und eine Trockenmauer errichtet; 2002 folgte die neue Bestockung mit unterschiedlichen Rebsorten. Besonderheit war die Anlage einer Teilfläche, die in ihrer Größe und in der Auswahl der Rebsorten – darunter der 1840 entwickelte *Malinger* – den Weinbau früherer Zeiten beispielhaft veranschaulicht. Bis 2011 bewirtschaftete der Ernährungswissenschaftler Otmar Schmitz-Schlang den Weinberg im Nebenerwerb und konzentrierte sich dabei besonders auf alte Weinsorten

und die Wiederbelebung traditioneller Anbaumethoden im Siebengebirge.[27] 2016 übernahm Kay Thiel den Weinberg und begründete vor Ort mit „Kay-Weine" ein neues Weingut, das mittlerweile als Biolandbetrieb zertifiziert wurde. Zu den Flächen am Heisterberg sollen in den kommenden Jahren am Stappenberg in Oberdollendorf, in Dattenberg bei Linz und in Leutesdorf weitere Weinberge hinzukommen, die wegen der unterschiedlichen Böden vielfältige Produkte möglich machen.[28]

Die beiden größten Einzellagen im Siebengebirge befinden sich am Fuß des Drachenfels mit insgesamt etwa 11 Hektar.[29] Der größere Teil der Fläche wird durch das Königswinterer Weingut Pieper bewirtschaftet, das seinen Stammsitz im geschichtsträchtigen ehemaligen Jesuiter Hof in Königswinter hat. Dort wurde bereits seit dem ausgehenden 17. Jahrhundert für den Kölner Orden Wein gekeltert. In den 1960er-Jahren übernahm die Familie Pieper den Gaststättenbetrieb, aber erst 1970 begründete Adolf Pieper mit der Übernahme des Rhöndorfer Weinguts Henseler-Domlay von seinem Schwiegervater Wilhelm Henseler und zusätzlichen Ankäufen ein neues Weingut. Nach der Flurbereinigung wurde die Anbaufläche in den 1980er-Jahren mit weiteren Bereichen am Drachenfels auf ca. 9 Hektar vergrößert; 2020 sind neue Flächen am Ulaneneck in Rhöndorf hinzugekommen. Der dort gelegene ehemalige Weinberg wurde im Frühjahr 2020 im Rahmen von Naturschutzmaßnahmen des Projekts *Chance7* gerodet und soll 2021 wieder bestockt werden.[30]

Das zweite, mit 2,5 Hektar Anbaufläche kleinere Weingut am Drachenfels gehört Karl-Heinz Broel in Rhöndorf. Die Geschichte dieses Guts reicht bis in das Jahr 1742 zurück. Damals ging das spätere Hotel „Wolkenburg" in den Besitz der Familie Broel über. Erst 1905 wurden Weinberge gekauft, um das Hotel samt Gaststätte mit Wein zu versorgen. Die meisten Flächen an den Süd- und Südwesthängen des Drachenfels gehörten ursprünglich dem Kölner Domkapitel, das nach Einstellung des dortigen Steinabbaus seit dem 16. Jahrhundert Weinbau betrieb. Im 19. Jahrhundert gelangten die Weinberge zunächst an den Kölner Appellationsgerichtsrat Jacob Dahm, der sie 1905 an Karl Broel verkaufte. Weitere kleinere Flächen kamen von anderen Eigentümern hinzu. Das in seiner ursprünglichen Form teilweise erhaltene neue Gutshaus wurde mit einer Kelterhalle, einem großen Weinkeller, Fassküferwerkstatt und einem Kontor aus-

Pfaffenröttchen, Lithografie (Ausschnitt) von Nikolaus Christian Hohe, um 1850

Ansichtskarte mit Haus Rüdenet, Fotoreproduktionstechnik, um 1936

Ansichtskarte des Drachenfels und Schloss Drachenburg und mit dem darunterliegenden Weingut Rüdenet, Fotoreproduktionstechnik, um 1960

„Wingert-Guerilla" am Drachenfels, Fotografie von Axel Bordihn, 2013

gestattet und erlangte durch die Besuche von Konrad Adenauer und anderer politischer Prominenz später besondere Bekanntheit.[31]

Am Drachenfels lagen viele traditionelle Weingüter, teilweise betrieben von namhaften Eigentümern, so beispielsweise bis in die späten 1950er-Jahre von der Kölner 4711-Fabrikantenfamilie Mülhens. Ihre einstigen Flächen gehören heute größtenteils zum Weingut Pieper. Nicht mehr bewirtschaftet werden dagegen die Flächen des unterhalb von Schloss Drachenburg gelegenen Rüdenet. Wegen der eindrucksvollen Aussicht avancierte das spätestens 1811 gegründete „Weingut Rüdenet" mit seiner Gaststätte zu einem beliebten Ausflugsziel und diente Heinz Rühmann 1956 als Kulisse für Szenen in seinem Film „Sonntagskind". Nur wenige Jahre später wurde 1964 der dortige Weinanbau aufgegeben, die Gaststätte aber noch bis in die 1980er-Jahre weitergeführt. Die zugehörigen Gebäude fielen schließlich der Flurbereinigung zum Opfer, bei der ab 1978 alte Weinbergterrassen abgetragen und neu angelegt worden waren: 1981 kam es zu einem dramatischen Hangrutsch, in dessen Folge die beschädigten Guts- und Gaststättengebäude 1984 schließlich abgerissen werden mussten.[32]

Trotz der Flurbereinigung, deren Maßnahmen nicht nur der Wirtschaftlichkeit, sondern auch der Sicherheit dienten, sind die Weinberge am Drachenfels aufgrund der Brüchigkeit des steilen Felsens heute noch gefährdet: Nach einem Steinschlag am sogenannten Siegfriedfelsen wurde 2011 der darunterliegende Weinberg von behördlicher Seite aus Sicherheitsgründen zunächst für Spaziergänger, 2013 jedoch auch für die Mitarbeiter der Winzerbetriebe gesperrt – damit war die gesamte Ernte in Gefahr. Da die Behörden keine Ausnahmegenehmigung erteilen konnten, formierten sich Bürger aller Altersklassen – überwiegend aus Königswinter und Rhöndorf – zur „Wingert-Guerilla" und übernahmen nachts, aber auch frühmorgens, nach Feierabend sowie an Wochenenden und Feiertagen unter dem Vorwand „Wir gehen wandern" und unter dem Motto „Wir lassen sie nicht hängen" die Weinlese.[33]

Zur „Großlage Petersberg" gehört schließlich auch ein 1979 anlässlich der Bundesgartenschau 1979 in der Bonner Rheinaue angelegter Weinberg. Er wird seit 1983 von Lehrern des Bonner Beethovengymnasiums gepflegt, die sich wegen der Schulgeschichte der Weinbautradition verpflichtet fühlen: An

Blick vom Alten Zoll in Bonn zum Siebengebirge, im Mittelgrund das Lustschlösschen Vinea Domini umgeben von Weinstöcken. Kolorierter Kupferstich von Martin Ziegler nach einer Vorlage von Laurenz Janscha, Wien, 1794

der Stelle des heutigen Beethovengymnasiums in der Adenaueralle hatte der Kölner Erzbischof und Kurfürst Joseph Clemens 1722 ein Lustschlösschen – die sogenannte *Vinea Domini* – inmitten von Weingärten errichten lassen, deren Erträge der Vorgängerschule des Beethovengymnasiums in der Bonngasse zugutekamen. Daran erinnert der Name des in der Rheinaue auf ca. 0,5 Hektar wachsenden Rotweins: „Vinea Domini Archigymnasii Bonnensis".[34]

Traditionen

Die jahrhundertelange Verbundenheit der Menschen im Siebengebirge mit dem Weinbau spiegelt sich in zahlreichen Traditionen wider; dazu gehört das seit 1921 in Oberdollendorf veranstaltete Winzerfest. Es war das erste dieser Art im Siebengebirge: mit einem Umzug, in dem verschiedene Wagen und Gruppen entsprechend der Karnevalsumzüge in humorvoller Weise den Alltag der Winzer darstellten – angefangen bei den sogenannten Stickern über die Binderinnen und Schneiderinnen bis hin zu den Weinpanschern. Königswinter feierte sein erstes Winzerfest 1924 innerhalb des Erntedanks und ab 1931 als eigenständiges Fest, zu dem seit 1961 die Verleihung des Ordens „Wider den quälenden Durst" der Ritter vom Siebengebirge gehört. Ihn übergibt der „Weingott Bacchus", der sich schon 1955 als historische Figur des Brauchtums etabliert hatte. Von 1972 bis 1997 richtete Oberdol-

lendorf ein dem Winzerfest vergleichbares Weinblütenfest aus, das heute als Hoffest auf dem Weingut Blöser gefeiert wird. Seit 2012 wird außerdem der „Petit Médoc" ausgerichtet, der kostümierte Läufer vorbei an verschiedenen Weinständen durch Oberdollendorf und die Weinberge führt.

Solche Winzerfeste, wie sie auch in Niederdollendorf, Rhöndorf und Honnef veranstaltet wurden und werden, sind jedoch nicht nur als Teil der Brauchtumskultur anzusehen, sondern spielen immer auch bei der Direktvermarktung und als Tourismus-Wer-

bung eine Rolle. Die Bedeutung des Weinbaus für den Alltag der Menschen lässt sich darüber hinaus an zahlreichen Denkmälern ablesen, die im Siebengebirge aufgestellt wurden. Dazu gehört beispielsweise der Weinbrunnen auf dem Königswinterer Marktplatz, aus dem früher anlässlich des Winzerfests tatsächlich Wein floss. An verschiedenen Orten erinnern historische Keltern und Pressen an den früheren Weinbau.

Der Tradition verpflichtet ist auch der bereits 1899 gegründete *Weinbauverband Siebengebirge e. V.*, der noch heute die Interessen der Winzer vertritt. Ihm gehören nicht nur die vier Siebengebirgswinzer an, sondern auch die Weingüter Krupp und Belz in Bruchhausen. In der *Weinbruderschaft Mittelrhein-Siebengebirge* sind Weinfreunde aus der ganzen Region vereinigt. Weitere Weinbau-Traditionen leben schließlich an verschiedenen Orten im Siebengebirge auch durch die Anlage von privaten oder bürgerschaftlich bewirtschafteten Weinbergen auf, die nicht den offiziellen Lagen zugerechnet werden und deren Winzer entsprechend bei der Vermarktung keine kommerziellen Interessen verfolgen dürfen. Beispielhaft hierfür ist der vom *Bürger- und Ortsverein Rhöndorf* 2008 am Ziepchensplatz eingerichtete Lehrweinberg.[35] In Königswinter besitzt der derzeitige Bürgermeister Peter Wirtz in der Winzerstraße einen privaten Weinberg. Walter Faßbender unterhält einen kleinen Rebengarten zwischen Kurfürsten- und Brandstraße, und am Eselsweg zum Drachenfels wird die Tradition des Weinbaus von den Besitzern des Hauses „Vater Rhein" mit einer privaten Rebanlage aufrechterhalten.

Anmerkungen siehe Seite 231.

Winzerfest in Oberdollendorf, Fotografie, 1921

Eine gute Mischung aus Theorie und Praxis:

„Am Berufskolleg nachhaltig und gesund essen und trinken lernen"

Von Eva Zoske-Dernóczi

Das Carl-Reuther-Berufskolleg in Hennef ist eine Schule des Rhein-Sieg-Kreises und eine gewerblich-technische Bündelschule, in der Schülerinnen und Schüler* in verschiedenen Schulbereichen unterrichtet werden: Ausbildungsvorbereitung, Bau-, Holz- und Gestaltungtechnik, Informationstechnik, Ernährungs- und Versorgungsmanagement, Ingenieur-, Metall-, Elektrotechnik und Mechatronik sowie dem Schulbereich des Beruflichen Gymnasiums, an dem Schüler ihre allgemeine Hochschulreife absolvieren können. Das Angebot reicht also von der Pflichtbeschulung Jugendlicher mit und ohne Schulabschluss über die Ausbildung von Schülern

in Teilzeitklassen und Vollzeitklassen, in denen alle Schulabschlüsse bis hin zur allgemeinen Hochschulreife erworben werden können.

Insgesamt fast 2800 Schüler werden hier von 110 Kolleginnen und Kollegen unterrichtet. Pro Tag sind circa 1200 Schüler anwesend – von diesen besuchen circa 700 Schüler sogenannte Vollzeitklassen. Die Schüler sind in der Regel zwischen 16 und 20 Jahre alt, einige sind aber auch erheblich älter, weil sie z.B. bereits eine Ausbildung absolviert oder sich beruflich umorientiert haben. Die Schülerschaft kommt aus dem gesamten Rhein-Sieg-Kreis.

Einer der größten Schulbereiche des Berufskollegs ist die Abteilung „Ernährungs- und Versorgungsmanagement". Neben den klassischen Ausbildungsberufen wie Bäcker, Konditor, Fleischer sowie Bäckerei-, Konditorei- und Fleschereifachverkäufer werden ca. 120 Schüler in Vollzeitklassen beschult, damit sie Abschlüsse sowie eine schulische Berufsausbildung erwerben, wie z.B. die des Staatlich geprüften Assistenten für Ernährung und Versorgung (Schwerpunkt Service) oder die Fachoberschulreife, ggf. mit Qualifikationsvermerk. Auch können Schüler ihre Fachhochschulreife erreichen.

*) Nachfolgend wird zugunsten einer besseren Lesbarkeit nur die männliche Form gebraucht.

Die Klasse VH81 mit den Fachpraxislehrern Heike Schulte und Stefan Fassbender

Lernen in Dänemark

Die Klasse VH81

Das Ziel Fachhochschulreife verfolgt zum Beispiel die Klasse VH81, die eine sogenannte Höhere Berufsfachschulklasse ist und deren Lernen und Arbeiten in diesem Artikel einmal näher betrachtet werden.

Lernen und Wissen anwenden: Im Rhein-Sieg-Kreis und in Europa

In Anbetracht der Tatsache, dass Gesundheitserziehung und Ernährungsbildung eine entscheidende Rolle im Alltag eines jeden spielen sollte, werden diese Themen den Klassen als handlungsorientierte Lernsituationen nahegebracht. Dabei stimmen sich Theorie- und Praxislehrer beim Unterrichten eng miteinander ab. Die Schüler lernen im fachtheoretischen Unterricht und durch vorbereitete Betriebsbesichtigungen und Praktika verschiedene Branchen und Unternehmen in der Gastronomie und Hotellerie sowie in Senioreneinrichtungen kennen.

So findet z.B. jedes Jahr ein Besuch in einer Seniorenresidenz in Hennef oder Siegburg statt. „Wir waren dort mit unserer Fachpraxislehrerin Heike Schulte und lernten viel im Bereich der Dienstleistung und Betriebsorganisation: Wie man Hygienemaßnahmen einhält, spezifische Reinigungsarten und -verfahren umsetzt, wie ein Seniorenheim aufgebaut ist und wie eine Großküche funktioniert", berichtet der 18-jährige Jannik Goethe, Schüler der VH81. Da auch das Thema „Waren beschaffen und lagern" ein wichtiger Teil der Ausbildung im hauswirtschaft-

lichen Bereich ist, ist es naheliegend, dass auch der Firma Jäger ein Besuch abgestattet wird. Sie ist der Haupt-Lebensmittellieferant des Carl-Reuther-Berufskollegs. „Die Größe der Lager und Lebensmittelmengen sind für die Schüler beeindruckend", so Fachpraxislehrerin Heike Schulte. „Außerdem können sie nach dem Besuch die Lebensmittelbestellungen selbst erarbeiten und in Auftrag geben, was ein toller Lernerfolg ist."

Was die Schüler gut finden ...

Im Rahmen der Internationalisierung führt der Schulbereich auch seit vielen Jahren erfolgreich Praktika im EU-Ausland durch. Das ermöglicht den Schülern, berufliche und kulturelle Erfahrungen zu sammeln und den Horizont zu erweitern. Die Teilnehmen-

den erhalten durch ihr Praktikum mit *Erasmus+* den sogenannten *Europass Mobilität*. „Mit dem Europass erhalte ich ein europaweit vergleichbares Dokument und habe bessere Chancen auf dem Arbeitsmarkt im In- und Ausland", erklärt Sarah-Céline Haag. „Neben einer Vertiefung der englischen Sprachkenntnisse listet der Pass die Kompetenzen und Kenntnisse auf, die wir während unseres Lernaufenthaltes im Ausland erworben haben", so die 20-jährige Schülersprecherin. Die Höhere Berufsfachschule fährt jedes Jahr nach Viborg, Dänemark und absolviert dort Praktika in diversen Betrieben und in der Hauswirtschafts- und Restaurantschule des Ausbildungszentrums *Mercantec*. Die Schüler lernen dort durch ihr zweiwöchiges Praktikum vor allem, „dass in Schulkantinen und Restaurants so wenig Convenience- und Fertigprodukte wie mög-

Impressionen aus Viborg, Dänemark

Tisch eindecken – so geht's richtig.

Ökologie und Nachhaltigkeit: Regionale und saisonale Zutaten, vollwertige Produkte

Der 18-jährige Aaron Wilms ist ebenfalls Schüler der Klasse VH81: „Mir gefällt, dass das Thema Nachhaltigkeit bisher in nahezu jeder Lernsituation relevant war, so z.B. auch in Wirtschaftslehre. Im Fach Betriebsorganisation ging es oft um das Thema Ökologie. Die Bereiche Bio und Fairtrade behandelten wir, indem wir uns mit den entsprechenden Siegeln und Zertifizierungen auseinandergesetzt haben."

Die Speisen im Schulbistro werden maßgeblich aus frischen regionalen und saisonalen Zutaten hergestellt, vor allem frisches Obst und Gemüse aus der Region, was ihm sehr positiv auffällt. „Es wird auch darauf geachtet, dass reichlich pflanzliche und wenig zucker- und fetthaltige Lebensmittel auf dem Speiseplan stehen. In Kleingruppen

lich verwendet werden sollten und z.B. Brot, Kuchen und Kleingebäck selbst gebacken werden", was die 18-jährige Paula Bobeth sehr beeindruckte. Jacques Kiesau gefiel, dass man im Ausbildungszentrum ebenfalls erfahren konnte, wie man einen Tisch für ein Vier-Gang-Menü richtig eindeckt.

Für das Schulbistro: Im Team frisch und gesund kochen

Die Schüler lernen in einer der Lehrküchen und in der Großküche des Berufskollegs „in den Fächern Produktion, Betriebsorganisation und Dienstleistung im fachpraktischen Unterricht einmal pro Woche Gerichte selbstständig zu planen", berichtet Schulbereichsleiterin Astrid Josten. „Sie müssen dafür gezielt Lebensmittel einkaufen, diese schmackhaft zubereiten, ansehnlich präsentieren und auch verkaufen." Im schuleigenen Bistro stellen die Schüler täglich abwechslungsreiche Snacks und warme Gerichte her und bieten diese an. Die gesamte Schülerschaft und das Kollegium sowie alle Angestellten der Schule können in den jeweiligen Pausen von montags bis freitags diese Gerichte kostengünstig erwerben. Alle Klassen achten dabei darauf, dass sie gesunde und ausgewogene Snacks und Menüs anbieten. Außerdem berücksichtigen sie nach den Vorgaben ihres Bildungsgangs auch unterschiedlichste Ernährungsformen (wie beispielsweise für Diabeteskranke) oder auch Unverträglichkeiten (z.B. Laktoseintoleranz).

Snacks produzieren

Schülerinnen und Schüler der Klasse VH81 in Aktion

Manchmal lässt sich Verpackung leider nicht vermeiden.

kreieren wir vollwertige Snacks", erzählt Paula Kieth. „Wir berechnen ihren Energiegehalt, planen die Arbeitsschritte und stellen außerdem noch passende Plakate und Preisschilder für die Snacks her, die wir dann in den Pausen an die Schüler- und Lehrerschaft verkaufen." So werden in berufsbezogenen Lernsituationen fachliche Kenntnisse im Produktions- und Dienstleistungssektor vermittelt.

Hierbei stehen Gesundheit und Gesunderhaltung unter Berücksichtigung der Empfehlungen der Deutschen Gesellschaft für Ernährung, gast- und kundenorientierte Handlungsweisen für Kunden und Gäste, nachhaltiges Denken und Handeln sowie aktuelle Ernährungstrends im Vordergrund. Auf Basis rechtlicher und hygienischer Grundlagen werden theoretische Kenntnisse vermittelt und diese auch im praktischen Unterricht umgesetzt. Die 20-jährige Rojda Tekinalp ist beeindruckt davon, dass in fast allen Fächern, z.B. auch in Fächern wie Politik und Englisch, Themen wie „Plastikmüll oder Recycling sowie der Klimawandel und erneuerbare Energiequellen" besprochen werden. Sophie Höschler findet es gut, dass in der Schule auch im fachpraktischen Unterricht auf umweltfreundliche Betriebs- und Reinigungsmittel geachtet wird, wenngleich das Thema Bio und Fairtrade nicht im selben Maße wie im theoretischen Unterricht umgesetzt werden kann, weil die angebotenen Gerichte für die Schülerschaft erschwinglich bleiben müssen. Ökologie und Nachhal-

tigkeit seien bei der Wahl der Gerichte aber stets wichtige Themen. „Zum Beispiel haben wir gelernt, dass es nicht gut ist, Avocados zu verwenden, weil diese einen gigantisch schlechten ökologischen Fußabdruck hinterlassen", erzählt Dajana Ajdinovic. „Bei unserem Kaffee, den wir in der Schule anbieten, achten wir darauf, dass er ein Fair-

Kreativ die Werbetrommel rühren

trade-Siegel hat." Das gefällt auch Aslihan Celik, ebenso wie die Tatsache, „dass in unseren Lehrküchen so gut wie nichts weggeworfen wird". Auch findet sie es gut, „dass wir weitestgehend auf Plastik in unserer Schulkantine verzichten, um auch hier den ökologischen Fußabdruck so gering wie möglich zu halten".

Erfahrungen sammeln: Bei Messen, in Betrieben und in Museen

Ausflüge zu externen Lernorten, wie z.B. 2019 zu der weltweit größten Lebensmittel-Messe *Anuga*, die alle zwei Jahre in Köln stattfindet, komplettieren die gute Mischung aus Theorie und Praxisunterricht. Delal Aksümer und Alba Götz waren beeindruckt davon, „wie informativ und zukunftsweisend die Messe war, wie die Entwicklung von Bio- und Fairtrade-Produkten oder die Umsetzung von ökologischen Aspekten und Nachhaltigkeit im globalen Kontext gezeigt wurden". Über 7500 Aussteller aus aller Welt stellten 2019 zum 100-jährigen Jubiläum der *Anuga* ihre Produkte vor. Christian Schneider, 20 Jahre alt, war begeistert von den „vielfältigen Ständen, die innovative neue Produkte und Trends zeigten, wie z.B. Bratlinge aus Mehlwürmern, Cannabisgetränke oder auch Halal-Produkte für muslimische Kunden". Einen bleibenden Eindruck haben bei der 19-jährigen Ida Ritter Erkenntnisse hinterlassen, „wie man Produkte mit weniger

Ein Lernerfolg,
der sich sehen lassen kann

Zucker, Salz, Fett und weniger Plastikverpackung produziert und dazu noch das Tierwohl mehr im Blick hat".

„Mit unserer Klassenlehrerin Birgit Gerhardt und unserem Fachpraxislehrer Stefan Fassbender konnten wir nicht nur diese Food-Messe besuchen, sondern haben auch im selben Jahr eine einwöchige Klassenfahrt nach Hamburg unternommen", berichtet die 18-jährige Mercan Kol. Ihr gefiel, „dass wir dort viel über den Kaffee- oder Schokoladenanbau lernen konnten, aber z.B. auch im *Deutschen Zusatzstoffmuseum* waren".

Raffael Merken wiederum war beeindruckt von einem Gespräch mit dem Regionalküchenleiter und Küchendirektor des Maritim-Hotels Bonn, Michael Arndt: „Als wir im Hotel waren, hat er uns intensiv Auskunft zur Lebensmittelhaltung gegeben und viele Fragen beantwortet. Außerdem konnten wir einiges über das Arbeitsleben in einem so großen Betrieb lernen, z.B. wie die Arbeitsabläufe in einem Hotel konkret aussehen."

Die meisten Schüler beschreiben, dass ihr Lernzuwachs auch für ihr privates Leben sehr groß ist, selbst wenn sie nach ihrem

Fachabitur keinen unmittelbaren Bezug mehr zu diesen Themen haben werden, weil sie ihre berufliche Zukunft in einem ganz anderen Kontext sehen. Delal Aksümer resümiert: „Mein persönlicher Umgang mit dem gesamten Thema Ernährung hat sich völlig verändert. Seit ich all das in der Schule gelernt habe, lebe ich bewusster bezüglich Nachhaltigkeit und Ökologie. Ich versuche dementsprechend, umweltbewusster bei meinen Einkäufen zu sein und achte auf Siegel wie Fairtrade."

„*Schön festes Fleisch, es wird euch munden ...*"

Jüdische Metzger in Siegburg

Von Claudia Maria Arndt

Siegburgs Fleischer-Innung

Juden und ihre Berufsfelder

In den frühesten Nachweisen jüdischer Besiedlung im deutschen Raum ist meist von jüdischen Kaufleuten die Rede. Aus Italien und Südfrankreich stammende Kaufmanns-familien gründeten im 10. und frühen 11. Jahrhundert im Rheinland jüdische Gemeinden und siedelten sich auch entlang der Hauptverkehrswege und Handelsrouten, wie den Flüssen Rhein, Main und Mosel, an. Juden übten noch weitere spezialisierte Berufe wie Arzt, Architekt oder Finanzberater aus. Zugleich waren sie aber auch als Bauern und Handwerker tätig, besaßen Äcker, Gutshöfe und Werkstätten.

Im Hochmittelalter: Ausschluss der Juden aus handwerklichen Berufen

Im Hochmittelalter änderte sich dies grundlegend. Das vierte Laterankonzil von 1215 schloss die Juden von allen handwerklichen Berufen aus und drängte sie in die Rolle von Pfandleihern, Geldwechslern und Zinsnehmern, da sie das Monopol für den Geldverleih erhielten. Damit war der Grundstein für einen Jahrhunderte andauernden Mythos vom geldgierigen, blutsaugenden jüdischen „Wucherer" angelegt. Die im Hochmittelalter aufkommenden Zünfte, deren Mitglieder Christen sein mussten, kontrollierten und reglementierten nun die Handwerksberufe. Nur bei Berufen, in denen jüdische religionsgesetzliche Vorschriften die Ausübung bestimmten, wie für den Metzger, den Bäcker und den Schneider, wurde eine Ausnahme gemacht. Auch aus der Agrarwirtschaft wurden die Juden gedrängt, indem der Besitz von Lehen an einen christlichen Eid gebunden wurde, den die Juden nicht leisten konnten.

Mit dem Anwachsen der Städte im 13. Jahrhundert nahm der Viehtrieb durch Europa seinen Anfang, seit etwa Mitte des 14. Jahrhunderts gibt es hierfür auch schriftliche Belege. Der Anstieg der Bevölkerung vor allem in den großen Städten brachte eine ansteigende Nachfrage an Fleisch(produkten) mit sich, in erster Linie nach dem Lebensmittel Fleisch, aber auch nach anderen tierischen Produkten wie Filz (Haare), Leder (Haut), Seife, Lichter und Wagenschmiere (Talg), Leim (Knochen), Wursthäute und Bogensehnen (Gedärme) oder Kämmen (Hörner).

Schon seit der Frühen Neuzeit waren viele der Viehhändler jüdischen Glaubens auch Schlachter und Fellhändler. Der Grund lag in den jüdischen Speisevorschriften, die Juden den Verzehr von koscherem Fleisch vorschreiben. Für dessen Produktion brauchte man jüdische Schlachter (Schächter bzw. Schochet) und Fleischer, die jedoch oft nicht ausschließlich von ihrer Fleischerei leben konnten, da es zu wenige jüdische Kunden gab. Aus diesem Grund betätigten sich jüdische Fleischer eben auch im Viehhandel. Das war ein naheliegender Schritt, denn sie fuhren ohnehin oft übers Land, um Fleisch für ihre eigene Fleischerei einzukaufen. Die Berufe des Viehhändlers und Metzgers waren also eng verbunden und über viele Jahrhunderte ganz typische von Juden ausgeübte Berufe.

Ein jüdischer Geldverleiher an seinem Rechentisch, Anf. 16. Jh.

Darstellung eines jüdischen Viehhändlers, um 1820

Rechtliche Gleichstellung Ende des 19. Jahrhunderts – auch in der Berufswahl

Ab ungefähr 1880 – in der Reichsverfassung von 1871 erlangten die Juden endgültig die rechtliche Gleichstellung – traten allmählich Veränderungen im Hinblick auf die Berufswahl der Juden ein. Die Zahl der jüdischen Viehhändler auf dem Lande wurde immer kleiner, da die jüdische Jugend es vorzog, in den Großstädten zu leben, wo sie studieren und (bessere) Arbeit finden konnte. Aber auch ihre Eltern suchten immer häufiger ihr Glück in der Stadt, weil dort die Infrastruktur besser war und es mehr Möglichkeiten gab, ihren Betrieb zu erweitern. Allerdings blieben die Juden oftmals ihren traditionellen Berufen treu. So wurden noch im Jahr 1917 in Deutschland 25 000 jüdische Viehhändler gezählt, was über 60 Prozent aller im Viehhandel Tätigen ausmachte.

Ab den 1930er-Jahren: „Ausschaltung der Juden aus dem deutschen Wirtschaftsleben"

Zwei Jahrzehnte später sollte sich dies jedoch grundlegend ändern. 1933 kamen die Nationalsozialisten an die Macht, die Juden als Volksschädlinge ansahen, die es mittels wirtschaftlicher Boykotte und sozialer Ausgrenzung aus Deutschland zu verdrängen galt. Schon bald erfolgte der Ausschluss der Juden aus dem *Reichsverband des nationalen Viehhandels* und generell die Abdrängung jüdischer Viehhändler bzw. Metzger auf regionaler Ebene auch mittels lokaler Initiativen. Beispielhaft hierfür steht eine eigenmächtige Verordnung des Kölner Polizeipräsidenten im April 1934, die den Ausschluss der Juden vom Kölner Viehmarkt wegen ihrer angeblichen politischen „Unzuverlässigkeit" erlaubte. „Obwohl das Oberverwaltungsgericht in Berlin entschied, dass

Darstellung des jüdischen rituellen Schlachtens von Tieren zum Verzehr, 15. Jh.

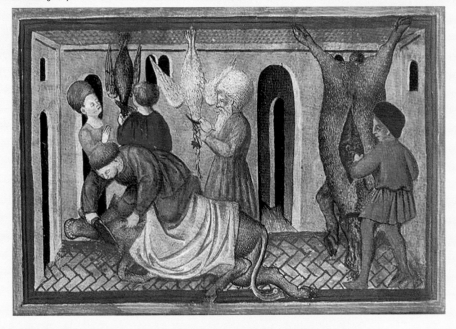

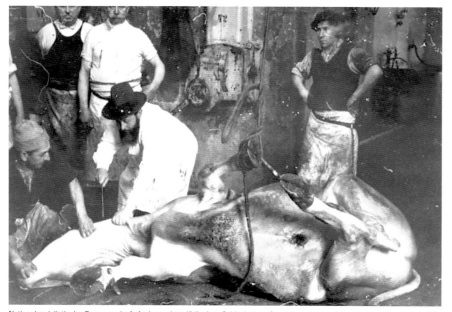

Nationalsozialistische Propaganda-Aufnahme einer jüdischen Schlachtung: Szene aus dem antisemitischen Propaganda-Film „Der ewige Jude", 1940

Jüdische Metzger und Viehhändler in Siegburg

Metzger und Viehhändler waren also über Jahrhunderte typische Berufe der Juden, auch in Siegburg. So führt beispielsweise das *Offizielle Adress-Buch für Rheinland-Westphalen* von 1838, in dem zusätzlich zu den aufgelisteten Namen auch die ausgeübten Berufe genannt werden, fünf Metzger bzw. Personen, die mit Tierhäuten handeln, für Siegburg auf. Deren Namen waren Levi Elias, Nathan Herz, Abraham Isaac, Samuel Isaac und Abraham Levi. Betrachtet man die Anzahl der Juden an der Gesamtbevölkerung (1816 waren gut fünf Prozent der Siegburger Einwohner jüdischen Glaubens, Mitte des 19. Jahrhunderts ca. sechs Prozent, in den Jahrzehnten danach nahm der Anteil der jüdischen Bevölkerung stetig ab, sodass um 1900 nur noch um die zwei Prozent zu verzeichnen waren), waren jüdische Metzger im Vergleich zu ihren christlichen Kollegen deutlich überproportional vertreten. Generell nutzten die Siegburger Metzger seit Ende des 19. Jahrhunderts das 1884 angelegte städtische Schlachthaus sowie die 1895 in Betrieb gesetzte städtische Kühlhausanlage in Verbindung mit einer Eisfabrik. Sie gereichten, wie Rudolf Heinekamp 1879 schrieb, „sowohl den Schlächtern wie auch den übrigen Benutzern zu sehr angenehmer Befriedigung".

Welche Fleischprodukte in dieser Zeit angepriesen wurden, verdeutlicht eine ausführliche Werbeanzeige von Levi Linz aus dem Jahr 1910:

Achtung, großer und billiger Fleischverkauf: Grad heute in der teuren Zeit soll sich ein jeder fragen, wo kauft man wohl das billigste Fleisch zum Kochen oder Braten, sogar schönes Fleisch von fettem Vieh. Jede Hausfrau wird sich sagen, hat sie es einmal nur probiert, man hat kein Recht zum Klagen. Und dieses kauft man, wie bekannt, zum allerbilligsten Preis, bei Levi Linz in der Ankergaß, wie auch ein jeder weiß. Grad diese Woche, werte Kunden, lad ich euch freundlichst ein, schön festes Fleisch, es wird euch munden, von Kühen, Rindern, Schwein. [...] Am Samstag von 7 Uhr ab auf dem Marktplatze. Bratwurst 80 Pf[ennin]g, Rindfleisch 65, 70 Pf[ennin]g, Schweinefleisch 80, 85 Pf[ennin]g, Schinkenwurst 80 Pf[ennin]g.

Das Inserat zeigt ferner, dass die Familie Linz trotz des Sabbats, an dem gemäß jüdischen Glaubens ein Arbeitsverbot gilt, ihrem Broterwerb dennoch nachging. Wöchentlich

diese Polizeiverordnung als nicht rechtsgültig anzusehen sei und anders lautende Urteile des Kölner Bezirksgerichtes aufhob, fanden die ausgeschlossenen jüdischen Viehhändler keinen Schutz vor Drangsalierung. Entweder wurden die Beschlüsse oder Mahnungen von den zuständigen Stellen vor Ort ignoriert oder ihre Umgehung mit anderen Mitteln erreicht." (Britta Bopf) Am 25. Januar 1937 erfolgte das Berufsverbot für „nicht-deutschstämmige" Viehhändler. Dieses barg aber durchaus auch Nachteile auf der „arischen" Seite. Entgegen der antisemitischen Propaganda hatten zwischen den jüdischen Viehhändlern und den Bauern oft persönliche Vertrauensverhältnisse bestanden. Außerdem hatten jüdische Händler (meist) Kredit bis zur nächsten Ernte gegeben, während die Funktionäre des Reichsnährstandes als unerbittliche Sachwalter der neuen Zwangsorganisation auftraten. Aber auch gegen jüdische Metzger gingen die Nationalsozialisten vor. Nachdem die NSDAP schon 1932 ein Verbot der Vivisektion von Tieren – also dem Eingriff am lebenden Tier – vorgeschlagen hatte, wurde am 21. April 1933 das Schächten (also das rituelle Schlachten) unter Strafe gestellt. Das seinerzeit erlassene *Gesetz über das Schlachten von Tieren* schrieb vor, warmblütige Tiere beim Schlachten vor Beginn der Blutentziehung zu betäuben – ein Vorgehen, das dem jüdischen Glauben widerspricht, da das Tier durch die Betäubung verletzt und das Fleisch dadurch zum Verzehr unbrauchbar wird, da es als nicht mehr koscher gilt. In dem 1944 erschienenen *Handbuch der Judenfrage* wird zu dem Thema wie folgt Stellung genommen:

Der Arier, soweit er nicht sittlich verroht ist, kann in dem Schächten nur einen Akt höchster Grausamkeit erblicken. Soweit er seine natürlichen Empfindungen bewahrt hat, kann er nicht anders, als sich mit Ekel und Abscheu von einer solchen Prozedur abwenden. Deshalb sind diejenigen Deutschen, die Gelegenheit hatten, einer Schächtung beizuwohnen, gleichviel, ob sie mit den Juden sympathisieren oder sie bekämpfen, einig in dem Urteil, daß das Schächten eine himmelschreiende, unverantwortliche Grausamkeit und eine Kulturschande für ein zivilisiertes Volk ist.

Mit der *Verordnung zur Ausschaltung der Juden aus dem deutschen Wirtschaftsleben* vom 12. November 1938 wurden Juden unter anderem der Betrieb von Einzelhandelsverkaufsstellen sowie die selbstständige Führung eines Handwerksbetriebs mit Wirkung zum Jahresende untersagt. Kurze Zeit später, am 3. Dezember 1938, folgte die *Verordnung über den Einsatz des jüdischen Vermögens*, die „den höheren Verwaltungsbehörden die Ermächtigung [gab], Juden zum Verkauf oder zur Abwicklung ihres gewerblichen Betriebes sowie zur Veräußerung ihres Grundbesitzes und ihrer sonstigen Vermögensteile zu zwingen". So fielen auch die noch verbliebenen jüdischen Metzgereien in „arische" Hände. Spätestens dieser Zeitpunkt markierte das endgültige Ende des jüdischen Wirtschaftslebens und der Tradition der jüdischen Metzger und Viehhändler im Besonderen.

Der Viehmarkt in Waldbröl, auf dem auch viele Juden Handel trieben, um 1930

Nach dem Krieg erholten sich die Metzgereien von dem wirtschaftlichen Einschnitt. In Werbeanzeigen im *Siegburger Kreisblatt* offerieren die Metzger – darunter die jüdischen wie Abraham Meier in der Luisenstraße, Max Cohn, Levi oder Benni Linz – die nun wieder zur Verfügung stehende reiche Auswahl an Fleisch- und Wurstwaren. Die Siegburger jüdischen Metzger produzierten sogar mehr, als sie in der Stadt selbst verkaufen konnten. Daher wurde das „nicht benötigte geschächtete Fleisch […] nach auswärts verkauft bzw. in sonstiger Weise in der Fleisch- und Wurstindustrie vermarktet". So kam der Vorschlag auf, die Schächtungen auf den tatsächlichen Bedarf der jüdischen Bevölkerung zu reduzieren, was natürlich nicht im Sinne der zahlreichen jüdischen Metzger war, da es ihre Verdienstmöglichkeiten beschnitten hätte.

fand auf dem Siegburger Markt ein Kleinviehmarkt statt, auf dem also auch die jüdischen Händler ihre Ware anboten. Im September 1915 inserierte abermals Levi Linz:

Großer Fleischverkauf: Verkaufe Mittwoch und Samstag morgen auf dem hiesigen Marktplatze 7 fette Kühe, das Pfund 90 Pf[ennin]g. bis 1 M[ar]k. Nach dem Markte findet der Verkauf Ankergasse 7 statt. Um geneigten Zuspruch bittet Frau Levi Linz, Ankergasse 7.

Der Erste Weltkrieg bedeutete für die gut gehenden Metzgereien der Stadt einen herben Einschnitt. Während des Krieges wuchs der Mangel an Lebensmitteln und es kam zu Rationierungen. Das Siegburger Kreisblatt berichtete im Juli 1916:

Das Gedränge vor den Fleischerläden wird jetzt aufhören. Denn im Siegkreise werden für die Metzgereien Kundenlisten eingeführt werden. Jeder Haushalt wird jetzt seinen Metzger wählen müssen, bei dem er seinen Bedarf deckt. Die Metzger wissen alsdann bald bestimmt, wer bei ihnen kauft und was jedem seiner Kundschaftshaushalte zusteht, sodaß das Warten bei den Fleischverkäufen in Wegfall kommt.

Am 21. August 1916 erließ die Reichsregierung im Rahmen der allgemeinen Lebensmittelrationierung schließlich eine *Verordnung über die Regelung des Fleischverbrauches*, womit jeglicher Verkauf von Fleisch und Fleischwaren unter staatliche Kontrolle gestellt wurde. Daher setzte nun der Landrat die Fleisch- und Wurstpreise im Siegkreis

fest. Frisches Rindfleisch kostete seinerzeit das Pfund 2,30 Mark, Kalbfleisch 2,10 Mark, Schwein gab es für 2,50 Mark, ebenso Zunge und Leber. Wurst kostete 1,50 Mark, Rinderfüße mit Haut und Knochen gab es das Stück für 0,70 Mark bei den jüdischen Metzgern Albert Klein in der Zeithstraße und Salomon Koppel in der Kaiserstraße. „Wer als Metzger mehr verlangt, macht sich strafbar", so die Worte des Landrates. Die erwähnten Kundenlisten mussten übrigens regelmäßig aufgestellt und in doppelter Ausfertigung im Rathaus abgegeben werden. Im September 1917 machte der Siegburger Bürgermeister bekannt: „Für die Bezieher des koscheren Fleisches kommen auf Antrag der Synagogen-Gemeinde [des Siegkreises] nunmehr die Ausgabestellen Witwe Oswald, Holzgasse, und David Feith, Aulgasse, in Betracht." 1918 übernahm die Metzgerei Linz in der Holzgasse Oswalds Kunden.

Ab 1933

„Deutsche! Wehrt Euch! Kauft nicht bei Juden!" – unter Parolen wie dieser begann am 1. April 1933 um 10 Uhr ein reichsweiter Boykott jüdischer Geschäfte, Ärzte und Rechtsanwälte. Organisiert wurde diese antisemitische Kampagne vom *Zentral-Komitee zur Abwehr der jüdischen Greuel- und Boykotthetze* unter dem fränkischen Gauleiter Julius Streicher. Der Boykott jüdischer Geschäfte fand auch in Siegburg statt. In einem Bericht der Siegburger Polizei an den Landrat des Siegkreises Dr. Eduard Wessel heißt es:

Der Boykott der jüdischen Geschäfte […] im Stadtbezirk wurde wie folgt durchgeführt: Punkt 10 Uhr vormittags erfolgte die öffentliche Ankündigung durch ein 5 Minuten

SA-Leute vor dem jüdischen Kaufhaus Rhela in der Bahnhofstraße in Siegburg, die zum Boykott auffordern und Hetzplakate präsentieren, 1933

Deportation der Siegburger Juden aus dem Judenhaus in der Brandstraße im Juli 1942

dauerndes Signal der Brandsirenen. Gleichzeitig erfolgte die Aufstellung der SA-Posten vor den vorher genau bezeichneten jüdischen Geschäften und Warenhäusern. Auf Grund dieser Maßnahmen schloß der größte Teil der Betroffenen von sich aus die Geschäfte.

Etliche Siegburger Juden erkannten die Zeichen der Zeit rechtzeitig. 46 von ihnen verließen zwischen 1933 und den Novemberpogromen 1938 ihre Heimatstadt und emigrierten. Andere wiederum zogen in die Großstädte wie z.B. Köln, weil sie sich dort mehr Anonymität erhofften und es größere jüdische Gemeinden gab, wo man sich unter seinesgleichen sicherer fühlte.

Als am 10. November 1938 die Siegburger Synagoge in Brand gesteckt und zerstört wurde, waren gleichzeitig auch die wenigen noch existierenden jüdischen Geschäfte von den Übergriffen betroffen. Über den Ablauf geben Gestapo-Akten genaue Auskunft: In den frühen Morgenstunden des 10. Novembers wurden fast gleichzeitig – die Akten vermelden es auf die Minute genau: zwischen 5.55 und 6.12 Uhr – die Schaufensterscheiben in sechs von 13 noch offenen jüdischen Geschäften eingeschlagen. Unter ihnen befanden sich folgende Firmen: Felix Oestreicher, Gebrüder Alsberg, Hermann Hamberg, Leo Müller und der Pferdemetzger Samuel Cohn. 70 Angestellte verloren durch die mit der Zerstörung der jüdischen Geschäfte verbundenen sofortigen Schließung ihre Stellen.

Bis zum Beginn des Zweiten Weltkrieges verließen weitere 62 Siegburger Juden ihre Heimatstadt und suchten ihr Heil in der Emigration; die meisten gingen in die USA, nach Großbritannien, Südamerika oder nach Palästina. Im Siegburger Adressbuch von 1940

findet sich schließlich unter der Rubrik „Viehhandlungen" nur noch ein jüdischer Händler, nämlich Jakob Falkenstein in der Zeithstraße 21; einen jüdischen Metzger gab es damals nicht mehr. Im Mai/Juni 1941 wurden die noch in Siegburg verbliebenen Juden entweder im Lager Much oder in sogenannten Judenhäusern einquartiert, unter anderem in dem Haus Brandstraße 42/44, das dem jüdischen Metzger Hugo Koppel gehörte. Am 18. Juli 1942 wurden die letzten in Siegburg verbliebenen Juden ins Lager Köln-Deutz transportiert, von dort wurden sie in den Osten Europas deportiert und ermordet.

Das Leben und die Schicksale einiger jüdischer Metzger aus Siegburg

Familie Linz in der Holzgasse
Seit 1902 betrieb die Familie Linz ein Metzgergeschäft in der Holzgasse. Der Metzger Binjamin (Benjamin, Benni) Linz (*1875

Siegburg, † 1938 ebd.) heiratete im Juni 1902 in Eschmar Henriette geb. Hirsch (* 1876 Bergheim/Sieg). Aus der Ehe gingen drei Kinder hervor: Sohn Alfred (*1903) verstarb 1918 nur 15-jährig und ist auf dem jüdischen Friedhof in Siegburg bestattet. Sohn Bernhard wurde 1905 geboren und Tochter Annelise 1920.

Das Geschäft befand sich in der Holzgasse 21, Benni Linz hatte vor der Heirat in der Holzgasse 44 gewohnt. Regelmäßig inserierte der Metzger im Siegburger Kreisblatt und warb für seine Waren, so im Juli 1921: „Billiger Fleischverkauf. Verkaufe diese Woche schönes Ochsenfleisch das Pfund 10." Zum 31. Dezember 1936 wurde nach 34 Jahren das Geschäft aufgegeben – mit Sicherheit nicht freiwillig. Nur zwei Jahre später verstarb Benjamin Linz im Alter von 63 Jahren.

Sohn Bernhard – er arbeitete bis dahin bei der Firma Wilhelm Diefenthal-Damenhutfabrik Köln als Vertreter und Assistent in der Geschäftsleitung – emigrierte im November 1936 über Rotterdam mit der Holland-Ame-

Henriette Linz

Anneliese Linz

rica Line in die USA (Jersey City, New York), Henriette und Anneliese folgten im Februar 1940. Sie hatten das Glück, dass Bernhard bereits dort lebte und ihnen ein *Affidavit* ausstellen konnte. Dadurch versicherte eine bereits in den USA lebende Person, dass sie für einen einwandernden Verwandten oder Bekannten finanziell bürgen würde. Die Emigration der Familie Linz war mit sehr großen finanziellen Lasten und Einbußen verbunden, praktisch ging das gesamte Hab und Gut verloren – im Wiedergutmachungsantrag werden u.a. Silbergegenstände, Radio und die Geschäftseinrichtung der Metzgerei genannt, außerdem eine Judenvermögensabgabe von 4500 RM, die *Dego-Abgabe* – eine Abgabe, die bei Auswanderung an die Deutsche Golddiskontbank zu entrichten war – und Weiteres. Interessant sind die Akten über ihren Hausverkauf: „Anmeldung von freiwerdenden jüdischen Wohnungs- und Geschäftsräumen" – „Entjudung des Grundstücks" heißt es hier. Ein Immobilienhändler aus Köln kümmerte sich um die Abwicklung. Zahlreiche Siegburger Geschäftsleute zeigen Interesse an der gut gelegenen Immobilie. Letztendlich wurde das Geschäftshaus im August 1941 für 10 500 RM an einen Siegburger Friseurmeister verkauft.

Nach dem Zweiten Weltkrieg stellten die Tochter Aenne Linz-Wolff, die inzwischen in der Stadt New York wohnte, und ihr Bruder einen Wiedergutmachungsantrag betreffend Benjamin Linz, der positiv beschieden wurde, da „der Verfolgte durch die rasse-politischen Ereignisse in seinem Einkommen eine Minderung erlitten und schließlich 1936 das Gewerbe aufgegeben habe".

Holzgasse 21, ehemals Wohn- und Geschäftshaus der Familie Linz, um 1970

Familie Bock in der Holzgasse
Eine weitere Metzgerei, die sich in der Siegburger Holzgasse befand, war die der Familie Bock. Aron (*1840, † 1913) war Metzgermeister sowie Gründer und langjähriges Vorstandsmitglied der *Fleischer Innung Siegburg*. Sein Sohn Abraham Bock (*1883 Siegburg) tat es ihm beruflich gleich. Er heiratete im Januar 1914 Rosa geb. Sternberg (*1887 Herborn, † 1942), die Familie lebte im Haus in der Holzgasse 43, das sich in Familienbesitz befand und in welchem auch der Laden untergebracht war.

Mit Ausbruch des Ersten Weltkrieges diente Abraham – wie so viele jüdische Männer – als Soldat. Er starb bereits am 11. September 1915 im Kriegslazarett in Mariampol (seinerzeit Russland, heute Litauen). Den gemeinsamen Sohn Albert (* 20. November 1915 Siegburg) lernte er daher nie kennen. Eineinhalb Jahre nach ihrer Eheschließung war Rosa also schon Witwe geworden. Sie führte die Metzgerei auch nach dem Tod ihres Ehemannes weiter. Der entsprechenden Gewerbekarteikarte ist zu entnehmen: Im März „1916 wurde Metzgerei [von Rosa Bock] angemeldet. Später wurde, ohne Anmeldung, das Geschäft auf Kol[onial]waren umgestellt". Daher wurde sie im Adressbuch von 1930 bzw. 1935 auch als Inhaberin eines Lebensmittelladens aufgeführt. Aber die Geschäfte dürften nach 1933 bereits weniger gut gelaufen sein. Ende August 1938 wurde das Geschäft offiziell bei der Stadt Siegburg abgemeldet. Im Siegburger Adressbuch von 1940 ist Rosa Bock noch zu finden, hinter ihrem Namen steht „o. G." – ohne Gewerbe. Albert Bock emigrierte bereits im April 1936

Holzgasse 43, ehemals Wohn- und Geschäftshaus der Familie Bock, um 1970

Gunter Demnig verlegt Stolpersteine für die Familie Bock, Februar 2014

zu einem Onkel nach Rio de Janeiro. Laut Bericht des Treuhänders Erich Bendix an das Amtsgericht Siegburg vom 15. August 1950 ist er „in Amerika" ohne Nachkommen verstorben.

Rosa Bock blieb zunächst in Siegburg, bis sie im Frühjahr 1941 zu ihrem Bruder Ferdinand Sternberg nach Bochum in die Kortumstraße 112 zog. Ende Januar wurden die Bochumer Juden zunächst nach Dortmund verbracht, von dort aus fand am 27. Januar 1942 die Deportation nach Riga statt. Der Deportationszug kam am 1. Februar 1942 in Riga an, die jüdischen Opfer wurden ins sogenannte „Reichsjudenghetto" gebracht. Rosa Bock gilt als in Riga ermordet.

Familie Cohn in der Scheerengasse
Samuel Cohn (*1885 Geistingen, † 1942) war Pferdemetzger und hatte sein Geschäftshaus in der Scheerengasse 4. Bereits sein Vater Max (*1849 Ratingen, † nach 1925; verheiratet mit einer Siegburger Jüdin) hatte dieses Gewerbe dort seit Anfang des 20. Jahrhunderts betrieben. Die jüdischen Speisegesetze verbieten übrigens gemäß Levitikus Kap. 11,3 den Verzehr von Pferdefleisch, da Pferde weder zu den Wiederkäuern gehören noch Paarhufer sind. Dass es jüdische Pferdemetzger gab, mag daher überraschen. Aber die Verarbeitung des Pferdefleisches ist ja nicht gleichbedeutend mit dem Verzehr desselben. Auch Schweine – sie sind ebenfalls nicht koscher – hielt Max Cohn, wie einer Meldung vom 6. April 1905 in der Honnefer Volkszeitung zu entnehmen ist: „Unter dem Schweinebestand des Pferdemetzgers

Scheerengasse, ehemals Wohn- und Geschäftshaus der Familie Cohn, um 1970

Max Cohn hierselbst, Scheerengasse 4, ist die Rotlaufseuche (Backsteinblattern) ausgebrochen. Das Gehöft ist gesperrt."

Häufig findet man Inserate des Pferdemetzgers Cohn im Siegburger Kreisblatt, z.B. im April 1912: „Empfehle täglich frisches Pferdefleisch, Max Cohn. Scheerengasse 4. Stets Ankauf gut genährter Schlachtpferde zu höchsten Preisen." Oder im Dezember 1920: „Roß-Schlachterei Max Cohn [...] Großer Preisabschlag! Verkaufe diese Woche prima Pferdefleisch zu 7 Mark das Pfund. Außerdem empfehle Ia Wurstwaren." Oder im Juli 1921: „Empfehle diese Woche prima, junges, fettes Pferdefleisch, das Pfund zu 5.00 M[ar]k." Im gesellschaftlichen Leben Siegburgs war Max gut integriert, 1925 konnte

Roßschlachterei Max Cohn, Siegburg, Scheerengasse 4 empfiehlt prima Mastfohlenfleisch.

Anzeige im Siegburger Kreisblatt, 17. August 1913

er z.B. auf eine 25-jährige Mitgliedschaft im Siegburger Turnverein zurückblicken.

Samuel war verheiratet mit Selma Schwarz (*1888 Krefeld, † 1942), die in erster Ehe mit David Voss zusammen gewesen war. Der Ehe mit Samuel entstammten die Kinder Hans (*1921 Siegburg, † 1936 Bonn, bestattet auf dem Siegburger jüdischen Friedhof), Ernst (*1921, † 1923) und die Tochter Ilse (*1925 Siegburg, † 1942). Im Siegburger Adressbuch von 1934/35 ist Samuel

Cohn mit seiner „Pferdehandlung und Metzgerei" noch aufgeführt. Nach den Novemberpogromen – damals zersplitterten auch in Cohns Pferdemetzgerei die Fensterscheiben – folgte vom 15. bis 28. November 1938 die Inhaftierung von Samuel in Dachau. Laut „Gewerbe-Abmelderegister" der Stadt Siegburg wurde das offizielle Ende des Geschäftes am 12. Dezember 1938 besiegelt – allerdings hatte sich Samuel Cohn nicht selbst abgemeldet, wie vermerkt wurde. Im Adressbuch von 1940 findet man seinen Namen nicht mehr.

Die Cohns – Samuel, Gattin Selma und Tochter Ilse – waren seit Juni 1941 im Lager Much interniert. Ihre Deportation führte sie am 20. Juli 1942 über Köln Messe Deutz nach Minsk. Nach der Ankunft dort am frühen Morgen des 24. Juli 1942 wurden die Deportierten mit LKWs zur Exekutionsstätte Maly Trostinec etwa 15 Kilometer südöstlich Minsk gefahren und ermordet.

Unter der Adresse Scheerengasse 4 konnte man auch nach dem Zweiten Weltkrieg weiterhin Pferdefleisch kaufen. Laut Adressbuch von 1955/56 bot hier eine Anna Klein Fleischwaren an, der einige Jahre später der Metzgermeister Paul Vogel mit seiner Pferdemetzgerei nachfolgte.

Samuel Cohn

Selma Cohn

Ilse Cohn

Albert Marcus

Grete, Hildegard und Margot Marcus

Amalie Marcus

Familie Marcus in der Kaiserstraße

Albert Marcus wurde 1877 in Troisdorf geboren, wo die Familie mindestens seit Beginn des 19. Jahrhunderts lebte. Die Grabstätten seiner Eltern Gustav Marcus und Rosa geb. Anschel befinden sich auf dem jüdischen Friedhof in Siegburg. 1895 zog Albert nach Siegburg und arbeitete dort als Metzger. Zunächst (1900) befand sich die Metzgerei in der Luisenstraße 60, 1905/06 in der Kaiserstraße 100, dann in der Cecilienstraße 39 und seit März 1909 in der Kaiserstraße 134. 1903 heiratete Albert Marcus Amalia Kern (*1880) aus Rodalben/Pfalz, der Ehe entstammten vier Kinder: Kurt (*1904 Siegburg, † 1917 Rodalben), Hildegard (*1908 Siegburg), Magdalena Margot (*1918) und Grete (*1920). Während des Ersten Weltkrieges wurde Albert 1916 bis 1917 zum Militär eingezogen.

Bereits in nationalsozialistischer Zeit – im Mai 1934, als die Repressalien gegen jüdische Bürger und insbesondere Kaufleute an der Tagesordnung waren – stellte Albert Marcus einen Antrag an die Stadt Siegburg, da er beabsichtigte, seinen „im Erdgeschoss des Hauses Kaiserstrasse N[umer]o 134 befindlichen Laden zu renovieren. Fussboden und Wände erhalten Plattenbelag und der Ladeneingang soll direkt von der Strasse aus angelegt werden". Mitte Mai 1934 erhielt er von der Stadt einen positiven Bescheid. 1936 erfolgte durch Gerichtsurteil die Einstellung des Gewerbebetriebes. 1940 wurde Albert Marcus im Adressbuch immer noch unter der Kaiserstraße 134 geführt mit der Bezeichnung „o. G.", also ohne Gewerbe.

Zusammen mit seiner Ehefrau erfolgte am 23. Juni 1941 der Abtransport ins Lager Much, von wo aus sie am 14. Juni 1942 nach Bonn

in das jüdische Gemeinschaftshaus in der Kapellenstraße (gemeint ist das Kloster Zur ewigen Anbetung in Bonn-Endenich) transportiert wurden. Von dort ging es am 15. Juni 1942 weiter. „Mit Sammeltransport n[ach] Osten. Ziel unbekannt" – so die Notiz auf der Einwohnermeldekarte –, wahrscheinlich ins Konzentrationslager Ghetto Izbica (rund 80 Kilometer südöstlich von Lublin). Einen Tag vor dem Abtransport von Much hatte Albert Marcus der Familie Keppler, die sich ebenfalls im Lager Much befand, „seine Schlachtinstrumente zur Aufbewahrung" anvertraut „für den Fall, daß er wiederkäme". Das Ehepaar wurde 1942 in Bełżec oder Sobibór ermordet. Sie wurden nach dem Krieg für tot erklärt.

Alle drei Marcus-Töchter konnten rechtzeitig auswandern und so der nationalsozialistischen Verfolgung entgehen. Hildegard emi-

Die Metzgerei Marcus in der Kaiserstraße

grierte mit Ehemann Erwin Kern und Tochter Hannelore 1938 nach Mailand und anschließend in die USA. Magdalena Margot heiratete 1938 in Siegburg den Metzger Kurt Tobias; beide emigrierten 1939 zunächst nach Großbritannien und dann ebenfalls in die USA nach Denver. Denselben Weg ging Grete, die unverheiratet in Denver lebte. Übrigens eröffnete die Familie Marcus in den USA wieder eine Metzgerei. Die berufliche Familientradition wurde also auch dort weitergeführt.

Zahlreiche weitere jüdische Metzgereien existierten allein im vergangenen Jahrhundert in Siegburg v.a. in der Holzgasse und der Kaiserstraße und bereicherten das Geschäftsleben und Warenangebot der Stadt. Heutzutage sind oftmals nicht einmal mehr die ehemaligen Geschäftshäuser erhalten – und selbst wenn, zeugt nichts mehr von ihrer ehemaligen Geschichte.

Quellen:
Archiv des Rhein-Sieg-Kreises:
Landratsamt Siegkreis (LSK), Nr. 830
Siegkreis (SK), Nr. 5094, Nr. 5098, Nr. 5171
Siegburger Kreisblatt

Literatur (Auswahl):
Bopf, Britta: „Arisierung" in Köln. In: Internetportal Rheinische Geschichte, abgerufen unter: www.rheinische-geschichte.lvr.de/Epochen-und-Themen/Themen/%2522arisierung-in-koeln/DE-2086/lido/57d129227d9f66.00219403 (abgerufen am 28.04.2020).
Heinekamp, Rudolf: Siegburgs Vergangenheit und Gegenwart. Siegburg 1897.
Linn, Heinrich: Der Untergang der jüdischen Gemeinde Siegburg. In: Gert Fischer (Hrsg.), Die Vierziger Jahre. Der Siegburger Raum zwischen Kriegsausbruch und Währungsreform. Siegburg 1988, S. 24-33.
Prinz, Arthur: Juden im Deutschen Wirtschaftsleben. Soziale und wirtschaftliche Struktur im Wandel. 1850-1914. Tübingen 1984. (Schriftenreihe wissenschaftlicher Abhandlungen des Leo-Baeck-Instituts; 43).
Reifenrath, Bruno H.: Die Internierung der Juden in Much. Ein Buch des Gedenkens. Siegburg 1982. (Veröffentlichungen des Geschichts- und Altertumsvereins für Siegburg und den Rhein-Sieg-Kreis; 15).

„Stilles" Wasser direkt aus der Leitung

Preiswerter, gesunder und jederzeit verfügbarer Genuss vom WTV

Untersuchungen und Vergleiche von natürlichem Mineralwasser und Leitungswasser ergeben zusammengefasst immer wieder, dass nicht alle Mineralwässer das halten, was sie versprechen, dass Leitungswasser vom Geschmack her meist kaum von ihnen zu unterscheiden ist und vor allem preislich gesehen um Längen besser abschneidet.

Der hohe Preis für Mineralwasser, das wie unser Leitungswasser aus natürlichen Quellen gewonnen wird, ist eigentlich nur durch hohe Werbe- und Transportkosten, sicher nicht wegen seiner besonders hohen Qualität, gerechtfertigt.

Wir meinen, dass es wenig Sinn macht, Wasser aus der ganzen Welt zu importieren, wenn man vor Ort auf ein gleichwertiges Produkt zurückgreifen kann, das lediglich einen Bruchteil kostet.

Die Wahl von Leitungswasser hat auch noch einen ganz praktischen Vorteil: Man muss keine schweren Kisten schleppen.

Und die Annahme, mit den Produkten aus dem Supermarkt wähle man eine gesündere Alternative zum Leitungswasser, ist schlicht falsch. Denn zur Deckung des täglichen Mineralstoffbedarfs spielt Wasser, egal woher es kommt, so gut wie keine Rolle, da der in der Regel durch die tägliche Nahrung gedeckt wird. Man müsste bei dem geringen Mineralgehalt schon Unmengen Wasser trinken. Übrigens enthält auch das WTV-Wasser Mineralien wie Natrium, Calcium und Magnesium.

Mineralwässer können im Gehalt der Mineralstoffe sehr unterschiedlich sein. Für gesunde Menschen ist das unproblematisch. Bei bestimmten Krankheiten sollte man aber genau die Inhaltsstoffe prüfen. Trinkwasser kann man dagegen so viel zu sich nehmen wie man will. Auch beim Genuss ein Leben lang, sind keinerlei gesundheitliche Schäden zu befürchten. Außerdem ist das WTV-Trinkwasser bedenkenlos zur Zubereitung von Nahrung für gesunde Babys und Kleinkinder nutzbar.

Das Trinkwasser vom WTV ist hygienisch einwandfrei, schmeckt, erfrischt und entspricht selbstverständlich den strengen Qualitätsansprüchen der Trinkwasserverordnung. Gewährleistet wird das durch ein sogenanntes „Multi-Barrieren System". Es sieht verschiedene Sicherheitsmaßnahmen und ständige Kontrollen vor, die beim präventiven Gewässerschutz beginnen, sich über die Aufbereitung des Trinkwassers fortsetzen und bis zur Verteilung an die Abnehmer reichen.

Wahnbachtalsperrenverband

TRINKWASSER
FÜR DIE REGION
BONN/RHEIN-SIEG/AHR

GASTRONOMIE BESTÄTIGT QUALITÄT DES WTV-WASSERS

WTV- Wasser ist ein sehr weiches Wasser und wird von passionierten Tee- und Kaffeetrinkern bevorzugt, weil es Aromastoffe optimal löst. Und ein Espresso schmeckt noch besser, wenn man vorher Mund und Kehle mit einem Schluck kühlem Wasser spült und erfrischt – sagen die Experten. Dadurch werden nämlich die Geschmacksknospen auf den Kaffeegenuss vorbereitet. Aus diesem Grund servieren verschiedene Siegburger Restaurants und Cafés ihren Gästen zum Kaffee ein Glas mit frischem, gekühltem WTV-Leitungswasser. Sogar in passenden Gläsern, die der WTV gestiftet hat.

Kleine Anekdote zum Schluss: Schon Bundeskanzler Konrad Adenauer soll die herausragende Qualität des Wahnbachtalsperrenwassers geschätzt und es regelmäßig aus dem Kanzleramt in Bonn mit nach Hause in seinen Heimatort Rhöndorf genommen haben.

Weitere Informationen über die Wahnbachtalsperre und den Verband

www.wahnbach.de

Telefon
02241 - 128-0

E-Mail
info@wahnbach.de

Die Kreissparkasse Köln: Vier-Gänge-Menü für die Region

Von Alexander Wüerst,
Vorsitzender des Vorstands
der Kreissparkasse Köln

„Kulinarik im Rhein-Sieg-Kreis" ist das Motto des diesjährigen Jahrbuches des Rhein-Sieg-Kreises. Ein Motto, das auf den ersten Blick wenig mit dem Angebot eines Kreditinstituts zu tun hat. Doch im übertragenen Sinne bietet auch die Kreissparkasse Köln den Menschen und Unternehmen in der Region ein Menü an – selbst, wenn es nicht aus Speisen besteht. Im Wesentlichen umfasst dieses Menü vier Hauptgänge. Diese sind das Angebot an Finanzdienstleistungen und -produkten für alle Menschen in der Region, die kreditwirtschaftliche Begleitung der mittelständischen Wirtschaft vor Ort, die Partnerschaft mit den Kommunen sowie das umfangreiche gesellschaftliche Engagement in allen Städten und Gemeinden des Kreises. Die Würze dieses Menüs sind die Mitarbeiterinnen und Mitarbeiter der Kreissparkasse Köln, die sich Tag für Tag gerne um die Anliegen ihrer Kundinnen und Kunden kümmern.

Auf vielen Wegen erreichbar

Gerade in Zeiten der globalisierten Welt ist es für die Entwicklung einzelner Regionen von hoher Bedeutung, dass es auch Unternehmen gibt, die mit ihrem Geschäftsmodell keinem internationalen, sondern einem regionalen Ansatz folgen. Für die Kreissparkasse Köln ist die Ausrichtung auf die eigene Region und die damit einhergehende Übernahme von Verantwortung für die Entwicklung *„vor der eigenen Haustür"* ein wesentliches Merkmal ihrer Identität und ein zentraler Bestandteil der praktischen Umsetzung ihres öffentlichen Auftrags.

In ihren stationären und mobilen Filialen sorgen die Mitarbeiterinnen und Mitarbeiter der Kreissparkasse dafür, dass die Menschen aus dem Rhein-Sieg-Kreis einen gesicherten Zugang zu modernen Finanzdienstleistungen und -produkten haben. Das Angebot beinhaltet dabei neben allen gängigen Zahlungsverkehrs-, Baufinanzierungs- und Verbraucherkreditprodukten auch ein am persönlichen Kundenbedarf orientiertes Vermögensmanagement, das von der kurzfristigen Geldanlage bis hin zur langfristigen privaten Altersvorsorge alle Facetten berücksichtigt.

Neben der stationären Präsenz vor Ort hat die Kreissparkasse Köln in den vergangenen Jahren auch die medialen Zugangswege zu ihr deutlich ausgebaut, da der allgemeine Trend zur Digitalisierung zunehmend auch die Finanzwirtschaft erfasst und immer mehr Kunden ihre finanziellen Alltagsangelegenheiten auch online erledigen möchten. Dies bedeutet jedoch nicht, dass sich die Kunden eine reine Online-Bank wünschen, sondern dass sie ihre Hausbank je nach Art und Umfang ihres Anliegens auf unterschiedlichen

Wegen erreichen möchten. Finden können die Kunden diesen Mix aus unterschiedlichen Zugangswegen nur bei Kreditinstituten, die zum einen in der Region präsent sind und ihren Kunden zum anderen auch alle modernen medialen Zugangswege eröffnen. Vor diesem Hintergrund bilden „reale und digitale" Zugangswege bei der Kreissparkasse Köln eine Einheit, bei der die Kunden jeden Tag neu entscheiden können, auf welchem Weg und von wo aus sie mit ihrer Sparkasse in Kontakt treten möchten.

Persönlich für die Wirtschaft da

Wie in den meisten Regionen Deutschlands bilden auch im Rhein-Sieg-Kreis die mittelständischen Unternehmen und das Handwerk das Rückgrat der wirtschaftlichen Entwicklung. Die Kreissparkasse Köln stellt als Finanzpartner eine verlässliche Kreditversorgung der heimischen Wirtschaft sicher und unterstützt sie dabei, in ihre Zukunftsfähigkeit und damit in die der Region zu investieren. Hierbei haben sich oftmals über Jahre und Jahrzehnte hinweg partnerschaftliche und vertrauensvolle Geschäftsverbindungen zwischen Sparkassenbetreuern und Unternehmern entwickelt. Diese tragen mit dazu bei, dass die Kundenbetreuer der Kreissparkasse beispielsweise ihre Kreditentscheidungen individueller, schneller und fundierter treffen können, als dies Bankkonzernen mit Sitz in fernen Metropolen möglich ist, die den „persönlichen Faktor" nicht in vergleichbarem Maße berücksichtigen können.

Partner der Kommunen

Ein weiteres prägendes Element der Kreissparkasse Köln ist ihre enge Zusammenarbeit mit den Kommunen und kommunalnahen Gesellschaften. Diese beruht nicht zuletzt auf ihrer öffentlichen Rechtsform und ihrem öffentlichen Auftrag. Die Kreissparkasse Köln setzt dabei auf eine ganzheitliche Betreuung „ihrer" Kommunen, die neben dem Produkt- auch ein umfangreiches Beratungsangebot beinhaltet.

Das Angebot geht dementsprechend weit über den klassischen Kassenkredit hinaus und deckt alle kommunalen Bedarfsfelder ab, beispielsweise die Liquiditätssteuerung, die Optimierung von Anlagen, die Absicherung von Risiken oder die Entwicklung von Liegenschaften.

Mit dieser breiten Angebotspalette leistet die Kreissparkasse Köln einen Beitrag dazu, dass die kreisangehörigen Kommunen ihre Konkurrenzfähigkeit im „Standortwettbewerb der Regionen" ausbauen können und die infrastrukturellen Rahmenbedingungen vor Ort weiter verbessert werden. Dies fördert unter anderem den Zuzug und die Gründung neuer Unternehmen, was zu mehr Ausbildungs- und Arbeitsplätzen sowie zu steigenden Gewerbesteuereinnahmen in den Kommunen führt.

Förderung des Zusammenhalts in der Gesellschaft

Neben den rein wirtschaftlichen Rahmenbedingungen sind für die Entwicklung der Region auch die sogenannten „weichen" Standortfaktoren von hoher Bedeutung, da diese unter anderem die Ansiedlung neuer Unternehmen positiv beeinflussen. Darüber hinaus fördert ein gut funktionierendes gesellschaftliches, soziales und kulturelles Geschehen die Verwurzelung der bisherigen und den Zuzug neuer Bürgerinnen und Bürger. Vor diesem Hintergrund beschränkt die Kreissparkasse Köln ihr Handeln in und für den Rhein-Sieg-Kreis nicht nur auf ihre Funktion als Finanzdienstleister, sondern stellt die regionale Nutzenstiftung als Ganzes in das Zentrum ihrer Aktivitäten. Zentrales Anliegen ist es dabei, die Entwicklung des sozialen, kulturellen und gesellschaftlichen Umfelds zu fördern und so die Attraktivität und Zukunftsfähigkeit der Region weiter zu steigern. Hierfür hat die Kreissparkasse Köln unter anderem 14 Stiftungen gegründet. Die Bandbreite der unterstützten Aktivitäten ist dabei so vielfältig, wie es die gemeinwohlorientierten Projekte und Initiativen im Rhein-Sieg-Kreis insgesamt sind und erstreckt sich vom Sozialwesen über den Sport, den Umweltschutz, Kunst und Kultur, Jugend, Bildung und Forschung, Wissenschaft bis hin zum Denkmalschutz. Jährlich fördert die Kreissparkasse Köln so insgesamt rund 2500 Einzelmaßnahmen.

Als tief in der Region verwurzeltes Kreditinstitut übernimmt die Kreissparkasse Tag für Tag Verantwortung für die Menschen und die Wirtschaft im gesamten Kreisgebiet. Damit zeigt sie, dass unternehmerischer Erfolg und gesellschaftliches Engagement bei ihr kein Widerspruch sind. Insgesamt stellt die Kreissparkasse somit ein bedeutendes volkswirtschaftliches „Regionalkapital" dar, das einen nachhaltigen Nutzen für die wirtschaftliche und gesellschaftliche Entwicklung in der Region bringt.

Das Trendgetränk Gin –

Brennereien in der Region

Von Julia Solf

Dry Gin, Botanicals, New Western Style? Was bis vor wenigen Jahren bestenfalls an den lange vergangenen Englischunterricht erinnerte oder als unverständliches Kauderwelsch rüberkam, verzückt heute die Kenner. Wovon die Sprache ist? Gin natürlich. Seit den 60er-Jahren galt er als verstaubt oder war vielleicht noch in Form von Gin Tonic als Hausmittel gegen Mücken beliebt[1], heute ist Gin wieder mehr als in. In diesem Artikel soll es sich aber nicht um die sprunghaft angestiegene Beliebtheit von Gin drehen – übrigens etwas, was bisweilen dazu führt, dass social-media-affine Menschen ihre Profile bei Facebook oder ihre Bilder bei Instagram mit Sprüchen wie „Auf der Suche

nach dem Gin des Lebens"[2] untertiteln. Vielmehr soll es um im Kreisgebiet ansässige Unternehmen gehen, die ein altes Handwerk wieder neu belebt haben: die Brennereien.

Die Auswahl an Gins ist unermesslich. Da gibt es natürlich die internationalen „großen Marken" wie z. B. Bombay, Tanqueray oder Elephant, die auf den Beliebtheitslisten ganz oben stehen. Da sich in diesem Jahrbuch allerdings alles um die Kulinarik im Rhein-Sieg-Kreis dreht, soll es an dieser Stelle um die hiesigen Brennereien gehen. Und da hat der Rhein-Sieg-Kreis viel zu bieten! Mehrere kleinere und größere Brennereien sind hier ansässig und brennen die unterschiedlichs-

ten flüssigen Produkte. Im Rahmen der Recherche für diesen Artikel haben drei dieser Brennereien freundlicherweise nähere Auskunft über sich, ihre Produkte, aber auch ihre Einschätzung bezüglich der Trinkgewohnheiten der Rhein-Sieg-Kreisler gegeben. Zu Wort kommen Irmgard Brauweiler von der Brennerei Brauweiler aus Meckenheim, Ralph Gemmel von der wacholdas?! GmbH aus Sankt Augustin sowie Raphael Vollmar und Gerald Koenen, Geschäftsführer der Rheinland Distillers GmbH, Bonn, deren Produkt *Siegfried Gin* nicht nur den Kennern der Szene ein Begriff ist, sondern sich über die Grenzen des Rhein-Sieg-Kreises hinaus nahezu deutschlandweiter Bekanntheit erfreut.

Drei Brennereien aus der Region

2001 entstand bei den Brauweilers der Wunsch nach einem zweiten beruflichen Standbein. Seit 1928 war der Betrieb im Obstanbau für den Großmarkt tätig. Der Ernteertrag, abhängig von den Naturgegebenheiten, schwankte jedoch stark – das Ziel war, von der Natur unabhängiger zu werden. Allerdings war klar, dass es etwas sein sollte, das „passte". So wuchs der Plan einer eigenen Brennerei, der durch Lehrgänge und einer circa halbjährigen Umstellungsphase wenig später erfolgreich umgesetzt wurde. Zunächst widmete sich die Brennerei Brauweiler ganz der Herstellung verschiedener Obstbrände und -liköre, von Apfelbrand über Quittenlikör bis hin zum Schlehengeist.

Die Rheinland Distillers GmbH wurde am 11.11.2014 in das Handelsregister eingetragen – das ist nicht nur als Gründungstermin ein wichtiges Datum für das Rheinland. Damals startete die Produktion mit 200 Flaschen *Siegfried Rheinland Dry Gin* und 4000 Euro Startkapital. Mittlerweile verkauft die Rheinland Distillers GmbH ihre Produkte in mehr als 13 Ländern. Den bekannten *Siegfried Rheinland Dry Gin* gibt es nun bereits seit 2015, laut einer Studie des Marktforschungsinstitutes Nielsen ist er sogar der umsatzstärkste deutsche Gin ohne industrielle Beteiligung. Nach *encore Vodka* (2017) kam mit *Siegfried Wonderleaf* (2018) das dritte Premium-Produkt im Portfolio des Unternehmens auf den Markt.

Der „Newbie" unter den Brennern ist Ralph Gemmel. Zwar führt er bereits seit 2008 Spirituosenverkostungen durch, doch lag dabei der Schwerpunkt lange Zeit auf Whisky. Den Denkanstoß zu einer ersten eigenen Ginproduktion im Jahr 2018 gab schließlich seine Frau Bärbel. Eigentlich war er nämlich auf der Suche nach einem Scotch, den er in Hangelar (Sankt Augustin) abfüllen konnte. Seine Frau erinnerte sich, dass er selbst oft erzählt hatte, dass viele Schotten Gin abfüllten, bevor der erste Whisky reif sei und so entstand die Ginproduktion als echtes Familienprojekt. Nun musste noch ein Name gefunden werden, der eine Verbindung zur rheinischen Heimat aufweist: Wie nennt man einen rheinischen Gin und wie schmeckt er? Die zündende Idee kam ihm dann auf einer Hunde-Runde rund um den Hangelarer Flugplatz und durch die ihn umgebende Heide: *Murre Gin*. Viele Nachbarorte wurden, zumindest von älteren, alteingesessenen Dörflern, die „Hangelere Murre" genannt, weil hier früher Möhren angebaut wurden. Mit

Möhren lässt sich ein schmackhafter Kuchen backen, da sie eine feine Süße geben – die wollten die Gemmels auch in ihren Gin bringen, inklusive einer Portion Hangelar. Da Gin mit Möhren recht selten ist, machte sich Ralph Gemmel an die Rezeptur, die am Ende neben Wacholder unter anderem eben noch Möhre, Orangenzeste und Pfefferminze enthält. Insgesamt werden heute sieben *Botanicals*[3] in der Windecker Dorfbrennerei von Frank Ginsberg zum *Murre Gin* verarbeitet. Mittlerweile stellt Gemmel auch noch zwei weitere Gins her (*Murre Gin Fünnefunfuffzich* und *Murre Gin Wingrut*). Seitdem konnte er bereits mehrfach Prämien für seinen Gin erringen. Der *Murre Gin Fünnefunfuffzich* ist derzeit „Best German Classic Gin 2020".

Bei der Brennerei Brauweiler, die als reine Obstbrennerei startete, gibt es seit gut einem Jahr nun den ersten Gin. Ähnlich wie beim *Murre Gin* spielt der Name auf die Region an: *Gin us de Strüch*. Irmgard Brauweiler berichtete, dass ein halbes Jahr Entwicklung notwendig sei, insbesondere aufgrund der großen Vielfalt an Botanicals, die aus-

75

probiert werden mussten. Letztendlich entschied sie als Chefin, dass ihr Gin einen Himbeerabgangston haben solle. Ziel bei der Entwicklung war, dass er gut schmecken und am besten auch alleine trinkbar sein solle. Heraus kam dabei ein 43-prozentiger, leichter Gin, der oft auch *Gin der Chefin* genannt wird.

Trinkgewohnheiten ändern sich über die Zeit

Die Zielgruppe von Gin hat sich in den letzten Jahren gewandelt. Vollmar und Koenen berichten, dass beim Geschäftsstart Gin ein stark männliches Thema war, was sich auch in der Nachfrage widerspiegelte. Doch mit den Jahren ist die Spirituose auch für Frauen immer attraktiver geworden – damit ist die Beliebtheit des Gins heute keine Gender-Frage mehr. Dies ließe sich auch an den Supermarktregalen ablesen, in denen man heute – im Vergleich zu früher, als es nur wenige industrielle Großhersteller gab – viele kleinere Marken entdecken kann. Die hohe Nachfrage nach Vielfalt aufseiten der Konsumenten fördere somit auch die Vielfalt in der Spirituosen-Welt.

Da nun aber auch hinzukommt, dass die Zielgruppe heute ein immer stärkeres Verlangen nach einem gesünderen Leben verspürt, haben Vollmar und Koenen als erster

Gin-Hersteller mit einer alkoholfreien Alternative auf diese Entwicklung reagiert. Als sie *Siegfried Wonderleaf* im August 2018 in den Markt brachten, wurden sie noch kritisch beäugt und viele hielten diese Branchen-Innovation für eine Schnapsidee. Zwei Jahre später füllen sich die Supermarktregale mit immer mehr mit alkoholfreien Spirituosen-Alternativen und auch in gut sortierten Bars werden diese angeboten.

Laut Irmgard Brauweiler werden Obstbrände traditionell eher von gesetzteren Menschen getrunken, Gin jedoch spricht jüngere Menschen an. Dabei sehe man jedoch auch, dass sich der Gaumen verändert habe. Heutzutage seien gezuckerte Getränke viel beliebter, sie sollen „gut runterlaufen" und süffig sein. Insbesondere süße Mischgetränke sind daher sehr beliebt. Sie selbst macht lieber „saubere" Produkte und steht dafür, dass ihre Brände dem Genießer am

nächsten Tag keine Kopfschmerzen bescheren. Gleichzeitig möchte sie natürlich auch neue Zielgruppen im Blick haben, letztendlich gebe es aber trotz jeglicher Trends für alle Spirituosen Fans. Dass sie durchaus offen für Neues ist, zeigt sich daran, dass bei Brauweiler derzeit wieder an einem neuen Produkt gearbeitet wird: Ab Ende 2021 können sich die Kunden auf einen eigenen Whiskey freuen. Auch wenn Gin sicherlich ein Trendprodukt bleibt, hat auch Whiskey weiterhin viele Liebhaber. Bei der Whiskeyherstellung muss man allerdings vorausschauend arbeiten, er hat eine längere Lagerzeit als Gin. Kein Problem für die Brauweilers: Das kennen sie schließlich schon von ihren Obstbränden. Auch bei diesen dauert es über ein Jahr, bis das Produkt zum Verkauf steht.

Ralph Gemmel beobachtet einen ähnlichen Trend beim Geschmack – hin zum „Süffigen und Süßen". In seinen Augen knickte der Gin-Konsum Ende der 60er-Jahre ein, weil die Leute die erste „Alkopop-Welle" durchlebten – berauschen ja, aber es darf bitte nicht nach Alkohol schmecken. Mit steigendem Bewusstsein für das Produkt ist das heute wieder anders und so kann sich auch ein Wacholdergeist mit seinen kantigen Aromen wieder platzieren. Zudem ist Gin schon immer vielseitig einsetzbar gewesen.

Aber nicht nur der Geschmack, auch der Preis hat eine wichtige Funktion. Gemmel sieht bei dem Thema ein Umdenken: Grundsätzlich seien die Menschen verstärkt bereit, für hochwertige Produkte auch mehr auszugeben. Eine Spirituose mit entsprechender Qualität dürfe heute auch mal 30, 40

oder mehr Euro kosten, ohne im Supermarktregal zu verstauben. Die „Geiz ist geil"-Mentalität weiche immer mehr einem steigenden Qualitäts- und Umweltbewusstsein. Aber der Markt wächst langsamer, als neue Hersteller auf ihn drängen und so teilen sich immer mehr Anbieter einen fast identischen Kuchen.

Etwas anders sehen das die Geschäftsführer der Rheinland Distillers GmbH: Der heutige

Konsument sucht das Individuelle und definiert sich über kleine und spezielle Brands – eine Entwicklung, die nicht nur bei Lebensmitteln, sondern auch bei Spirituosen zu beobachten ist. Je mehr Nachfrage es gibt, desto mehr wird seitens der Hersteller produziert. Somit ist der Markt auch für kleinere Marken attraktiv geworden. Auch geschmacklich gibt es unterschiedliche Richtungen beim Gin zu entdecken. Ergo: Viele individuelle Nachfragen führen zum Mainstream. Das beruhe auch darauf, dass Gin vielfältig einsetzbar ist – vom starken Absacker bis hin zum sommerlich-leichten Drink.

Regionalität als Stärke

Aber was ist denn nun das Besondere am Hochprozentigen aus dem Rhein-Sieg-Kreis? Vollmar und Koenen sehen eine der größten Stärken in der Region selbst, nicht ohne Grund ist die Flasche mit der Aufschrift „Rheinland Dry Gin" geschmückt. Das Rheinland ist ein Lebensgefühl und viel mehr als nur eine regionale Bezeichnung. Gestartet sind sie mit ihrem Gin als Hobby, vor allem regionale Freunde und Partner haben das Produkt und ihr Unternehmen dann in die Welt getragen. Aus dem Hobby wurde dann ein Traumjob, auf den sie sehr stolz sind, so die beiden Geschäftsführer.

Eine Stärke der Region sei, dass hier viele kleine Brennereien und Hersteller bei der Sache sind, die mit viel Herzblut und handwerklich arbeiten, erklärt Gemmel. Bei den meisten geht immer noch jede Flasche durch die Hände der Macher, es sind keine oder kaum Massenproduktionen mit Fließbandware.

Für Irmgard Brauweiler ist Regionalität das entscheidende Stichwort, bio müsse es laut den Kunden dagegen nicht unbedingt sein.

Regionalität ist in einem Gebiet, das so stark durch Obstanbau geprägt wird, kein Problem: „Wir haben doch hier alles! Da brauche ich nichts Fremdes zuzukaufen." Durch Corona hat sich dieser Trend noch verstärkt, die Kunden möchten Produkte aus der Region. Ebenso steigt die Nachfrage aus der Gastronomie, viele Gastronomiebetriebe aus der Region fragen bei Brauweilers an, um in ihren Gaststätten Brände aus der Region anzubieten.

Wie geht es aber nun weiter? Kommt ein neues Trendgetränk?

Darauf angesprochen nennen sowohl Brauweiler als auch Gemmel als Erstes Rum. Dem Rum wird schon länger ein neuer „Hype" vorausgesagt, Brauweiler hat zudem immer wieder neugierige Kunden in ihrem Laden stehen, die sie nach Rum fragen. Auf die scherzhafte Frage, ob sie dann auch ins

Rumgeschäft einsteigen möchte, lacht sie: „Weiß ich nicht, ob ich das kann. Man kann nicht alles machen!"

Gemmel sieht die mögliche Veränderung des Marktes hin zum Rum allerdings nicht ganz so nahend. Seit acht Jahren schon werde gesagt, dass ihm „Whiskymensch", der zunächst nur Whisky-Tastings anbot, Rum in Zukunft das Wasser abgraben werde, so ist es aber bis heute nicht gekommen. Er glaubt immer noch fest daran, dass deutsche Kornbrände sich unter Wert verkaufen und einen Schub erfahren könnten. Nahezu alle Cocktails mit Wodka gingen ebenso gut mit einem handwerklich sauber hergestellten Korn, gegebenenfalls sogar besser.

Vollmar und Koenen hingegen stellen fest, dass es nicht nur das Bedürfnis nach alkoholischem und nicht alkoholischem Genuss gibt, sondern dass auch der ganze Raum dazwischen für Konsumenten attraktiv ist. Durch nicht alkoholische Spirituosen werden völlig neue Spielarten ermöglicht, die schier unermesslich sind. Der bewusste Umgang mit dem, was man seinem Körper zuführt und der Trend zu mehr Körperbewusstsein wird zu tollen Auswüchsen in der Kategorie „low alcohol" führen.

Für den perfekten Gin-Genuss:

Drei Geheimtipps für alle Gin-Freunde und die, die es noch werden wollen:

Brauweiler: „Der Gin *us de Strüch* ist so gut, den muss man pur trinken! Zwei bis drei Eiswürfel dazu genügen. Ich will doch nicht mein eigenes Produkt durch Tonics verwässern! Der Gin *us de Strüch* ist ein reines Produkt mit vollem Gingeschmack."

Gemmel: „Ich mag *Murre Gin* gerne auch mit Cider statt Tonic. 4 bis 6 cl Gin auf Eis geben und mit Cider auffüllen. Ich nehme dafür gerne Cooper's Cider aus der Kelterei Heil in der Nähe von Limburg. Gegebenenfalls kann man noch mit einem Schuss Grenadinesirup abschmecken."

Rheinland Distillers: „Wie die Rheinländer auch, mögen wir es bodenständig – daher ist auch unser „Geheimtipp" einfach und gut. Es müssen nicht viele Zutaten für den perfekten Drink sein. Wir empfehlen ein Premium Tonic Water, frische Eiswürfel und ein Schlückchen *Siegfried Rheinland Dry Gin* – damit hat man einen Weltklasse „Gin & Tonic" im Glas."

Ein ganz herzliches Dankeschön an Irmgard Brauweiler, Ralph Gemmel sowie Raphael Vollmar und Gerald Koenen für die spannenden Einblicke in den Alltag moderner Brennereien!

Anmerkungen:

1 Das funktioniert natürlich auch heute noch. Probieren Sie es aus – die Dosis bestimmen Sie nach Gefühl und Trinkfestigkeit!
2 Es wird auf die phonetische Ähnlichkeit von Gin und Sinn angespielt.
3 Als Botanicals werden die Pflanzengruppen bezeichnet, die im Gin vorkommen und ihm den Geschmack verleihen.

Eine besonders süße Erfolgsgeschichte

Von Alexandra Lingk

Rheinbach ist nicht nur für seine Glaskunst bekannt. Alteingesessene Bürgerinnen und Bürger erinnern sich noch sehr genau daran, wie ihre Stadt über Jahrzehnte hinweg auch eine Pilgerstätte für prominente Naschkatzen und Naschkater war. Aus Politik und Gesellschaft strömten Genusssüchtige herbei, um sich die köstlichen, handgefertigten Confiserie-Kreationen eines Mannes auf der Zunge zergehen zu lassen: von Konditormeister und Chocolatier Heinz Löhrer.

„Leckeres macht Löhrer nur im eigenen Haus!" Dieses eigene Haus beherbergt nicht nur das allseits bekannte Café, es ist auch das Heim einer Familie, die zupacken kann und sich von den Widrigkeiten des Lebens nicht unterkriegen lässt.

Wie alles begann

Der Vater von Heinz, Johannes („Hans") Löhrer, hatte im Zweiten Weltkrieg seine Zeit als Wehrmachtssoldat – unter anderem drei furchtbare Jahre in Leningrad – wie durch ein Wunder weitestgehend unbeschadet überstanden und war nach Kriegsende glücklich heimgekehrt. Seitdem träumte der Bäcker- und Konditormeister gemeinsam mit seiner Frau Franziska wieder seinen Traum von einer Selbstständigkeit im beschaulichen Rheinbach, wo er vor dem Krieg bereits als Bäckergeselle gearbeitet hatte.

Von diesem Traum ließen sich beide auch nicht abbringen, als sich der ab 1945 eingeschlagene Weg dorthin als sehr steinig erwies: Eine Existenzgründung scheiterte

überwiegend Criollo und Trinitario – verwendet und in großer Vielfalt veredelt. Sie enthalten ausschließlich reine Kakaobutter, das Beste aus Bourbon-Vanilleschoten und Rohrzucker und sind garantiert ohne vermeidbare Zusatzstoffe. Damit alles immer absolut frisch ist, wird nach Bedarf produziert und nicht auf Vorrat.

Davon abgesehen hat Heinz Löhrer von Anfang an den Dienstleistungsgedanken, der mit seinem Handwerk einhergehen muss, vollkommen verinnerlicht. Davon zeugt zum Beispiel die sehr persönliche Ansprache, in der er sich in ersten Werbeprospekten an seine Kundschaft wendet, aber auch die Empathie, mit der er sich in die Wünsche und Bedürfnisse seiner Adressaten hineindenkt. Schon 1970 entwickelt er den ersten Verkaufsprospekt in einer Auflage von 5000 Stück für die Hausverteilung in Rheinbach. Darüber hinaus entsteht das erste offizielle Versandangebot für weltweite Sendungen: Im Auftrag des WDR-Intendanten verschickt das Café Löhrer an die Auslandskorrespondenten süße Grüße, die z. B. in Singapur, Moskau und Washington und auch in der damaligen DDR pünktlich ankommen.

zunächst und so trat Hans Löhrer eine Stellung in der Justizvollzugsanstalt Rheinbach an. Doch Jahre später zahlten sich unerschütterlicher Unternehmergeist, große Beharrlichkeit und Akribie sowie ein kaum zu überbietender Pragmatismus aus: 1961 konnten die Löhrers ihr Café am Rheinbacher Ölmühlenweg „vor den Toren der Stadt Rheinbach" eröffnen. Schnell entwickelte sich das Café zu einem beliebten Treffpunkt und Veranstaltungsort vieler Rheinbacher Vereine. Auch neue Institutionen wurden dort ins Leben gerufen.

Café und Confiserie auf höchstem Niveau

1969 besteht Sohn Heinz seine Meisterprüfung und übernimmt 1970 den elterlichen Betrieb, in dessen Weiterentwicklung und Modernisierung er massiv investiert. So erweitert er beispielsweise das Café um eine Schokoladen- und Pralinenmanufaktur. Bei der Herstellung all seiner Köstlichkeiten legt er von Beginn an größten Wert auf naturreine Rohstoffe wie Schokolade aus edelstem Criollo-Kakao, frische Sahne, Deutsche Marken-Butter, bestes Marzipan aus Mittelmeermandeln, edle Nüsse bester Anbaugebiete, frisches Obst aus der Region sowie hochprozentige Brände und Destillate aus renommierten Häusern. Für Löhrers Schokoladen werden ausgesuchte Kakaos –

1974 beginnt Heinz Löhrer damit, seine Erzeugnisse zum Weiterverkauf in Konditoreien, Delikatessengeschäften und gehobener Hotellerie per Bahnexpress zu versenden. In der gesamten Bundesrepublik gibt es zu dieser Zeit nur drei Hersteller, die einen Pralinenversand für Wiederverkäufer anbieten. Geboren ist diese Idee allerdings eher aus der Not: Aufgrund der Ölkrise dürfen in Deutschland Ende des Jahres 1973 an vier aufeinanderfolgenden Sonntagen

Conditorei – Hotel – Café Löhrer – Rheinbach

keine Autos fahren. Eine fatale Situation, wenn man sein Hauptgeschäft am Wochenende hat und einen Großteil des Umsatzes durch Ausflügler erzielt. Um solchen oder ähnlich prekären Situationen künftig zu entgehen, gilt es wieder einmal, neue Wege zu gehen. Die Pralinen werden also kurzerhand in ansehnliche Kartonagen verpackt und abends zum Expressgutbahnhof in Rheinbach gebracht, sodass sie am nächsten Morgen deutschlandweit an ihren Bestimmungsorten sein können.

Organisationstalent, Kreativität und ein glückliches Händchen

Im Laufe der Jahre macht sich Heinz Löhrer ganz besonders den „provisorischen" Hauptstadtstatus Bonns zunutze. Er ist nämlich nicht nur ein großartiger Konditormeister und kreativer Chocolatier mit einer ausgeprägten Vorliebe für edle Zutaten und feinen Geschmack. Er ist darüber hinaus ein absoluter PR-Profi mit untrüglichem Instinkt dafür, wie sich ein perfektes Produkt ebenso perfekt inszenieren lässt. Mit diesem Talent führt er seinen Confiseriebetrieb während der gerne sogenannten „Bonner Republik" zu großer Bekanntheit.

In der heutigen Zeit würde man sagen, Heinz Löhrer habe dies unter anderem auch durch ein sehr gutes *Networking* bewerkstelligt. In den Siebziger- und Achtzigerjahren kennt man diesen Terminus natürlich noch nicht. Da gilt es einfach, zur richtigen Zeit am rich-

tigen Ort zu sein und dann Kontakte aufzubauen und zu pflegen. Und natürlich braucht es auch ein bisschen Glück. Dieses Glück ereilt Heinz Löhrer in Gestalt von Hannelore „Loki" Schmidt, der Ehefrau des damaligen Bundeskanzlers Helmut Schmidt. Sie ist Kundin in seinem Geschäft und stellt erste Kontakte zur Bundespolitik her. Doch alle guten Kontakte sind wertlos, wenn man nicht ein Pfund hat, mit dem man wuchern kann. In Heinz Löhrers Fall sind dies eben zum einen erstklassige, handgemachte Erzeugnisse, die alle Sinne begeistern, und zum anderen sein kreativer Geist.

Dieser inspiriert Heinz Löhrer zu außergewöhnlichen Dingen. Er beginnt zum Beispiel, spezielle Produkte für spezielle Anlässe zu entwickeln. Damit rudert er schon früh in Richtung *Eventgastronomie*, wobei es natürlich diesen Begriff zu dieser Zeit auch noch nicht gibt. Doch Heinz Löhrer hat den richtigen Riecher. So beteiligt er sich 1976 an einem Wettbewerb und gewinnt diesen mit seiner persönlichen Pralinenkreation. Diese Siegerpraline erhält schließlich anlässlich der ersten Europawahl zum Europäischen Parlament im Juni 1979 die Bezeichnung „EUROPA-Praline". Im Namen des Deutschen Konditorenbundes lädt Löhrer daraufhin publi-

kumswirksam zu deren offizieller Vorstellung nach Rheinbach ein. Drei TV-Sender und zahlreiche Printmedien sind live dabei und am Abend erfahren die Zuschauer der *Tagesthemen*, dass Europa nun in aller Munde sei: „... Seit heute kann man sich den europäischen Einigungsgedanken auch genießerisch auf der Zunge zergehen lassen."

Ebenfalls 1979 verleiht Heinz Löhrer als Lehrlingswart der Konditoren-Innung Bonn Bundesaußenminister Hans-Dietrich Genscher die Ehrenkonditormeisterwürde, nach-

dem dieser sich auf der Rheinbacher Herbstmesse erfolgreich an der Herstellung eines Baumkuchens, des repräsentativen Symbols des Konditorenhandwerks, versucht hatte. Ab dann befasst sich der Minister neben all seinen diplomatischen Aufgaben auch regelmäßig mit Pralinenexperimenten aller Art. Daraus entsteht eine enge Freundschaft zwischen Löhrer und Genscher. Im Café Löhrer findet der Genießer von da an natürlich auch immer eine Kollektion „Genscher-Pralinen", und immer wieder machen sich Fernsehteams auf den Weg nach Rheinbach, wenn bei Heinz Löhrer neue süße Köstlichkeiten entstehen.

Gern gewählt wird das Café vor den Toren der Stadt Rheinbach auch für die sogenannten „Damenprogramme" – ein heute natürlich nicht mehr zeitgemäßer Ausdruck, doch zur Zeit der Bonner Republik macht man sich keine Gedanken um möglicherweise unpassende Begrifflichkeiten. Vielmehr geht es in erster Linie darum, die mitreisenden Ehefrauen (und es sind zur damaligen Zeit nun einmal ausschließlich Ehefrauen) nationaler und internationaler Politiker auf angenehmste Weise zu beschäftigen. Da bietet sich ein Ausflug zum Café Löhrer natürlich hervorragend an. Als Chocolatier führt Heinz Löhrer Interessierte bereitwillig durch seine Produktionsstätte und erläutert hier den Weg, den seine feinen Produkte bei ihrer Herstellung nehmen. Im Anschluss an eine solche Führung ist selbstredend auch für das leibliche Wohl gesorgt. Das von Heinz Löhrer

konzipierte Gesamtpaket richtet sich im Übrigen sowohl an Damen als auch an Herren.

Doch nicht nur mit Blick auf das Phänomen „Damenprogramm" sind die Zeiten nachweislich andere: Anlässlich der bereits beschriebenen Ehrenkonditormeisterwürde für Hans-Dietrich Genscher trägt der Vizepräsident der Konditoren, Konditormeister Engelbert Wandinger aus München, Verse von eher grenzwertiger Lyrik vor. Inbrünstig singt er unter anderem:

Frau Loki
vom Schmidt
Kriagt das Baum-
kuchenrezept mit
Dann kann´s
daheim backen
Wenn ihr Mann
muß Politik machen.

Heutzutage ist ein solch klischeehaftes Geschlechterbild natürlich schlicht undenkbar, doch scheinbar erkennt die kluge Kanzlergattin in dem *Gstanzl* (bayerisch-österreichische Liedform, Spottgesang, Quelle: Wikipedia) sofort das freche Augenzwinkern hinter diesen Zeilen. Diese Vermutung liegt zumindest nahe, da sie die gedruckte Variante des Gesangs mit einem schlichten „Ich danke. Loki Schmidt" quittiert.

Heinz Löhrers Ehefrau Ursula entspricht im Übrigen schon damals dem im *Gstanzl* beschriebenen Klischee kein bisschen. Die gelernte Bankkauffrau hatte sich bereits 1974 dazu entschlossen, den täglichen Umgang mit Geld hinter sich zu lassen und stattdessen ihren guten Geschmack und ihre Liebe zum Detail in den Dienst des Cafés zu stellen. Seitdem überzeugen Löhrers Produkte nicht nur durch ihre Qualität, sondern auch durch ihre gelungene Präsentation. Getreu der Devise „Das Auge isst mit" gehen Inhalt und Verpackung eine besondere Symbiose ein und das Paar entwickelt auf diese Weise immer wieder neue Verkaufsschlager. Ursula Löhrer leistet damit einen erheblichen Beitrag zur „Erfolgsgeschichte Café Löhrer". Abgesehen davon entwickelt sich unter ihrer

Leitung ab 1976 eine Dependance des Cafés in der Rheinbacher Innenstadt zu einem Publikumsmagneten. Hier findet der geneigte Gast ein wunderschönes „Wiener Café" mit heimeliger Atmosphäre. Doch auch hier wagen die Löhrers etwas Neues: Sie erhalten die Konzession für eine Außengastronomie und eröffnen Rheinbachs erstes Straßencafé.

Anekdoten vom Bonner Parkett

Beim Kanzler-Sommerfest 1982 wird das „Haus II" der drei Gebäude des Bonner Kanzleramtes von der Konditoren-Innung Bonn zum Café umgebaut. Damit wird es zur Anlaufstelle für Tausende Besucher. Baumkuchen, der mit einer eigens aus Norddeutschland angelieferten Maschine hergestellt wird, ist auch hier der große Renner. Doch auf die wichtigste Person des Kanzlerfestes, den Bundeskanzler, warten die Gäste vergeblich. Stattdessen machen Gerüchte die Runde, dass US-Außenminister Alexander Haig zurückgetreten sei. In dieser außen- und sicherheitspolitisch brisanten Zeit kann sich Helmut Schmidt natürlich nicht auf seinem Fest amüsieren, sondern muss mit US-Präsident Ronald Reagan telefonieren.

Am späten Abend jedoch erscheint er doch noch für ein kurzes Intermezzo: Er schneidet die *Kanzlertorte* an, nascht ein wenig davon und verschwindet dann schnell wieder. Dieses schwarz-rot-goldene Prachtstück aus zartschmelzender Schokolade, Erdbeer- und Champagnersahne mit dem „K" für Kanzler als Dekor ist eigens für das Kanzler-Sommerfest vom Leiter der Bundesfachschule für das Konditorenhandwerk, Gregor Frey, entwickelt und bei Löhrer gefertigt worden. Wie bedauerlich wäre es für alle Beteiligten gewesen, wenn der Kanzler die ihm gewidmete Torte gar nicht zu Gesicht bekommen hätte. Dieser Auffassung ist offenbar auch Loki Schmidt, deren Insistenz es zu verdanken ist, dass sich der Bundeskanzler am Ende trotz dringender Amtsgeschäfte zumindest zu einem kurzen Abstecher zu den Konditoren auf dem Kanzlerfest durchringen kann. Doch auch ohnedies sorgt die *K-Torte* für Aufsehen, sodass im Nachgang von anderen Konditoreien Anfragen nach genauer Rezeptur und Herstellungsweise bei Heinz Löhrer eintreffen.

Auch im Bundespräsidialamt ist man auf Löhrer aufmerksam geworden. 1984 macht Bundespräsident Richard von Weizsäcker seinen Antrittsbesuch beim Bonner Handwerk. Heinz Löhrer ist zu dieser Zeit schon seit einigen Jahren Obermeister der Konditoren-Innung Bonn und setzt sich vehement dafür ein, die Eigenständigkeit des Konditorenhandwerks zu erhalten und nicht, wie es angestrebt wird, ein gemeinsames Bäcker- und Konditorenhandwerk zu etablieren. Sein Gastgeschenk erhält der Bundespräsident aus den Händen zweier Lehrlinge, die ihre Ausbildung im Café Löhrer absolvieren (einer der beiden kommt aus Gabun und lernt mit einem Stipendium der Carl Duisberg Centren, die unter dem Motto „Bildung ohne Grenzen" Austauschprogramme organisieren). Und da auch ein Bundespräsident unbedingt wissen muss, wie man Baumkuchen herstellt, darf Richard von Weizsäcker einige Zeit später zu einem anderen Anlass selbst Hand an die Baumkuchenmaschine legen und dort sein Geschick erproben.

Traditionell stehen zu dieser Zeit die Gattinnen der Kanzler und Präsidenten als Schirmherrinnen für Veranstaltungen karitativer Organisationen zur Verfügung. So unterstützt zum Beispiel Marianne von Weizsäcker das Kinderhilfswerk UNICEF. Das bringt Heinz Löhrer auf eine Idee: Die jährlich stattfindende Image-Aktion des Deutschen Konditorenbundes soll ebenfalls UNICEF zugutekommen. Ergebnis umfangreicher Überlegungen und Planungen ist ein internationales Kinderfest im Jahr 1987, bei dem jedes Kind ein eigenes süßes Hexenhaus unter fachlicher Betreuung zusammenbauen darf. Zu einem großen Erfolg wird die Aktion im *Steigenberger Festsaal* des Bonn-Centers dank der Anwesenheit kompletter Klassen von Konditorenauszubildenden des Carl-Reuther-Berufskollegs Hennef und Verkäuferinnen-Auszubildenden des Robert-Wetzlar-Berufskollegs Bonn, die neben den unzähligen Konditoren vor Ort den Ablauf sicherstellen. Natürlich ist auch Marianne von Weizsäcker mit von der Partie und überreicht UNICEF einen großzügigen Spendenscheck.

Eine so gelungene Aktion schreit nach Wiederholung. Schon 1988 veranstaltet Bundeskanzler Helmut Kohl vor seinem am Abend stattfindenden Kanzlerfest nachmittags ein großes Kinderfest auf den Wiesen des Kanzlerparks. Das Konditorenteam ist an diesem Tag besonders gefordert: Nachmittags gilt es, Tausende Kinder mit süßen Köstlichkeiten zu verwöhnen und am Abend wird das Palais Schaumburg in ein Café der besonderen Art verwandelt.

Kinder beim Bundeskanzler

85

Löhrers Kreativität kennt auch weiterhin keine Grenzen. Anlässlich des vierzigsten Geburtstags der D-Mark 1988 erfindet er als Präsentidee für die Unternehmen der deutschen Wirtschaft die *D-Mark-Torte*. Damit schafft er eine süße Variante der deutschen Nachkriegswährung, die für Wachstum und Wirtschaftswunder steht, ein Symbol, das eng mit der Geschichte eines Landes verknüpft ist, das dereinst in Trümmern lag und sich schließlich zu einer Wohlstandsrepublik entwickelt hat.

Für süße Repräsentationsaufgaben unterschiedlicher Art steht nach wie vor auch gerne der Bundesaußenminister zur Verfügung, so zum Beispiel anlässlich des 75-jährigen Bestehens der Konditoren-Innung Bonn und der Bundestagung deutscher Konditoren im Jahr 1988. Ermöglicht durch Rekonstruktionen alter Unterlagen wird in diesem Rahmen eine Ausstellung der besonderen

Art gezeigt: „Torten nach historischen Vorbildern von 1688 bis 1988". Den Beitrag, der nach dem historischen Vorbild von 1688 entstanden ist, liefert Heinz Löhrer selbst: die Torten-Pastete *Vogel*. Aus dem heutigen Kreisgebiet sind drei weitere Torten zu bestaunen: Aus Alfter – Herrenhaus Buchholz, Christian Dreesen – eine festlich dekorierte Geburtstagstorte aus dem Jahr 1930, aus Siegburg – Café Fassbender, Hans-Werner Fassbender – eine Festtagstorte mit Makronen-Aufsatz aus dem Jahr 1890 und ebenfalls aus dem Jahr 1890 aus Troisdorf – Café Pohl, Hans Pohl – eine Façon-Buttercremetorte *Wald-Idylle*.

Als Landesinnungsmeister der Konditoren eröffnet Heinz Löhrer schließlich vor Funk und Fernsehen gemeinsam mit Ehrenkonditormeister Hans-Dietrich Genscher die Schau. Sie ist auch der Grund dafür, warum der Außenminister erst einen Tag später zu einem Treffen zwischen Helmut Kohl und Michail Gorbatschow nach Moskau nachreist, das

darauf abzielt, das Eis in Richtung Kreml zu brechen. Genscher kommt zwar später dorthin, aber offensichtlich nicht zu spät, denn das Ergebnis dieser Bemühungen ist bekannt: Zwei Jahre nach dem Treffen ist die deutsche Frage endlich beantwortet. Die Mauer ist gefallen, der eiserne Vorhang ebenso und die Herstellung der Einheit Deutschlands ist vollzogen.

Kulinarische Diplomatie

Die Feierlichkeiten zu diesem Anlass krönt unter anderem ein 125 Kilogramm schweres Brandenburger Tor aus Baumkuchen, Marzipan und Schokolade, das im Palais Schaumburg für Aufsehen sorgt. Sein Schöpfer: Heinz Löhrer. Auch bei Bundeskanzler Helmut Kohl steht er inzwischen hoch im Kurs und seine Confiseriekunst ist aufgrund der zahlreichen guten Erfahrungen auf diversen Festen der Bonner Politik gern gesehen. Den Vorschlag, ein naschbares Brandenburger Tor herzustellen, erhält Löhrer von

Ernst F. Mosdzien († 2004), seinerzeit Redakteur beim Bonner General-Anzeiger. Mit dem richtigen Riecher für derlei spektakuläre Dinge und in seiner Eigenschaft als gebürtiger Berliner erkennt dieser das große Potenzial einer solchen Aktion.

Heinz Löhrer selbst erweist sich bei Anlässen dieser Größe und Bedeutung nicht nur als Vollprofi seines Fachs, sondern auch mehrfach als Improvisationskünstler erster Güte. So schafft er es in seiner Funktion als Obermeister der Konditoren-Innung nicht nur, die geforderte Menge von 20 000 Portionen süßer Köstlichkeiten zur Verköstigung und Beglückung der Gäste zu organisieren und bereitzustellen, sondern sorgt durch sein diplomatisches Geschick sogar dafür, dass Lothar de Maizière sich bereit erklärt, das besagte Brandenburger Tor gemeinsam mit Bundeskanzler Helmut Kohl anzuschneiden. Zunächst hatte sich der letzte Ministerpräsident der DDR, der sich zuvor nach den ersten und einzigen freien Wahlen zur Volkskammer in der DDR der Regierungsverantwortung gestellt hatte, nämlich leicht pikiert geäußert, dass ein Brandenburger Tor doch in Bonn nun wirklich nichts verloren habe und selbstverständlich nur nach Berlin gehöre.

Doch gewusst wie: Heinz Löhrer vermittelt dem Ministerpräsidenten, dass die Quadriga in Bonn in Richtung Europa zeige und die neue Freiheit für die Menschen in der DDR, denen nun die Welt offenstehe, symbolisiere. Diese Vorstellung gefällt Lothar de Maizière offensichtlich, denn er ändert nicht nur seine Meinung und schneidet das Brandenburger Tor gemeinsam mit Helmut Kohl an, sondern tut sich anschließend auch selbst an dem süßen Bauwerk gütlich und gibt sich dabei voll und ganz seinem Genuss hin.

Dem nach dem Hauptstadtbeschluss unvermeidlich gewordenen Regierungsumzug begegnet Heinz Löhrer ebenfalls mit der ihm eigenen Kreativität. Er entwickelt eigens eine *Umzugs-Praline* und widmet darüber hinaus den von ihm bereits früher einmal mit Hans-Dietrich Genscher vorgestellten *Diplomaten-Koffer* zum *Umzugs-Koffer* um. In dem kleinen Geschenkköfferchen befindet sich nach wie

vor die kulinarische Wegzehrung für eine Reise nach „*Pralinien*, das Land der feinen Genüsse, das Land der Feinschmecker, Genießer und Freunde des guten Geschmacks".

Auch in den Jahren darauf erweist sich Heinz Löhrer weiterhin als wahrer Meister darin, politisch bedeutsame Ereignisse mithilfe der Sprache der Confiserie zu interpretieren und ihnen auf diese Weise auch eine genießerische Bedeutung zu verleihen. Im Jahr 1992 beispielsweise lautet das Motto des Kanzlerfestes in Bonn anlässlich des Beginns des europäischen Binnenmarktes „EUROPA 92 GRENZENLOS". Nachdem der europäische Einigungsgedanke bereits 1979 mit der *EUROPA-Praline* köstliche Würdigung erfahren hatte, trägt Heinz Löhrer nun auf seine Weise zum Abbau der Schranken bei: Er lässt seine meterlange, schwarz-rotgoldene Schrankenvariante aus Baumkuchen einfach vernaschen. Im Gästebuch ist

EUROPA GRENZENLOS die ZOLLSCHRANKEN fallen ... dem KANZLER MESSER zum OPFER!
Bonn 19. Sept. 1992
R. Weizsäcker

es dann auch schwarz auf weiß zu lesen: „Europa grenzenlos – die Zollschranken fallen … dem Kanzler-Messer zum Opfer" und die Unterschriften von Helmut Kohl, Richard von Weizsäcker und Klaus Kinkel sowie vielen anderen bestätigen die Richtigkeit dieser Aussage.

Immer wieder neu, immer wieder originell

Heinz Löhrer kann inzwischen mit Recht und gutem Gewissen sehr selbstbewusst die Werbetrommel rühren. „Der Bundespräsident und der Außenminister naschen bei ihm." Mit diesem Slogan wirbt er zum Beispiel unter anderem für die überaus gelungene Umsetzung einer Aktion, die erneut solides Handwerk mit kreativem Ideenreichtum verbindet. Doch der Reihe nach: Heinz Löhrer stellt fest, dass sich das jährlich wiederkehrende Problem mancher Firmen, passende Kundenpräsente zu finden, doch eigentlich ganz leicht lösen lässt und beantwortet gleichzeitig auch die damit oft verbundenen Fragen wie „Hatten wir das nicht schon einmal?" oder „Ist das nur für Männer oder nur für Frauen? oder „Wer verpackt festlich und übernimmt den Versand?" gleich mit.

Hierzu bietet er ganz einfach „das Beste" an, „was zwei gute Namen aus Konditoren-Kunst und Getränke-Adel zu bieten haben". Gemeint sind edle Champagner-Trüffel, die Heinz Löhrer mit feinsten Originalzutaten selbst herstellt. Doch damit nicht genug: Dank seiner guten Kontakte kann Heinz Löhrer das Unternehmen POMMERY zu einer Kooperation bewegen. Er erhält einen Lizenzvertrag aus der Champagnerstadt Reims und bietet nun seine feinen Erzeugnisse auch noch überaus wirkungsvoll in der originalen Pommery-Flasche an und kümmert sich ebenso kreativ um die logistischen Fragen von Verpackung und Versand. Für eine Zeit, in der der Begriff *Online-Handel* noch nicht geboren ist, ist dieses Angebot ein absoluter Meilenstein.

Auch das Fernsehen wird immer wieder neu auf ihn aufmerksam. Für die Sendung *Wissenshunger* sucht beispielsweise der TV-Sender Vox nach einem Schokoladen-Experten, der in der Lage ist, für die laut einer Umfrage fünf beliebtesten Schokoriegel Deutschlands jeweils ein Rezept mit natürlichen Rohstoffen zu entwickeln, sodass schließlich jeder dies selbst nachmachen kann. Dieser Herausforderung stellt sich Heinz Löhrer natürlich, ohne mit der Wimper zu zucken. Vor laufender Kamera experimentiert er mit Formen und Zutaten. Ebenfalls live werden seine Ergebnisse in Köln auf der Straße von Passanten begutachtet, probiert und – wie ist es anders möglich – für großartig befunden. „Leckerer, leichter, frischer" lautet fast einstimmig das Urteil. Auch die regionale Presse berichtet mit Titeln wie „,Plagiate' fürs Fernsehen" oder „Ein Lieblingsriegel vom Schoko-Künstler" über diese aufsehenerregende Aktion.

Das Gästebuch

Und dann sind da noch die unzähligen Einträge in seinem Gästebuch, in das Heinz Löhrer Einblick gewährt. In diesem Gästebuch haben sich etliche bekannte und auch weniger bekannte Personen und Persönlichkeiten auf unterschiedliche Weise verewigt. Da wähnt sich zum Beispiel die „Mutter Beimer" aus der *Lindenstraße*, Marie-Luise Marjan, im „Reich des Süßen" und attestiert Heinz Löhrer und seiner Frau Ursula, die „Meister" ihres Fachs zu sein. Dem Eintrag von Helga Feddersen ist zu entnehmen, dass sie von der vorweihnachtlichen Kaffeepause im Hause Löhrer noch lange träumen werde. Eine Besuchergruppe bedankt sich für „eine eindrucksvolle Führung, die uns Ihre Kreativität und Liebe zu Ihrem Beruf sehen und kosten ließ".

Die geneigte Leserschaft erfährt darüber hinaus, dass Schauspieler Wichart von Roëll bei einer Führung durch die Löhrer'sche Produktionsstätte viel gelernt habe, während Christine von Roëll eher den Genussaspekt betont: „Die heute gemachten Erfahrungen steigern meine Leidenschaft für Pralinen ins Unermeßliche." Es sind vermutlich die süßen Kreationen, die den einen oder anderen gar zu gewagten verbalen Schöpfungen inspirieren: „Labung findet schon der kleinste Bub bei Löhrers in der ‚guten Stub'" ist ebenfalls im Gästebuch zu lesen.

Nicht jeder Eintrag ist so interessant, als dass er hier verewigt werden sollte, zumal dies den Rahmen deutlich sprengen würde. Doch alle Einträge, ob sie nun von Persönlichkeiten des öffentlichen Lebens oder Leuten „wie du und ich" verfasst worden sind, bestätigen einen Eindruck immer wieder: Im Hause Löhrer wird Gastfreundschaft großgeschrieben, man fühlt sich wohl und man kann von Herzen schlemmen und genießen. Heinz Löhrer wird seinem Anspruch auf höchste Qualität bei seinen kulinarischen Erzeugnissen in jeder Weise gerecht, sei es bei der Herstellung, hinsichtlich der Vielfalt oder in der Darbietung.

Fazit

Zum 25-jährigen Bestehen der Rheinbacher Pralinenmanufaktur ist 1994, als die Bonner Republik schon beinahe Geschichte und Berlin per Einigungsvertrag wieder alte und neue Hauptstadt der Bundesrepublik Deutschland ist, in der anlässlich dieses Jubiläums erschienenen Festschrift zu lesen, Heinz Löhrer habe mit seiner Confiserie Rheinbach in den Schokoladenrausch geführt. Ob Rausch oder nicht, ob Rheinbach oder weit darüber hinaus: Seit einem Vierteljahrhundert steht der Name Löhrer für Klasse statt Masse, für Handarbeit statt industrieller Fertigung, für feine kulinarische Genüsse und kreative Köstlichkeiten aus eigener Herstellung. Dazu gehören die *Rheinbacher Hexentörtchen* ebenso wie die *Rheinbacher Nüsse*, die Löhrer bereits seit 1967 im Sortiment führt und deren Genuss – nebenbei bemerkt – eine prägende Kindheitserinnerung der Autorin dieses Beitrags markiert.

Doch auch für andere ist diese *Rheinbacher Nuss* offenbar ein hochinteressantes Objekt der Begierde, denn auch in diesem Zusammenhang ruft Heinz Löhrer das Fernsehen auf den Plan. Für die ZDF-Sendung *Volle Kanne* begleiten ein Kameramann und eine Reporterin die komplette Herstellung der *Rheinbacher Nuss*, von der ersten Schokoladenhülle, die in die Form fließt, über den Zucker, der für die Herstellung des Krokants geschmolzen wird und später Bestandteil einer köstlichen Füllmasse sein wird bis hin zu dem Moment, in dem die fertigen Nüsse

Zwei Generationen Löhrer, Goldhochzeit Hans und Franziska, 1993

89

aus der Form geholt und auf ansprechende Weise in der Theke oder im Geschenkkarton präsentiert werden.

2005 macht Löhrer noch einmal auf besondere Weise auf sich aufmerksam: Er lässt von Graffiti-Künstler René Turrek die komplette Fassade des Cafés gestalten. Das Ergebnis polarisiert ein wenig und ist nicht nur aus diesem Grund in aller Munde. Bis zum heutigen Tag ist es am Rheinbacher Ölmühlenweg zu bewundern. Diese besondere Art der Werbung und Identifikation erlebt sein Vater Hans Löhrer (84) leider nicht mehr.

1997 stirbt er nach langer Krankheit. Heinz Löhrers Mutter Franziska hingegen lässt sich bis zum Jahr 2010 voller Stolz auf alle Aktivitäten ihres Sohnes ein, bevor sie im Alter von 97 Jahren stirbt.

Es gäbe noch sehr viel mehr Berichtenswertes. Über 100 Pralinensorten, 50 Varianten handgemachter Schokoladentafeln, individuelles Weihnachtsgebäck, aufsehenerregende Torten und mehr rechtfertigen Löhrers Spitzenstellung im deutschen Konditorenhandwerk und sind kulinarischer Beweis seiner Maxime: „Wer nicht täglich besser wird, hat

aufgehört, gut zu sein." Nicht nur diese Anforderung an sich selbst, sondern auch der regelmäßige persönliche Kontakt zu seinen Lieferanten aus dem In- und Ausland sind Garant für gleichbleibend hervorragende Qualität.

2014 schließlich muss sich Heinz Löhrer nach über vierzig Jahren aus gesundheitlichen Gründen aus dem aktiven Geschäft zurückziehen. Was bleibt, sind lebhafte Erinnerungen an eine spannende Zeit, an Hunderte göttliche, zartschmelzende Produkte und an unzählige Begegnungen mit interessanten Persönlichkeiten.

Von Horst Bursch

„Der Mensch ist, was er isst"

Eine Reise durch die sprachkundliche Kulinarik – volkskundliche, philosophische und sprachliche Leckerbissen

Anstatt einer Vorspeise

Der Rhein-Sieg-Kreis bildet den geografischen Bezugsrahmen für die nachstehenden kulinarischen, kulturgeschichtlichen, sprachlichen und nahrungsphilosophischen Streifzüge, die an etlichen Stellen einen Blick über den Tellerrand ermöglichen. In seinem in Nürnberg 1678 veröffentlichten dickleibigen Werk „Nützliche Hauß- und Feld Schule" bemerkte Georg Andreas Böckler: „Nechst dem Wachen und Schlaffen ist dem Menschen nichts nothwendigeres / als Essen und Trincken / weiln durch dasselbige die Gesundheit unterhalten wird" (S. 926).

„Ohne gegessen und getrunken zu haben, ist der Mensch verloren." Diese aus einem spanischen Sprichwort übersetzte Binsenweisheit bedarf keiner näheren Begründung. Körperliches und seelisches Wohlbefinden sind von zahlreichen Faktoren abhängig,

wobei die Nahrungsaufnahme rein biologisch-physiologisch lebensnotwendig ist. Da Essen und Trinken einen wesentlichen Teil unseres Lebens bestimmen, kommt der Speisekultur eine enorme Bedeutung zu. Mitunter lassen sich dabei regelrechte Leckerbissen aufspüren, von denen wir hier einige in einem Mehrgang-Menü auftischen, ohne uns im klassischen Sinn an Inhalt und Form einer Speisekarte zu halten.

Der Philosoph Ludwig Feuerbach (1804-1872), dem es unter anderem darum ging, wie die schon zu seiner Zeit erkannte fortschreitende Selbstentfremdung des Menschen zu überwinden und die ursprüngliche naturhafte Einheit mit sich selbst wieder herzustellen seien, formulierte 1850 in einer Kurzbesprechung der gerade in Erlangen erschienenen Abhandlung „Lehre der Nahrungsmittel für das Volk" von Jakob Moleschott (1822-1893) die saloppe und bewusst sprachspielerische Aussage: „Der

Mensch ist, was er isst." Mit dieser im Grunde banalen Aussage reiht sich Feuerbach in eine Reihe von Theologen, Philosophen und Literaten ein, die in teilweise aphoristischer Weise Äußerungen zu Papier brachten, die heute als geflügelte Worte in Umlauf sind. Dem griechischen Philosophen Sokrates (470-399 v. Chr.) verdanken wir die bekannte Aussage: „Essen und Trinken hält Leib und Seele zusammen." Der Evangelist Lukas forderte: „Lasst uns essen und fröhlich sein" (15, 23). Von der spanischen Mystikerin Theresia von Avila (1515-1582) stammt die von Winston Churchill später gepriesene Ermunterung: „Tu deinem Leibe etwas Gutes, damit die Seele Lust hat, in ihm zu wohnen." Für das 1690 von dem Komponisten Johann Philipp Förtsch (1652-1732) erdachte Singspiel „Der irrende Ritter Don Quixotte de la Mancha" verfasste Otto Heinrich Hinsch (1660-1712) das Libretto, in dem es heißt: „Weil Speis und Trank in dieser Welt / doch Leib und

Seel zusammen hält." Erneut eine spanische Redewendung zu bemühen, ist in diesem Zusammenhang zu rechtfertigen: „Comer y beber, no hay tal placer" (Essen und Trinken, ein größeres Vergnügen gibt es nicht). Dass sich der Appetit beim Essen einstelle, ist spätestens seit einer Formulierung des französischen Schriftstellers François Rabelais (um 1494-1553) in dessen satirischem Hauptwerk „Gargantua" (1535) sprichwörtlich geläufig: „L'appétit vient en mangeant."

Essen und Fressen

Gelegentlich hört man heute noch etwa aus dem Munde eines waschechten Vorgebirglers die einladenden Worte „doht düchtich eiße un drönke". In Alfter wusste man schon immer: „Wer vell ärbet, dä moss och joot suffe un (fr)eiße." Und wenn man einen Pädshonge, also Kohldampf wie ein Ackergaul verspürt bzw. „hungrig ist wie ein Scheunendrescher" (weil dessen Tätigkeit hart, beschwerlich, schweißtreibend und deshalb den Appetit fördernd ist), dann „könnt me e Päed freiße". Den Liebhaber von Pferdefleisch nennt man mundartlich abwertend einen *Päedsfresse*(r). „Es isst der Mensch, es frisst das Pferd; doch manchmal ist es umgekehrt", berichtet eine Volksweisheit. „Fressen" leitet sich etymologisch von „veressen" im Sinne von „besonders viel und unkultiviert Nahrung zu sich nehmen" ab. Ein ausgezeichnetes Restaurant als „Fress-Tempel" abzustempeln, ist entweder Ausdruck von Missgunst und schlechter Manieren oder humorvoll besonders lobend gemeint.

Pauschalisierend heißt es: „Was der Bauer nicht kennt, das frisst er nicht." In der Mundart der Stadt Köln und auch in den Gemeinden und Städten des Rhein-Sieg-Kreises sind die Begriffe *Fressalles* (Fressbalg, Vielfraß) und (veraltet) *Fressburjes/Fresswurjes* (gefräßiger Mensch; nach Adam Wrede) vielen Menschen keineswegs unbekannt. Und man weiß speziell in der Domstadt, dass jedem Fastentag drei Fresstage folgen: „Jede Faasdaach hät drei Fressdaach." In der noch überaus lebendigen Mundart des Vorgebirges kann man zwischen Oedekoven und Walberberg hören: „Faaste un fresse öss wie schlofe un dröhme" (fasten und fressen ist wie schlafen und träumen). Das sprichwörtlich gewordene Schimpfwort *Fressklütsch* für einen unmäßigen (Fr)esser weist zurück auf Johann Arnold Klütsch (1775-1845), „einfacher Leute Kind, geboren zu Köln, mit riesiger Körperkraft ausgestattet und dem Vermögen, ungewöhn-

liche Mengen fester Speisen und Flüssigkeiten auf einmal zu vertilgen und zu verdauen, wie in mancherlei Schnurren und Geschichtchen überliefert ist" (Adam Wrede, „Neuer Kölnischer Sprachschatz", Bd. 1, Köln 1956, S. 252).

Kulinarik in Kunst, Musik und Kino

In der bildenden Kunst sind häufig Speisen als variantenreiche Motive zu beobachten. Man denke nur an die hohe Anzahl der vor allem in der europäischen Malerei bekannten Stillleben, auf denen frisches Obst, Speisen oder Getränke überaus appetitlich arrangiert sind. 1868 malte Claude Monet (1840-1926) das Ölbild „Mittagsmahl", auf dem zwei frei bleibende Stühle den Betrachter geradezu einladen, am mit allerlei Köstlichkeiten gedeckten Tisch ebenfalls als Gast Platz zu nehmen. Das 1863 von Edouard Manet (1832-1883) geschaffene impressionistische Gemälde „Frühstück im Grünen" (so der deutsche Titel) schildert eine erfrischende Picknickszene. Eine kulinarische Augenweide stellt auch sein 1882 gemaltes Bild „eine Bar in den Folies-Bergère" dar. Die Beispiele lassen sich mühelos vermehren.

Die Musik wartet unter anderem mit unzähligen Trinkliedern auf, von denen allein das 1925 veröffentlichte große illustrierte „Kommersbuch" der legendären Godesberger „Lindenwirtin" Ännchen Schumacher (1860-1935) einige Hundert enthält. Zahlreiche dieser Lieder spielen an Rhein, Mosel und Neckar. Aber auch in Oper und Operette sind Trink-Arien beliebt.

Das Kino zeigt Klassiker, die sich in sehr unterschiedlicher Weise des Themas Essen widmen. Der spanische Filmregisseur Luís Buñuel (1900-1983) drehte 1972 das hintergründig-surreale Filmepos „Der diskrete Charme der Bourgeoisie", das eine bizarre Traumvision zeigt: Die „gute" Gesellschaft trifft sich zum Essen als einem kulinarischen Ritual. Aber jedes Mal, wenn sich die mondäne Gästeschar an die reich gedeckte Tafel begibt, wird sie empfindlich gestört und um ihre Gaumenfreuden gebracht, beispielsweise durch gewaltsam ins Haus eindringende Soldaten. Der Film mit dem französischen Originaltitel „Le charme discret de la bourgeoisie" führt auf bitterböse Art die Schlemmerexzesse der sogenannten höheren Gesellschaft ad absurdum.

Clemens Wilmenrod, Zeichnung: Reinhard Zado

Der italienisch-französische Spielfilm „La grande bouffe" (deutsch: „Das große Fressen") ist ebenfalls eine Satire auf das übertriebene bürgerliche Genussleben, nur mit einem völlig anderen Hintergrund. Marco Ferrari inszenierte nach dem Drehbuch von Francis Blanche und Rafael Azcona 1973 diesen Kinoklassiker, in dem vier Männer aus unterschiedlichen Gesellschaftsschichten beschließen, durch übermäßiges Essen gemeinschaftlich Suizid zu begehen.

Geradezu symptomatisch zeigen die hier nur knapp skizzierten Filme, dass das Thema „Essen und Trinken" auf künstlerisch ganz unterschiedliche Weise dargestellt werden kann, weil es zum menschlichen Dasein essenziell gehörend, unendlich vielgestaltig ist.

Nicht nur im Kino, auch im Fernsehen wird „Essen" thematisiert, so beispielsweise in den älteren und neuen Kochsendungen (z. B. mit Clemens Wilmenrod, Alfred Biolek, Johann Lafer oder Tim Mälzer), die sich großer Beliebtheit erfreuen.

Der 1964 im deutschen Fernsehen erstmals ausgestrahlte Silvester-Sketch „Dinner for One" hat ein merkwürdiges Abendessen zum Gegenstand, das Miss Sophie aus Anlass ihres neunzigsten Geburtstags einnimmt und das ihr von Butler James serviert wird, der die vier abwesenden, weil längst verstorbenen Gäste der betagten Jubilarin in skurriler Weise zu vertreten und natürlich zu bewirten hat. Mittlerweile wurde dieser Lachsalven hervorrufende kurze Film mehrfach parodiert, wobei die deutschen Dialekte auf der Ebene des sprachlichen Humors hilfreich waren. Auf die kölnische Version wird noch unter einem besonderen Gesichtspunkt weiter unten einzugehen sein.

Küchenlatein und Küchenhumor

Küchenrezepte sind für einen Laien nicht selten ein Buch mit sieben Siegeln. Allein die Fachbezeichnungen all der köstlichen Zutaten, der zahlreichen Gewürze, Aromen und fertigen Speisen können durchaus kryptisch

und geheimnisvoll wirken, indessen natürlich auch den Appetit anregen. Der lange Jahre als Professor für Romanistik an der Rheinischen Friedrich-Wilhelms-Universität Bonn wirkende Ernst Robert Curtius (1886-1956) hält in seinem 1948 veröffentlichten Werk „Europäische Literatur und lateinisches Mittelalter" fest, dass eine der beliebtesten Quellen der Heiterkeit der „Küchenhumor" ist, „der im weitesten Sinne alles umfasst, was mit dem Essen zu tun hat". So findet man diese besondere Art des Humors schon bei antiken Autoren (Livius, Apuleius, Vespa u. a.) und auch im Mittelalter. „Ein Quell des mittelalterlichen Küchenhumors ist wohl die Klosterküche gewesen", wie Curtius hervorhebt.

Der Begriff „Küchenlatein" ist im deutschsprachigen Raum erstmals im 16. Jahrhundert greifbar. Zunächst war damit in Gelehrtenkreisen eine verächtliche Bezeichnung für schlechtes Latein gemeint. Das Niederländische kennt dafür das Wort „potjeslatijn", also eigentlich „Topflatein". Beide Varianten sind Lehnübersetzungen des

Begriffs „latinum cocinae", den der italienische Humanist Laurentius Valla (1405-1457) geprägt hatte.

Scherzhafte, irreführende und nicht selten nahezu abstruse Bezeichnungen bietet nicht nur die regional vielfältige Küche des Rhein-Sieg-Kreises. Im Vorgebirgsdorf Hemmerich, inmitten des „rheinischen Obst- und Gemüsegartens", genoss man gern das *suure Wellem* (saurer Wilhelm) genannte Sauerkraut, das bis in die 1950er-Jahre in einer kleinen Krautfabrik im benachbarten Kardorf aus heimischem Gemüseanbau hergestellt wurde. Aus Heisterbacherrott sind als kulinarische Spezialität die dort so bezeichneten *Mösche-Eier* (eine Bohnensorte) bekannt. In seinem 1994 publizierten Buch „Die rheinische Mahlzeit. Zum Wandel der Nahrungskultur im Spiegel lokaler Berichte" erstellt Berthold Heizmann (S. 212-277) eine umfangreiche kommentierte Liste von Speisen mit manchmal recht sonderbaren Namen, die wir hier auszugsweise nennen und ergänzen: *Quer durch den Garten, arme Ritter* (eine einfache Brotspeise), *Weckmann* (wie Spekulatius ein Gebildbrot), *blindes Huhn* (ein Eintopf), *halve Hahn* (eine kölnische Spezialität, Röggelchen mit Käse), *Wibbelbohnen* (eine kleine Abart der dicken Bohnen), *Himmel un Äd* (Kartoffelpüree, Apfelmus, Röstzwiebeln und gebratene Blutwurst), *Kuschelemusch* (alle möglichen Reste, aber auf jeden Fall Pellkartoffeln und Fisch), *Eselsohren* (ein Kleingebäck), *Apostelsuppe* (Suppe aus verschiedenen Kräutern), *Quallmänner* (Pellkartoffeln), *necken Hännes* (ein Stück Blutwurst ohne Beilage), *weißes Gold* (Spargel), *Muuze* (ein Mandelgebäck), *Prälatejemöös*

(Rotkohl mit Äpfeln), *Öllichschlöötche* (Zwiebelsalat), *Krötenstühlchen* (niederrheinisch lokal für Pilze).

Der Begriff „Schmarr(e)n" für eine seit dem 16. Jahrhundert nachweisbare weiche Süßspeise (sprachlich zum Verb „schmieren" gehörig) wurde zunächst auf kitschige Ölgemälde und in der Folge allgemein auf wertloses Zeug oder unsinnige Aussagen bezogen. Da gefirnisste Ölbilder wie ein Schinken glänzen, pflegt man große und schlecht gemalte Exemplare abwertend gern mit diesem Wort zu charakterisieren, das sich in der gereimten Redensart „Schönk un Speck für Hönk un Jeck" (Schinken und Speck für Hunde und Jecken) einen Platz ergattern konnte.

Der Verfasser als Zweijähriger im elterlichen Garten in Hemmerich

Gelegenheiten und Lokalitäten

Die Gelegenheiten zum Verspeisen dieser bisweilen nach kulinarischer „Extrawurst" riechenden Dinge sind mannigfaltig und auf der sprachlichen Ebene kunterbunt: Picknick, Arbeitsessen, Brunch, Kaffeekränzchen, Teeründchen, Festbankett, Sektempfang, Festkommers, Katerfrühstück, Vesper, Henkersmahlzeit, Hochzeits- bzw. Brautmahl, Fastenessen, Galadiner, Schüsseltreiben (der Jäger, nach der Treib- bzw. Drückjagd; in Österreich auch Schüsseltrieb und letzter Trieb genannt), Liebesmahl (im kirchlichen Bereich „Agape"), um nur einige zu nennen. Auch das Totenmahl (in Aachen lateinisch „Gratias", also eigentlich „Dankessen", genannt) bietet einen – wenngleich eher betrüblichen – Anlass zum gemeinsamen Speisen. Die Bezeichnungen variieren von Ort zu Ort, von Gegend zu Gegend. Die Römer kannten für die Totenvesper, den Leichenschmaus, das Traueressen die Bezeichnung „epulum funebre". In unserem Sprach- und Kulturraum existieren die hochdeutschen Varianten „Leidmahl" und „Reuessen" (zu „reuen = Leid empfinden). Weit verbreitet ist in unserem Kreisgebiet das mundartliche Wort *Jroov*, das eigentlich „Grube" bzw. „Grab" bedeutet. „Op de Jroov jonn" heißt, dass man nach der Beisetzung einer verstorbenen Person am Leichenschmaus der Angehörigen und Freunde teilnimmt.

Einst nannte man ein Essen, bei dem man bedient wurde, im hiesigen Raum *Traktament*. Ein Rechnungsbuch der Pfarrei St.

Markus in Rösberg bietet für das 18. Jahrhundert mehrfach die Formulierung „Sanct Marci Tractament": Der Pfarrer hatte am Patronatstag dieses Heiligen, dem 25. April, viele Honoratioren und Leute aus dem Dorf zu bewirten. Seine Gäste „traktierte" er mit „Markusbrötchen" (kleinen Wecken), Bier und Wein. Das letztgenannte Getränk, damals aus heimischen Trauben vor Ort gekeltert, wies nicht selten die Qualität eines „(hart-) sauren Hundes" auf. Mit dem dialektalen Ausdruck *suure Honk* ist ursprünglich nicht der Vierbeiner, sondern „hunnischer" (ungarischer) Wein gemeint, der im Gegensatz zum „frenschen" (fränkischen bzw. französischen) Wein als minderwertig empfunden wurde. Im Jahr 1210 orderten die Rheingrafen in Bacharach mehrere Fuder „Hunnenwein". Aus dem Jahr 1339 stammt ein Beleg für den „Hundswein". Sehr häufig verwendete der Kölner Ratsherr und Chronist seiner Heimatstadt Hermann von Weinsberg (1518-1597 oder 1598) in seinem umfangreichen „gedenkboch der jaren" (allgemein „Buch Weinsberg" genannt) die Begriffe „tractieren" und „Tractament", schildert er doch anschaulich die häufigen Zusammenkünfte seiner großen Familie und seiner zahlreichen Freunde und Bekannten, „so dan tractired worden uff sent Jacobs daach und frolich gewest", wie es an einer Stelle beispielhaft heißt.

Die Lokalitäten, wo man speisen kann, sind ganz unterschiedlicher Art. Aus der entsprechenden Fülle greifen wir einige Beispiele heraus: Mensa, Kasino, Kantine, Refektorium, Eisdiele, Brauhaus, Stehcafé, Pizzeria, Wirtschaft, Grillstube, Schnellimbiss, Biergarten, Küche, Restaurant, Kiosk, Ratskeller, Gasthaus, Crêperie, Festzelt, Speisesaal, Bistro, Schänke, Fritten-/Pommesbude (französisch: friture, friterie, baraque à frites). Einkehren kann man nach einer neuen Art der Formulierung „beim" Italiener, Griechen, Inder, Chinesen, Türken usw.

Ein besonderes Schmankerl: das „Nonnenfürzchen"

Quasi zum Nachtisch unserer lockeren Speisefolge sei der Leserschaft noch ein eigentümliches „Schmankerl" serviert. Mit diesem süddeutschen Wort, das auf Umwegen an lateinisch „exmanducare" (zu „manducare" = kauen, essen) angeschlossen werden kann und möglicherweise mit den deutschen Verben „schmecken, schmausen, schmatzen" zusammenhängt, ist ein besonderer Leckerbissen gemeint.

Nicht nur im Rheinland *müffelt* (isst) man gerne „Teilchen", die im hiesigen Mundartbereich als *„(Kaffe-) Deelche"* geläufig sind: Zu Tee, Kakao oder Kaffee munden beispielsweise *Appelmeckche* (Apfeltaschen), *Puddingdeelche* und *Knöpp-Plätzje*. Dem letztgenannten, „besonders am Vorgebirge zu Kirmes gebackenen Plätzchen" widmet Berthold Heizmann in seinem weiter oben bereits zitierten Buch „Die rheinische Mahlzeit" einen längeren Textabschnitt (S. 239), in welchem er Alfter und Walberberg hervorhebt, wo dieses meist in Rundform gebackene, flache, mit dickkörnigem Zucker bestreute „knüppelharte" Teilchen einst an Festtagen neben anderen Köstlichkeiten den nachmittäglichen Kaffeetisch bereicherte. Der als *„bergischer Jong"* bekannte Diakon und gefragte Kabarettist und Büttenredner

Willibert Pauels scherzte einmal: „Teilchen kauft man, wenn es Besuch gibt und Kuchen zu schade wäre, Plätzchen aber zu gering aussehen würden."

Ein kugelförmiges Teilchen, das nicht nur in rheinischen Gefilden seit dem Mittelalter seinen Platz in der Kulinarik behauptet, ist das tatsächlich unter diesem Namen bekannte „Nonnenfürzchen". In der *op Kölsch* erstmals 2013 im Fernsehen gesendeten Parodie auf den bereits erwähnten Silvester-Sketch „Dinner for One" lässt sich „Frau Annette" (Frier) zum Nachtisch ihres einsamen Mahls von ihrem treuen Butler Ralf (Schmitz) „Nonnenfürzchen mit Eierlikör" servieren. Nach Ausweis des von Jacob und Wilhelm Grimm 1854 begonnenen „Deutschen Wörterbuchs", das 1961 mit dem 32. Band abgeschlossen wurde, sind auch die Varianten „Nonnenblut", „Nonnenmaul" und „Nonnenscheiß" belegt. In Frankreich, Belgien und Luxemburg gibt es analog zum rheinischen „Nonnenbrötchen" ein Kuchenteilchen mit der Bezeichnung „religieuse" (Nonne). Die mit Schokolade überzogene Cremeschicht erinnert farblich an eine klösterliche Frauentracht. Der bisher bekannte früheste Beleg für „Nonnenfürzchen" im deutschsprachigen Raum stammt aus dem Jahr 1329 aus Klosterneuburg, und zwar in der Form „nunnenförzlein". In einem Mysterienspiel aus Erlau (15. Jahrhundert) heißt es nicht gerade einladend: „Es sind nunnenfürzel; nempt das erste in den mund, so wer ir frisch alz ein fauler hunt."

In seinem satirisch-bissigen zweibändigen Schmähwerk „Lucifer Wittenbergensis" (Landsberg 1747) zitiert der Ulmer Augustiner-Chorherr Franz Joseph Kuen (1709-1765) ein paar ergötzliche Aussprüche, die Martin Luther formuliert haben soll. Bekannt ist die ihm in den Mund gelegte Frage an seine Tischgenossen: „Warum rülpset und furzet ihr nicht? Hat es euch nicht geschmecket?" Zu den „safftigen Tischbrocken"

Rezept aus dem Jahr 1678 für ein Gebäck mit dem ulkigen Namen „Nonnenfürzlein"; entnommen aus dem Buch „Nützliche Hauß- und Feld Schule" von Georg Andreas Böckler, Seite 723

26. Wie man den Aepffelschnitz-oder Nonnenfürtz-leins-Taig machen solle.

1. Man nimmt Meel / weichen Käß / Milch / weissen Wein / Eyer / und ein wenig Saltz / machts mit einander zu einem Taig oder dicken Brey.

2. In diesen Taig duncket man Aepffelschnitz / hernach wirfft man einen nach dem andern in heisse Butter oder Schmaltz / bächt und wendet sie so lang um / bis daß sie eine schöne gelbe Farbe bekommen / ziehets mit einem Spießlein aus dem Schmaltz / läsß ablauffen / streuet Zucker und Rosen Wasser darüber.

des Reformators, so der sich eifernde Verfasser, hätte auch der Begriff „Kräpffel-Werck Nonnen-Fürtzel" gezählt. Denn diesem Küchlein soll der „Wittenberger Teufel" nicht abhold gewesen sein. In der Rezeptsammlung „Neues Alamodisches Koch-Büchlein" aus dem Jahr 1689 findet sich eine Anleitung „Nonnen-Fürzel zu machen". In seinem gut 1300 Seiten starken Ratgeber-Buch „Nützliche Hauß- und Feld Schule" aus dem Jahr 1678, aus dem wir zu Beginn dieses Aufsatzes ein Zitat anführten, bringt Georg Andreas Böckler im Zusammenhang mit verschiedenen Backrezepten allein acht Belege für das kuriose Wort, von dem noch zahlreiche weitere historische Nachweise vorliegen. Als veraltet kennzeichnet Adam Wrede das in Köln bekannte *Nonne-/Nunnefützje* und zitiert einen Beleg aus dem Jahr 1859: „Nehmt euch jet Nonnenfäurzchen noch" („Neuer Kölnischer Sprachschatz", Bd. 2, S. 237). Woher die humorvolle Bezeichnung letztendlich stammt und was sie ursprünglich konkret oder auch im übertragenen Sinn bedeutete, ist bis auf den heutigen Tag nicht geklärt. Eine Verbindung mit dem von Ernst Robert Curtius thematisierten mittelalterlichen Küchenhumor (siehe weiter oben) liegt hier auf jeden Fall nahe.

Auch manche anderen kulinarischen Bezeichnungen harren im Hinblick auf ihr jeweiliges Benennungsmotiv einer nachvollziehbaren Erklärung. Wie steht es etwa mit dem verhältnismäßig modernen Namen „hot dog"? Zumindest die spanische Küche geht rezeptmäßig und sprachlich kreativ mit diesem englischsprachigen Wort um. Der wörtlichen Übersetzung in „perro caliente" folgte nämlich prompt als Neologismus für eine Fastfood-Variante „gato caliente" (heiße Katze), womit freilich keineswegs der als Speise allgemein geschmähte Stubentigerbraten gemeint ist. Einen solchen hatte der Kölner Komponist und Liedtexter Willi Ostermann (1876-1936) dereinst in dem bekannten Karnevalsschlager „Die Wienands han nen Has em Pott" auf die humorvolle Schippe genommen. Denn spätestens, wenn es da heißt „dä Hövelmanns ihr Katz es fott" und ein als Refrain eingebautes dreifaches „Miau" erklingt, erkennt man, dass es sich hier ganz klar um einen „falschen Hasen" handelt (wobei dieser Begriff in seiner eigentlichen Bedeutung wiederum einen Braten aus fein zerkleinertem Rind- oder Schweinefleisch mit Brot, Eiern und Gewürzen meint).

Das „Bonner Kochbuch für den bürgerlichen Haushalt" erschien ohne Verfasserangabe 1895.

Schmackhafte Eier von glücklichen Hühnern

Mobile Ställe revolutionieren die herkömmliche Hühnerhaltung

Von Inga Sprünken

Zwei afrikanische Kleinziegen hüpfen herum und spielen Nachlaufen. Um sie herum gackert es, scharrt es, putzt es sich – die Hühner auf der grünen Wiese rund um das Hühnermobil wirken fast wie aus einem Werbefilm. Aber sie sind echt. In jedem Hühnermobil von Wilhelm Ellingen in Hennef-Uckerath führen 225 Stück Federvieh, zu denen immer auch drei Hähne gehören, ein artgerechtes Leben. Drinnen sieht es aus wie in einem ganz normalen Stall. Es gibt Sitzstangen und Legebereiche, die mit Dinkelspelzen ausgepolstert sind, und auf dem Boden können die Tiere scharren. Wenn ihnen zu warm oder zu kalt ist, ziehen sie sich dahin zurück, ansonsten picken sie tagsüber Gras in ihrem mit einem mobilen Zaun abgesteckten Gehege. In dem stehen ihnen Wannen mit Sand und Wasser zum Baden zur Verfügung – das perfekte Hühnerleben.

Wer kurz hinter Uckerath auf der B 8 fährt, hat die drei Hühnermobile bestimmt schon gesehen. „Wir haben im Jahr 2013 ein Hühnermobil bei einer Betriebsbesichtigung kennengelernt", erzählt der Landwirt, wie er zur Hühnerhaltung gekommen ist, denn zuvor hatte er nur Rinder. Seine 60 Hektar Land sind überwiegend Grünland, auf zehn Hektar baut er Kleegras und Weizen als Futter an sowie Kartoffeln und Tretikale (eine Mischung aus Weizen und Roggen). Neben dem Federvieh gehört eine Mutterkuh-Herde mit 30 Limousin-Rindern samt Kälbern noch immer zum Biohof Ellingen.

Wilhelm Ellingen führt den landwirtschaftlichen Betrieb, den er von seinen Eltern übernommen hat, bereits seit 1985. Vor über 15 Jahren hat er ihn extensiviert, sodass die Umstellung auf Bio vor fünf Jahren für ihn ein „logischer Schritt" war, wie er sagt. Insbesondere die Milchkrise im Jahr 2010 hatte ihn umdenken und ihn seine 50 Milchkühe abschaffen lassen.

Rund 280 Eier legt jede Henne pro Jahr. Die Eier werden auf dem Biohof an einem Selbstbediener-Kühlschrank-Automaten, in einer Metzgerei und der Biokiste in Süchterscheid verkauft. „Das wird gut angenom-

men, reich werden wir damit aber nicht", erzählt der Biobauer, den das Konzept Hühnermobil überzeugt hat. „Der Vorteil ist die Mobilität", sagt er und erklärt, dass er die Ställe etwa alle zehn Tage versetzt, damit der Auslauf grün bleibt.

Morgens um 10 Uhr öffnet sich automatisch die Klappe des Stalls und die Tiere können ins Freie. Geschlossen wird etwa 40 Minuten nach Sonnenuntergang, wobei der Landwirt immer kontrolliert, ob nicht versehentlich ein Fuchs oder ein Marder mit eingesperrt wurde. Das Hühnermobil ist ansonsten so dicht, dass kein kleines Raubtier hineingelangen kann. Gegen die Gefahr von oben – die Greifvögel – helfen je Gehege zwei Fluchttunnel sowie die Ziegen Max und Moritz, Lilo und Ben. „Die Zwergziegen arbeiten sehr effektiv", erklärt der Landwirt, denn die ständige Bewegung der Tiere verunsichert Greifvögel und hält sie besser ab als jede Vogelscheuche, wie er sagt.

Die Geschichte der Hühnermobile

Schon vor mehr als 80 Jahren gab es den ersten fahrbaren Hühnerstall. Durch die wirtschaftlich angespannte Lage zwischen den beiden Weltkriegen mussten die Menschen sparsam mit Ressourcen wie dem Geflügelfutter umgehen. Und so wurde der erste fahrbare Geflügelwagen entwickelt. Um 1930 wurde das noch mit der Hand geerntete Korn auf den Feldern zu Garben gebunden, die drei bis acht Tage dort verblieben. Nachdem das Feld abgeräumt war,

brachte man das Geflügel in Geflügelwagen auf die Stoppelfelder, damit die Tiere die übrigen Körner aufpicken konnten. Das sparte Futter. Der Standort wurde dem jeweiligen Angebot angepasst und gewechselt. Außerhalb der Erntezeit kamen die Wagen, so wie heute, auch auf Grünlandflächen zum Einsatz. Versetzt wurden sie mithilfe von Pferden, später mit Traktoren.

Die Geflügelberaterin Edelgard Freiin von Glöden (1930-2012) bestätigte den Vorteil der mobilen Haltung. Sie erzählte, dass die

Junghennen im Geflügelwagen zwar später mit dem Legen begannen als ihre auf dem Gutshof gehaltenen Geschwister. Aber sie waren deutlich kräftiger und besser entwickelt und legten den ganzen Winter über Eier. Die Gutshof-Hennen kamen hingegen im Winter in die Mauser und legten nicht. Doch diese Stallform geriet mit der Zeit in Vergessenheit.

In den 1990er-Jahren dann machten sich Iris und Max Weiland, Inhaber eines Bioland-Betriebes bei Bad Sooden-Allendorf, Gedanken um ihre 300 Hühner. Täglich und das ganze Jahr über hatten diese Zugang zu einem Auslauf. Doch die Grasnarbe war völlig zerstört, der Boden kahl, Darmparasiten vermehrten sich auf der intensiv genutzten Fläche. Die Hühner wurden ständig krank. So arbeiteten die beiden an Lösungen und schufen ihre erste Eigenkonstruktion: einen versetzbaren Stall. Aber der sollte nicht nur fürs Flachland taugen, sondern auch auf den nordhessischen Hängen leicht zu bewegen sein.

Insgesamt 16 Ställe baute das Paar in den Jahren 2001 bis 2009 in seiner Scheune. Schon 2002 bestätigte das erste Forschungsprojekt der Uni Kassel die positiven Wirkungen der mobilen Ställe auf die Tiere und die Böden. 2003 wurde das Unternehmerpaar mit dem *Förderpreis Ökologischer Landbau* ausgezeichnet. Im Jahr 2010 übergab Max Weiland die Entwicklung dieser Ställe an seine Ehefrau Iris. Diese gründete

die Stallbau Iris Weiland e.K., die seit 2016 als GmbH und Co. KG geführt wird. Inzwischen wurden über 1300 mobile Stallsysteme gebaut. 2012 erhielt das Unternehmen den *Innovationspreis des Werra-Meißner-Kreises* und gewann den *Innovations- und Wachstumspreis des Landes Hessen* in der Kategorie Innovation.

Ein artgerechtes Leben für die Tiere

Die vollmobilen Ställe fertigt das Unternehmen in verschiedenen Größen für 225 bis 1400 Hühner – 1200 für Bioland-Betriebe. Der Stall wird mit Legehennen oder Masttieren belegt und auf eine Wiese gefahren, wo die Tiere nach Lust und Laune frisches Gras, Klee und leckere Kräuter picken können. Alle Hühnermobile sind mit Sitzstangen, Futter, Wasser, geschütztem Scharr-Bereich und Gruppen-Einstreunestern ausgestattet. Die Möglichkeit zu ganzjährigem Auslauf und ausgiebigen Sonnen- und Staubbädern erhält auf natürliche Weise die Vitalität und Gesundheit der Tiere – ohne den Einsatz von Medikamenten. Die zahlreichen Beschäftigungsmöglichkeiten, die die Hühner in ihrem mobilen Eigenheim

finden, machen auch Schnabelkürzungen unnötig. Das Mistband vereinfacht das wöchentliche Entmisten und sorgt für ein gutes Stallklima.

Nicht nur an der Farbe des Eigelbs kann man erkennen, wie gut diese Haltungsform mit ausreichender Grünfutteraufnahme ist. Auch im Fleisch wird die artgerechte Haltung erkennbar. Neben dem Carotin aus dem Grünfutter sorgen der Auslauf und die ausreichenden Beschäftigungsmöglichkeiten für ein stabiles Immunsystem der Tiere. Das wiederum hat eine nachweislich hohe Legeleistung zur Folge. Der Stall, auch der Scharr-Bereich, ist rundum fuchssicher geschützt. Bei schlechtem Wetter bietet der Scharr-Raum im Innern Beschäftigungsmöglichkeit für die Tiere in trockener Einstreu. Dies kommt ihrem arteigenen Verhalten am besten entgegen und hilft, den bei Legehennen auftretenden Kloakenkannibalismus zu vermeiden.

Nach ein bis zwei Wochen wird der vollmobile Stall mit einem Traktor auf eine neue Weidefläche gefahren. Die geschlossene Bodenplatte sorgt dafür, dass die Hühner, genauso wie die trockene Einstreu, beim Umzug problemlos mitchauffiert werden. So

geht das Versetzen für Tier und Mensch schnell, einfach und stressfrei vonstatten.

Und auch die Natur profitiert. Denn die Böden im Hühnerauslauf fest gebauter Ställe leiden mit der Zeit durch die intensive Hühnernutzung. Verschlammung, Überdüngung, Parasiten, eine überstrapazierte Grasnarbe und schädliche Belastungen des Grundwassers sind die Folge.

Bei der vollmobilen Stallhaltung gerät der Kot durch die geschlossene Bodenplatte und die Mistbänder nicht auf die Wiese, sondern nur der im Auslauf anfallende Kot. Der wiederum wird durch das regelmäßige Versetzen so gleichmäßig auf einer Fläche von zehn bis 15 Quadratmetern je Huhn verteilt, dass die Nährstoffeinträge einer extensiven Flächennutzung entsprechen (max. 65 kg Nitrat N/ha). Die Grasnarbe, auch im stallnahen Bereich, bleibt intakt und regeneriert sich ohne Nachsaat unter und um den Stall von allein. Die Futterpflanzen der Hühner und die sich daraus bildende Humusschicht sind die Grundlage für lebendige, fruchtbare Böden und bieten Schmetterlingen und Insekten beste Lebensbedingungen. Denn verrottende Pflanzen sind die Nahrungsgrundlage für Kleinstlebewesen und Mikroorganismen, die wiederum für deren Zersetzung sorgen. Im Naturkreislauf bildet die Humusschicht die Grundlage für neues Pflanzenwachstum. Selbst Obstwiesen werden durch die vollmobile Hühnerhaltung ertragreicher nutzbar. Kurze Transportwege im gesamten landwirtschaftlichen Produktionsprozess wirken sich positiv auf die Klimabilanz aus.

Verschiedene mobile Stallsysteme

Der Trend zu mobilen Geflügelställen setzte sich laut der Landwirtschaftskammer Nordrhein-Westfalen vor allem beim klassischen Direktvermarkter durch. In den Jahren ab 2000 entwickelte sich zunächst vor allem im Biobereich die Nachfrage nach mobilen Stallsystemen. Hintergrund war der Wunsch, ein praktikables System zu finden, um Überweidung und punktuell höheren Nährstoffeintrag im stallnahen Bereich zu vermeiden. Seit einigen Jahren steigt nun auch in kleineren, konventionellen Betrieben die Nachfrage nach diesen Systemen. Dies ist vor allem dem Umstand geschuldet, dass die herkömmliche Käfighaltung im Jahre 2010 endgültig verboten wurde.

Allerdings sind mobile Ställe aufwendiger zu betreiben als stationäre und – bezogen auf die Tierplatzkosten – im Vergleich zu den großen Anlagen teurer. Je nach Bauart des Stalles wird zwischen voll- oder teilmobilen Stallsystemen unterschieden:

Vollmobile Ställe verfügen über eine geschlossene Bodenplatte und werden auf Rädern innerhalb weniger Minuten auf ein neues Stück auf der Weide versetzt. Durch entsprechendes Versatz-Management in Abhängigkeit zum Weidezustand während der Vegetationszeit wird erreicht, dass sich der Grünaufwuchs des stallnahen Bereiches

innerhalb weniger Wochen vollständig erholen kann. Die Ställe werden zumeist autark von Strom- und Wasserversorgungen flexibel in der Fruchtfolge eingesetzt. Baulich stellt die hohe Mobilität erhöhte Anforderungen an den Stall. Hierdurch begründen sich in der Regel die höheren Hennenplatzkosten im Vergleich zu teilmobilen Systemen.

Teilmobile Systeme mit und ohne Bodenplatte, häufig Kufenställe, werden – bauartbedingt – deutlich seltener versetzt. Der Boden unter und im stallnahen Bereich der Modelle ohne Bodenplatte wird nach dem Versetzen von Kot und Einstreu gereinigt und neu eingesät. Eine übermäßige Parasitenanreicherung kann mit diesem System in der Regel auf diese Weise vermieden werden. Die Nährstoffeinträge sind geringer als im herkömmlichen Stall.

Auch von der B 56 aus sieht man ein Hühnermobil des Landwirtschaftsbetriebes Bockenbusch in Neunkirchen-Seelscheid, der auch eine Milchtankstelle betreibt. Am Ortseingang in Much steht seit einiger Zeit ebenfalls ein Hühnermobil neben dem Hof Gippenstein. Der Landwirt wirbt dort mit frischen Weide-Eiern.

Die Sieg-Rheinische Germania Brauerei AG Hersel/Wissen –

Über hundert Jahre Braukunst

Von Stefan Großmann

Ein Blick zurück

Die Anfänge des modernen Brauwesens liegen hauptsächlich in den kleinen Haus- und Gasthofbrauereien.[1] Ab der zweiten Hälfte des 19. Jahrhunderts erhielt das Brauwesen durch die Erfindung der Kältetechnik einen seiner letzten wesentlichen Technologieschübe. Der Bornheimer Heimatforscher Norbert Zerlett berichtet in seinen Chroniken über Bornheim und dessen Ortschaften unter anderem von solchen Kleinstbrauereien, die zumeist ausschließlich für den eigenen Bedarf, sprich zum Ausschank in hauseigenen Gaststätten, brauten.[2] Hatte man zwei oder drei Wirte als Abnehmer, so konnte man seinerzeit schon von einem größeren Brauereibetrieb sprechen.[3] Von diesen gab es einige in Bornheim und in den Vorgebirgsorten, wie beispielsweise die *Brauerei Lux* in Waldorf, aber auch in dem am Rhein gelegenen Ort Hersel hat das Handwerk des Bierbrauens eine erstaunlich lange Tradition.

Die erste nachweislich existierende Brauerei entstand in Hersel im Jahr 1850. Die Ursprünge dieser Brauerei liegen leider im Verborgenen, doch ist das Gründungsjahr 1850 der *Brauerei Barth. Köhler* in einer Bilddokumentation, herausgegeben von der *Germania Brauerei Hersel bei Bonn* zwischen 1898 und 1904, gesichert belegt.[4] Aus Aufzeichnungen aus dem Jahr 1860 von Laurenz Knappstein, damaliger Wirt der Widdiger Gaststätte Kaebe, geht zudem hervor, dass das Vertriebsgebiet der Herseler Brauerei immerhin schon die Rheinorte Hersel, Uedorf und Widdig abdeckte.[5] Knappstein hatte seinerzeit die Lieferungen der Brauerei Köhler in den früheren Maßeinheiten, in „Ohm"[6], akribisch niedergeschrieben.

Insgesamt ist nur wenig über die *Brauerei Köhler* bekannt ist. Aus den Chroniken von Zerlett geht aber zumindest hervor, dass sie bis 1862 „nach alter Art" *obergäriges* Bier herstellte.[7]

Über die Gründe, warum der Betrieb nach 12 Jahren eingestellt wurde bzw. warum Köhler das Gewerbe 1862 aufgab, lässt sich nur spekulieren.

Tatsächlich standen die Brauereien vor der Erfindung von Kälte- bzw. Eismaschinen vor der Herausforderung, das Bier nicht nur kühl zu lagern, sondern auch mittels der richtigen Temperatur vergären zu lassen. Die größeren Brauereien im Umland, gerade aus Köln, nutzten unterirdische Stollen in dem in der Eifel gelegenen Ort Niedermendig, um das Bier richtig temperiert zu lagern. Die kleineren Betriebe mussten sich damit behelfen, dass sie tiefe Keller in die Erde gruben, um das Bier auf diese Weise kühl zu halten. Gelang dies trotz aller Bemühungen nicht, beispielsweise in den Sommermonaten, konnte es passieren, dass das Bier zu sauer wurde und in der Folge nicht mehr in den Verkauf gelangen konnte.[8] Solche Ausfälle waren von den kleineren Betrieben, zu denen in diesem Zusammenhang auch die *Brauerei Köhler* gezählt wird, finanziell vermutlich nicht zu verkraften.

1864 – Das Geburtsjahr der späteren Germania Brauerei

Zur selben Zeit als die *Brauerei Köhler* ihre Pforten schloss, zog es den am 13. April 1836 in Bornheim geborenen Brauer Johann Theodor Claren in den Rheinort Hersel. Dieser hatte sein Handwerk 1852 in der in seinem Heimatort ansässigen *Burgbrauerei* gelernt, in der ein Braumeister aus dem Königreich Bayern den Betrieb führte. Nach Abschluss der Lehrzeit und verschiedenen Stationen in Großbrauereien in Köln und Dortmund, in denen er nicht nur das Handwerk des Bierbrauens weiterentwickelt, sondern sich zudem auch in der Betriebswirtschaft und der kaufmännischen Geschäftsführung Kenntnisse angeeignet hatte, übernahm Johann Theodor Claren den ehemaligen Köhler'schen Betrieb in Hersel.[9] In der Tradition seines bayrischen Mentors braute Claren in Hersel ebenfalls *untergäriges* Bier. Die Herstellung von untergärigem Bier brachte insbesondere durch das schon damals vergleichsweise milde Klima im Rheinland allerdings Probleme mit sich, da man für die untergärige Brauart auf natürliche niedrige Temperaturen angewiesen war. Dank der fortschreitenden Industrialisierung und der Verfügbarkeit neuer technologischer Hilfsmittel ging dieses gewagte Vorgehen jedoch auf.

Das neuartige Herseler Bier sollte sich bald aufgrund seiner besseren Haltbarkeit und Qualität nicht nur in den Rheinorten, sondern auch bis in das südliche Vorgebirge durchsetzen.[10]

Geliefert wurde das hervorragende Herseler Bier in Gebinden zu einem halben Ohm (= 78 Liter) oder einem dreiviertel Ohm (= 104 Liter). Die Holzfässer stammten von dem Widdiger Küfermeister Braun.[11]

Als Gründungsdatum der *Brauerei Johann Claren* wird der 10. Oktober 1864 angesehen. An diesem Tag heiratete Claren die Herselerin Maria Magdalena Walburga Schüller, die aus einer alten Herseler Bauerndynastie stammte. In den Anfangsjahren versorgte

Porzellankopf Fr. G. Schumacher

Clarens Vater Gottfried aus Brenig das junge Unternehmen mit selbst produzierter Braugerste. Doch als sich die Herseler Brauerei durch den überraschenden Erfolg des untergärigen Bieres im näheren Umland gerade einen Namen gemacht hatte, erschütterte ein tragisches Schicksal die Familie und das Unternehmen: Johann Theodor Claren fand bei einem Betriebsunfall am 23. März 1875 in der Herseler Braustätte den Tod. Beim sogenannten *Anpichen*, dem Abdichten eines Holzfasses durch Pech, wurde er von einem zum Reinigen mit Wasser gefülltem Holzfass überrollt. Claren erlag seinen inneren Verletzungen noch am selben Tag.[12]

Der Betrieb wurde nach dem Tod des Gründers zunächst von seiner Witwe unter dem Namen *Brauerei Johann Theodor Claren Wwe* fortgeführt. Nachdem die Witwe Claren den Herseler Gerhard Schumacher heiratete, erfolgte 1880 die Umbenennung in *Brauerei Fr. G. Schumacher* (Frau Gerhard Schumacher).[13]

Umwandlung zur Aktiengesellschaft 1899 und Erster Weltkrieg

Das Unternehmen entwickelte sich auch nach dem frühen Tod des Gründers beständig weiter. Mit dem Einstieg der beiden Söhne des Firmengründers, Peter Josef und Johann Claren, in die Geschäftsführung sollte eine neue Zeitrechnung für die Herseler Brauerei beginnen. Nach einer zwischenzeitlichen Umbenennung in *Herseler Dampfbierbrauerei Fr. G. Schumacher*, taucht ab 1896 zum ersten Mal die *Germania* mit im Firmennamen auf.

Im gleichen Jahr wurden im Betrieb umfassende Modernisierungsmaßnahmen durchgeführt. Mit der Anschaffung einer Eismaschine zur Kälteerzeugung und der Umstellung auf elektrisches Licht brachten die Claren-Söhne die Herseler Brauerei auf den zur damaligen Zeit technologisch neuesten Stand. Sogar die Abfüllung des Bieres in Flaschen war fortan möglich und so ergaben sich durch den Flaschenversand nicht nur völlig neue Absatzmöglichkeiten, sondern man war auch in der Lage, einen um die Jahrhundertwende einsetzenden Wechsel im Konsumverhalten zu bedienen.[14] Hatte man sein Bier früher in der Gaststätte im Dorf getrunken oder von dort mittels zumeist offener Gefäße zum direkten Genuss nach Hause geholt, war durch die Bierflasche die Möglichkeit entstanden, das Bier nun zu portionieren.[15]

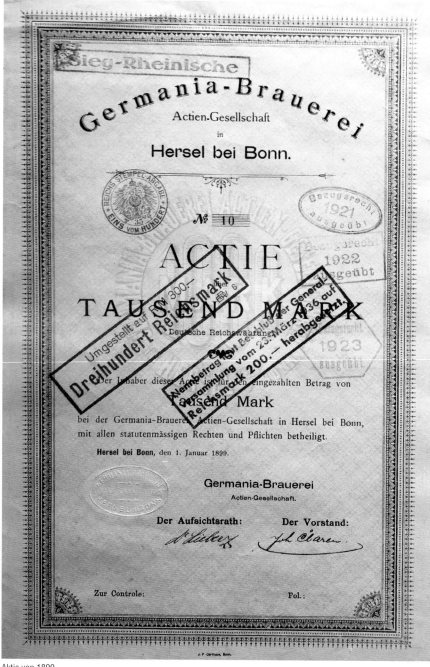

Aktie von 1899

Die wohl gravierendste Änderung zu dieser Zeit ereignete sich im Jahr 1899 nach umfassenden Modernisierungsmaßnahmen im Betrieb mit der Umwandlung in eine Aktiengesellschaft.[16] Dieser Schritt ermöglichte die Bildung und Akquirierung von Kapital. Der Vorteil lag in erster Linie darin, dass sich vor allem auch „branchenfremde Finanzkreise" am Unternehmen und dem entstehenden Profit beteiligen konnten.[17] Mit der Umbenennung der Brauerei in Germania-Brauerei Actien-Gesellschaft Hersel bei Bonn verschwand gleichzeitig auch der familiäre Bezug.

Über die weitere Entwicklung bis zum Ersten Weltkrieg geben verschiedene Geschäfts-berichte Aufschluss.[18] Daraus geht zum Beispiel hervor, dass man 1912 einen Mehrabsatz von 700 Hektolitern Bier verzeichnen konnte. In den Geschäftsberichten der Jahre 1911/12 und 1912/1913 berichten die Vorstände Johann und Peter Josef Claren den Aufsichtsräten über durchaus befriedigende Bierabsätze. Aufgrund ungünstiger Witterungsverhältnisse, insbesondere in den Sommermonaten der Berichtsjahre, musste allerdings zunächst eine „bedeutende Abnahme des Bierabsatzes" hingenommen werden. Zugleich wird von einem Anstieg der Preise für Hopfen und Malz und einer ungewöhnlichen Höhe der Futtermittelpreise berichtet. Prophezeite man dem Geschäftsjahr 1912/1913

noch keine besonders günstigen Aussichten, endet der Bericht für das kommende Geschäftsjahr 1913/1914 mit der Aussicht auf ein „durchaus befriedigendes Ergebnis".[19] Mit der Jahrhundertkatastrophe, die ab August 1914 über Europa hereinbrach, hatte zu diesem Zeitpunkt niemand gerechnet.

Über die Kriegsjahre 1914 bis 1918 ist von der Herseler Brauerei wenig bekannt. Durchaus denkbar ist, dass der Betrieb aufgrund von Freiwilligenmeldungen einiger Mitarbeiter zum Dienst im kaiserlichen Heer auf ein Minimum reduziert werden musste. Da keine Berichte auf große Einschnitte hinweisen, lässt sich die Schlussfolgerung ziehen, dass die Germania Brauerei weitestgehend von den Kriegsgeschehnissen unberührt geblieben sein muss.

Die Germania

Ein interessantes Detail aus dieser Epoche ist die Darstellung der Germania, die seit der Jahrhundertwende fest im Firmennamen verankert war. Üblicherweise wird die Göttin Germania in der historischen Darstellung, gerade seit dem 19. Jahrhundert, stets mit einem Schwert, dem sogenannten Reichsschwert, und mit Kaiserkrone, dargestellt. [20] In der Geschichte der Herseler Brauerei waren es stets, in Anlehnung an das Niederwalddenkmal in Rüdesheim, ein gesenktes Schwert in der linken und die erhobene Krone in der rechten Hand, die die Germania als Symbole begleitet haben. Auf verschiedenen Briefköpfen aus der Zeit um den Ersten Weltkrieg sieht man die Herseler Germania allerdings manchmal mit erhobenem Schwert. Aus mythologischer Sicht könnte das erhobene Schwert der Germania ein Hinweis darauf sein, dass sich das Deutsche Reich in Kriegszeiten befand – was die Einordnung mancher schriftlichen Belege, auf denen ein Datum beispielsweise nicht oder nicht mehr erkennbar ist, in den historischen Kontext vereinfacht.[21]

Wandel und Expansion in den 1920er-Jahren

Nachdem es der Unternehmensleitung gelungen war, den Betrieb unbeschadet durch den Ersten Weltkrieg zu manövrieren, sollten die 1920er-Jahre ganz im Zeichen des Umbruchs und der Erneuerung stehen. Der Zusammenschluss mit der Sieg-Rheinischen Brauerei m.b.H. aus Wissen an der Sieg im Jahr 1922 ist rückblickend ein epochaler Entwicklungsschritt gewesen. Der Kontakt zwischen den Brauereien aus Hersel

Bierdeckel (Germania mit erhobenem Schwert)

und Wissen reichte zurück bis in das Jahr 1914, als Johann Claren seine Tätigkeit als Vorstandsmitglied *der Germania Brauerei Hersel* aufgab und durch Beschluss der Gesellschafterversammlung der *Sieg-Rheinischen Brauerei* in Wissen vom 2. Juni 1914 dort die Position des Geschäftsführers einnahm. Gleichzeitig wechselte er vom Vorstand der *Germania Brauerei* in den Aufsichtsrat.[22]

Beide Brauereien hatten seit ihrer Gründung eine vergleichbar gute Entwicklung durchlaufen. Die Brauerei aus Wissen, gegründet im Winter 1874/1875, hatte im Jahr 1908 bereits die insolvente Brauerei *Wilhelm Saurbier* in Geistingen bei Hennef übernommen. Bis zum offiziellen Beschluss der Zusammenlegung des Betriebs mit der *Germania Brauerei Hersel* am 19. Juni 1922 verfügte die Wissener Brauerei über ein Absatzgebiet für ihr *Sieggold Bier Pilsener Brauart*, das vom Bergischen Land über das Siegerland und den Westerwald nun bis zum Rhein reichte.[23]

Mit dem Beschluss der Zusammenlegung im Jahr 1922 änderte sich auch der Name der nun zu einem Unternehmen fusionierten Brauereien in *Sieg-Rheinische Germania Brauerei AG Hersel-Wissen*. Dies sollte die letzte Umbenennung der Brauerei bleiben, allerdings wurde in der Anfangszeit nach der Zusammenlegung noch zwischen den Braustätten in „Abteilung Hersel" bzw. „Abteilung Wissen" unterschieden.

Bereits im Dezember des Jahres 1922 beriet der Aufsichtsrat über weitere Expansionspläne. Am 26. März 1923 erfolgte zunächst die Übernahme der *Brauerei Joseph Breuer Söhne, Siegburg*. Im Februar 1926 konnte zudem die *Kronenbrauerei Fußhöller Eitorf* übernommen werden. Die Sieg-Rheinische Germania Brauerei verfügte somit über die Braustätten in Hersel, Siegburg und Wissen sowie über die brauereieigenen Niederlassungen in Geistingen und Eitorf. Geschäftsführung und Aufsichtsrat mussten wenig später jedoch erkennen, dass sich verschiedene Sektionen als unrentabel herausstellten, auch umfassende Modernisierungsmaßnahmen hätten sich nicht gelohnt. Der Braubetrieb in Eitorf wurde unmittelbar nach der Übernahme stillgelegt und auch für Siegburg entschied man sich 1931, die Brauerei in eine Niederlassung umzuwandeln. Die Niederlassung in Geistingen wurde als Folge dieses Konsolidierungsprozesses aufgelöst. Die unmittelbare Nähe zu Siegburg rechtfertigte die Kosten zur Aufrechterhaltung einer weiteren Dependance nicht.[24]

Zweiter Weltkrieg und Nachkriegszeit

Über die Herseler Braustätte ist für die Zeit des Zweiten Weltkriegs ebenfalls wenig Erwähnenswertes schriftlich überliefert. Selbst Zerlett berichtet in seinen Heimatchroniken lediglich, dass es der Unternehmensleitung „allen Schwierigkeiten zum Trotz gelang (…), die Braustätten durch die Zeiten der beiden Weltkriege (…) zu führen".[25]

Trotz des einsetzenden Rohstoffmangels im Zweiten Weltkrieg war es der Brauerei möglich, neben den Pferdefuhrwerken die ersten drei LKWs der Marke Büssing anzuschaffen. Gebraut wurden zu dieser Zeit *Germania Pils Edelbitter, Germania Export und das äußerst beliebte Germania Kraft-Malzbier.*

Heinz Wildenberg, langjähriger Expedient und insgesamt 45 Jahre im Dienst der Herseler Germania gab einen Einblick in die Aufgaben eines Brauerei-Lehrlings zur Kriegszeit und berichtete 2004 in einem persönlichen Gespräch, dass die zur damaligen Zeit üblichen Holzfässer mindestens einmal im Jahr durch das sogenannte „Pichen" abgedichtet werden mussten. Dazu wurden die Fässer, nachdem sie mit einer pechartigen Masse von innen bestrichen wurden, von den Lehrlingen die Bayerstraße runter in Richtung Rhein und wieder hinauf gerollt. Auf diese Weise verteilte sich die Masse gleichmäßig in den Fässern. Das größte Holzgebinde der Germania Brauerei vor der Einführung der genormten Aluminiumfässer in den 1970er-Jahren fasste 120 Liter und wurde von den Brauerei-Mitarbeitern mit einer gewissen Ehrfurcht „der alte Ohm" genannt[26].

Mit Kriegsende 1945 und dem Zusammenbruch des Dritten Reichs stand man schließlich vor neuen Herausforderungen. Es galt, sich mit den britischen Besatzern zu arrangieren. Diese hatten unter anderem auch die

Wissen a. d. Sieg
Sieg Rhein. Brauerei, G. m. b. H.

Kontrolle über die Herstellung alkoholischer Getränke übernommen und angeordnet, dass die Herseler Brauerei die Herstellung ihrer eigenen Produkte teilweise aussetzen und stattdessen Starkbier zur Verpflegung der britischen Soldaten brauen sollte. Das dafür dringend benötigte Malz stellte größtenteils die *Kurfürsten Brauerei Bonn* zur Verfügung, da die Malzmaschinen der Germania Brauerei, untergebracht im Büser Hof in Hersel, von den Briten versiegelt wurden.[27, 28] Ab 1947 lockerten die Besatzer die Regelungen und in Hersel ging man allmählich in den regulären Betriebsalltag über.[29]

Die Nachkriegszeit war geprägt von dem in ganz Westdeutschland einsetzenden Wirtschaftsaufschwung. Im Geschäftsbericht für 1951/1952 ist zu lesen, dass sich der Ausstoß weiter günstig entwickelte.[30] Das Flaschenbiergeschäft hatte hierbei einen beträchtlichen Anteil. Weiter heißt es, dass für Hersel eine neue Flaschenfüllanlage angeschafft und die restlichen Aufwendungen in Wissen für die Erneuerung des Sudhauses und ein Kühlschiff genutzt wurden. Durch den positiven Anstieg des Flaschenbiergeschäfts waren zudem größere Anschaffungen von Flaschen und Kästen notwendig geworden.[31]

Wie umfangreich die technischen Erneuerungen in beiden Betriebsstätten in den 1950er-Jahren waren, wird auch in einer firmeneigenen Mitteilung deutlich.[32] Darin wird berichtet, dass „in beiden Braustätten neue Sudwerke und Flaschenkellereimaschinen modernster Bauart" installiert wurden. Daneben wurde eine Flaschenreinigungs-, Füll- und Etikettieranlage in Hersel angeschafft, die in der Lage war, 3000 Flaschen stündlich abzufertigen. Der enorme Anstieg des Flaschenbierverkaufs in der Nachkriegszeit hängt hauptsächlich mit der Anzahl der kriegszerstörten Gastwirtschaften und dem damit gleichzeitig rückläufigen Fassbiergeschäft zusammen.[33] Zum Produktportfolio der 1950er-Jahre gehörten neben den bekannten Marken *Germania Pils* und *Germania Kraft-Malzbier* nun auch die Qualitätsbiere *Germania Märzen* und *Germania Doppelbock*. Das Bockbier war vermutlich das bereits erwähnte Starkbier, das ursprünglich nur für die britischen Besatzer vorgesehen

Siegelmarke mit der die Malzmaschinen versiegelt wurden

war. Das Vertriebsgebiet erstreckte sich mittlerweile rheinaufwärts bis Bad Honnef, rheinabwärts bis Köln und Düsseldorf, am Vorgebirge entlang bis Köln, im ganzen Siegkreis, ins Bergische Land und bis hinauf in den hohen Westerwald.[34]

Große Veränderungen in den 1970er-Jahren

Um die Schließung der *Sieg-Rheinischen Germania Brauerei* ranken sich auch Jahrzehnte später noch die wildesten Gerüchte. Mancher Herseler trauert „seiner Germania" auch heute noch nach und spricht gerne von der „jooden ahlen Zick in der Brauerei".

Die ersten gravierenden Umstellungen für Hersel und Wissen deuteten sich bereits Anfang der 1970er-Jahre an. Franz Rosenfeld, ab 1961 Nachfolger des verstorbenen Brauereidirektors Erhard Schneider in Wissen, schied 1969 als Vorstandsmitglied der *Sieg-Rheinischen Germania Brauerei* aus und verkaufte seine Aktienmehrheit von 54 Prozent an die *Schlossbrauerei Neunkirchen*. Diese war bei einem jährlichen Bierabsatz von 385 000 Hektolitern an ihre Kapazitätsgrenzen gelangt und unternahm mit der Übernahme der Mehrheitsanteile der *Sieg-Rheinischen Germania Brauerei* den Versuch, den Bierausstoß nachhaltig zur erhöhen. Der Zusammenschluss mit der Germania Brauerei, die zu dem Zeitpunkt in Hersel und Wissen auf zusammen knapp 200 Beschäftigte und auf eine jährliche Produktion von bis zu 200 000 Hektolitern Bier kam, erschien den Saarländern dafür geeignet und so konnte durch den Zusammenschluss ein Gesamtbierausstoß von 575 000 Hektolitern erzielt werden.[35] Das bedeutete für die Germania Brauerei zunächst, dass die bis 1970 in Wissen ansässige Zentralverwaltung an die Saar umsiedelte, wo von diesem Zeitpunkt an die strategischen Entscheidungen getroffen werden sollten.[36]

22. August 1978 – Das Ende der Wissener Brauerei

Ein „Weiter so" sollte es aber schon bald insbesondere in Wissen nicht mehr geben. Ab Mitte der 1970er-Jahre stagnierten und sanken schließlich die Verkaufszahlen. An der Saar machte man sich Gedanken über die Betriebsstrukturen mit ihren verschiedenen Unternehmensstandorten – und so fiel die Entscheidung, neben dem Standort Saarbrücken auch den Braubetrieb in Wissen stillzulegen. Der 22. August 1978 sollte

das Ende einer über hundert Jahre bestehenden Brautradition in Wissen werden, denn an diesem Tag wurden die letzten in Wissen gebrauten Liter *Germania Pils* in Flaschen abgefüllt. Der Schock saß tief, sowohl bei der Belegschaft als auch bei der Bevölkerung – hatte man doch zwei Jahre zuvor noch pompös das hundertjährige Bestehen der Wissener Brauerei unter Moderation von Dieter-Thomas Heck gefeiert.

Konsequenz dieser Umwälzungen war, dass der Braubetrieb der Germania Biere, insbesondere der Verkaufsschlager *Germania Kölsch* und *Germania Pilsener*, vollständig nach Hersel verlagert wurde. In Wissen wurde lediglich ein Auslieferungslager weiter betrieben, was auch die Kündigung einiger Mitarbeiter am Standort nach sich zog.

In den Folgejahren erlebte die Germania Brauerei dank der Braukunst der Germania-Brauereimeister eine neue Hochphase. Daraus entwickelte sich Anfang der 1980er-Jahre die Notwendigkeit, den Standort Hersel durch neue Investitionen aufzuwerten. Die Nachfrage nach den Germania-Produkten machte 1983 daher die Installation neuer Gär- und Lagertanks notwendig, um den gestiegenen Anforderungen weiter gerecht zu werden. Hatten die Großtanks in den Herseler Lagerhallen bereits eine Kapazität von bisher 240 000 Litern, wurde diese durch sieben neue Großtanks um je 100 000 Liter auf 940 000 Liter erweitert. Im Zuge dessen verlegte man gleichzeitig auch neue Kühlleitungen.[37]

Die Kölner Kölsch-Konvention

Ein letztes Großereignis stand der Germania Brauerei im Jahre 1986 ins Haus. Die Kölner Brauer, durch den *Kölner Brauereiverband* organisiert und seit jeher darauf bedacht, ihre Namens- und Markenrechte und natürlich auch ihr Bier wie einen Augapfel zu hüten, erkannten bereits in den 1960er-Jahren, dass *Kölsch* nicht nur den Biertyp, sondern auch

ein Herkunftsgebiet ausweist. Um nun ein für alle Mal verbindlich festzulegen, welche Eigenschaften das Bier haben und woher es kommen muss, um sich Kölsch zu nennen, wurde in mühevollster Kleinarbeit die *Kölsch-Konvention* erarbeitet. Diese wurde bei allen Mitgliedern des Verbandes durchgesetzt, am 29. Januar 1986 vom Bundeskartellamt anerkannt und schließlich am 6. März 1986 von Vertretern aller 24 – zu diesem Zeitpunkt Kölsch produzierenden – Brauereien aus Köln und dem Kölner Umland unterzeichnet.[38] Selbstredend gehörte auch die Herseler *Germania Brauerei* dem Kölner Brauereiverband an und ist Mitbegründer und Unterzeichner der Kölsch-Konvention, die Kölsch noch heute zu einem von deutschlandweit neun Bieren macht, welche das Gütezeichen „geschützte geographische Angabe" zum Schutz und zur Förderung traditioneller und regionaler Lebensmittelerzeugnisse führen darf. Dieses Gütezeichen wurde von der Europäischen Union Anfang der 1990er-Jahre eingeführt und dokumentiert eine „Verbindung der landwirtschaftlichen Erzeugnisse und Lebensmittel mit dem Herkunftsgebiet". Da die Germania Brauerei zum Zeitpunkt des Inkrafttretens der Konvention bereits Kölsch braute, genoss die Marke trotz des Umstands, dass das Bier nicht innerhalb der Kölner Stadtgrenzen gebraut wurde, Bestandsschutz. Hatte die Germania Brauerei in der Vergangenheit gerne mit dem Slogan „Germania Kölsch – aus Hersel" geworben, besaß das Inkrafttreten der Konvention den Nebeneffekt, dass man nicht mehr mit der Herkunftsbezeichnung werben durfte.[40]

Die Braumeister bzw. „Chefs" der Kölsch-Brauereien trafen sich im Übrigen in regelmäßigen Abständen, um sich auszutauschen und pflegten dadurch einen engen Kontakt miteinander. Für die Herseler Brauerei nahm Braumeister Schütz an diesen Treffen teil und wurde oftmals Zeuge eines spannenden Rituals. Die Braumeister hielten gerne Blindverkostungen ab, um herauszuschmecken, wer aus ihrem Kreis eigentlich das beste Kölsch braute. Das Herseler Kölsch schnitt bei diesen Blindverkostungen interessanterweise durchweg gut ab und landete stets unter den ersten drei bis vier Bieren.

Der Niedergang

Doch auch die vermeintlichen Erfolge der 1980er-Jahre konnten dem bundesweit einsetzenden Schrumpfungs- bzw. Konzentrationsprozess, von dem vor allem kleinere, regionale Brauereien betroffen waren, nichts

entgegensetzen. Insgesamt liegen die Gründe für das beginnende Brauereisterben in West- und später dem wiedervereinigten Deutschland neben dem stagnierenden bis rückläufigen Verbrauch vor allem im steigenden Angebot an Billigbieren und dem damit verbundenen Druck seitens des (Einzel-)Handels.[41]

Abschließend muss man festhalten, dass sowohl Belegschaft als auch Geschäftsführung der Germania Brauerei von den Ereignissen schlichtweg überrollt wurden. Der Dortmunder Brauerei- und Getränkegigant *Brau und Brunnen*, der es sich zum Ziel gemacht hatte, der größte deutsche Getränkekonzern zu werden, hatte sein Auge mittlerweile auch auf das Rheinland geworfen, um in dem dortigen Kölsch-Markt Fuß zu fassen. Die *Kurfürstenbrauerei Bonn* und die *Bergische Löwen-Brauerei Köln-Mülheim* (Gilden Kölsch) waren bereits aufgekauft, die *Germania Brauerei* sollte folgen, um „die

Stellung besonders im Kölsch-Markt konsequent" auszubauen.[42]

Die Nachricht über den Verkauf erreichte die Mitarbeiterinnen und Mitarbeiter am Nachmittag des 19. Juni 1990. In einer Mitarbeiterversammlung wurden zudem die ersten maßgeblichen Veränderungen in Form von personellen Neubesetzungen von Schlüsselpositionen bekannt gegeben. Der langjährige und verdiente Aufsichtsratsvorsitzende Heinz Seibert sollte schon zum 1. Juli ausscheiden, für Vertrieb und Verwaltung sollten zukünftig die *Brau und Brunnen*-Manager Manfred Schnur und Rolf Menrath verantwortlich sein. Diese waren in den ersten Tagen und Wochen an ihrer neuen Wirkungsstätte in Hersel noch darauf bedacht, die Gemüter zu beruhigen, war die Nachricht doch ein Schock für die Beschäftigten. Ziel der Übernahme sei es „den Standort Hersel zu erhalten und künftig die drei Kölsch-Brauereien in Mülheim, Bonn und Hersel einheit-

lich zu führen".[43] Bis zur offiziellen Übernahme sah man zudem vor, den Betrieb auf Herz und Nieren zu analysieren und eine zukunftsfähige Strategie auszuarbeiten[44].

Die neuen Vorstände legten unverzüglich los und versprachen, der *Germania* und ihren Produkten ein neues Markenprofil zu erarbeiten. Eine Betriebsanalyse attestierte jedoch im August 1990 allen Unternehmensbereichen von Technik bis Verkauf einen stark defizitären Zustand. Unter Berücksichtigung aller Umstände und Faktoren war daher ein Weiterführen des Unternehmens betriebswirtschaftlich mittelfristig nicht mehr vertretbar.

Einer Presseinformation der *Germania Brauerei* zufolge sollte der Produktionsbetrieb zum 31. Dezember 1990 eingestellt werden, bereits zum 1. Oktober wurde die Produktion von *Germania Kölsch* und *Germania Pils* in die Bonner *Kurfürsten Brauerei* verlagert, wo weiterhin streng nach Germania-

Rezeptur Fassbier im Lohnbrau- und Abfüll-
verfahren gebraut werden sollte.[45] *Germania
Kölsch* und *Germania Pils* gab es noch bis
31. Dezember 1990 in Flaschen, danach sollte
sich alles nur noch um das Fassbiergeschäft
drehen. Die weiteren Produkte der Germania
Brauerei, insbesondere die Spezialitäten im
Bierbereich wie Alt und Weizen, sowie das
gesamte alkoholfreie Programm wurden auf
Waren aus dem Sortiment der Brau und
Brunnen umgestellt.

Die Details des Interessenausgleichs und
ein Sozialplan wurden im Rahmen einer Betriebsvereinbarung zwischen dem Vorstand
der *Sieg-Rheinischen Germania Brauerei*
und dem Betriebsrat vereinbart.[46] Darin wurde
neben den bereits genannten weiteren
Schritten im Zuge der Betriebsstilllegung
auch die Zuordnung der Niederlassung
Wissen zu der *Bergischen Löwen-Brauerei*
geregelt. Allerdings war geplant, den ursprünglichen Brauereistandort aufzugeben
und innerhalb der Stadt Wissen in Räumlichkeiten umzuziehen, die eine nur auf das
Fassbiergeschäft bezogene Größenordnung
haben sollten. Ein Drittel der Germania-Mit-
arbeiterinnen und -Mitarbeiter wurden von
der *Kurfürsten Brauerei Bonn* und der *Bergischen Löwen-Brauerei Köln* übernommen,
weitere 15 Beschäftigte schieden im Rahmen eines Vorruhestands aus. Den Mitarbeiterinnen und Mitarbeitern, die gänzlich
aus dem Arbeitsverhältnis aufgrund der Betriebsstilllegung ausschieden, wurde im
Rahmen des vereinbarten Sozialplans eine
Abfindung zugesichert.[47]

Die letzten Monate des Jahres 1990 waren
in Hersel emotional und auch von Wehmut
gezeichnet. Viele Vereine, wie die Große
Herseler Karnevalsgesellschaft (Gro-He-Ka)
oder auch die Freiwillige Feuerwehr, wurden
noch einmal in die Brauerei eingeladen. Das
allseits beliebte Braustübchen, das in dem
brauchtumsfreudigen Rheinort sowieso schon
Vereinsgeschichte geschrieben hatte, wurde
mit Trauerflor behängt und sollte noch einmal Zeuge einer denkwürdigen Veranstaltung werden. Der Junggesellenverein „Einig-
keit" Hersel-Uedorf, erst zwei Jahre zuvor
von einer Clique junger Herseler Burschen
in der Gaststätte Prinzenhof zu neuem Leben erweckt, wurde mit seinem amtieren-
den Maikönigspaar von Braumeister Schütz
zu einer letzten Brauereibesichtigung einge-

laden. Daraus entwickelte sich im Laufe des
Abends ein Kehraus, von dem heute noch
gesprochen wird. Bei dieser letzten Feier im
Braustübchen wurden fast drei Hektoliter
Germania Bier verzapft. Braumeister Schütz
nutzte die Gelegenheit, einen letzten Appell
an die Herseler zu richten: „Behalten Sie die
Brauerei in guter Erinnerung und denken Sie
gerne an sie zurück."[48]

Mit der *Sieg-Rheinischen Germania Brauerei Hersel* verschwand letztlich nicht nur der
damals größte Arbeitgeber im Bornheimer
Stadtgebiet, sondern auch eine handwerkli-
che Tradition, die mindestens 140 Jahre
lang in Hersel betrieben wurde. Am 28. September 1990 wurde in Hersel das letzte Mal
Germania Bier gebraut.

Briefkopf der Germania Brauerei Hersel-Bonn

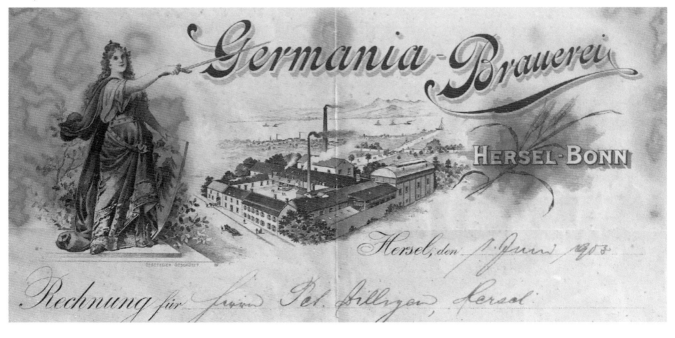

Zur Germania - 1. Bönnsch Brauerei

Etwas bleibt –
Das Brauhaus zur Germania

Spricht man in Hersel heute über die alten Zeiten und die *Sieg-Rheinische Germania Brauerei*, wird selbst 30 Jahre nach der Schließung des Betriebs ein Name noch immer im gleichen Atemzug genannt: Heribert Schütz – umtriebiger und allseits beliebter Braumeister und Betriebsleiter der Braustätte in Hersel.

Heribert Schütz begann seine Lehre zum Brauer und Mälzer am 2. Februar 1953 in der Schlossbrauerei Neunkirchen an der Saar, wo er nach dem erfolgreichen Abschluss seiner Lehre weitere fünf Jahre verbrachte, um sich in weiteren Positionen als Braugeselle, Brauführer und Kellermeister weiterzuentwickeln. Nach erfolgreicher Prüfung an der Braumeisterschule in Ulm durfte er den Titel Braumeister führen. Schütz war weiterhin bei der Schlossbrauerei Neunkir-

chen angestellt, die ihm ab 1968 sogar Handlungsvollmacht im Namen des Betriebs übertrug.[49]

Nachdem die Schlossbrauerei Neunkirchen im Jahr 1969 die Mehrheitsanteile und die Verwaltung der Sieg-Rheinischen Germania Brauerei AG Hersel/Wissen übernommen hatte, bot sich für Schütz 1971 die Gelegenheit, Betriebsleiter der Germania-Braustätte in Hersel zu werden.[50] Auf diese Weise hatte er wesentlichen Anteil an der Blütezeit des Herseler Unternehmens in den 1970er- und 1980er-Jahren. Germania Biere, insbesondere Germania Pilsener und Germania Kölsch, wurden dank der Germania-Braumeister Weitz aus Wissen und Schütz aus Hersel mehrfach von der Deutschen Landwirtschafts-Gesellschaft (DLG) prämiert und ausgezeichnet. Stellvertretend für die weiteren Auszeichnungen heißt es in einer Pressemitteilung der Germania Brauerei aus dem Jahr 1982:

Unter 355 Bieren aus dem gesamten Bundesgebiet nahmen auch zwei Germania-Biere an den letzten DLG-Prüfungen 1981 teil. Germania Kölsch erhielt den großen Preis, die Goldmedaille, Germania Pilsener wurde mit der Silbermedaille ausgezeichnet.[51]

Für die Germania Brauerei, im Vergleich zu anderen Brauereien ein mittelständischer Betrieb, war diese besondere Auszeichnung Bestätigung ihres Könnens als traditionsreiches Unternehmen.

Ein Denkmal besonderer Art setzte sich Heribert Schütz schließlich noch selbst im Herzen Bonns. Unweit der Altstadt befindet sich ein Brauhaus, das mittlerweile aus vielerlei

110

Gründen Kultstatus in der ehemaligen Bundeshauptstadt genießt: das Brauhaus *Bönnsch*. Es ist bekannt für sein süffiges, naturtrübes obergäriges Bier und seine ungewöhnlich krummen Biergläser. Die Ursprünge des Bönnsch sind heute jedoch nur noch den wenigsten bekannt.

Im Jahr 1984 gelangte die Geschäftsführung der *Sieg-Rheinischen Germania Brauerei* zu dem Entschluss, in der westdeutschen Hauptstadt Bonn eine Gasthaus-Brauerei einzurichten, um den Bonnerinnen und Bonnern ein eigenes Bier anbieten zu können: das naturtrübe *Bönnsch*, von dem man sich erhoffte, dass es für Bonn das werden könnte, was Kölsch für Köln und das Altbier für Düsseldorf bereits seit Langem waren.[52] So entstand an der Sterntorbrücke die heute unter dem Namen Bönnsch bekannte Gasthaus-Brauerei *Zur Germania – 1. Bönnsch-Brauerei*. Hier wird seit der Eröffnung getreu dem deutschen Reinheitsgebot aus Gerstenmalz, edelstem Hopfen, Kultur-Hefe und Brauwasser das Bönnsch hergestellt. Es war Braumeister Heribert Schütz, der die Idee eines Braubetriebs zum Anfassen hatte: Er ließ kurzerhand ein Sudhaus mit kupferblanker Würzepfanne und Läuterbottich im Brauhaus verglasen. Bis heute kann man als Gast dem Brauprozess, zumindest aus gebührender Entfernung, beiwohnen.[53]

Die Germania Brauerei um Initiator Heribert Schütz hat damals Weitsicht bewiesen, denn die Rechnung ging auf. Das Brauhaus Bönnsch sowie die naturtrübe Bierspezialität erfreuen sich auch knapp 40 Jahre später nach wie vor großer Beliebtheit. Und so hat zumindest ein kleiner Teil der Germania Brauerei Hersel die Zeiten überdauert.

Obergärige und untergärige Biere

Seit über 500 Jahren schreibt das Reinheitsgebot vor, dass Bier ausschließlich aus Hopfen, Malz, Hefe und Wasser hergestellt werden soll. Zurzeit werden in Deutschland in über 1500 Braustätten zusammen rund 6.000 verschiedene Biere hergestellt.[54]

Grundsätzlich lassen sich die Biere bei uns in Deutschland in zwei übergeordnete Kategorien einteilen: in ober- und untergärige Biere. Der Unterschied ist auf die Verwendung verschiedener Hefearten zurückzuführen, die verschiedene Temperaturen zur Herstellung von Bier bevorzugen.

Obergärige Hefe benötigt warme Temperaturen. Die Gärung – also die Umwandlung von Malzzucker in Alkohol und Kohlensäure – findet bei ca. 15-20 Grad Celsius statt. Nach Abschluss dieses Prozesses steigen die Hefezellen im Ganzen nach oben.[55] Typisch obergärige Biersorten sind neben dem Kölsch das Alt- und das Weizenbier.

Untergärige Hefe hingegen kann den Gärungsprozess nur bei 4-9 Grad Celsius optimal durchführen.[56] Bei höheren Temperaturen wird die Hefe „träge". Im Gegensatz zu der obergärigen Hefe setzen sich die einzelnen Hefeteilchen unten ab. Weitere untergärige Biere sind neben dem Pilsener das Märzen und das Schwarzbier.

Anmerkungen:

1 Sinz, Herbert – 1000 Jahre Kölsch Bier, Greven Verlag Köln, 1972.
2 Sammlung Zerlett, Norbert – Nr. 436 – Sieg-Rheinische Germania Brauerei, Stadtarchiv Bornheim.
3 Sammlung Zerlett, Norbert – Nr. 437 – Sieg-Rheinische Germania Brauerei, Stadtarchiv Bornheim.
4 Sammlung Zerlett, Norbert – Nr. 436 – Sieg-Rheinische Germania Brauerei, S. 2, Stadtarchiv Bornheim.
5 Sammlung Zerlett, Norbert – Nr. 436 – Sieg-Rheinische Germania Brauerei, Stadtarchiv Bornheim.
6 Das Ohm ist eine frühere Volumeneinheit, in der Flüssigkeiten gemessen wurden (zwischen 134 und 174,75 Litern).
7 Sammlung Zerlett, Norbert – Nr. 438 – Sieg-Rheinische Germania Brauerei, Stadtarchiv Bornheim.
8 Sinz, Herbert – 1000 Jahre Kölsch Bier, Greven Verlag Köln, 1972.
9 Sammlung Zerlett, Norbert – Nr. 438 – Sieg-Rheinische Germania Brauerei, Stadtarchiv Bornheim.
10 Sammlung Zerlett, Norbert – Nr. 438 – Sieg-Rheinische Germania Brauerei, Stadtarchiv Bornheim.
11 Sammlung Zerlett, Norbert – Nr. 438 – Sieg-Rheinische Germania Brauerei, Stadtarchiv Bornheim.
12 Sammlung Zerlett, Norbert – Nr. 439 – Sieg-Rheinische Germania Brauerei, Stadtarchiv Bornheim.
13 http://www.koelsch-net.de/koelsch-net/index.htm, 29.04.2020.
14 Sammlung Zerlett, Norbert – Nr. 436 – Sieg-Rheinische Germania Brauerei, S.6, Stadtarchiv Bornheim.
15 Zeugen Kölner Braukultur 1396-1996, S. 131.
16 Aktie Nr. 10 der Germania Brauerei Actien-Gesellschaft Hersel bei Bonn vom 1. Januar 1899 (Sammlung Stefan Großmann).
17 Zeugen Kölner Braukultur 1396-1996, S. 126.
18 Geschäftsbericht und Bilanz über das Geschäftsjahr 1911/1912 der Germania-Brauerei Aktien-Gesellschaft in Hersel vom 21.11.1912 und Geschäftsbericht und Bilanz über das Geschäftsjahr 1912/1913 der Germania-Brauerei Aktien-Gesellschaft in Hersel vom 20.11.1913.
19 Geschäftsbericht und Bilanz über das Geschäftsjahr 1912/1913 der Germania-Brauerei Aktien-Gesellschaft in Hersel vom 20.11.1913.
20 http://www.niederwalddenkmal.de/das-niederwalddenkmal/die-germania/ - 03.05.2020.
21 von Bruchhausen, E-B. C. (1999), S. 102.
22 Wissener Beiträge zur Geschichte und Landeskunde – Heft 38.
23 Wissener Beiträge zur Geschichte und Landeskunde – Heft 38.
24 Wissener Beiträge zur Geschichte und Landeskunde – Heft 38.
25 Sammlung Zerlett, Norbert – Nr. 436 – Sieg-Rheinische Germania Brauerei, Stadtarchiv Bornheim.
26 Mündlich überliefert von Heinz Wildenberg (2004).
27 Mündlich überliefert von Heinz Wildenberg (2004).
28 Siegelmarke der Sieg-Rheinischen Germania Brauerei AG Hersel/Wissen (Sammlung Stefan Großmann).
29 Mündlich überliefert von Heinz Wildenberg (2004).
30 Geschäftsbericht für 1951/52 der Sieg-Rheinischen Germania Brauerei AG Hersel-Siegburg-Wissen vom 04.03.1953.
31 Geschäftsbericht für 1951/52 der Sieg-Rheinischen Germania Brauerei AG Hersel-Siegburg-Wissen vom 04.03.1953.
32 Sieg-Rheinische Germania Brauerei - Mitteilung, ca. Mitte der 1950er-Jahre (Kopie aus Sammlung Stefan Großmann).
33 Sieg-Rheinische Germania Brauerei - Mitteilung, ca. Mitte der 1950er-Jahre (Kopie aus Sammlung Stefan Großmann).
34 Sieg-Rheinische Germania Brauerei - Mitteilung, ca. Mitte der 1950er-Jahre (Kopie aus Sammlung Stefan Großmann).
35 https://ol.wittich.de/titel/409/ausgabe/21/2019/artikel/00000000000014790598-OL-409-2019-21-21 - 16.04.2020.
36 Wissener Beiträge zur Geschichte und Landeskunde – Heft 38.
37 General Anzeiger Bonn, 14./15.12.1983.
38 Zeugen Kölner Braukultur 1396-1996, S. 33.
39 https://www.bmel.de/DE/Landwirtschaft/Agrarpolitik/1_EU-Marktregelungen/_Texte/GeschuetzteBezeichnungen.html - 16.04.2020.
40 Kölsch-Konvention, § 1 (2) S.2.
41 https://www.lwl.org/LWL/Kultur/Westfalen_Regional/Wirtschaft/Brauereiwesen/#anker-6 – 17.04.2020.
42 Express, 20.06.1990.
43 General-Anzeiger Bonn, 20.06.1990.
44 General-Anzeiger Bonn, 20.06.1990.
45 Sieg-Rheinische Germania Brauerei AG, Presseinformation (Kopie aus Sammlung Stefan Großmann).
46 Betriebsvereinbarung – Interessenausgleich und Sozialplan (Kopie aus Sammlung Stefan Großmann).
47 Betriebsvereinbarung – Interessenausgleich und Sozialplan (Kopie aus Sammlung Stefan Großmann).
48 Mündlich überliefert von Josef Mühlens (2016).
49 Wochenschau vom 04.03.1978.
50 Wochenschau vom 04.03.1978.
51 Sieg-Rheinische Germania Brauerei AG – Presseinformation vom 04.01.1982 (Kopie aus Sammlung Stefan Großmann).
52 Zeitungsartikel „Prost mit einem trüben Bönnsch aus Bonn" – Volker Füssmann (Kopie aus Sammlung Stefan Großmann).
53 Zeitungsartikel „Prost mit einem trüben Bönnsch aus Bonn" – Volker Füssmann (Kopie aus Sammlung Stefan Großmann).
54 https://www.reinheitsgebot.de/startseite/biervielfalt/bierstile-in-deutschland/, 01.06.2020.
55 „Ihre Sieg-Rheinische Germania Brauerei AG" – Werbebroschüre (1982).
56 „Ihre Sieg-Rheinische Germania Brauerei AG" – Werbebroschüre (1982).

Heimat ist ein Kochtopf

HAUS SCHLESIEN widmet sich in einer Ausstellung dem Geschmack von Heimat

Von Bernadett Fischer

Eine eigene Küche war in den ersten Nachkriegsjahren ein rares Gut und so konnte sich glücklich schätzen, wer eine Kochkiste hatte. Die kurz erhitzten Speisen konnten hier ohne die von vielen belagerte Feuerstelle weitergaren.

„Was wäre der oberschlesische Speisezettel ohne den »Żur«, den das Lexikon als »saure Mehlsuppe« erklärt. Ging doch der polnische Spruch um »Z żuru chłop z muru«, was sinngemäß etwa zu übersetzen wäre mit »Vom Żur wird der Mann stark wie eine Mauer«." (Alice Scherer, aus: Heimat geht durch den Magen, 2001)

ŻUR

50 g Sauerteig (bekommt man beim Bäcker)
50 g geschroteten Roggen
4-5 zerkleinerte Knoblauchzehen
Salz nach Geschmack
2-3 TL Zucker
einige Spritzer Maggiwürze
etwa 3 EL Essig

Das Ganze schüttet man in einen mit Wasser gefüllten Halb-Liter-Topf- möglichst aus Steingut -, rührt alles zu einem Brei, der dann zwei bis drei Tage bei Zimmertemperatur stehen bleibt. Am dritten Tag werden eineinhalb Liter-Wasser, in das man zwei bis drei Mettwürstchen geben kann, zum Kochen gebracht.

Man rührt den gereiften Roggenbrei in das siedende Wasser und lässt es bei milder Hitze etwa eine halbe Stunde kochen.

Man kann den Eintopf mit zerlassenem Räucherspeck verfeinern und dazu Stampfkartoffeln reichen.

#hausschlesien #schlesien #bleibtzuhause #stayathome #culturedoesnotstop #museum #closedbutactive #kochenzuhause #bleibtgesund

Zwischen Königswinter und Liegnitz[1] liegen 700 Kilometer und 400 Kilokalorien – etwa wenn es um den leckeren Pfefferkuchen „Liegnitzer Bombe" geht, dem sich das HAUS SCHLESIEN neben anderen kulinarischen Köstlichkeiten im Rahmen der Ausstellung *„Kann Spuren von Heimat enthalten. Essen und Trinken, Identität und Integration der Deutschen des östlichen Europa"* im Jahr 2020 gewidmet hat. Ob der Streuselkuchen von Oma oder der Lieblingseintopf von Mutter – solche Gerichte schmecken nach Zuhause und wecken besondere Emotionen in uns. „Das schmeckt wie zu Hause" ist nicht umsonst eines der größten Komplimente, das man einer Köchin machen kann – Heimat ist eben manchmal auch ein Kochtopf. Viele Gerichte schmecken aber nicht nur nach „Heimat" sie tragen diese auch im Namen: ob Königsberger Klopse, Böhmische Knödel, oder eben die Liegnitzer „Kalorienbomben". Mit der Ausstellung blickte HAUS SCHLESIEN damit – ganz buchstäblich – über den Tellerrand Schlesiens hinaus und machte die Kulinarik des östlichen Europas erlebbar.

Und so drehte sich von Februar bis September 2020 im HAUS SCHLESIEN alles rund um diese Spuren von Heimat im Kochtopf. Die Wanderausstellung wurde konzipiert von der Kuratorin Patricia Erkenberg vom Haus des Deutschen Ostens (HDO) München. Es ist eine Ausstellung, „die mitten aus dem Leben kommt", wie es Bürgermeister Peter Wirtz in seinem Grußwort zur Eröffnung formulierte. Neben Bürgermeister

Der Destillateur Moritz Thienelt führte ab 1907 in Schlegel, heute Słupiec, Polen (Grafschaft Glatz) den Brauereiausschank und verarbeitete die reichlich vorhandenen Waldbrombeeren (Kroatzbeeren) zu einem Likör, und brachte Thienelt's Echte Grafschaft Glatzer Gebirgskroatzbeere auf den Markt. Nach der Vertreibung konnte die Produktion 1949 in Düsseldorf neu aufgebaut werden.

Wirtz freute sich auch Landrat Sebastian Schuster, „diese Ausstellung im Rhein-Sieg-Kreis zu haben". Es gehe nicht nur um ein Thema, das jeden Menschen anspreche, die Ausstellung zeige auch, „dass nicht nur Sprache und Kunst identitätsstiftend sind, sondern auch das, was auf den Teller kommt".

Über den Tellerrand ...

Aber wie kommt die Heimat auf den Teller? Über die Jahrhunderte entwickelten die Deutschen des östlichen Europa in ihren jeweiligen Siedlungsgebieten eigene Rezepte für Speisen und Getränke, immer wieder auch inspiriert durch die Gegebenheiten und Spezialitäten der jeweiligen Regionen. Essen und Trinken sind nicht einfach nur lebensnotwendige menschliche Bedürfnisse, sondern auch Ausdruck der eigenen Identität und Kultur. Die Flüchtlinge, Vertriebenen, Aussiedler und Spätaussiedler brachten handgeschriebene Familienrezepte, Kochbücher sowie das eine oder andere typische Küchengerät mit in den Westen. Durch die Pflege ihrer kulinarischen Traditionen bewahrten sie sich in ihrem neuen Lebensumfeld ein Stück Heimat und ihre eigene Identität. Etliche der für bestimmte Regionen urtypischen Speisen und Gerichte fanden Eingang in die gesamtdeutsche Küche.

So kennen die meisten Deutschen Königsberger Klopse und es ist eines der beliebtesten Gerichte in Deutschland, wie eine Umfrage aus dem Jahr 2009 zeigte.[2] Aber nicht nur die Rezepte und die Hausmannskost verbreiteten sich, viele der Vertriebenen und Aussiedler gründeten eine ganze Reihe von Firmen neu, die spezifische Produkte auf den Markt brachten.

Blick in die Ausstellung

Die Ausstellung untergliederte sich in die Themenbereiche „Ankunft in Knappheit und Überfluss", „Im Supermarkt" und „Eigener Herd ist Goldes wert", ergänzt durch mehrere Tafeln, auf denen Lage, landwirtschaftliche Schwerpunkte und kulinarische Besonderheiten der Regionen Baltikum, Ostpreußen,

Eigener Herd ist Goldes wert - ein Blick in die Ausstellung im HAUS SCHLESIEN

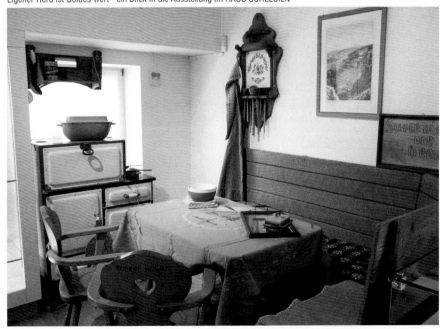

Pommern, Schlesien, Böhmen und Mähren, der Bukowina und der Siedlungsgebiete der Russlanddeutschen, Karpatendeutschen, Donauschwaben und Siebenbürger Sachsen dargestellt wurden. Gezeigt wurden typische Lebensmittel, mitgebrachte Familienrezepte, Kochbücher, Küchengeräte und vieles mehr rund um das leibliche Wohl.

Ankunft in der Knappheit

Der erste Themenbereich verdeutlichte die unterschiedlichen Bedingungen, die Flüchtlinge und Vertriebene nach dem Zweiten Weltkrieg bzw. Aussiedler in späteren Jahren bei ihrer Ankunft in Deutschland vorgefunden haben. Die Ausgangssituation konnte unterschiedlicher nicht sein: Die einen kamen in ein zerstörtes Land, in dem Wohnungsnot und Lebensmittelknappheit herrschten und die gesamte Bevölkerung vielerlei Entbehrungen hinnehmen musste. Die Aussiedler und Spätaussiedler kamen hingegen in ein Land, in dem sie zunächst mit den Auswüchsen des Überflusses konfrontiert waren, der sie verwirrte und überforderte, aber auch mit der Tatsache, dass man sich aus dem Überangebot an Waren bei Weitem nicht alles leisten konnte.

Die Ausstellung erzählt daher nicht nur von den kulinarischen Vorlieben und Traditionen in den verschiedenen Regionen von der Ostsee bis zum Schwarzen Meer, sie beschäftigt sich auch mit der Lebenswirklichkeit der Flüchtlinge nach 1945 sowie der Aussiedler späterer Jahre. Nach dem Zweiten Weltkrieg und auch schon in den letzten Kriegsmonaten kamen rund

zwölf Millionen deutsche Flüchtlinge und Vertriebene aus den früheren deutschen Staatsgebieten sowie den deutschen Siedlungsgebieten im östlichen Europa. Deutschland, das durch den selbst begonnenen Krieg stark zerstört war, war auf einen solchen Zustrom nicht vorbereitet. Im Land herrschte bereits eine allgemeine Hungerkatastrophe aufgrund der Zerstörung von Landwirtschaft und Industrie und auch des Verlustes der landwirtschaftlichen Nutzflächen östlich von Oder und Neiße. Der Winter 1946/47 wird oft auch als „Hungerwinter" bezeichnet, mehrere Hunderttausend Menschen starben. Die massenhafte Ankunft Vertriebener und Flüchtlinge verschärfte die Situation weiter. Diese Gruppe trafen die Auswirkungen zusätzlich besonders hart, da sie im Gegensatz zu den Einheimischen nicht auf ein soziales Netzwerk und somit gegenseitige Unterstützung zurückgreifen konnten. Um 1946 erreichte die Versorgung mit einem durchschnittlichen Kalorienverbrauch von etwa 1451 Kalorien pro Person (empfohlen wurden 3000) ihren Tiefstand.

Die Kochsituation der Nachkriegsjahre und damit der Grad der Selbstbestimmtheit der Vertriebenen und Flüchtlinge unterschied sich je nach Unterbringung. In den Flüchtlingslagern gab es meistens eine Gemeinschaftsverpflegung. Dagegen mussten sich Menschen, die in Privatwohnungen und Häusern untergebracht wurden, Küche und Herd oft mit der einheimischen Hausfrau teilen. Das führte vielfach, auch aufgrund der

unterschiedlichen Kochgewohnheiten und Speisen, zu Konflikten, aber auch zum gegenseitigen Kennenlernen neuer Gerichte. Noch 1950 hatten in Bayern nur 30 Prozent der Vertriebenen eine eigene Küche, 17 Prozent nutzten die der Wohnungsbesitzer mit oder hatten gar keine Kochmöglichkeit. Bis zum 1. März 1950 gab es in der Bundesrepublik noch Lebensmittelmarken, die Rationierung von Zucker wurde erst zum 1. Mai 1950 aufgehoben.

Ernst Müller gründete 1938 in Karlsbad einen Betrieb für Nährmittel. Nach der Vertreibung wagte er in Neutraubling einen Neuanfang mit der Karlsbader Nährmittelindustrie GmbH.

In der Zeit des Wirtschaftswunders in den 50er- und 60er-Jahren änderte sich die Situation vor allem in der Bundesrepublik erheblich. Die letzten Notunterkünfte wurden geschlossen und viele Vertriebene und Flüchtlinge richteten ihre Wohnungen und Häuser neu ein. Die Küche mit dem Essplatz oder das Esszimmer wurden wieder zum zentralen Treffpunkt der Familie. Das alte Sprichwort „Eigener Herd ist Goldes wert" erhielt erneut seine Bedeutung. Dazu entwickelte sich in den Siedlungen und Gemeinschaften der Vertriebenen oft eine Art Wettbewerb, wer als Erster wieder ein eigenes Haus besaß und die „Markenzeichen" des Wohlstands zeigen konnte – das eigene Auto oder die erste Urlaubsreise. „Unsere Familientreffen in den 60er-Jahren waren geprägt von den Fragen, wer schon sein zweites Haus baut oder wenigstens ein weiteres Grundstück gekauft hat", erzählte eine vertriebene Sudetendeutsche aus der Region Pilsen in Westböhmen. Eigener Grund und Boden und eigene vier Wände wurden zu einem nicht nur materiell (überlebens-) wichtigen „Ersatz" für die verlorene Heimat.

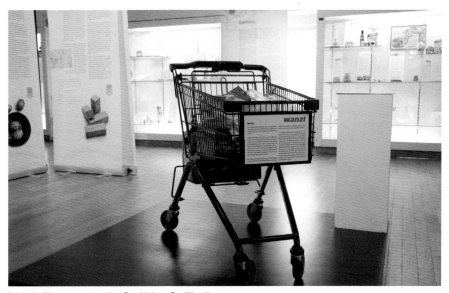

Auch ein Alltagsgegenstand hat Geschichte: „Der Wanzl"

Vom Supermarkt ins Museum

Den großen Anteil der Flüchtlinge und Vertriebenen, die am Wiederaufbau der deutschen Wirtschaft nach dem Zweiten Weltkrieg beteiligt waren, zeigte der Themenbereich „Im Supermarkt". Dort wurden beispielhaft rund dreißig im Westen nach Flucht, Vertreibung oder Aussiedlung wieder gegründete Firmen mit ihren Produkten vorgestellt. Darunter kleinere bis mittlere Unternehmen, die mehrere Jahrzehnte bestanden haben, wie der Hersteller für Backmittel, Puddingpulver und Gewürze *Müller's Karlsbader* oder der Spirituosenfabrikant *Thienelt*, die sich aber in den letzten Jahren dem Preiskampf der Lebensmittelbranchen geschlagen geben mussten. Aber auch mittelständische Firmen, die bis heute das In- und Ausland beliefern, gehören dazu, wie die *Rügenwalder Mühle*, *Riedel Glas* oder die *Ajona* Zahncreme und natürlich das süße Naschwerk von *Rübezahl Schokoladen, Piasten* oder *Schwermer* nicht zu vergessen. Einige der von den Vertriebenen gegründeten Firmen konnten einen so großen Erfolg verzeichnen, dass sie sich zu weltweit operierenden Konzernen entwickelt haben.

Ein Produkt einer solchen Firma schiebt ein jeder regelmäßig vor sich her, die wenigsten jedoch wissen um seine Herkunft: Die Rede ist vom „Wanzl". Als im Nachkriegsdeutsch-land die Selbstbedienungsläden in Mode kamen, wurden Einkaufskörbe und -wagen eingesetzt, die in der *Firma Wanzl* in Leipheim hergestellt wurden. Der Selbstbedienungsladen war in Deutschland – durch den Zweiten Weltkrieg etwas später als in anderen Ländern – die Revolution im Lebensmittelhandel. „Selbstbedienung spart Zeit", damit sollten die Kunden von dieser Art des Einkaufens überzeugt werden. Für den Händler bedeutete es von Anfang an Personaleinsparung und die Möglichkeit, die Waren verkaufsfördernd zu präsentieren. Wer ungehindert an ein Regal gehen und die Waren in die Hand nehmen kann, wer seine Kaufentscheidung scheinbar unbeeinflusst treffen kann, hat am Ende den Einkaufswagen voller

bepackt. In den Läden kamen und kommen die Einkaufswagen von Wanzl zum Einsatz.

Seniorchef Rudolf Wanzl war ursprünglich Inhaber einer Schlosserei im Sudetenland gewesen, die er nach der Vertreibung 1947 mit seinem Sohn in Bayern wiedereröffnete. 1950 ließ der findige Schlosser den stapelbaren Einkaufskorb mit Klappbügel patentieren, ein Jahr später den Einkaufswagen. Heute hat der „Wanzl" längst den Weltmarkt erobert – kaum eine Supermarktkette, in der er nicht zum Einsatz kommt. Die Firma produziert heute in West- und Osteuropa, USA, Australien und Asien. 1995 wurde auch in Tschechien ein Wanzl-Werk mit Verwaltung und Produktion eröffnet.

Kurz vor der Eröffnung holte Nicola Remig „den Wanzl" ab. Das Exponat wurde dem DIZ freundlicherweise von Edeka Brouwer aus Niederdollendorf zur Verfügung gestellt.

Auf einmal kein Büroalltag mehr sondern „Home-Office" und statt Kantine selber kochen. HAUS SCHLESIEN hat seinen Followern in den Sozialen Medien mit Rezepten aus Pommern, Schlesien, Siebenbürgen und vielen weiteren Regionen Lust auf die Spuren von Heimat machen wollen. Dieses Rezept ist aus dem zur Ausstellung erschienenen Kochbuch „Kann Spuren von Heimat enthalten", verlegt im Volk Verlag.

Zentral in der Ausstellung kann man sich einen „Wanzl" anschauen, der prall gefüllt mit Leckereien ist, die ihre Ursprünge ebenfalls im deutschen Osten haben: Rügenwalder Teewurst, Schneekoppe-Müsli, Schokolinsen von Piasten oder der „Rügener Badejunge". Letzterer geht auf das „Stolper Jungchen" zurück. Nach Flucht und Vertreibung brachte der Stolper Käsemeister Wilhelms das Rezept des weltberühmten „Stolper Jungchens" vom hinterpommerschen Stolp[3] auf die vorpommersche Insel Rügen. Hier wurde der Käse nun zum „Rügener Badejungen". Mal ohne, mal mit Badehose auf dem Logo wurde er zu einem beliebten regionalen Produkt in der DDR und später in der Bundesrepublik. Im polnischen Słupsk ließ man das „Jungchen" auch immer mal

wieder auferstehen, und es gab auch Versuche, das „Stolper Jungchen" andernorts in Deutschland wieder aufleben zu lassen. Der Rügener Badejunge jedoch hielt sich am längsten und zählt heute zu den meistverkauften Camembert-Marken in Deutschland.

Geschichten wie die vom Stolper Jungchen hat Patricia Erkenberg viele gefunden: „Es ist beeindruckend, was alles entstanden ist, und welch großen Anteil die deutschen Flüchtlinge und Vertriebenen am Wiederaufbau und wirtschaftlichen Aufschwung der Bundesrepublik hatten." Die Ausstellung zeigt anschaulich, welche heute bekannte Firmen der Nahrungs- und Genussmittelherstellung auf Deutsche aus dem östlichen Europa zurückgehen. „Es gibt viele Anknüp-

fungspunkte zu entdecken", sagt Museumsleiterin Nicola Remig. Schließlich handelt es sich hier um Ausstellungsobjekte, die jeder von uns beim Besuch im Supermarkt in den Regalen sehen und kaufen kann oder beim Durchstöbern der Kochbücher nach neuen oder auch alten Rezepten entdecken kann, dessen Hintergrund einem aber bisher verborgen war.

Museum goes digital

Ausstellungen, deren Objekte so ganz alltägliche Dinge wie Einkaufswagen, Käse und Kochgeschirr sind, sollten auch Teil des Alltags ihrer Besucher werden. Ein nicht geringer Teil unseres Alltags findet heute online statt und vor allem während der Hochphase der Covid-19-Pandemie hat sich auch für Museen der Ort für Ausstellungen in den digitalen Raum erweitert. Aus diesem Grund finden sich unter dem Hashtag #kannspurenvonheimatenthalten auf Facebook und Instagram viele Inhalte aus der Ausstellung und vor allem einige sehr schmackhafte Rezepte und die damit verbundenen Erinnerungen.

Anmerkungen:

1 Heute Legnica, Polen.
2 Laut der Umfrage des Forsa-Instituts 2009 in Deutschland haben Königsberger Klopse mit 93 Prozent den größten Bekanntheitsgrad unter den regionalen Gerichten.
3 Heute Słupsk, Polen.

„*Das verhängnisvolle Jahr 1846 ...*"

Die Hungerjahre 1846 und 1847 im Siegkreis

Von Alicia Enterman

Darstellung der Kartoffelrevolution in Berlin, Lithografie von Vinzenz Katzler, um 1847

„Das verhängnisvolle Jahr 1846, das Maß allen Unheils" – mit diesen düsteren Worten beschrieb die Bürgermeistereiversammlung von Menden das Jahr, in dem die Wirtschaftskrise und die daraus resultierende Hungersnot, die in den 1840er-Jahren über Europa herrschten, auch den Siegkreis erreichten.

Wirtschaftskrise und Missernten

Seit circa 1814 hatten die Deutschen mit vielen Schwierigkeiten zu kämpfen. Der Ausbruch von Krankheiten wie der Cholera sowie die niedrigen Löhne, vor allem von Handwerkern und Tagelöhnern, trugen zu einer zunehmenden Verelendung und Armut bei.

Was die Not von 1846 bis 1847 so außerordentlich machte, war der unglückliche Zusammenfall von Getreidemissernten und der verheerenden Kartoffelfäule. (Für eine ausführliche Beschreibung der Auswirkungen der „Kartoffelkrankheit" weise ich auf den Beitrag von Peter Knecht in diesem Jahrbuch hin.) Der April 1846 war ungewöhnlich regnerisch, es folgte die Dürre eines langen, extrem trockenen Sommers – die Folge waren Missernten bei den Grundnahrungsmitteln, z.B. Weizen, Roggen, Erbsen, Gerste und Hafer. So betrug die Roggenernte in der Rheinprovinz im Jahr 1846 nur 50 Prozent einer Durchschnittsernte. Auf die Missernten folgte die Preissteigerung. Einige wenige Landwirtschaftler konnten ihre verbleibenden Ernten für den Export verkaufen und so von den höheren Preisen profitieren. Für die landlosen Tagelöhner aber und die Subsistenzproduzenten (Landwirtschaftler, deren Ernten nur den Eigenbedarf abdeckte; ihre Anzahl war im Siegkreis sehr hoch), war die Teuerung fatal.

Vielerorts führte das Elend zu einem gewalttätigen Aufruhr. Ungefähr 80 Prozent aller deutschen Unruhen (ca. 84 von 104) im Jahr 1847 waren hungerbedingt. In der berühmten Berliner „Kartoffelrevolution" im April 1847 drückten Bürger ihre Wut gegen die hohen Preise und die gefühlte Apathie des Staates durch Angriffe auf Lebensmittelgeschäfte wie Bäckereien und Metzgereien aus.

In der Rheinprovinz (von 1822 bis 1945 zu Preußen gehörend) gab es allerdings nur wenige solcher Unruhen – und keine nachgewiesenen im Siegkreis. Die Krise fiel im Rheinland weniger katastrophal als in den östlichen preußischen Provinzen aus. Dennoch beherrschten Leid und Sorge die rheinische Bevölkerung. Auch im Siegkreis stieg die Sterbequote zwischen 1845 und 1847 um 18 Prozent.

Hilfe vom Staat?

Der Staat reagierte auf die Wirtschaftskrise mit verschiedenen Aktionen. Das preußische Innen- und Finanzministerium verteilte Mehl und Roggen durch die Eröffnung der Militärmagazine, die sich für den Regierungsbezirk Köln in Deutz befanden. Dazu konnten Landräte die Rückerstattung von zwischen ihren Landkreisen und Deutz bezahlten Zöllen beantragen. Das Ministerium bot auch Darlehen an, meistens für den Kauf von Saatkartoffeln. Obwohl die Bürgermeister im Siegkreis ungern Schulden aufnahmen, nahmen einige diese Angebote an. Es gab auch viele Beschwerden, dass die Zuschüsse und Darlehen nicht ausreichen würden. Der Bürgermeister von Oberkassel beklagte beispielsweise den „spärlich[en]" Zuschuss von 60 Scheffel Roggen; so wenig „[kann] zur Linderung der Not wenig oder vielmehr <u>gar nichts</u> beitragen" (Hervorhebung im Original).

Sehr häufig verwies der Staat aber auf die relativ neuen Armengesetze von 1842/1843. In den Gesetzen wurde die Armenfürsorge als Zuständigkeit der Gemeinden eingeordnet; wenn notwendig, sollten die Gemeindeverwaltungen sich an private Wohltätigkeitsvereine wenden. Ein Erlass des königlichen Innen- und Finanzministeriums vom 24. Dezember 1846 an alle Landräte in Preußen machte dies deutlich: „Die Anforderungen an die Staatskasse müssen auf seltene außerordentliche Fälle beschränkt werden."

„Umständlichkeit und Schreiberei" der Verwaltungsbehörden

Die Versuche von Behörden auf der Gemeinde- und Kreisebene, Hilfe für ihre Gebiete zu sichern, gestalteten sich durch diese Armengesetze schwer genug. Die Hierarchie der Behörden, die tief im Geschäftssinn der preußischen Ministerien verwurzelt war, machte alles noch komplizierter. Im Kreisarchiv finden wir Verfügungen des Preußischen Innenministeriums, des Oberpräsidiums der Rheinprovinz und des Regierungspräsidenten des Regierungsbezirks Köln an den Landrat, der diese entsprechend an die Bürgermeister weiterleiten musste. Wenn die Bürgermeister sich an die Regierung wenden wollten, hatten sie nur die Möglichkeit, durch den Landrat zu handeln.

Erschwerend kam im Siegkreis noch dazu, dass der Landrat selbst zu dieser Zeit nicht

Landrat Maximilian Freiherr von Loë

im Dienst war. Maximilian Freiherr von Loë war offiziell von 1837 bis 1848 im Amt, wurde aber schon im Frühjahr 1846 aufgrund einer „Nervenschwäche" von aller Arbeit entbunden. Alle Geschäfte wurden vom Regierungsassessor Max Kessler übernommen. Trotzdem wurden alle Schreiben an das Landratsamt an den „hochwohlgeborenen" Freiherrn adressiert. Auch in dieser Vertretungsperiode befand sich das Landratsbüro im Schloss Allner (in Allner, heute Ortsteil der Stadt Hennef), wo Freiherr von Loë lebte. Das bedeutete ein tägliches Pendeln für Regierungsassessor Kessler, der keine Wohnung näher als Siegburg finden konnte. Die Verlegung des Amtssitzes außerhalb der Kreisstadt Siegburg war schon seit Jahren das Thema von Streitigkeiten zwischen Landrat Freiherr von Loë und seinen Kollegen; erst Anfang 1848 war das Landratsbüro endgültig wieder in Siegburg zu finden.

Die langen Dienstwege brachten das Problem der verspäteten Informationsteilung, das in beiden Richtungen existierte, mit sich. Ohne früh genug zu wissen, wie die Lage in den Provinzen tatsächlich war, konnten die Ministerien kaum Entscheidungen zu Maßnahmen treffen, die auch effektiv sein konnten. Den Gemeinden des Siegkreises war dieses Problem bewusst. Der Gemeinderat von Oberkassel lehnte daher ein Darlehen für den Kauf von Saatkartoffeln ab „schon allein der Umständlichkeit und Schreiberei wegen [...] und die vermeintliche Hülfe [würde] jedenfalls zu spät kommen."

Schloss Allner, Farblithografie von A. Borchel nach dem Aquarell von J. Senff, um 1858

SCHLOSS ALLNER.

Die schwere Lage im Siegkreis

Wie entfernt die Anweisungen der Regierung von der gelebten Realität der Menschen sein konnten, zeigte sich in einer Rundschrift des Regierungspräsidenten vom 12. Dezember 1846. Darin heißt es:

Der Landwirtschaftliche Verein Gummersbach hat [...] den Versuch gemacht, aus Roggen und Rüben, Brot zu backen, welcher vollkommen gelungen ist. Nach mehreren gemachten Versuchen können außer den Kartoffeln und Runkelrüben auch die weißen Rüben, welche in diesem Jahr besonders gut geraten sind, mit großem Nutzen zum Brotbacken benutzt werden, sodass man daraus ein gutes nahrhaftes Brot, welches lange hält, backen kann.

Auf der Rückseite dieser Rundschrift befindet sich ein Rezept für das sogenannte Rübenbrot. Der Bürgermeister von Neunkirchen, Johann Larsonneur, beschwerte sich in seinem Schreiben an den Landrat:

[...] um dieses zu können, muss man auch alle diese Surrogate haben, denn die Leute – ich meine der Tagelöhner – haben auch keine Rüben, und sind deren hier auch keine zu kaufen, weil derjenige, welcher Rüben besitzt, dieselben auch höchstnotwendig selbst zu gebrauchen hat."

Andere Bürgermeister schildern in ähnlicher Weise den „außerordentlich[en] [...] Mangel" und die „drückend[en] [...] finanziellen Verhältnisse" in ihren Gemeinden. Für die Situation der Armen hatten die Politiker jedoch nicht nur Mitleid. Sie beschwerten sich über die Bettelei, besonders über Bettler, die aus anderen Gemeinden kamen. Der Bürgermeister in Oberkassel, Graf Julius zur Lippe, beschrieb „ganze Scharen <u>schulpflichtige Kinder</u> so wie Erwachsene beiderlei Geschlechts" (Hervorhebung im Original) aus Oberpleis, Königswinter und Menden, die „hiesige Einwohner belästigen". Zwei Wochen später berichtete er nochmals über den „täglich[en] Überfluss der Türbettelei". Seine Meinung, dass „die Bettelei die Moralität nach und nach unter[gräbt] und die Sicherheit gefährdet" wurde anscheinend von Kessler geteilt, der später in einem Bericht an den Regierungspräsidenten die „durch Entbehrung und Elend sich unverkennbar mindernde moralische Kraft eines Teils der ärmeren Volksklasse" erwähnte.

Private Hilfen im Siegkreis – Suppenküchen und Sammlungen

Die Hungerjahre 1846 und 1847 waren eine schwere Last für die Bevölkerung des Siegkreises. Die ausgefallenen Getreide- und Kartoffelernten brachten viele in wirtschaftliche Not. Zudem erschwerte der Dschungel der Bürokratie, dass ihre Hilferufe von höheren Ämtern gehört wurden. Nächstenliebe konnte aber zumindest einen Teil ihres Leidens lindern.

Wie die Gemeinden im Siegkreis sich selbst helfen und was private Maßnahmen dazu beitragen konnten, berichteten die Bürgermeister nach einer Anforderung des Oberpräsidiums der Rheinprovinz am 22. Januar 1847.

Der Bürgermeister in Siegburg, Johann Kuttenkeuler, beschrieb ausführlich die Eröffnung einer Suppenküche in Siegburg. Die Zusammenarbeit der Siegburger, um ihre Nachbarn zu versorgen, war beeindruckend: Die Küche konnte durch Spenden von Kesseln, Steinen, einem Mörser und einem Rost günstig eingerichtet werden, und das

Siegburger Kattunfabrik Rolffs & Cie., Ausschnitt aus einer Bleistiftzeichnung von Paul Heckhausen, um 1881

Kochen und die Aufsicht wurden von unterschiedlichen Frauen der Gemeinde übernommen. Gemüse und Fleisch wurden von Privatleuten gespendet; Rezepte und Hinweise für die Großküche gab der Hausverwalter der psychiatrischen Heilanstalt in Siegburg weiter.

Für die Leitung der Küche war es eine Ehre („ohne zu schmeicheln", wie Bürgermeister Kuttenkeuler versichert), den Besuch von Landrat Maximilian Freiherr von Loë zu empfangen. Der jüngere Bruder des Landrats, Clemens von Loë, wird auch in Kuttenkeulers Bericht erwähnt: Anscheinend ließ er „an einem Tage in jeder Woche für die dortigen [Troisdorf] Armen kochen".

In anderen Kommunen, wie Bürgermeister Josef Scherer in Much erklärte, sei die Bevölkerung ihrer Gemeinden so weit verstreut, dass eine zentral aufgestellte Suppenküche für viele nicht praktisch wäre. Versorgung mit Lebensmitteln konnte dennoch stattfinden. Die Sammlung von Brot und Geld wurde oft durch Kirchengemeinden unterstützt oder organisiert. In den Pfarren Sieglar und Bergheim verteilten wohlhabendere Einwohner zweimal in der Woche Brot und andere Nahrungsmittel. Pastor Schwergen in Much sammelte jeden Samstag Geld. Die drei Pfarrkirchen in Wahlscheid richteten öffentliche Sammlungen ein, um Geld-, Kleider- und Lebensmittelspenden einzubringen.

Schaffung von Arbeit

In einigen Bürgermeistereien konnte Arbeit sowohl durch öffentliche Projekte als auch durch Privatunternehmen geschaffen werden. Die öffentlichen Projekte, für die die Bürgermeistereien Kredite aufnehmen konnten, bestanden fast immer in Wegebau und Wegeverbesserung. Der Bau der Bonn-Buisdorf-Straße in Menden und der Ausbau der Zeithstraße in Lohmar waren zwei von mehreren Projekten, bei denen Arbeitslose durch diese Kredite Beschäftigung fanden. Arbeitsplätze entstanden auch in privaten Unternehmen, so z.B. in der Kattunfabrik Rolffs (heute Siegwerk) in Siegburg oder in den Alaunbergwerken von Leopold Bleibtreu, die „Jahr aus und Jahr ein" (so der Bürgermeister von Menden) Arbeit für Einwohner von Hangelar und Holzlar brachten.

Quellen:

Archiv des Rhein-Sieg-Kreises: LSK 2132.
Claudia Maria Arndt: „'… so liegt Allner […] so sehr im Mittelpunkt des großen Kreises …'. Das Schloss Allner als Sitz des Landrates des Siegkreises in den Jahren 1837 – 1840 und 1842 – 1846/48." In: Jahrbuch des Rhein-Sieg-Kreises 22. 2007, S. 94-100. Siegburg 2006.
James M. Brophy: „1815 bis 1848 – Vom Wiener Kongress zur Revolution." In: Internetportal Rheinische Geschichte, abgerufen unter: http://www.rheinische-geschichte.lvr.de/Epochen-und-Themen/Epochen/1815-bis-1848—-vom-wiener-kongress-zur-revolution/DE-2086/lido/57ab241e7d 1687.63686537 (abgerufen am 29.05.2020).
Ludwig Elberskirch: „Das Hungerjahr 1847 im Siegkreis." In: Heimatblätter des Rhein-Sieg-Kreises 49/50, S. 65-92. Siegburg 1982.
Manfred Gailus: „Food Riots in Germany in the Late 1840s." In: Past and Present Nr. 145, S. 157-193. Oxford 1994.

Alaunhütte der Bergwerke von Leopold Bleibtreu, Zeichnung von Aimé Henry, um 1853

TeeGschwendner:
Traditionsreiches Familienunternehmen aus Meckenheim

Von Alena Saam

„TeeGschwendner" stieg von einem kleinen Einzelhandelsgeschäft für Tee zum größten Teefachhändler Deutschlands auf. Die Geschichte des Unternehmens mit Sitz in Meckenheim ist durchaus bewegt und war von Erfolgen und Progressivität, aber auch von Rückschlägen und Umbrüchen geprägt.

Seine Anfänge nahm das Unternehmen nicht in Meckenheim, sondern in der Heimatstadt des Gründers, Albert Gschwendner, in Trier. Gschwendner wurde 1954 in der Stadt an der Mosel geboren, besuchte zunächst die Hauptschule im Stadtteil Heiligkreuz, wechselte anschließend auf die Be-

rufsschule und machte seinen Abschluss an der kaufmännischen Privatschule Eberhard. Albert Gschwendner sah demnach schon früh seine berufliche Zukunft im Kaufmännischen und folgte damit seiner Mutter Hedwig (1918-2014), die Lebensmittelhändlerin war. Gschwendner war schon seit seiner Jugend leidenschaftlicher Teetrinker und fand in seiner späteren Ehefrau Gwendalina (1959-2002) eine ebenso begeisterte Teetrinkerin. In Deutschland wurde jedoch bis in die 1970er-Jahre Tee vorherrschend in Teebeuteln und nicht lose verkauft, was die Gschwendners letztlich zu ihrer Geschäftsidee motivierte.

Erste Schritte

Albert und Gwendalina Gschwendner eröffneten 1976 im Alter von 22 und 17 Jahren ihr erstes Teefachgeschäft in Trier, in dem sie losen Tee anboten und dem sie den einfachen Namen „Der Teeladen" gaben. An dem Geschäft war außerdem Albert Gschwendners älterer Bruder Karl (*1943) beteiligt. Der Erfolg blieb jedoch aus. Die frischgebackenen Geschäftsinhaber hatten im Vorfeld auf eine niedrige Miete gesetzt, mussten dafür aber einen weniger populären Standort in Kauf nehmen, was sie nach nur einem Jahr Betrieb vor die Wahl stellte, das Geschäft aufzugeben oder es an einem anderen Standort noch einmal zu versuchen. Die Familie entschied sich daraufhin für die zweite Variante und erschloss gleich mehrere neue Standorte für ihr Geschäft.

Karl Gschwendner eröffnete einen „Teeladen" in einem neuen, besser gelegenen Ladenlokal in Trier. An diesem Standort stellten sich die schon ein Jahr zuvor erhofften Gewinne schnell ein.

Albert und Gwendalina suchten nach der idealen Zielgruppe für ihre Geschäftsidee und fanden diese in der Universitätsstadt Bonn, die damals noch Sitz der Bundesregierung war. Hier bezogen sie im Mai 1977 einen Laden in der Kaiserpassage, der in einer guten Einkaufslage in der Bonner Innenstadt lag und an die schnellen Erfolge des Bruders in Trier anschließen konnte. Zeitgleich eröffnete Ottmar Gschwendner, ebenfalls ein Bruder von Albert, einen „Tee-

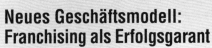

laden" in Mainz. Die Brüder gründeten 1978 die „Teeladen Gbr. Gschwendner GmbH" und meldeten diese im Handelsregister an. Damit wurde ein Schritt weg von einem losen Netz von Einzelhandelsgeschäften gemacht und die Basis für ein bundesweit agierendes Unternehmen gelegt. Ab 1980 koordinierten die Gschwendners den Teehandel von Bornheim aus und erweiterten ihr Sortiment, das von da an neben verschiedensten Teesorten auch Zubehör wie Teekannen und -filter umfasste.

Neues Geschäftsmodell: Franchising als Erfolgsgarant

Ein wesentlicher Grund für den Erfolg des Unternehmens war der frühe Einstieg in das Franchising (Vertriebsform, bei der ein Unternehmen Lizenzen für den Vertrieb seiner Produkte an Einzelhändler vergibt und die diese dann unter Verwendung des Unternehmensnamens verkaufen dürfen). Erste Erfahrungen mit dem Franchise-System machte der „Teeladen" schon 1978 mit einer Filiale in Nürnberg, die der erste Lizenznehmer war. Albert Gschwendner sagte rückblickend, dass das angestrebte Geschäftskonzept nur durch Franchising umgesetzt werden konnte und dieses zusätzlich die Selbstständigkeit von Unternehmern fördere. Insbesondere Letzteres war für Gschwendner stets von zentraler Bedeutung, da er von einem höheren Verantwortungsbewusstsein und Einsatz der Selbstständigen ausging, was wiederum zu einem erfolgreichen Geschäft führe. Dabei war Franchising in Deutschland noch nicht flächendeckend erprobt, sondern befand sich gerade erst im Aufschwung. Es gab zwar bereits Unternehmen, vornehmlich US-amerikanische Fast-Food-Ketten, die Franchising als Vertriebssystem auf dem deutschen und europäischen Markt nutzten und damit teils erhebliche Erfolge verzeichneten, doch waren deutsche Unternehmen zunächst noch mehrheitlich an konventionellen Vertriebsformen interessiert.

Das Tee-Angebot

Aber nicht nur quantitativ verzeichnete „Der Teeladen" Zuwächse, auch qualitativ wollte Albert Gschwendner sein Tee-Angebot erweitern. Dazu reiste er ab 1991 regelmäßig und gemeinsam mit einer teilweise bis zu 20-köpfigen Expertengruppe, darunter auch der spätere Geschäftsführer Thomas Holz, zu Tee-Erzeugern in den traditionellen Anbaugebieten in Indien, China, Japan, Sri Lanka, Indonesien und Nepal. Auf diesen Reisen kaufte er neue Teesorten direkt ein und importierte sie nach Europa. Da für Gschwendner die Qualität des Tees an oberster Stelle stand, bezahlte er meist Rekordpreise. Im Teegarten Puttabong in Darjeeling wurde deswegen 1993 ein Bereich nach ihm benannt. Auf seinen Reisen gewann für Albert Gschwendner außerdem der faire Handel mit Tee immer mehr an Bedeutung. In Kooperation mit Organisationen, wie dem 1992 gegründeten Verein *TransFair e. V.*, dem *NABU e. V.* und *Naturland e. V.*, verkaufte „Der Teeladen" aus diesem Grund Produkte, die fair gehandelt und ökologisch angebaut wurden. Teile der Einnahmen werden zudem an wohltätige Projekte gespendet.

„Der Teeladen" ging dementsprechend einen zwar nicht vollkommen unbekannten, aber für ein deutsches Unternehmen durchaus neuartigen Weg, als er 1982 vollständig in das Franchising einstieg. Aufgrund dessen war das Unternehmen in der Lage, bundesweit zu expandieren, was sicherlich einer der größten Vorteile für Gschwendner darstellte. Nur drei Jahre später, im Jahr 1985, umfasste das Unternehmen 25 Franchise-Geschäfte und verdoppelte bis Ende des Jahrzehnts diese Zahl. 1985 folgte außerdem die Mitgliedschaft im erst wenige Jahre zuvor gegründeten *Deutschen Franchiseverband*.

Der Weg zum führenden Teefachhändler Deutschlands

Die 1990er-Jahre waren für das Unternehmen in quantitativer und qualitativer Hinsicht von großer Bedeutung, machte es schließlich in diesem Jahrzehnt wesentliche Schritte hin zum deutschlandweit führenden Teefachhändler, wie man ihn heute kennt. Die Zahl der Franchise-Geschäfte hatte kontinuierlich zugenommen und umfasste zu Beginn der 1990er-Jahre 65 Filialen. Zum einen wagte „Der Teeladen" die Expansion in das umliegende Ausland, vornehmlich Luxemburg, Österreich und die Schweiz, was zu einem Anstieg der Zahlen führte. 1994 erwarben die Gschwendners außerdem ein weiteres Ladenlokal in Bonn als „Teeladen"-Filiale. Das sogenannte „Knusperhäuschen", ein Fachwerkhaus Am Dreieck in Bonn, hatte das Ehepaar schon vor ihrer Ladeneröffnung in Trier im Jahr 1975 als Ladenlokal anmieten wollen, jedoch konnten die beiden sich zu dieser Zeit die

Miete nicht leisten. Als sie das Objekt knapp 20 Jahre später dann doch für den „Teeladen" mieten konnten, übernahm Gwendalina Gschwendner persönlich die Einrichtung der Filiale und führte diese bis zu ihrem frühen Tod im Jahr 2002.

Heute ist die Tochter von Albert und Gwendalina, Anna Gschwendner, die Geschäftsführerin der Bonner Filiale. Um der quantitativen Ausweitung des Unternehmens Anfang der 1990er-Jahre gerecht werden zu können, benötigte „Der Teeladen" eine größere Zentrale, als sie in Bornheim zur Verfügung stand. In Meckenheim fand das Unternehmen 1992 ein neues, passendes Areal an der Heidestraße für seinen Sitz, das außerdem über Potenzial zur Erweiterung verfügte. Dieses Potenzial nutzte das Unternehmen in den nächsten Jahren drei Mal für Erweiterungen.

„Der Teeladen" wird zu „TeeGschwendner"

Neben dem sozialen Engagement verstärkte das Unternehmen in den 1990er-Jahren auch seine Marketing-Arbeit, die durch einen 1989 gegründeten Werberat koordiniert wurde und der für eine gleichmäßige Umsetzung des Marketings in allen Geschäften der Franchise-Partner zuständig

ist. Letztlich stieß das Unternehmen hinsichtlich des Brand-Marketings aufgrund seines Namens „Der Teeladen" an Grenzen, da dieser häufig mit anderen Teefachhandlungen, die sich mittlerweile auf dem deutschen Markt ebenfalls etabliert hatten, verwechselt wurde. Mit der wachsenden Konkurrenz musste ein Name her, der unverwechselbar und einprägsam war, und so wagte Albert Gschwendner 1999 die Umbenennung des Unternehmens in „TeeGschwendner", wohl wissend, dass der Name nicht jedem Kunden auf der Welt leicht von den Lippen gehen könnte.

Das Unternehmen nutzte diese Möglichkeit, um seine Bekanntheit zu steigern, sich teilweise zu erneuern und dadurch seine Konkurrenzfähigkeit auszubauen: Neben dem neuen Namen wurde das Unternehmensmotto „Handeln und Tee trinken" eingeführt und die einzelnen Läden in einem neuen hellen Design eingerichtet. Der erste nach diesem neuen Konzept eingerichtete Laden wurde im August 1999 in Freiburg eröffnet, es folgten außerdem Flag-Ship-Stores in Großstädten wie Frankfurt (2003) und Hamburg (2004), während die bestehenden Geschäfte sukzessive umgebaut wurden. Um den neuen Markennamen bekannt zu machen, setzte Albert Gschwendner auf Kooperationen mit anderen Unternehmen, wie beispielsweise die Lufthansa. Diese nahm Produkte von „TeeGschwendner" in ihr Angebot für Kunden auf Flügen und am Flughafen auf und sorgte dadurch für einen größeren Bekanntheitsgrad. Daneben baute „TeeGschwendner" schon ab 1999 einen Online-Shop für seine Produkte auf, zu einer Zeit, in der das Internet nicht flächendeckend vorhanden und Online-Shops noch nicht zur Normalität gehörten. Damit erreichte Gschwendner eine zusätzliche Stärkung seiner Marke. Ähnlich wie bei der Entscheidung, ein Franchise-System aufzubauen, zeigte sich auch hierbei erneut Gschwendners zukunftsgerichtete Geschäftsführung.

Marktführung und internationale Expansion

In das neue Jahrtausend startete „TeeGschwendner" mit der Einrichtung eines firmeneigenen Labors zur Prüfung von Teesorten, um sich qualitativ stetig verbessern zu können. Bis dato werden in diesem Labor alle Tees, die das Unternehmen im Programm hat, auf Verunreinigungen getestet, um den hohen Qualitätsanspruch zu gewährleisten. Im Jahr 2005 zahlte sich die Arbeit des Unternehmens hinsichtlich des Qualitätsmanagements und der geänderten Marketingstrategie erstmals aus: Mit bundesweit 118 Filialen und sehr guten Verkaufszahlen erreichte „TeeGschwendner" die Marktführung in Deutschland. Außerdem erhielt das Unternehmen gleich mehrere Auszeichnungen für sein Franchise-System, wie unter anderem die Auszeichnung des *Deutschen Franchiseverbands* als *Franchisegeber des Jahres*.

Für Albert Gschwendner war nun der Zeitpunkt gekommen, sich auch im Ausland stärker zu etablieren. Seit 2005 eröffnete das Unternehmen deswegen mehrere Fachgeschäfte in Brasilien, Kuwait, Saudi-Arabien und den USA. Dass sich das Unternehmen aber der Region seines Firmensitzes verbunden fühlt und diese, aber auch den Branchennachwuchs, fördern möchte, zeigen verschiedene Kooperationen mit der Industrie- und Handelskammer Bonn/Rhein-Sieg. 2004 wurde beispielsweise ein zertifizierter Weiterbildungslehrgang als *Fachfrau/-mann für Einzelhandelsmanagement* initiiert, 2007 folgte ebenfalls ein Weiterbildungslehrgang zum *Teesommelier*.

Die nächste Generation

Am 16. Juli 2010 trifft der Tod des Gründers Albert Gschwendner das Unternehmen schwer. Nachdem Gwendalina Gschwendner bereits 2002 mit 43 Jahren früh verstorben war, folgte Albert mit nur 56 Jahren nach schwerer Krankheit. Die Totenmesse für den gläubigen Katholiken fand im Bonner Münster statt. Zahlreiche Gäste aus dem In- und Ausland nahmen daran teil. In Bornheim fand Albert Gschwendner seine letzte

mit Projekten in den Erzeugerländern unterstützt. 2017 erhielt es deswegen den *Green Franchise-Award* des *Deutschen Franchiseverbands*.

Bis dato ist „TeeGschwendner" Marktführer unter den Teefachhändlern in Deutschland und erwirtschaftet allein in der Meckenheimer Zentrale einen jährlichen Umsatz von 33 Millionen Euro. Das Unternehmen umfasst 150 Mitarbeiter in Meckenheim und 125 Geschäfte mit 1000 Mitarbeitern im In- und Ausland.

Literatur:
IHK Bonn/Rhein-Sieg (Hrsg.): Mit allen Sinnen. Tee-Gschwendner ist Marktführer im Tee-Facheinzelhandel. In: Die Wirtschaft (2/2017), S. 30-33.
TeeGschwendner GmbH (Hrsg.): Teecetera (3/2003).
TeeGschwendner GmbH (Hrsg.): Teecetera (66/2019).

Online:
Bünder, Helmut: „Wir verkaufen Tee und Selbstständigkeit". In: Frankfurter Allgemeine Zeitung (30.01.2010), URL: https://www.faz.net/frankfurter-allgemeine-zeitung/wirtschaft/das-unternehmergespraech-jonathan-gschwendner-der-mitinhaber-der-tee-gschwendner-gmbh-wir-verkaufen-tee-und-selbstaendigkeit-1582176.html (Stand: 16.04.2020).

Düren, Verena: Bonner Köpfe. Das Unternehmen „TeeGschwendner" hat eine lange Tradition in Bonn. In: Bonner Generalanzeiger (29.12.2019), URL: https://www.general-anzeiger-bonn.de/bonn/stadt-bonn/tee-gschwendner-ein-laden-mit-langer-tradition-in-bonn_aid-48021005 (Stand: 16.04.2020).

Müller, Benedikt: Das Vermächtnis. In: Süddeutsche Zeitung (6.8.2019), URL: https://www.sueddeutsche.de/wirtschaft/tee-gschwendner-das-vermaechtnis-1.4554538 (Stand: 16.04.2020).

Saam, Alena: Albert Gschwendner. In: Internetportal Rheinische Geschichte, URL: http://www.rheinische-geschichte.lvr.de/Persoenlichkeiten/albert-gschwendner/DE2086/lido/57c6d95fbc1807.13286803 (Stand 16.04.2020).

Theiss, Sybille: Nach dem Vorbild des Fischschwarms. In: Kölnische Rundschau (06.05.2003), URL: https://www.rundschau-online.de/nach-dem-vorbild-eines-fischschwarms-10941886 (Stand: 16.04.2020).

Ruhestätte. Er hinterließ seine zweite Ehefrau und fünf Kinder aus beiden Ehen. Nach seinem Tod übernahm zunächst der langjährige Mitgeschäftsführer Thomas Holz, der seit 1994 in der Firma tätig war, die Unternehmensleitung, bis Sohn Jonathan Gschwendner im Frühjahr 2019 mit einstieg. Jonathan Gschwendner arbeitete seit 2005 in der Firma seines Vaters, schon als Kind fuhr er mit ihm in die Teegärten der Welt und hatte in verschiedenen Teefirmen den Beruf des Groß- und Außenhandelskaufmanns erlernt.

Die doppelte Geschäftsleitung teilte die Aufgaben untereinander auf: Jonathan Gschwendner ist für den Einkauf und die Verarbeitung des Tees zuständig, während Thomas Holz für die Franchise-Partner und das Personal verantwortlich zeichnet. Beide führen das Unternehmen im Sinne des Gründers weiter, was man einerseits an der Aufrechterhaltung der hohen Qualitätsstandards der mittlerweile rund 350 angebotenen Teesorten und andererseits an der Weiterführung der bisherigen sowie der Implementierung neuer sozialer Projekte erkennen kann. Beispielsweise engagiert sich das Unternehmen nun auch in Myanmar, indem es dort u.a. Teebauern ausbildet. In diesem Zusammenhang steht für „TeeGschwendner" auch das Thema Nachhaltigkeit im Vordergrund, weswegen das Unternehmen vor allem den ökologischen Anbau der Tees aktiv vorantreibt und

GWG – die Wohnungsbaugesellschaft
des Kreises, seiner Städte und Gemeinden

– Vermietung und Verwaltung von Wohnraum
  im Rhein-Sieg-Kreis
– Bestandserhaltung und energiebewusste
  Modernisierung
– Neubau von hochwertigen, barrierearmen
  Mietwohnungen, Eigentumswohnungen
  und Eigenheimen in ansprechenden Lagen

80 Jahre

GWG
RHEIN-SIEG-KREIS

Gemeinnützige
Wohnungsbaugesellschaft
für den Rhein-Sieg-Kreis mbH

Gartenstraße 47-49
53757 Sankt Augustin

Tel. 02241-93 45-0
Fax 02241-93 45 99
www.gwg-rhein-sieg.de

„… den Milchgenuss … mit allen Mitteln zu fördern"[1]

Aspekte des Gesundheitsmarketings vor dem Ersten Weltkrieg

Von Michael Kamp

Das Milchhäuschen in Gummersbach mit Publikum um 1914. (Stadtarchiv Gummersbach)

Lange galt Kuhmilch als Synonym für gesunde Ernährung – doch in letzter Zeit ist sie auf vielfache Weise in die öffentliche Kritik geraten: Das Grundnahrungsmittel an sich sei nur bedingt gesund und die Verlagerung der Überproduktion in Europa und den USA durch massive Trockenmilchexporte nach Afrika würde traditionelle Wirtschaftsstrukturen zerstören und das Armutsgefälle in der Welt weiter vergrößern.[2] Vorbei ist wohl endgültig auch die Zeit, als Milch noch müde Männer munter machte, denn wissenschaftliche Studien belegen, dass sie Prostatakrebs verursachen kann.[3] Zweifelsohne ist sie aber ein existenzielles Nahrungsmittel, das neben Wasser viele wichtige Bausteine des Lebens wie Eiweiß, Fett und Zucker in einem ausgewogenen Verhältnis enthält. Die allgegenwärtige Präsenz der Milch und ihrer Produkte in unserem Alltag verleitet deshalb zu der Annahme, dass ihre gesellschaftliche Akzeptanz, abgesehen von ihrer Unentbehrlichkeit als Säuglingsnahrung, schon immer hoch gewesen ist. Doch dies trifft nicht zu, wie dieser Beitrag anschaulich aufzeigen wird.

Milch musste quasi erst als Getränk für alle sozialen und Altersgruppen jenseits der Stillphase „entdeckt" und beworben werden. Voraussetzung dafür waren wissenschaftliche Fortschritte in der Bakteriologie und eine gesundheitsbewusstere Lebensweise. Denn bis zu einer revolutionären Entdeckung des französischen Chemikers Louis Pasteur (1822-1895) war die Kuhmilch auf-

grund ihrer leichten Verderblichkeit ein unkalkulierbares, mit erheblichen Gesundheitsrisiken belastetes Nahrungsmittel. So hatte sie beispielsweise auch den Tod vieler Säuglinge verursacht. Im Rohzustand zählte sie zu den zentralen Überträgern der Tuberkulose, was der erste Medizinnobelpreisträger Emil von Behring (1854-1917) herausgefunden hatte.[4]

Pasteurs 1864 gewonnene Erkenntnis, dass schnell erhitzte Milch haltbarer und damit länger genießbar ist, die nach ihm benannte Pasteurisierung, leitete jedoch ein gesellschaftliches Umdenken ein. Fortan galt Milch nicht mehr als Krankmacher, sondern wurde fast euphorisch zum Lebenselixier stilisiert.

Preiswertes Nahrungsmittel für die Massen

Als einer der Ersten erkannte Carl Bolle (1832-1910) in Berlin ihr großes Potenzial als preiswertes Nahrungsmittel für die Massen und die hohe Wertschöpfung, die mit ihrer Weiterverarbeitung zu Butter Joghurt, Käse oder Quark verbunden war. Bolle führte 1881 mit seiner *Provincial-Meierei* die industrielle Milchverarbeitung in Deutschland ein. Seine legendären Verkaufswagen mit ihren bekömmlichen und preiswerten Milchprodukten prägten bald das Stadtbild von Berlin, 1910 waren 250 von ihnen Tag für Tag auf den Straßen der Hauptstadt unterwegs.[5] Nahezu zeitgleich mit Bolle setzte Paul Gustav Leander Pfund (1849-1923) seine Idee in die Tat um, die sächsische Residenzstadt Dresden mit frischer und hygienisch einwandfreier Milch zu versorgen. Im Unterschied zu Bolle vermarktete Pfund seine Milchprodukte erfolgreich in Ladengeschäften und unverwechselbar gestalteten Verkaufskiosken. An sein Wirken erinnert noch heute *Pfunds Molkerei* in der Bautzner Straße 79: Sie gilt als „schönster Milchladen der Welt" und ist eine der Touristenattraktionen der Elbmetropole.[6]

Bolles und Pfunds Erfolge basierten auf ihrem modernen, an der industriellen Produktion ausgerichteten Know-how, das es ihnen ermöglichte, ein Produkt mit gleichbleibend hoher Qualität anbieten zu können. Voraussetzung dafür waren umfassende Hygiene- und Verarbeitungsstandards und Untersuchungsmethoden, mit denen die zum Verkauf bestimmte Milch regelmäßig kontrolliert wurde. So konnten beispielsweise weit verbreitete Manipulationen wie die „Streckung" mit Wasser oder die Färbung mit Zusatzstoffen beendet werden. Es ist das Verdienst des Bakteriologen Hermann Weigmann (1856-1950), die wissenschaftlichen Grundlagen für eine wirksame Prüfung der Milch geschaffen zu haben. 1889 nahm die von ihm initiierte und geleitete *Versuchsstation und Lehranstalt für Molkereiwesen* in Kiel ihre Arbeit auf.[7] Vorausgegangen war ihm der Chemiker Franz Joseph König (1843-1930), ein Schüler von Justus von Liebig und Max von Pettenkofer, der 1879 wesentlich an der Fassung des ersten deutschen Lebensmittelgesetzes beteiligt war.[8]

Dank dieser Maßnahmen gewann die Milch ab 1890 an Vertrauen und die Zahl ihrer Konsumenten nahm nicht nur in den wachsenden Industriestädten an Rhein, Ruhr und Wupper beträchtlich zu. Um die wachsende Nachfrage zu befriedigen, war jedoch ein grundlegender Strukturwandel in der Landwirtschaft notwendig. Damals lebten noch viele Bauern in Deutschland am Rand des Existenzminimums. Während die Industriegebiete in Berlin, an Rhein und Ruhr sowie in Sachsen prosperierten, suchte noch im Jahr 1867 eine große Hungersnot das ländliche Ostpreußen heim und forderte viele Opfer.[9] Die Milchwirtschaft besaß jedoch das Potenzial, die materielle Situation vor allem derjenigen Landleute auf Dauer zu verbessern, denen die Güte des Bodens und die Topografie ihrer Anbauflächen bislang nur eine sehr bescheidene Existenz ohne Rücklagen gestattete. Das „weiße Gold" half ihnen, ihrem vorbestimmten Schicksal – ein Leben in bitterer Armut fristen zu müssen – endlich entrinnen zu können. Das Milchgeld wurde zur ersten festen und sicheren Einnahmequelle in der deutschen Landwirtschaft überhaupt.

Infolgedessen nahmen auch die in rheinischen Molkereien eingelieferten Milchmengen kontinuierlich zu. Im Kriegsjahr 1914 war mit über 190 Tonnen ein vorläufiger Höchststand erreicht.[10] Dieser Entwicklung gingen Veränderungen in der Nutztierhaltung voraus: Allein zwischen 1883 und 1906 nahm die Zahl der Rinder in der Rheinprovinz um 25 Prozent auf über 1,2 Millionen Tiere zu und die Milchleistung des einzelnen Tieres vermehrte sich erheblich.[11] So produzierte bereits im Jahr 1913 eine Kuh der milchreichen Niederungsrasse durchschnittlich 4500 Kilogramm Milch, ein Spitzentier dieser Rasse aber bis zu 9000 Kilogramm Milch.[12]

Die Milchwirtschaft im Bergischen Land: Nicht nur Segen

Eine agrarisch benachteiligte Gegend, die von der Einführung der Milchwirtschaft profitierte, war das Bergische Land. Seine Ausläufer reichen im Norden fast bis an die Ruhr und im Süden bis an die Sieg.[13] Als hinderlich für einen ökonomischen Erfolg nach der Bauernbefreiung hatte sich hier der hohe Anteil an bäuerlichen Kleinbetrieben erwiesen, die kaum mehr als 5 Hektar unter dem Pflug hatten. So überzog den bergischen Süden noch um 1900 ein bunter Flickenteppich aus kleinen und kleinsten Getreidefeldern, Kartoffeläckern, Schafsweiden, Heide- und Moorflächen, Sumpfwiesen, Baum- und Hausgärten sowie Waldparzellen.

Die orientalisch anmutenden Kioske der „Dresdner Molkerei Gebrüder Pfund" waren Hingucker und wurden individuell und nicht in Serie gefertigt. (Bildvorlage aus Milchwirtschaft 1914, S. 152 oben)

Die Einführung der ertragsorientierten modernen Milchwirtschaft brachte zwar vielen ländlichen Gemeinden einen gewissen Wohlstand, zog andererseits aber rigorose Veränderungen nach sich. Insbesondere die mit dem *Grünen Plan* der Bundesrepublik von 1955[14] einhergehende Rationalisierung des Landlebens bewirkte binnen kurzer Zeit, dass der einstige Reichtum des Bergischen Landes an natürlichen Gegebenheiten verloren ging, Ortschaften baulich nicht mehr wiederzuerkennen waren und die biologische Vielfalt der Arten minimiert wurde. Einen Eindruck dieser untergegangenen kleinteiligen Bergischen Kulturlandschaft vermittelt das rund 30 Hektar große Gelände des LVR-Freilichtmuseums in Lindlar. Es ist jedoch umgeben von einer Monokultur, die wir heute mit „Bergisches Land" assoziieren: Wälder und Grünland, auf dem Rinder grasen.[15]

Mit Kuhmilch und Mineralwasser gegen die Branntweinpest

Dass Not kreativ macht, traf auch auf die vielen kleinen Landwirte des Bergischen Südens zu, die schon früh ihr Überleben mit Nebenerwerbstätigkeiten sichern mussten. Hier entdeckte man bald, dass sich aus der um 1750 eingeführten Kartoffel auch Schnaps brennen ließ. Fortan sollte sich die Branntweinbrennerei zu einer bei den Landwirten zwischen Wupper und Sieg verbreiteten Tätigkeit entwickeln. Damals befand sich in nahezu jedem bergischen Dorf eine kleine bäuerliche Kornbrennerei. Die Vorliebe für Hochprozentiges resultierte aus der Tatsache, dass ein Gläschen Korn billiger als Bier und in jedem Fall sauberer als das aus Brunnen oder Bächen geschöpfte Trinkwasser war. Schnaps war das Palliativ, das die elenden Lebensbedingungen erträglicher gestalten konnte.

Im Industriezeitalter und der daraus resultierenden Proletarisierung der Gesellschaft wuchs jedoch die „Alkoholfrage" zu einem zentralen gesundheits- und sozialpolitischen Problem des Deutschen Kaiserreiches an und musste dringend gelöst werden. Die auf Effizienz ausgerichtete Fabrikproduktion litt unter dem im Arbeitermilieu weit verbreiteten Zuspruch zum Alkohol. So verarbeiteten in den 1880er-Jahren deutschlandweit rund 6300 Brennereien über zwei Millionen Tonnen Kartoffeln zu Alkohol. Zweifelsohne hätte der Verbrauch weiter zugenommen, wenn der Staat 1887 nicht die Branntwein-

Dekoratives Milchhäuschen der „Bauartikel-Fabrik A. Siebel" aus der Zeit um 1915 (Sammlung Michael Kamp). Das Düsseldorfer Unternehmen fertigte in größerem Umfang auch andere Gebäudetypen wie Baracken, Schulpavillons und Wohnhäuser.

steuer verabschiedet hätte. Sie verdoppelte den Preis für Spirituosen und die Nachfrage ging schlagartig um 40 Prozent zurück. Parallel dazu etablierte sich ein breiter gesellschaftlicher Konsens gegen das übermäßige Trinken von Alkohol. Die Bandbreite entsprechender Initiativen der beiden großen Kirchen und der Lebensreform reichte von der maßvollen Verabreichung bis zum vollkommenen Verzicht.[16]

In der Öffentlichkeit warb die Anti-Alkohol-Bewegung mit kleinen, attraktiven Verkaufsständen für preiswerte und erfrischende Alternativgetränke wie Milch oder Mineralwasser. So fällt bei der genaueren Betrachtung alter Postkarten und Fotografien aus der Zeit um 1900 auf, dass sich zentral gelegene Plätze in Fabrikdörfern und Städten einst weniger durch üppiges Grün und Sitzlandschaften auszeichneten, sondern vielmehr durch einzelne oder mehrere unterschiedlich gestaltete hölzerne Büdchen oder Kioske. Die meisten besaßen ein aufwendiges Dekor, das sie als Blickfang eines Platzes auszeichnete.

Ebenso ist bemerkenswert, dass diese Häuschen bei vergleichender Betrachtung auf wenige, einheitliche Typen reduziert werden können. Dieser Umstand wiederum spricht für ihre serielle Fertigung. So zählen die so-

genannten *Seltersbuden* zu den ersten bekannten Verkaufsständen dieser Art. Sie boten das durstlöschende Tafel- und Gesundheitswasser des *Ober-Selterser Mineral-Brunnens* im offenen Ausschank oder in der

Eine attraktive Trinkhalle, ursprünglich wohl eine „Seltersbude" aus der Zeit um 1900, kann im Heimatmuseum Unser Fritz in Herne besichtigt werden. (Sammlung Michael Kamp)

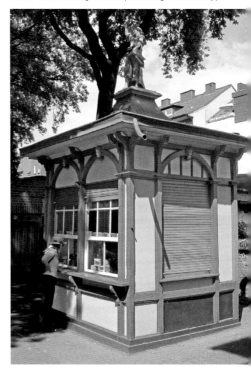

Flasche zu einem Preis an, der weit unter dem des Schnapses lag. Dass dieses Konzept sehr erfolgreich war, belegt die Tatsache, dass binnen weniger Jahre Hunderte dieser Kioske an zentralen Plätzen deutscher Städte entstanden. Nur wenige Seltersbuden sind erhalten geblieben. Ein besonders attraktiver Getränkekiosk kann heute im *Heimatmuseum Unser Fritz* in Herne besichtigt werden.[17]

Die Idee, neben Mineralwasser auch die viele Nährstoffe enthaltende Kuhmilch auf öffentlichen Plätzen in eigenen Kiosken preisgünstig und damit für viele Menschen bezahlbar auszuschenken, ging wohl zuerst von der *Cölner Meierei vereinigter Landwirte* aus. Diese konnte mit dieser Verkaufsstrategie ihren Absatz steigern. Doch verfolgten die Initiativen zur Popularisierung des Milchkonsums um 1900 nicht allein pekuniäre Ziele, sondern auch strategische: So konstatierten die preußischen Behörden bei Rekrutenmusterungen einen kontinuierlichen Rückgang der Militärtauglichkeit. Die Gesundheit eines Großteils der Bevölkerung lag im Argen und Milch galt als das Allheilmittel schlechthin, um insbesondere die heranwachsende Generation zu einer natürlichen Lebensweise zu erziehen und weniger anfällig für den Alkohol zu machen.[18] Letzten Endes dienten aber die karitativen Gesundheitsbestrebungen auch dem geopolitischen Zweck, möglichst viele wehrfähige Soldaten zu rekrutieren.

Otto Kamp – Überzeugungsarbeit für den Milchgenuss

Wichtiger Propagandist einer natürlichen Ernährungs- und Lebensweise, in der die Milch und ihre Produkte eine zentrale Rolle spielte, war der Sozialpolitiker Otto Kamp (1850-1922).[19] Kamp stammte aus bürgerlichen Verhältnissen, hatte Philosophie und Philologie in Bonn studiert und in Tübingen zum Dr. phil. promoviert. Als Lehrer hatte er den Titel des Professors erlangt, bevor er als Pensionär im Jahr 1902 nach Bonn umzog.[20] Am 1. Oktober 1904 gründete der Ruheständler Kamp mit einigen einflussreichen Mitstreitern die *Gemeinnützige Gesellschaft für Milchausschank in Rheinland und Westfalen GmbH*. Ein besonderer Förderer dieser Initiative, die die Reduzierung des Alkoholkonsums als Ziel formuliert hatte, war der im Sozialbereich tätige Landesrat der Rheinischen Provinzialverwaltung in Düsseldorf, der Jurist Peter Klausener (1844-1904).[21]

Nach seinem Tod folgte ihm der Düsseldorfer Unternehmer und langjährige Präsident der Industrie- und Handelskammer Adolf Möhlau (1844-1912) nach. Aufsichtsrat und Vorstand der gemeinnützigen Gesellschaft gelang es, viele bekannte Persönlichkeiten und Unternehmer für die Idee der Popularisierung der Milch als Grundnahrungsmittel zu gewinnen. So zeichneten auch Hugo Stinnes und August Oetker Anteilscheine für mindestens 500 Mark. Binnen vier Jahren konnten mit diesem Finanzierungsmodell über 200 000 Mark akquiriert und viele Milchhäuschen finanziert werden.[22] Außerdem unterstützten viele Kommunen die Idee des gemeinnützigen Milchausschanks sehr konstruktiv, indem sie kostenlos Grundstücke für die Verkaufskioske bereitstellten und Genehmigungsverfahren beschleunigten. Dieses Engagement benötigte die Initiative auch, da es nicht einfach war, die Zielgruppe – männliche Dienstboten sowie Fabrik- und Landarbeiter – als Konsumenten für das Nahrungsmittel Milch zu gewinnen. Hier musste intensive Überzeugungsarbeit geleistet werden. Denn die Wilhelminische Gesellschaft verortete Kuhmilch in erster Linie als Kindernahrung sowie Heil- und Schönheitsmittel für das weibliche Geschlecht.

Otto Kamps Interesse zielte letzten Endes darauf ab, den Milchverbrauch in der Bevölkerung zu erhöhen und damit gleichzeitig den Alkoholismus zu bekämpfen. Dies geschah unmittelbar, indem die Zahl der Verkaufsstellen und deren Umsatz kontinuierlich zunahmen. So schenkte das wohl leistungsfähigste Milchhäuschen der Gesellschaft am Eigelstein in Köln an manchen Tagen bis zu 1000 Glas Milch aus.[23] Mit ähnlichem Erfolg warb Kamp um weitere Förderer seiner Idee: Die regelmäßig erscheinende Zeitschrift *Der Milchausschank. Zeitschrift für Volksernährung* (ab 1914 *Milch und Obst*) war das Presseorgan der Gesellschaft.

Seine beiden Publikationen *Die Milch, auch ein Volksnahrungsmittel* (Ende 1903 erstmals erschienen) und *Die Werknahrung der Arbeiter und ihr Milchkonsum* (1913 aufgelegt und auf seinen Vorträgen basierend) wiesen ihn als kompetenten Milchfachmann aus. Insbesondere die erstgenannte Schrift erreichte binnen weniger Jahre eine Gesamtauflage von über 300 000 Exemplaren. Allein im September 1906 konnten Zehntausende Schriften verkauft werden. So bestellten der *Verein der Berliner Molkereibesitzer* gleich 20 000 und die *Kölner Meierei vereinigter Landwirte* nahmen 5000 Exemplare ab. Darüber hinaus trugen Industrie und Behörden zu einer raschen Verbreitung dieser Kamp'schen Broschüre bei, denn ihr Einzelpreis betrug lediglich 10 Pfennige. Auch die *Rheinisch-Westfälische Sprengstoff-Actien-Gesellschaft* in Troisdorf erwarb 100 Broschüren zu günstigen Bedingungen.[24]

Direkt vor Ort – das Milchhäuschen

Um direkten Zugang zur avisierten Klientel zu erhalten, wählten Kamp und seine Mitstreiter den Weg des Direktverkaufes der Milch an Orten, die stark frequentiert wurden. Dabei strebten sie eine flächendeckende Verbreitung im Rheinland und in Westfalen an und der Ausschank erfolgte „.... in hübschen schmucken Häuschen von möglichst einheitlicher, die Bestimmung kennzeichnende Bauart, täglich von früh morgens bis spät abends, durch Verkäuferinnen reiferen Alters."[25] Das erste Milchhäuschen war schon kurz vor der Gründung der Gesellschaft im Juli 1904 auf dem Kopstadtplatz in Essen eröffnet worden. Neben bevölkerungsreichen Zentren wie Essen oder Düsseldorf mit jeweils rund einem Dutzend Verkaufskiosken berücksichtigten sie auch industriell geprägte Mittelstädte wie Gum-

Titel des regelmäßig erscheinenden Presseorgans der „Gemeinnützigen Gesellschaft für Milchausschank ..." aus dem Jahr 1914 mit Werbeannonce des Holzbauunternehmens Christoph & Unmack, (Sammlung Michael Kamp)

Im Juni 1904 eröffnete der städtische Beigeordnete und Apotheker Otto Werth auf dem Kopstadtplatz in Essen das erste Milchhäuschen der Rheinprovinz. Werth zählte zu dem Gründerkreis der „Gemeinnützigen Gesellschaft für Milchausschank in Rheinland und Westfalen". (Sammlung Michael Kamp)

Auf einer historischen Postkarte, die den Siegburger Marktplatz mit dem Gymnasium um 1915 abbildet, ist links ein Milchhäuschen erkennbar. (Stadtarchiv Siegburg)

mersbach oder Siegburg. Die mit Holzdekor ansprechend und farbig gestalteten und darum weithin erkennbaren Milchhäuschen trafen jedoch nicht jedermanns Geschmack und sorgten beispielsweise in Siegburg für emotional geführte Debatten. So veröffentlichte das örtliche *Kreisblatt* im April 1910 entsprechende Leserbriefe, die den „scheußlichen Holzkasten" auf dem Marktplatz als „Geschmacklosigkeit" bezeichneten, da er dem benachbarten Kriegerdenkmal und der Servatiuskirche die Wirkung nehmen würde.[26]

Bei der Herstellung und Platzierung der Verkaufsbuden konnte die Gesellschaft für Milchausschank von den Erfahrungen der *Ober-Selterser Mineralbrunnen* profitieren. Auch deren Kioske wurden bereits seriell aus Holz vorgefertigt und als Bausatz an die Orte geliefert, an denen sie aufgestellt werden sollten. Dieses rationelle Verfahren reduzierte die Fertigungskosten und trug dazu bei, dass die Milchhäuschen in sehr kurzer Zeit flächendeckend aufgestellt werden und somit ihre im Sinne der Befürworter segensreiche Wirkung entfalten konnten. Ihre weitgehend einheitliche Gestaltung verhalf

ihnen zu einem hohen Wiedererkennungseffekt und förderte den Verkauf der glasweise ausgeschenkten Milch nachweislich. Ein Erfolgsmodell der frühen seriellen Holzbauweise

Mehrere Hersteller konkurrierten um die von der *Gesellschaft für Milchausschank* vergebenen Aufträge für diese Häuschen, denn die geforderte hohe Stückzahl erwies sich

als lukrativ: Zwischen 1904 und März 1908 sollten 106 Milchhäuschen im Rheinland und in Westfalen in Betrieb gehen.[27] Leistungsfähigster Anbieter dürfte die Abteilung Holzbau der Christoph & Unmack AG im oberschlesischen Niesky gewesen sein. Die dänischen Gründer dieses Konzerns taten um 1885 einen Glücksgriff, als sie die Patentrechte für den Bau von transportablen Militär- und Sanitätsbehausungen erwar-

Die Milchhäuschen im Eisenbahnerort Dieringhausen vor dem Ersten Weltkrieg. Später wurde es als Verkaufskiosk privat weiterbetrieben. (Stadtarchiv Gummersbach)

ben. Die nach ihrem Erfinder benannte *Döcker-Baracke* war in ihrer Konstruktion derart simpel, dass sie auch von Laien errichtet werden konnte. Sie bestand aus industriell vorgefertigten, identischen Wand- und Deckteilen aus Holz, die nach dem Baukastenprinzip rasch zusammengefügt und auch wieder zerlegt werden konnten. Dieses Verfahren, die sogenannte Felder- oder Tafelbauweise, wird bis heute bei Fertighäusern angewandt und wurde seinerzeit auch für die Konstruktion der Milchhäuschen übernommen. Am Geschäft beteiligt waren mindestens zwei Unternehmen aus dem Rheinland: Die *Deutsche Barackenbau-Gesellschaft mbH* in Köln-Ehrenfeld (später: Kölner Holzbau-Werke GmbH) und die *Bau-Artikelfabrik A. Siebel* in Düsseldorf-Rath und Metz. Beide Unternehmen hatten um 1900 begonnen, zerlegbare Holzbauten in diversen Ausführungen als Gartenhäuser und Jagdhütten zu produzieren. Die Idee, Milchgetränke in eigens dafür errichtete Baulichkeiten zu offerieren, fand bald zahlreiche Nachahmer. Industrieunternehmen wie das *Alexanderwerk* in Remscheid übernahmen die Idee ebenso wie Kommunen außerhalb der Rheinprovinz und Westfalens. In Baden unterstützte Großherzogin Luise (1838-1923) den öffentlichen Milchausschank in den Städten ihres Landes und selbst Kaiser Wilhelm II. (1859-1941) etablierte auf seiner Sommerresidenz im ostpreußischen Cadinen (heute: Kadyny) ein entsprechendes Angebot.[28]

Im Jahr 1908 hatte sich auch in Berlin ein gemeinnütziger Verein gegründet, der bald mehrere Milchhäuschen in der Hauptstadt betrieb. Der Verkaufserfolg der Milch basierte auch hier auf einem sehr niedrigen Preis: So kostete das 0,2-Liter-Glas lediglich 5 Pfennige und war damit wesentlich billiger als in Cafés und Gaststätten der Reichshauptstadt. Im Angebot sollen auch Milchbehälter gewesen sein, die Schnapsflaschen ähnelten, um den Verzicht auf Hochprozentiges zu erleichtern. Wie erfolgreich der Berliner Verein mit seinem Marketing für die Milch agierte, zeigt sich daran, dass er schon drei Jahre nach seiner Gründung nahezu 700 000 Flaschen Vollmilch an die Werkausschänke von Fabriken lieferte und in seinen 15 Milchhäuschen rund 1 Million Gläser Buttermilch, Vollmilch und Sahne sowie rund 50 000 Tassen Kakao verkaufte. Die besondere Bauweise der Berliner Kioske tat daran ihr Übriges, denn sie boten einen im Winter beheizbaren Raum, in dem die Milch getrunken werden konnte. Kutscher, Boten, Hausdiener und Arbeitskräfte, die überwiegend im Freien arbeiteten, nutzten gerne diese Annehmlichkeit.

Ein geräumiger Berliner Milchkiosk mit Bedienung und Kunden vor 1914, (Bildvorlage aus Milchwirtschaft 1914, S. 185)

Auch im Rheinland und in Westfalen war man bestrebt, den Komfort der Ausschankstellen weiter zu verbessern und die Nachfrage zu steigern. Dazu mietete die Gesellschaft im Jahr 1910 ihren ersten *Milchladen* in einem zentral gelegenen Wohnhaus an, dem bald weitere folgen sollten. Die kleinen und gemütlichen Lokale, die auch Backwaren und Speisen anboten, dürften als Vorläufer der Milchbars der 1950er-Jahre gelten. Parallel dazu arbeiteten die Gesellschafter daran, die Hygiene- und Qualitätsstandards ihres Produkts zu optimieren, „um eine immer gleichbleibend gute Milch zu erhalten". Dieses Ziel konnte schließlich mit dem Bau und Betrieb eigener Molkereien in Köln und Wassenberg erreicht werden.[29]

Ab 1910 verkaufte die „Gemeinnützige Gesellschaft für Milchausschank ..." ihre Produkte auch in Ladenlokalen – markant die Außenwerbung, einladend das Innere. (Bildvorlagen aus Milchwirtschaft 1914, S. 191f)

Kriegswirtschaft und Milchnot

Der Erste Weltkrieg bedeutete für die zuletzt unter diesem Namen firmierende *Deutsche Gesellschaft für gemeinnützigen Milchausschank zu Bonn* zweifelsohne eine Zäsur. 1914 arbeitete sie schon seit längerer Zeit profitabel und betrieb mittlerweile „218 Milchausschankstellen, Häuschen und Läden" im Rheinland und in Westfalen[30]. Die kriegsbedingte Rationierung aller Lebensmittel betraf in besonderer Weise die Frischmilch, die bald nicht mehr frei veräußert werden konnte. Bereits im Februar 1916 erließ die Stadt Düsseldorf wie andere Kommunen auch ein generelles Verkaufsverbot in den Milchhäuschen. Mehr und mehr übernahm die öffentliche Hand die Kontrolle, um den allerorten herrschenden Mangel zu verwalten. Bald konnten selbst die Bedürftigen in Kinderkrippen und Lazaretten nicht mehr ausreichend mit Milch versorgt werden.[31]

Die allgemein herrschende Milchnot setzte sich in den ersten Nachkriegsjahren fort. Es wurde stiller um die *Gesellschaft für Milchausschank*, die im Jahr 1919 angeblich einen schwunghaften Handel mit anderen alkoholfreien Getränken und Limonaden betrieben haben soll. Eine entsprechende Beschwerde des *Vereins der Mineralwasserfabrikanten* blieb jedoch folgenlos und führte nicht zum Entzug der Gemeinnützigkeit.[32]

Letzten Endes dürften aber die Erfahrungen aus der Zeit des Ersten Weltkriegs und der Tod Otto Kamps im Jahr 1922 zu der Erkenntnis geführt haben, dass Milchversorgung eigentlich eine kommunale Aufgabe ist. Fortan dienten die Milchhäuschen anderen Verwendungszwecken und verschwanden nach und nach aus dem Stadtbild. Angeblich soll eines in Gummersbach die Zeiten als Gartenhaus überdauert haben.

Anmerkungen:

1 Zitat aus: G. Peltzer: Gemeinnützige Gesellschaft für Milchausschank in Rheinland und Westfalen, G.m.b.H., Düsseldorf. In: Deutsche Milchwirtschaft in Wort und Bild. Halle 1914, S. 193.

2 http://www.europeanmilkboard.org/de/special-content/news/news-details/article/dont-export-the-eus-problems-to-africa.html?cHash=ac8fae75ac65c36e373bbf 60533727a9 (Internetaufruf vom 18. April 2020).

3 https://www.zentrum-der-gesundheit.de/prostatakrebs-milch-ia.html (Internetaufruf vom 18. April 2020).

4 Um die hohe Sterblichkeit der Säuglinge zu senken, die nicht von ihrer Mutter gestillt werden konnten, hatte bereits der innovative Agrochemiker und Ernährungswissenschaftler Justus von Liebig (1803-1873) eine künstliche, milchfreie Säuglingsnahrung entwickelt und die interessierte Öffentlichkeit mit seiner kleinen Broschüre „Suppe für Säuglinge" 1864 erstmals darüber informiert. Dennoch starben bis zum Nachweis Behrings der Milch als Tuberkuloseüberträger rund 40 Jahre später noch rund 20 bis 25 Prozent der Kinder im ersten Jahr ihres Lebens.

5 https://de.wikipedia.org/wiki/Carl_Andreas_Julius_Bolle (Internetaufruf vom 21. April 2020).

6 https://de.wikipedia.org/wiki/Pfunds_Molkerei (Internetaufruf vom 2. Mai 2020).

7 https://de.wikipedia.org/wiki/Hermann_Weigmann (Internetaufruf vom 21. April 2020).

8 Die Untersuchungs- und Forschungsanstalt der Landwirtschaftskammer Nordrhein-Westfalen führt heute seinen Namen.

9 https://www.genealogie-tagebuch.de/?p=7126 (Internetaufruf vom 24. April 2020).

10 Die rheinische Landwirtschaft auf der Jahrtausend-Ausstellung in Köln (Veröffentlichungen der Landwirtschaftskammer für die Rheinprovinz, Neue Folge, Nr. 7). Bonn 1925, S. 53.
Die durchschnittliche Milchleistung einer Kuh ist kontinuierlich angestiegen: Heute beträgt sie durchschnittlich rund 8000 Kilogramm im Jahr, eine „Turbokuh" erreicht hingegen 10 000 Kilogramm.

11 Die Landwirtschaft in der Rheinprovinz. Graphische Darstellungen. Bonn 1909, Tafel 46-47.

12 Die rheinische Landwirtschaft auf der Jahrtausend-Ausstellung in Köln (Veröffentlichungen der Landwirtschaftskammer für die Rheinprovinz, Neue Folge, Nr. 7). Bonn 1925, S. 49.

13 Die Milchwirtschaft führte auch im Allgäu und auf der norddeutschen Halbinsel Eiderstedt zu einer deutlichen Hebung des Lebensstandards.

14 Der von der Bundesrepublik Deutschland initiierte Grüne Plan war ein Wirtschaftsförderprogramm für ländliche Gebiete und sollte deren Strukturen verbessern. Ziel war es, die als rückständig empfundenen Lebensverhältnisse der Landbevölkerung denen der als fortschrittlich geltenden in den Städten anzugleichen.

15 Die sukzessive Anpassung der Bergischen Landschaft an die Bedürfnisse der Milchwirtschaft verursachte einen erheblichen Verlust der biologischen Vielfalt: Rund zwanzig um 1900 noch nachweisbare Vogelarten gelten heute als ausgestorben. Zum Wandel des Landschaftsbildes und die Folgen: Michael Kamp: „Es gibt nichts Interessanteres, als ein Museum im Aufbau zu erleben"-

16 So zählte der 1892 in der bergischen Textilstadt Barmen (heute: Wuppertal) gegründete „Deutsche Hauptverein des Blauen Kreuzes e.V." zu den wichtigsten Selbsthilfe-Organisationen der Abstinenzbewegung im deutschsprachigen Raum. https://de.wikipedia.org/wiki/Blaues_Kreuz (Internetaufruf vom 25. April 2020).

17 Weitere historische Seltersbuden haben sich im Deutschen Landwirtschaftsmuseum Schloss Blankenhain bei Crimmitschau, in Quedlinburg sowie in Eberswalde erhalten.

18 So initiierten die Vaterländischen Frauenvereine in der Wilhelminischen Zeit in vielen Orten einen Milchausschank für Schulkinder. Schülerinnen und Schüler erhielten von da an regelmäßig in den Pausen kostenfrei ein Glas warme Milch. Bernhard D. Plaum: Der Vaterländische Frauenverein für den Kreis Siegen. In: Siegener Beiträge. Jahrbuch für regionale Geschichte 22/2017-18. Siegen 2018, S. 114-152 (insbesondere S. 141).

19 Der Autor dieses Beitrags ist nicht mit Otto Kamp (1850-1922) verwandt.

20 Kamp, Otto. In: Franz Brümmer. Lexikon der deutschen Dichter und Prosaisten vom Beginn des 19. Jahrhunderts bis zur Gegenwart, Bd. 3, 6. Auflage. Leipzig 1913, S. 405.

21 Peter Klausener setzte sich für eine bessere Betreuung und Versorgung des Industrieproletariats ein und förderte den Bau von Arbeiterkolonien. Auch war er maßgeblich am Aufbau der Alters- und Invaliditätsversicherung der Rheinprovinz beteiligt. Wenige Tage vor der Gründung der von ihm mit initiierten „Gemeinnützigen Gesellschaft für Milchausschank in Rheinland und Westfalen GmbH" verstarb Klausener. https://de.wikipedia.org/wiki/Peter_Klausener (Internetaufruf vom 10. April 2020).

22 Landesarchiv Nordrhein-Westfalen, Abteilung Rheinland, RW 0050 – 0053, Nr. 2077.

23 A. Clevisch: Die Versorgung der Städte mit Milch. Hannover 1909, S. 60.

24 Stadtarchiv Düsseldorf, 0-1-14-1281.0000.

25 Stadtarchiv Düsseldorf, 0-1-13- 218.0000.

26 „Siegburger Kreisblatt" vom 19. April 1910.

27 Landesarchiv NRW, Abteilung Rheinland, RW 0050-0053, Nr. 2077 (Gemeinnützige Gesellschaft für Milchausschank in Rheinland und Westfalen (1904-1908).

28 Deutsche Milchwirtschaft 1914 (Anm.1), S. 193.

29 Ebd., S. 195.

30 Ebd.

31 Stadtarchiv Düsseldorf, 0-1-7-721-0000.

32 Landesarchiv NRW, Abteilung Rheinland, BR 0009 Nr. 2068 (Gewerbe Polizei Verwaltung).

Das LVR-Freilichtmuseum Lindlar – zwischen Anspruch und Wirklichkeit. Eine Erinnerung an Hans Haas (1946-2018). In: Beiträge zur Oberbergischen Geschichte, Band 13. Gummersbach 2019, S. 248 ff.

Danksagung:

Für die Bereitstellung von Quellen und den fachlichen Austausch möchte ich insbesondere den beiden freien Kulturwissenschaftlerinnen Anka Dawid M.A. aus Düsseldorf und Christa Joist M.A. aus Gummersbach ebenso herzlich danken wie Jan Gerull, Leiter Archivwesen und Kommunikation der Stadt Siegburg, und Manfred Huppertz, Stadt- und Kreisarchivar in Gummersbach.

Die Bergische Kaffeetafel

Von Reinhard Zado

Schieferfassade an einem Wohnhaus in Much

Das Bergische Land

Es ist ein schönes Land, östlich der Agger, des Wahnbachs und des Brölbaches – hügelig, mit großen Waldflächen durchsetzt, mit Wiesen und vielen Dörfern in den Tälern und auf den Hügelketten. Die Dörfer sehen völlig anders als im Siegtal oder am Rhein aus: Typisch für diese Region ist die Schieferdeckung auf den Häusern und den wetterzugewandten Fassaden – wir sind im Bergischen Land. Der Name entstand nicht, weil es hier besonders bergig ist, sondern weil der Landstrich einst lange unter der Regentschaft der Grafen von Berg stand.

In früheren Zeiten rangen die Menschen in harter Arbeit der Erde ihre Schätze aus Feld und Wald und aus den Bergwerken ab. Die Böden waren mager, aber man machte sich die Natur, den Waldreichtum und die vielen Bäche zunutze und so gab es neben der Landwirtschaft auch Köhlereien und Hammerwerke. Das Geld reichte aber kaum,

138

Hügellandschaft im bergischen Lindlar

daher arbeitete man zusätzlich in Heimarbeit, um einigermaßen über die Runden zu kommen. Erst mit der industriellen Revolution entstanden neue Einkommensquellen. Die Arbeiter der Hammerwerke wurden schnell zu Maschinenbauern und die Textilindustrie wuchs. Litzen, Posamenten und Spitzen wurden zum Markenbegriff für Ware aus dem Bergischen Land. Doch auch wenn die Maschinen sich unermüdlich drehten, die Arbeit blieb hart.

... und seine Kaffeetafel

Die Bergische Kaffeetafel entstand in früherer Zeit aus Nachbars- und Freundestreffen: Wenn es Zeit und Arbeit erlaubten, kam man nachmittags zum geselligen Plauderstündchen zusammen. Dazu gab es dann Kaffee und jede Bäuerin brachte etwas mit, sodass eine bunt gemischte Tafel entstand. Während ihre Schlichtheit der über Jahrhunderte herrschenden Armut in dieser Region entspricht, beweist ihre Üppigkeit und Vielfalt die Gastfreundschaft der Menschen des Bergischen.

Nicht nur das Plauderstündchen, sondern auch die Festtage des Jahres trugen dazu bei, das harte Leben ein wenig zu versüßen. Das war etwas, auf das man sich lange freute und man war dann auch gerne bereit, von dem wenigen, was man besaß, das Beste auf den Tisch zu bringen.

Dazu wurden gutes Mehl und Butter bereitgestellt. Reichlich Eier, Rahm und sogar Reis, dazu Zimt und Zucker und Rosinen und – als Krönung des Ganzen – guter duftender Bohnenkaffee.

Kaffeegenuss aus der Dröppelmina

Der Kaffeegenuss war in alten Zeiten alles andere als selbstverständlich. Echter Bohnenkaffee war teuer und nur wenige konnten ihn sich leisten. Im 18. Jahrhundert wurde es zumindest in den „besseren Kreisen" Mode, regelmäßig den exotischen Kaffee und auch den Kakao aus fernen Ländern zu genießen. Ärmere Leute mischten ihn mit billigerem Malzkaffee oder anderen Kaffee-Ersatzstoffen, wie gerösteten Zichorien. Geröstete Eicheln und Bucheckern lieferten ebenfalls ein dem Originalkaffee ähnliches Getränk.

Prachtvoll wurde der Trank in der *Dröppelmina* bereitet und serviert. Das war ein großes, bauchiges, fast birnenförmiges Zinngefäß, auf drei Füßchen ruhend und mit einem kleinen Kränchen versehen. Daraus wurde der heiße Kaffee in die Tassen gefüllt. Der bauchige Deckel im oberen Teil diente als Maß für die Kaffeemenge. Man gab den gemahlenen Kaffee hinein, goss heißes Wasser dazu und rührte das Ganze dann im

Strudel. Dann musste man nur noch warten, bis sich alles beruhigt hatte, das Pulver gelöst war, und sich am Boden abgesetzt hatte.

Geschirrschrank im LVR-Landschaftsmuseum Lindlar

139

Rosinenstuten mit Rübenkraut

Mit dabei: unterschiedlichste Gerichte

Rund um das Kaffeetrinken mit der Dröppelmina kam nun eine stattliche Anzahl unterschiedlichster Gerichte hinzu, die nicht nur durch Inhaltsschwere und Üppigkeit auffielen, sondern für manchen auch aufgrund der Vielzahl der Leckereien eine befremdliche Zusammenstellung auf dem Tisch ergab.

Das lag vielleicht darin begründet, dass viele Menschen sich auch die selbst erzeugten Lebensmittel nur zu besonderen Anlässen leisten konnte. Wenn dann aber Familienfeiern ins Haus standen oder wenn Gäste erwartet wurden, dann wurde so richtig aufgetischt.

Dazu gehörte natürlich auch der „exotische" Genuss des Kaffees, der infolge der Handelsbeziehungen des Bergischen Landes zu den Niederlanden und infolge eines bescheidenen Wirtschaftswachstums im Zuge der Industrialisierung im 19. Jahrhundert möglich wurde. Reis und echter Bohnenkaffee wurden damit in der Mitte des 19. Jahrhunderts zu festen Bestandteilen jeder Verköstigung, die man lieben Gästen schlechthin angedeihen ließ.

Es wird aufgetischt

Traditionell werden bei einer Bergischen Kaffeetafel drei Gänge aufgetischt: Der erste Gang ist eine dick mit Butter und ebenso dick mit Honig oder Rübenkraut bestrichene

Schwarzbrot

Scheibe Korinthenstuten oder Weißbrot, die zum Schluss mit einer fingerdicken Lage steifen Reisbreis belegt und mit Zucker und Zimt bestreut wird.

Der zweite Gang besteht aus frisch gebackenen, noch heißen Waffeln. Die Kombination mit heißen Schattenmorellen ist eine modernere Variante. Zu früheren Zeiten wurde eher Apfelmus dazu serviert.

Im dritten Gang gibt es bergisches Schwarzbrot mit Butter und *Klatschkäs* (Quark), evtl. zusätzlich Rübenkraut.

„Mina", eine Kurzform des Frauennamens „Wilhelmine", war damals eigentlich eine gängige Bezeichnung für Haushälterinnen und Dienstmädchen. „Dröppeln" war eine Eigenart der Kanne, die noch keinen Kaffeefilter kannte. Der Kaffeesatz verstopfte nur allzu gern den Ausguss, sodass es nur noch dröppelte. So charakteristisch die Dröppelmina auch für das Bergische Land und seine Kaffeetafel ist – ihren Ursprung hat sie in den Niederlanden. Sie war aus Zinn und wurde in hoher Stückzahl produziert. Für weniger betuchte Familien gab es auch einfachere Dröppelminas aus Blech. Nachbildungen sind heute noch zu bekommen.

Fachwerkgebäude im LVR-Landschaftsmuseum Lindlar

Bloch im Naafbachtal bei Lohmar

Waffeleisen für einen Küchenherd. Dort wurden die Eisenringe über der Kochstelle entfernt und das Waffeleisen aufgesetzt. Dieses konnte man drehen, um so die Waffeln gleichmäßig durchzubacken.

Abgerundet wird diese deftige Mahlzeit in gemütlicher Runde von einem gezuckerten *Kloaren* oder einem *Opgesadden* (Aufgesetztem). Der klassische Aufgesetzte hat die Funktion, das üppige Mahl einer besseren Verträglichkeit zuzuführen.

Je nach Wohlstand, Region und Jahreszeit gibt es verschiedene Variationen der Tafel. Manchmal zieren die Tafel ein *Rodonkuchen* (eine Art Sandkuchen), Zwieback, Hausmacherwurst und -schinken, Schnittkäse und Konfitüre und ein Eierkuchen (süß oder salzig). Hauptsächlich um die Karnevalszeit gibt es auch *Bomböschen*, walnussgroße Hefeteig-Bällchen, und *Muzen*, Ballen aus Backpulverteig, die alle im heißen Fett ausgebacken werden.

Vor diesem Hintergrund besitzt die Üppigkeit einer Bergischen Kaffeetafel geradezu märchenhaftem Charakter. Ihren Namen erhielt diese Art Mahlzeit jedoch erst in den Dreißigerjahren des 20. Jahrhunderts. Mit dem steigenden Einkommen und einem verbesserten Lebensstandard konnte man sich jetzt auch Familienfeiern außer Haus, in Restaurants und Gaststätten, leisten. Zudem verbesserten sich die Straßenverbindungen ins Bergische Land hinein und mehr Besucher und später auch Urlaubsgäste fanden den Weg hierher in die unverfälschte Naturlandschaft.

Für diese schöne Tradition musste also ein Name her, und seitdem steht die Bergische Kaffeetafel für die Gastfreundschaft der Menschen in dieser Gegend, aber auch für die Kunst, aus einfachen Zutaten besonders leckere Gerichte zu zaubern.

Quelle: Jörg Hohenadl: Küchenfee und Kellermeister. Blattwelt 2004.

Von der Zuckerrübe zum Grafschafter Goldsaft

„Wir lieben unsere Wurzeln"

Von Alexandra Lingk

Schon seit langer Zeit verleitet der *Grafschafter Goldsaft* die Menschen, sobald sie darauf angesprochen werden, zu verschiedenartigen Reaktionen. So bekommt man heute vielleicht ein „Oh ja, den hat meine Mutter immer in den Sauerbraten gegeben" zu hören ebenso wie ein „Lecker! Besonders zu Reibekuchen", während die Antwort früher nicht selten „Oh nein, bloß nicht, das erinnert mich zu sehr an die schlechten Zeiten während des Krieges, da haben wir das immer gegessen, weil es kaum etwas anderes gab" lautete.

So mancher Mensch im Rheinland kann jedoch mit dem Namen *Grafschafter Goldsaft* zunächst einmal überhaupt nichts anfangen. Erst wenn der Begriff „Rübenkraut" genannt wird, fällt dann mit ihm der sinnbildliche Groschen. In der Gegend um Trier hingegen ist es sinnvoller, nach *Strietz* oder *Leckschmier* zu fragen, in und um Köln spricht man mitunter auch von *Knollekrutt*, am Niederrhein ist die Rede von *Siepmaat* und im Münsterland von *Peckeleck*. All diese unterschiedlichen Begriffe laufen am Ende auf dasselbe hinaus und beschreiben ein naturreines Produkt aus Zuckerrüben, das seinen Ursprung nicht etwa – wie man aus dem Markennamen *Grafschafter Goldsaft* schließen könnte – im nördlichen Rheinland-Pfalz hat, sondern im linksrheinischen Rhein-Sieg-Kreis, genauer in Meckenheim. Die „Grafschafter Krautfabrik Josef Schmitz KG" produziert als Familienbetrieb bereits in vierter Generation die dunkle, zähflüssige Masse, die so viel mehr ist als nur ein süßer Brotaufstrich.

Exkurs: Zuckerrübe und Rübenzucker

Bereits in vorchristlicher Zeit war bekannt, dass aus den Wurzeln der Zuckerrübe ein süßliches Konzentrat gewonnen werden kann. Auch als Heilpflanze wurde sie bereits im antiken Griechenland genutzt, wie Schriften des Arztes Hippokrates von Kos (ca. 460-370 v. Chr.) belegen, in denen die gesundheitsfördernde Wirkung der Zuckerrübe beschrieben wird.

Im Jahr 1747 entdeckte der Apotheker Andreas Sigismund Marggraf, dass Rüben, die bis dato ausschließlich als Viehfutter angebaut worden waren, Zucker enthalten und entwickelte ein Verfahren zur Extrahierung dieser Saccharose. Auf der Grundlage dieser Forschung schaffte es sein Schüler Franz Karl Achard später, Saccharose industriell zu gewinnen. 1802 gründete er die weltweit erste Rübenzuckerfabrik. Das hatte enorme wirtschaftliche Auswirkungen, denn lange zuvor galt das Süßungsmittel Zucker als überaus kostbar und war sehr begehrt, da es ausschließlich aus Zuckerrohr gewonnen wurde, welches nur in Übersee angebaut wurde. Innerhalb weniger Jahre entwickelte sich nun die Produktion von Rübenzucker zu einem florierenden Industriezweig. Nach der Völkerschlacht im Jahr 1813 brach die Rübenzuckerindustrie jedoch zusammen. Napoleon musste sich nach vernichtender Niederlage nach Westen über den Rhein zurückziehen. Nach der Aufhebung der Kontinentalsperre wurde der europäische Markt nun mit billigem Kolonialzucker geflutet. Erst rund zwanzig Jahre später begann mit der Gründung des deutschen Zollvereins ein neuer Aufschwung. Englische und niederländische Zuckerimporte wurden mit einheitlichen Schutzzöllen belegt und dadurch wurde Rübenzucker wieder konkurrenzfähig. Durch eine kontinuierliche Weiterentwicklung der Landwirtschaft konnten zudem die Erträge deutlich erhöht werden. Am Ende konnte das Monopol der Rohrzuckerindustrie gar gebrochen werden.

Im Rheinland allerdings konnte die Rübenzuckerindustrie erst in den 1850er-Jahren Fuß fassen. Hier erlebte jedoch wenig später die vorindustrielle Produktion des aus der Rübe gewonnenen Sirups ihre Geburtsstunde, nicht zuletzt, weil aufgrund der stetig wachsenden Bevölkerung die Nachfrage nach ebenso nahrhaften wie preiswerten Lebensmitteln stieg.

Die Geschichte des Grafschafter Goldsaftes

Die Geschichte des Grafschafter Goldsaftes beginnt zu einem Zeitpunkt, zu dem es das Produkt als solches noch gar nicht gibt. Wesentliche Meilensteine dieser Erfolgsgeschichte lassen sich an den jeweiligen Geschäftsführern des Unternehmens festmachen.

Im Jahr 1893 richtete Unternehmensgründer Josef Schmitz am heutigen Stadtrand von Meckenheim eine Feldbrandziegelei ein. Dank der Lehmvorkommen auf den landwirtschaftlichen Nutzflächen des elterlichen Betriebes verfügte er über ausreichend Rohstoffe dafür. Zu Beginn des 20. Jahrhunderts weckte jedoch ein anderer Industriezweig sein Interesse: die industrielle Herstellung und der Vertrieb von Rübensirup. Dabei verfolgte Josef Schmitz den Gedanken, unterschiedliche Gewerbezweige gewinnbringend miteinander zu verknüpfen. Heute würde man vielleicht salopp von einer „Win-win-Situation" sprechen. Bei der Herstellung von Rübensirup ließen sich eigene Ressourcen, nämlich die von ihm produzierten Baustoffe, nutzen und zudem konnte Schmitz mit den Landwirten der Umgebung kooperieren, die ihm die Rüben zulieferten. Die bei der Herstellung von Rübensirup entstehenden Nebenprodukte indes waren hochwertige Futtermittel für den eigenen landwirtschaftlichen Betrieb.

Der Grundstein für einen modernen Industriebetrieb war gelegt und davon abgesehen durch die Kombination von Ziegelei und Krautfabrik ein überaus erfolgversprechendes Beschäftigungsmodell entstanden. Dies nicht zuletzt auch, weil die Baustoffproduktion und die Herstellung des Rübensirups zu unterschiedlichen Zeiträumen im Jahr erfolgten. Auf diese Weise mussten die Arbeiter nicht saisonabhängig eingesetzt, sondern konnten den Großteil des Jahres über beschäftigt und damit dauerhaft an das Unternehmen gebunden werden. Starker regionaler Konkurrenz begegnete Josef Schmitz mit Innovationsfreude und hohen Qualitätsstandards – mit Erfolg. Später konnte er auch noch seine Ziegelherstellung mithilfe eines neuen Verfahrens revolutionieren.

Der Erste Weltkrieg bedeutete für die Rübensirupindustrie eine scharfe Zäsur. Doch trotz wirtschaftlicher Einschränkungen verzeichnete die Krautfabrik von Josef Schmitz einen dauerhaften Aufschwung. Dank der Ziegelei blieb er weitestgehend autark, da ihm auch in Krisenzeiten Baustoffe für den Ausbau und die Modernisierung des Unternehmens zur Verfügung standen. Nach dem Ende des Ersten Weltkrieges trat Josef Schmitz' Sohn Albert in die Leitung des Unternehmens ein. Josef Schmitz selbst starb 1932.

Unter der Leitung des Alleinerben Albert Schmitz nahm das Unternehmen auch während der folgenden dunklen Jahre eine kontinuierlich positive Entwicklung. Wie sein Vater zuvor, fokussierte sich auch der Sohn weiterhin auf die Produktion von Ziegeln und Rübenkraut. Während des Zweiten Weltkriegs bestand große Nachfrage nach kostengünstigen Brotaufstrichen. Das Unternehmen von Albert Schmitz erlangte daher kriegswichtige Bedeutung. Trotz kriegsbedingter Einschränkungen gelang es ihm, weiterhin Umbau- und Modernisierungsarbeiten durchzuführen. Bei den Luftangriffen, die Meckenheim heimsuchten, blieb die Krautfabrik glücklicherweise unbeschadet. Der Ziegelproduktion war es schließlich sogar zu verdanken, dass die Stadt später zügig wiederaufgebaut werden konnte.

Auch nach dem Zweiten Weltkrieg wurde Rübenkraut überwiegend im Rheinland hergestellt. Doch mit Beginn der Wirtschaftswunderjahre nahm eine für den Rübensirup negative Entwicklung ihren Lauf. Das Konsumverhalten der Menschen veränderte sich. Nahrungs- und Genussmittel waren vielfältig und erschwinglich. Die Nachfrage nach Rübenkraut, das viele auch mit der „schlechten Zeit" assoziierten, brach ein. Hier zahlte sich nun aus, dass Albert Schmitz gleichermaßen bodenständigen Pragmatismus und unternehmerischen Weitblick in sich vereinte. Bereits 1948 hatte er in die Einrichtung eines modernen Labors investiert, um eine gleichbleibende Qualität seines Produktes zu gewährleisten und sich damit von der Konkurrenz deutlich abheben zu können. Darüber hinaus

entwickelte Albert Schmitz sein Unternehmen zu einem straff organisierten Vorzeigebetrieb der Nahrungsmittelindustrie.

Zudem investierte er in aufwendige Marktanalysen. Das Ergebnis dieser Bemühungen waren die Einführung des Namens *Grafschafter Goldsaft* und die des unverwechselbaren gelben Bechers, in dem das Produkt fortan vertrieben wurde. Damit war ein Alleinstellungsmerkmal geschaffen, und es gab ein unverwechselbares Erscheinungsbild. Darüber hinaus wurde die Krautfabrik weiter ausgebaut und modernisiert. All diese Anstrengungen wurden belohnt: Auch in den Sechzigerjahren konnte die Grafschafter Krautfabrik ihren Marktanteil kontinuierlich ausbauen. Albert Schmitz schaffte es immer wieder, sich den sich verändernden Herausforderungen des Marktes anzupassen.

1972 wandelte er das Unternehmen in eine Kommanditgesellschaft um. Sein Schwiegersohn Dr. Ernst Franceschini, der Schmitz' einzige Tochter Inge geheiratet hatte, trat als Komplementär in die Gesellschaft ein. In seinem Testament setzte Albert Schmitz seinen Enkel Stefan Franceschini als Alleinerben ein und verfügte, dass sein Schwiegersohn nach Schmitz' Tod die Leitung des Unternehmens übernehmen sollte.

Am 15. Mai 1973 wurde Dr. Ernst Franceschini Geschäftsführer der Grafschafter Krautfabrik. Nach dem Tod von Albert Schmitz wurde mit diesem Wechsel in der Unternehmensleitung eine neue Ära eingeläutet. Auch diese sollte über mehrere Jahrzehnte währen. Neben seiner Geschäftsführertätigkeit hatte Ernst Franceschini zahlreiche Funktionärsämter inne und war auf gesellschaftlicher, wirtschaftlicher und politischer Ebene

überaus anerkannt, so zum Beispiel als Präsident der Industrie- und Handelskammer Bonn/Rhein-Sieg und in den Aufsichtsräten regionaler Banken. 2007 erhielt er in Anerkennung seines vielfältigen Engagements das Bundesverdienstkreuz.

Natürlich schrieb Ernst Franceschini aber auch für die Erfolgsgeschichte der Grafschafter Krautfabrik einige entscheidende Kapitel. Unter seiner Leitung gelang eine gezielte Erweiterung des Sortiments. Damit begegnete Franceschini einer nochmals rückläufigen Nachfrage nach Rübensirup. Fortan produzierte das Unternehmen auch andere süße Brotaufstriche mit regionalem Bezug. Neben dem *Grafschafter Apfelkraut* konnten sich auch der Original *Grafschafter Birnenschmaus* und später auch der *Original Grafschafter Pflaumenschmaus* sehr gut etablieren. Der Handel mit süßen Brotaufstrichen florierte. Die Ziegelei hingegen erwies sich zunehmend als unrentabel, weshalb sie schließlich stillgelegt wurde. Die frei gewordene Fläche wurde erneut zur Modernisierung des Unternehmens genutzt.

Ab Mitte der Siebzigerjahre gelang es Franceschini, die Marktführerschaft der Krautfabrik im Sirup-Segment der süßen Brotaufstriche durch die Übernahme mehrerer Konkurrenzbetriebe zu sichern. Im Zuge von Unternehmenskooperationen erweiterte er das bestehende Sortiment um Invertzuckercreme sowie Speise- und Kuchensirupe. Wenig später erschloss sich das Unternehmen weitere Absatzmärkte in Europa und auch außerhalb, so zum Beispiel in den USA, Kanada, Australien, Namibia oder Südafrika sowie nach dem Fall der Mauer auch in der ehemaligen DDR. Auch die Produktpalette wurde nochmals erweitert.

Seit 2004 führt nun Stefan Franceschini das Unternehmen alleinverantwortlich. Auch er gehört, wie schon sein Großvater und sein Vater, der Vollversammlung der Industrie- und Handelskammer Bonn/Rhein-Sieg an und ist Mitglied in diversen wirtschaftsrelevanten Gremien. Unter seiner Ägide geht es in der Gegenwart um kontinuierliche Modernisierung des Betriebes, um dem europaweiten Ruf als Hersteller traditioneller Qualitätsprodukte gerecht zu bleiben und ökologische Nachhaltigkeit zu gewährleisten, indem natürliche Ressourcen schonend genutzt werden.

Von der Rübe zum Rübenkraut

Alljährlich im Herbst startet die sogenannte „Rübenkampagne". Erkennungsmerkmale dieser Kampagne sind neben voll beladenen Traktoren, die sich ihren Weg zur Fabrik am Rande der Stadt Meckenheim bahnen, manchmal auch einzelne heruntergefallene Zuckerrüben am Straßenrand sowie ein bisweilen intensiver Duft. Auch dieser ruft verschiedene Reaktionen hervor. „Pfui, das stinkt" ist, wenn die Produktion angelaufen ist, ebenso zu hören wie der nostalgische Ausruf: „Oh! Das riecht nach Kindheit!"

Grafschafter Goldsaft ist ein reines Naturprodukt – es besteht ausschließlich aus dem konzentrierten Saft erntefrischer Zuckerrüben und enthält keinerlei Zusatzstoffe. Die Zuckerrüben, angeliefert von den rund 90 Vertrags-Landwirten, kommen direkt vom Feld. Sobald sie abgeladen sind, werden sie in einem ersten Arbeitsgang gereinigt und dann in fingergroße Rübenschnitzel zerkleinert. Im Anschluss werden diese Schnitzel in einem Maischebehälter weich gekocht. Anschließend bleiben sie für mehrere Stunden bei 105 Grad Celsius in der Kochanlage. Dabei verwandelt sich die in den Rüben enthaltene Saccharose zu Hälfte in Glukose und Fruktose.

Durch das Dämpfen ist ein Rübenbrei entstanden. Dieser wird danach unter hohem hydraulischem Druck gepresst. Heraus kommt der sogenannte Rohsaft, der sodann auf mechanischem Weg von nahezu allen festen Teilchen befreit wird. Als Klarsaft kommt er schließlich in die Verdampfanlage. Dort wird ihm auf schonende Weise das Wasser entzogen. Bei einem Trockensubstanzgehalt von 78 Prozent ist der Rübensirup fertig. Nachdem seine Qualität sorgfältig kontrolliert worden ist, wird er in großen Tanks eingelagert.

In der Saison 2019 haben sich die Zuckerrüben trotz geringen Niederschlags gut entwickeln können. Das bedeutet für das Unternehmen, dass in dieser Kampagne rund 45 000 Tonnen Rüben verarbeitet werden. Rund 10 000 Tonnen Sirup lassen sich daraus gewinnen. Mit der Herstellung sind knapp einhundert Mitarbeiterinnen und Mitarbeiter beschäftigt, alle kommen aus der unmittelbaren Umgebung und sind teilweise schon in zweiter oder dritter Generation an der Entstehung des Goldsafts beteiligt. Sie fühlen sich der Tradition verbunden und schätzen den familiären und persönlichen Umgang am Arbeitsplatz sowie zahlreiche soziale Leistungen.

Nachhaltigkeit

Als Hersteller von Lebensmitteln trägt die Grafschafter Krautfabrik auch für die Umwelt Verantwortung. Umweltschutz und Nachhaltigkeit nehmen daher im unternehmerischen Handeln eine bedeutende Stellung ein. Die Zuckerrübe selbst leistet einen positiven Beitrag zum Klimaschutz, denn sie produziert mehr als dreimal so viel Sauerstoff wie die gleiche Fläche Wald.

Doch vor allem „kurze Wege" sind in diesem Zusammenhang ein wichtiges Stichwort. Der Großteil der Zuckerrüben, die in Meckenheim verarbeitet werden, kommt aus der unmittelbaren Umgebung. Mit den Landwirten in der Region, die das Unternehmen aus maximal 20 Kilometern Entfernung beliefern, besteht eine enge und vertrauensvolle Zusammenarbeit, die zum Teil schon über Generationen andauert. Lieferfahrzeuge mit großem Ladevolumen gewährleisten Einsparungen beim CO2-Ausstoß, verursachen weniger Lärm und beeinträchtigen den Straßenverkehr nur minimal. Ein eigens entwickeltes und zertifiziertes Energiemanagement-System vermeidet bzw. verringert Wärme- und Energieverluste sowie CO2-Emissionen.

Seit 2008 ist eine Photovoltaik-Anlage in Betrieb. Zudem kann ein Generator durch Kraft-Wärme-Kopplung Strom gewinnen. Insgesamt erzeugt die Grafschafter Krautfabrik durch diese Vorgehensweisen pro Jahr 700 000 Kilowattstunden emissionsfreien Strom.

Die Rübe als solche wird zu 100 Prozent genutzt – bei ihrer Verarbeitung bleibt nichts übrig. Am Ende dienen selbst die Rübenschnitzel, die beim Auspressen anfallen, als Dünger und Tierfutter.

Für viele Arbeitsgänge wird eigenes Brunnenwasser verwendet. Für die Rübenwäsche wird außerdem das Kondensat genutzt, das während der Produktion entsteht. Die von den gesäuberten Rüben getrennte Erde wird als Mutterboden gelagert und wieder der Landwirtschaft zugeführt.

Die Produktverpackungen der Grafschafter Krautfabrik sind aus Glas oder – sofern nicht anders möglich – aus sortenreinem Kunststoff. Die Verpackungen sind also für die Verbraucher in jedem Fall mehrfach nutzbar. Die Transportwege werden darüber hinaus so disponiert, dass sie so effizient und ökologisch wie möglich sind.

Letztlich wird im gesamten Unternehmensbereich die Infrastruktur regelmäßig auf den neuesten Stand der Technik bezüglich der Umweltstandards gebracht – immer mit der Verantwortung vor Augen, Ressourcen zu schonen und das Ökosystem nicht unnötig zu belasten. Auch die Mitgliedschaft der Grafschafter Krautfabrik im Verein *Bio Innovation Park Rheinland* setzt ein Zeichen in diese Richtung. Dieser Verein unterstützt die Erforschung der besseren Nutzung bestehender Ressourcen im Rahmen des Klimaschutzes für die Region Rheinland.

Marketing

„Damals" in den Nachkriegsjahren erschien der dunkle Rübensirup plötzlich im leuchtend gelben Becher und machte auch durch diesen auffälligen Kontrast von sich reden. Heute ist es mehr denn je eine Herausforderung, bei der Vielzahl von Angeboten auf ein bestimmtes Produkt und seinen unverwechselbaren Charakter aufmerksam zu machen.

Die Grafschafter Krautfabrik geht mit der Zeit; sie ist in den sozialen Medien mit ihren Produkten selbstverständlich präsent und kooperiert darüber hinaus beispielsweise auch mit Food-Bloggern. Auf ihrer Webseite präsentiert sie neben Nachrichten und interessanten Informationen rund um das Unternehmen vielfältige Rezepte, in denen die Grafschafter Produkte zum Einsatz kommen. Mit diesen Rezepten werden unter anderem auch spezielle Ernährungsweisen und aktuelle Trends bedient.

Als Partner der Rheinischen Apfelroute (diese führt Radfahrer auf 124 Streckenkilometern durch die größte Obst- und Gemüseanbauregion Nordrhein-Westfalens zu blühenden Obstplantagen, bunten Gemüsefeldern und regionalen Hofläden) bietet die Grafschafter Krautfabrik während der Öffnungszeiten müden Radlern an, hier ihre Trinkwasserflasche aufzufüllen und bei kleineren Pannen stehen ein Werkzeugkoffer und eine Luftpumpe bereit.

Doch neben zeitgemäßer Präsenz sind auch Kontinuität und Authentizität wichtig, nicht zuletzt, um die oft nostalgische Verbundenheit vieler Menschen zu Traditionen und althergebrachten Werten anzusprechen. „Wir lieben unsere Wurzeln" – dieser Slogan ist nicht nur ein raffiniertes Wortspiel. Er ist ein Bekenntnis zu der Kulturpflanze, die Mutter Erde da auf den Feldern gedeihen lässt. Außerdem steht er für die Verbindung von Tradition und Moderne. Die Unternehmensführung behält einerseits immer im Kopf, was war und wie es war und hat andererseits immer vor Augen, was ist und wie es künftig sein soll.

Kulinarische Vielfalt

Herb-süß schmeckt der *Grafschafter Goldsaft*. Sein Geschmack erinnert ein wenig an Malz und Karamell. Als Naturprodukt enthält er weder künstliche Aromen noch Geschmacksverstärker. Eine ausgefeilte Qualitätskontrolle sorgt für seinen gleichbleibend feinen Geschmack.

Grafschafter Goldsaft Zuckerrübensirup ist nicht nur ein wohlschmeckender Brotaufstrich, sondern eignet sich auch hervorragend zum Kochen und Backen oder findet als Alternative zum Süßen Verwendung. Um der Fantasie ein wenig auf die Sprünge zu helfen, veröffentlicht das Unternehmen Grafschafter köstliche Rezepte für jeden kulinarischen Anlass.

Der bereits erwähnte Rheinische Sauerbraten, dessen Sauce nach einhelliger Genießermeinung erst mit *Grafschafter Goldsaft* so richtig perfekt ist, fällt eher in die Kategorie traditionell und deftig. Doch der Rübensirup kann problemlos auch den hohen Ansprüchen gerecht werden, die ernährungsbewusste Menschen heute an eine moderne Küche stellen. Wer es zum Beispiel etwas exotischer mag, sollte einmal karamellisierten Spargel mit Garnelen probieren.

Nicht fehlen darf hier natürlich die Marinade aus *Goldsaft,* Speiseöl, etwas frischem Knoblauch, ein paar Thymianblättchen, Salz und frisch gemahlenem Pfeffer.

Grafschafter Goldsaft ist gluten- und laktosefrei und vegan. Wer lieber fleischlos oder vegan genießen will, kann sich an einer „Veggie Bowl" mit verschiedenen Salaten und Kichererbsen gütlich tun, die mit einer fantastischen, mit *Goldsaft* veredelten, Teriyaki-Sauce ihre Krönung findet.

Beim Backen erweist sich der *Grafschafter Goldsaft* ebenfalls als wahrer Alleskönner. Allein der Anblick einer Sahnecreme-Torte mit Cappuccino lässt das Herz höherschlagen, von deren Genuss ganz zu schweigen. Sie besteht aus einem lockeren Biskuitteig mit einer Vanillecreme und einer Cappuccinocreme. Ihren besonders feinen Geschmack erhält die Cappuccinocreme durch Zugabe von 50 Gramm *Grafschafter Goldsaft*.

Auch beim Thema Backen gibt es tolle Möglichkeiten für sich vegan ernährende Genießer: Aus braunem Zucker, Sonnenblumenöl, Mehl, Backpulver, Sojamilch, *Grafschafter Goldsaft*, Vanilleschote und Mineralwasser lassen sich beispielsweise köstliche vegane Waffeln zaubern.

Wer den Tag gerne mit einem kräftigen Frühstück beginnt und ein Brötchen, eine Scheibe Brot oder einen Toast mit Aufschnitt oder Aufstrich einfach nicht mehr zeitgemäß findet, kann aus Haferflocken, Sojamilch, Grafschafter Goldsaft, Zimt, Apfel, einer Banane und ein paar Nüssen ein leckeres Porridge zubereiten und damit in den Tag starten.

Doch auch pur sind die Produkte der Grafschafter Krautfabrik ein Genuss und unterstreichen – jedes auf seine Weise – die Erkenntnis, die zur Unternehmensphilosophie geworden ist „Wo man die Liebe zur Natur noch schmeckt".

Alle lieben Sieglinde

Von Peter Knecht

Magda, Ingrid, Monika, Stefanie, Alexandra, Soraya, Anuschka, Sieglinde, Heidi ... Das sind nicht etwa nur schöne Namen für junge Mädchen oder Models, sondern auch Namen von bekannten Kartoffelsorten. Weltweit gibt es etwa 6000 Kartoffelsorten – und sie fehlen heutzutage bei kaum einem Mittagstisch. Uns soll aber hier vor allem interessieren, wie die schmackhaften Erdfrüchte in unsere Gegend gekommen sind. Und es geht um Geschichten, die sich in unserer näheren Umgebung – im schönen Winterscheid – um die Kartoffel ranken oder auch tatsächlich passiert sind.

Die Entdeckung der Kartoffel

Christoph Kolumbus hatte die Kartoffel auf seinen vier Reisen in die neue Welt 1492 bis 1504 als wichtiges Nahrungsmittel der Indios kennen-, aber wohl nicht schätzen gelernt. Seine Wertschätzung galt dem Mais und dem Tabak – und diese brachte er auch nach Hause mit. Beide Gewächse fanden in Europa ihre Liebhaber und so wuchsen deren Anbauflächen Jahr für Jahr. Kolumbus brachte aber auch die Kunde von sagenhaften Goldschätzen im Hochland von Kolumbien mit. Der daraufhin einsetzende Goldrausch der spanischen Krone führte auch den Konquistador Jiménez de Queseda 1536 bis 1538 mit 600 Soldaten sowie einigen Priestern und Schreibern an die Küste Kolumbiens. Er leitete eine Expedition zur Eroberung der sagenhaften Goldschätze. Beim Vormarsch durch das Tal des Rio Magdalena fand er die Kartoffel und schrieb 1537, dass diese Knollenfrucht der bekannten europäischen Trüffel ähnele und auch für Spanier durchaus schmackhaft sei. Sie wachse dort bis in einer Höhe von 3000 bis 4000 Metern, wo Mais längst nicht mehr gedeihen kann, und werde *papas* genannt.

Kartoffelblüte

Verbreitung in Europa

Gegen Ende des 16. Jahrhunderts fand sich die Kartoffel in vielen europäischen botanischen Gärten, in fürstlichen Gärten sowie in Gärten von Geistlichen und Ärzten. In botanischen Fachbüchern wurde sie *Solanum tuberosum esculentum* genannt, das heißt „essbarer knolliger Nachtschatten". So heißt sie bis heute, nur der Zusatz „esculentum" für essbar ist weggefallen.

In Deutschland nannte man sie zuerst *Grüblings Baum*, weil man hier zu Trüffeln „Grüblinge" sagte. Baum nannte man sie, weil sie in Europa aufgrund anderer Wuchsbedingungen bis zu drei Metern hoch wurde und an Stöcken gezogen werden musste. Sie blühte lila und war meist rotschalig. Die Knollenform war keineswegs rund-oval, wie

wir sie heute kennen, sondern wild zerklüftet und mit tiefen Augen.

1742 taucht erstmalig der Name *Cartoufle* auf. Um 1750 hatte sich die Kartoffel zu einer wichtigen Feldfrucht entwickelt. Aber noch 1783 wurde sie in dem Buch *Grundsätze der teutschen Landwirthschaft* als Gartenkraut aufgeführt. In dieser Zeit war Friedrich der Große (1712-1786, Thronbesteigung 1740) sehr um das Wohlergehen seiner Untertanen bemüht und befahl 1756 die Ausweitung des Kartoffelanbaus. So heißt es in seinem Erlass von 1756:

Es ist Uns in höchster Person in Unsern und andern Provintzien die Anpflanzung der sogenannten Tartoffeln, als ein nützliches und so wohl für Menschen, als Vieh auf sehr vielfache Art dienliches Erd Gewächse, ernstlich anbefohlen.

Dann begann der Siebenjährige Krieg (1756-1763). Erst danach dürfte sich Friedrich der Große wieder verstärkt der Verbreitung des Kartoffelanbaus gewidmet haben. Man kann sich vorstellen, dass er seine Korporäle und Soldaten zumindest in Einzelfällen als „Landwirtschaftsberater" eingesetzt hat, um die Bauern von den Vorzügen des Kartoffelanbaus zu überzeugen. Vielleicht mussten die Soldaten auch hin und wieder sanften Druck ausüben. Getreidemissernten in den Jahren 1770 bis 1772 begünstigten dann die Ausdehnung der Kartoffelwirtschaft.

Die Kraut- und Knollenfäule

Um 1830 erreichte die berüchtigte *Kraut- und Knollenfäule* das europäische Festland, ohne hier jedoch zunächst größeren Schaden anzurichten. Doch dann kam der Sommer 1845. Er war sehr warm und feucht, sodass sich der Krautfäulepilz enorm vermehren konnte. Nicht nur das Kraut verfaulte, auch die Kartoffeln im winterlichen Lager verdarben – und damit auch die Pflanzkartoffeln für das nächste Jahr. Auch 1846 hatte eine ähnliche Witterung wie das vorherige Jahr. Schon früh waren riesige Anbauflächen befallen, was dazu führte, dass 90 Prozent der erwarteten Ernte vernichtet wurden. Da die Kartoffel zu diesem Zeitpunkt schon zum wichtigsten Nahrungsmittel der Bevölkerung geworden war, traf es die Menschen besonders hart.

In vielen Andachten, Prozessionen und Wallfahrten wurden allerlei Gelübde hoch und heilig versprochen, wenn das Elend nur bald vorübergehe. Auch heute noch beten wir immer wieder: „Jesus, der uns die Früchte der Erde geben, segnen und erhalten wolle." Damals meinte das Volk tatsächlich und wortwörtlich die „Früchte der Erde".

Irland wurde am schlimmsten von der Krautfäule heimgesucht. In diesen Jahren waren die Menschen infolge Hungers hunderttausendfach von Siechtum und Sterben betroffen. Von acht Millionen Iren lebten am Ende der Krise nur noch drei Millionen Menschen in Irland. Von den fünf Millionen waren etwa die Hälfte an Hunger und nachfolgenden Krankheiten gestorben, die andere Hälfte hatte sich schweren Herzens entschlossen, alles hinter sich zu lassen und auszuwandern. Amerika war das Ziel. Auf der Überfahrt starben noch einmal etwa 20 Prozent dieser armen Menschen und wurden dem Meer übergeben.

Kartoffelkrautfäule

Und in Winterscheid?

Die katholischen Rheinlande hatten mitunter große Vorbehalte bzw. stellten sich stur gegenüber den Befehlen aus dem weit entfernten evangelischen Berlin. Das „Sturstellen" gegenüber Neuem scheint Tradition gewesen zu sein. Der Kreisphysikus Lohmann schrieb 1830 über die Bewohner des damaligen Siegkreises: „Sie verachten alles Neue und sind fast durch kein Mittel zur Verbesserung zu bewegen, weil sie alles nur als Neuerungen betrachten, die zu ihrem Drucke berechnet sind." Zudem waren die Menschen immer noch etwas abergläubisch. Ein weiterer Aspekt gegen die Kartoffel war, dass sie nicht gut in das starre Prinzip der Dreifelderwirtschaft mit seinem dreijährigen Wechsel von Wintergetreide, Sommergetreide und Brache passte. Zudem schmeckte sie immer noch ziemlich kratzig.

So ist es durchaus vorstellbar, dass der Pastor in Winterscheid, statt die Verordnung aus Berlin bekannt zu machen, gegen deren befohlenen Anbau gewettert hat. Vielleicht hatte er selbst die grünen Früchte der Kartoffelblüte oder durch Lichteinwirkung grün gewordene Erdfrüchte gekostet und heftiges Bauchgrimmen und einen lang anhaltenden Durchfall bekommen, denn damals enthielten die grün gewordenen Kartoffeln sehr viel mehr Solanin als die heutigen Sorten. „Teufelsköttel" nannte er die Früchte und vielleicht hat er gar denjenigen mit dem Verlust des ewigen Seelenfriedens gedroht, die diese „Teufelsköttel" anbauten. Es kann aber auch sein, dass das die Winterscheider Kleinbauern erst recht neugierig gemacht hat. Wenn so heftig gestritten wird, gibt es immer Menschen, die dem Pastor nicht folgen wollen. Sie hatten außerdem davon gehört, dass in anderen Landstrichen in Deutschland preußische Soldaten Kartoffelfelder bewachten (um so vorzugaukeln, dass es sich bei der Erdfrucht um etwas sehr Wertvolles handele, auf diese Weise sollte das Interesse der Menschen geweckt werden). Es ist vorstellbar, dass die Bauern aus purer Neugier, oder auch aus persönlichem Ungehorsam dem Pastor gegenüber, versuchsweise Kartoffeln anbauten. Begeistert waren sie über die schönen Blüten. (So mag es durchaus vorgekommen sein, dass junge Männer zum sonntäglichen „auf die Freite gehen" ihren Bräuten einen Strauß aus Kartoffelblüten verehrten. Vorstellbar ist es auch, dass die eine oder andere Braut mit einem Brautstrauß aus Kartoffelblüten vor dem Traualtar erschienen ist.)

Grüne Kartoffelfrucht

Nach 1780 wird die Erdknolle dann wohl auch in Winterscheid ihre Freunde gehabt haben und mehr und mehr angebaut worden sein. Schnell hatte man gelernt, dass die Kartoffel eine allerbeste Vorfrucht für Weizen war. Außerdem konnte ein grünes Kartoffelfeld allerhand an Unkraut ersticken.

Die Lagerung der Kartoffel sollte trocken und kühl sein. Was aber hat Dr. Lohmann bei der Bereisung des Siegkreises in den Jahren 1825 bis 1828 vorgefunden? Bei der Beschreibung der Wohnungen der Landleute stellt er fest:

Das Erdgeschoss ist in den meisten Wohnungen nicht gedielt und es wird in dem selben Gemache gearbeitet, geschlafen, gekocht. Es dient dasselbe gleichzeitig als Keller, in dem entweder in einer Grube die Erdäpfel geschüttet oder unter und um das Bett aufgehäuft sind. Es ist gleichzeitig Vorratskammer, Geschäftszimmer, Krankenstube, Geburtslager und Totenkammer.

In dieser Zeit lebte in Winterscheid der allseits bekannte Arnold Lückerath (1805-1873), „Herrjotts Arnöldchen" genannt. Von ihm wird folgende Geschichte erzählt:

Im Spätherbst rief Arnold seine Kinder Wilhelm, Billa und Trengchen herbei, um im Brachfeld Kartoffeln auszumachen und zwar Rindermänner, eine Sorte, die bis tief in den Herbst grünsträuchig blieben, aber sehr ertragreich waren, jedoch kleine Knollen hatten. Er kehrte den Schnee von den Furchen, und dann ging es los ans Hacken. Alle erstarrten fast vor Kälte. Der Kartoffeln gab es eine Menge, waren aber alle klein wie Nüsse. Arnold ärgerte sich, ließ manch derbes Wort fallen, und in seinem Unwillen, selbst vor Kälte zitternd, schrie er: „Willem, Billa, Trengchen, enjepack und heemgoen, wer se het loßen wäßen, kann sie och äßen."

152

Und dann kam der Kartoffelkäfer

Erstmalig beschrieben wurde er 1824, die erste Nachricht über einen Schadfraß stammt aus dem Jahr 1859. Gefunden hatte man ihn am Fuße der Rocky Mountains auf einer Wildpflanze in Colorado und nannte ihn *Colorado beetle*. Sein späterer wissenschaftlicher Name ist *Leptinotarsa decenlineata*; die Amerikaner nannten ihn einfach „ten-liner", weil er zehn schwarze Streifen aufweist, auf jedem Flügel fünf, und sehr flugtüchtig ist.

Die nach Westen vordringenden Siedler mit ihren Kartoffelfeldern brachten ihm seine Nahrung entgegen. In der Folgezeit wanderte (flog) er jährlich in östlicher Richtung und hatte 1874 die Häfen von Hoboken und Brooklyn (New York) erreicht. Auf seinem Weg dorthin hatte er alle Kartoffelfelder verwüstet. 1875 erreichte die Nachricht Europa – zehn europäische Länder verboten daraufhin jeglichen Import von Kartoffeln und Kartoffelerzeugnissen aus den USA. Im Jahr 1876 wurde jedoch in einer Schiffsladung mit Mais ein Käfer gefunden, trotz sorgfältiger Untersuchung aller Schiffsladungen aus den USA hatte man wohl doch einige Käfer übersehen. Und so fand man 1877 in Mülheim/Ruhr fressende Larven auf einem fünf Morgen großen Kartoffelfeld. Aus heutiger Sicht hat man hochnervös reagiert. Das Feld wurde mit petroleumgetränktem Stroh und Hobelspänen bedeckt und abgebrannt.

Kartoffelkäfer

Kartoffelkäferlarven

1917 kam der Kartoffelkäfer erneut aus Amerika nach Europa – amerikanische Truppen brachten ihn mit nach Südfrankreich. Dank seines Flugvermögens kann er alljährlich sein Reich um 150 Kilometer vergrößern. Anfang der Dreißigerjahre war er in ganz Frankreich verbreitet, sodass er in den folgenden Jahren auch Deutschland erfolgreich erobern konnte. 1937 erließ die damalige Reichsführung eine *Reichsverordnung zur Abwehr des Kartoffelkäfers*. Für eine sehr kurze Zeit wurden je gefundenes Exemplar sogar fünf Reichsmark gezahlt – das war aber bald nicht mehr bezahlbar. 1945 hatte er ganz Deutschland erobert und in den folgenden Jahrzehnten auch Polen und Russland. Einigermaßen hilflos stand man seiner Verbreitung und dem ungeheuren Fraß seiner Larven gegenüber. Den Menschen blieb als Nahrung nur, was die Schädlinge übrig gelassen hatten.

Auch unsere Gegend verschonte der Schädling nicht. Aus dieser Zeit berichtet die Winterscheider Schulchronik:

12. Sept. 1938
Im Laufe des Sommers beteiligt sich die Schule an der Suche nach dem Kartoffelkäfer. Die Schule sucht alle 14 Tage auf den Feldern im Bezirk Bettringen bis Merkaul.

Ende Sept. 1939
In den letzten Tagen setzten sich Lehrer und Schüler ein für die Kartoffelernte.

Diese Einsätze erfolgten bis Kriegsende alljährlich. Bis in die Fünfzigerjahre hinein hießen die Herbstferien „Kartoffelferien". Mit meinen jüngeren Schwestern musste ich damals die väterlichen Kartoffeläcker nach Käfern und Larven absuchen. Von der Großmutter erhielten wir für jeden Käfer einen

Pfennig. Zu Hause angekommen, wurde das Sammelergebnis den Hühnern zum Fressen vorgeworfen: Kartoffelfest für unser Federvieh.

Die Spar- und Darlehenskasse Winterscheid hatte Mitte der Fünfzigerjahre eine Pflanzenschutzspritze angeschafft. Mit dieser fuhr Josef Scharrenbroich nach gehöriger Ausbildung über die Äcker und Getreidefelder der Gemeinde: im Kampf gegen Kartoffelkäfer und Krautfäule, aber auch im beständigen Kampf gegen Disteln, Klettenlabkraut, Ackerwinde und Co. Welch eine Erleichterung!

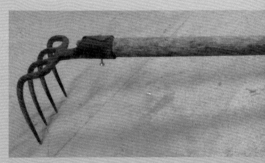
Kaasch, Vierzack

Kartoffelernte

Die Ernte der Kartoffeln war immer sehr mühselig. Das gebräuchliche Mittel war der Vierzahn, der Kaasch. Auf größeren Feldern wurde der *Hungksploch* eingesetzt. Das Streichblech wurde zu diesem Zwecke ausgewechselt und durch einen Stabeisenkörper ersetzt. Er sollte eine kleinschollige Ablage des Kartoffeldammes bewirken. Bei leichten und trockenen Böden funktionierte das besser als bei schweren und nassen Böden. Aber auch hier musste noch mit dem *Kaasch* nachgearbeitet und die Kartoffeln mussten

Hungksploch

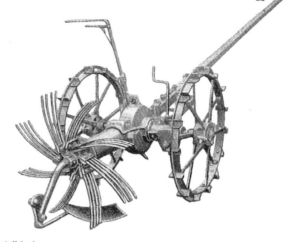

Kartoffelroder

freigelegt werden, bevor sie von Kindern und Frauen aus der ganzen Nachbarschaft in Körben aufgesammelt, dann in Säcke geschüttet oder gleich auf den *Mossromp*, die Mistkarre, geleert wurden.

Nachfolger des *Hungksplochs* war der bekannte *Kartoffelroder*, der die Erddämme unterschnitt und die Erde mit den Kartoffeln auf etwa 2,5 Meter Breite ablegte. Viele fleißige Hände waren notwendig, um die Früchte aufzusammeln. Am frühen Nachmittag gab es eine Brotzeit auf dem Felde, denn gearbeitet wurde bis zum Beginn der Dämmerung. War das Feld abgeerntet, wurde es mit der Egge vom trockenen Kartoffelkraut befreit und die dabei zutage getretenen Kartoffeln wurden abgesammelt. Vom reinen Geldwert her war das ziemlich unlustig, musste aber so sein, weil es sonst die Wildschweine getan hätten; es sollte aber in wenigen Wochen Weizen wachsen. Das Kartoffellaub wurde verbrannt und an die Glut legten wir

Kinder immer ein paar Früchte und warteten sehnsüchtig darauf, dass sie gar wurden. Auf allen Dörfern sah man um diese Zeit die Kartoffelfeuer rauchen. Das ist einer dieser Gerüche aus Kindertagen, die es heute nicht mehr gibt, wie so viele.

Die Kartoffeln lagerten vorerst auf der Tenne und wurden in den folgenden Wochen sortiert und eingekellert. Wir unterschieden in Speisekartoffeln und Schweinekartoffeln. Das, was damals die Schweine bekamen, die ganz kleinen Früchte, kann man heute als Babykartoffeln im Laden als Spezialität teuer erwerben.

Auch das geschah: 1971 hatte der Heimatverein Winterscheid einen neuen Vorsitzenden bekommen. Er hatte dem Dorf zu Weihnachten einen leuchtenden Weihnachtsbaum versprochen. Als das Christfest gekommen war, erstrahlte tatsächlich ein Prachtexemplar von Weihnachtsbaum auf

dem kleinen Platz zwischen Gasthaus „Zur Post" und „Appelis"-Haus. Einfach schön! Aber o weh! Am zweiten Weihnachtstag waren alle Kerzen verschwunden. Stattdessen war die schöne Fichte mit Kartoffeln geschmückt und es wurde schallend gelacht. Was war der Grund für diesen Streich? Der neue Vorsitzende war Kaufmann und es war ihm in den Sinn gekommen, im Herbst die Winterscheider Verbraucher mit Speisekartoffeln zu beliefern. Dazu war er von Haus zu Haus gegangen und hatte Kundschaft geworben, dann einen Fuhrunternehmer gedungen, der mit seinem LKW-Zug ins Maifeld fuhr und eine ganze Fuhre Kartoffeln geladen und nach Winterscheid gefahren hatte. Dort wurden sie dann bis in die Keller geliefert. Diese Aktion hatte die Winterscheider Bauern, die allesamt noch Ackerbau betrieben, maßlos verärgert, blieben sie doch in diesem Jahr auf ihren Kartoffeln sitzen. Nur noch Schweinefutter. Die erhofften Herbsteinnahmen blieben aus, aber Rache ist süß!

Kartoffelernte, 1947

Kartoffelernte mit dem Roder, 1947

Di Tipp-Eäpel

Si häen dn ganzen Herresdag
dm Nohäper Eäpel uogemaach.
Nue möed vaan allem Böcken,
debt wieh dr lange Röcken
on och de Ben; ze stief zm Gohen,
se konnen komm nooch droppen stohen.
Di dohen se stzen recken,
ganz weck nue vaan sech strecken
am Dösch.

Su setzen se ob haedr Bank.
Glich maadjen se de Hälse langk:
„Wat gitt et wehäl ze ääßen?" —
Dr Buch, schlank wi en Bääßem. —
Doe geht rasch ob di Stovvendüer,
on mott dm Kääßel, grad vaam Füer
kütt flöck mott haedem Roesen
„Paßt ob, paßt ob!" geloofen
di Mäed.

„Dat kener mr vaam Dösche fällt,
nue jeädr dröm de Fonger hellt
on debt se dändiech kiären;
paßt ob! Loäßt kenen teärren!"
Do strecken all se röm un töm
de Äereme öm dn Dösch heröm:
propp, propp, propp, proppl ald rollen
di decken Eäpelknollen
vaam Pott.

Nooch messen drenn di Olligotipp!
Dann jeädr löht. — — — On stipp, stipp, stipp!
doe en de Schottel langen
di Mäedger all, di Rangen.
Nooch fließiger wi en der Fuer,
folligt jeäde Gaffel shäer Spuer
en enem sott ohen Sümen;
verdall — se loäßen't rümea
em Schweeß.

Dr riesengruße Eäpelobeerg
schrommt flott zesammen — bal n Queerg.
Doch, wedder obgedrägen,
slutjcht rasch et en dn Mägen.
Su geht datt nue en enem sott;
dr Buch, su stief, datt rasch kapott
ob ihäm n Fluh dutknippen
due könno, on't Brutmets wippen
ganz schedräp.

Bal ener kümt, bal jeäde kümt.
Di Mäed vaam Dösch dn Reß dann rümt,
hoelt Wasserlöeddchen, Wedrämb, Brutzoppe,
datt, werr nooch mag, sech ganz voll stoppe.
Männich strammer Buch dan mieh nooch schwiält,
Tippeäpelsölligen ihäm quiält . . .
Wäen se denn ful, näächs schnorren,
hüert mr se stühnen, knorren
em Drom.

Bertram Pohl war von 1892 bis 1895 Lehrer an der Bödinger Volksschule, zur gleichen Zeit, als Peter Hack Pastor in Winterscheid war (1887-1893). Er wurde anschließend nach Marienfeld versetzt und hat so manches Heimatgedicht wie auch Heimatgeschichte in unserer Heimatsprache geschrieben, darunter auch das Gedicht „Di Tipp-Eäpel".

Zum Lobe der Kartoffel

Die Kartoffel hat damals abgeschafft, was für das gemeine Volk der Normalzustand war: den täglichen Hunger. Und nicht nur das. Sie ist so unglaublich vielfältig zuzubereiten wie kein anderes „Gemüse". So ist gerade die Kartoffelsorte *Sieglinde*, obwohl schon älter als 80 Jahre, den Winterscheider Kleingärtnern ans Herz gewachsen. Vor wenigen Jahren war sie noch „Kartoffel des Jahres", die Winterscheider lieben sie immer noch.

Außer den im Text genannten Quellen wurden benutzt:

Wilhelm Kolbe: Kulturgeschichte der Kartoffel und ihrer Schaderreger. Burscheid 1999.
Wilhelm Kolbe: Missernten und Hungersnöte im Spiegel der Geschichte.
H. H. Cramer: Ernten machen Geschichte.

Von Kaiserkirschen, Ölligsbirnen und Plüschprummen

– es lebe die Vielfalt!

Von Barbara Bouillon

Kennen Sie *Cardorfer Frühe und Boitzeburger*? Haben Sie schon einmal in eine *Perle von Muffendorf* oder einen *Oberpräsident von Schorlemer* gebissen? Vor 100 Jahren hätten vermutlich viele Bewohner der Vorgebirgshänge mit Ja geantwortet, während die Namen heute völlig exotisch klingen.

Die Bezeichnungen gehören zu lokalen Obstsorten, die früher an den Vorgebirgshängen in hoher Stückzahl angebaut wurden und heute als verschollen gelten. Andere Obstsorten mit einer lokalen oder regionalen Verbreitung und so klangvollen Namen wie *Nimmermür* (abgeleitet von „nie mürbe werdend"), *Triumpf aus Luxemburg, Namedyer Gold, Rhein-* oder *Ölligsbirne* gibt es vereinzelt noch auf den Obstwiesen der Region. Sie sind an die standörtlichen und klimatischen Gegebenheiten vor Ort besonders gut angepasst und verwöhnen den Gaumen teilweise mit besonderen Geschmacksnuancen.

Namedyer Gold auf einer Obstwiese bei Eitorf, eine Züchtung des Freiherrn Arnold von Solemacher, dem Burg Namedy bei Andernach gehörte

Im heutigen Sortiment der Supermärkte oder Obsthöfe wird man diese Sorten jedoch vergeblich suchen. Der Handel konzentriert sich auf wenige, gleichmäßig reifende und gut lagerbare Tafelobstsorten, die auf Niederstämmen der heutigen Obstplantagen gut anzubauen sind. Aus ökonomischer Sicht ist dies verständlich; doch geht die Vielfalt der Geschmacksrichtungen und Verwertungen verloren und zugleich ein Genpool, der zukünftig vielleicht einmal wertvoll ist. Viele dieser traditionellen Sorten wurden als Hochstämme auf Obstwiesen angebaut. Ihre Bestimmung war aber nicht unbedingt der Konsum der frischen Früchte. Verwertungen wie das Krautkochen – die Herstellung von Apfel- und Birnenkraut –, Dörren oder Brennen hatten früher eine wesentlich größere Bedeutung als Tafelobst für den Frischverzehr.

Obstwiesen mit alten Hochstämmen bei Königswinter-Stieldorferhohn

Die Obstwiesen im Rhein-Sieg-Kreis

Wieso gibt es gerade in der Region Bonn/ Rhein-Sieg so viele regionale oder lokale Obstsorten? Die Region besitzt für den Obstanbau günstige klimatische und gute standörtliche Voraussetzungen, die sie nicht nur heute zu einer der größten Obstanbauregionen Deutschlands macht. Bereits unsere Vorfahren hatten dies erkannt und bauten Obst zur Selbstversorgung und ab der Mitte des 19. Jahrhunderts zunehmend zur Vermarktung in Köln und Bonn an. Die Verbesserung der Infrastruktur durch Straßenbau und die Entstehung von Eisenbahnverbindungen ermöglichten damals erstmals den Transport von empfindlicheren Früchten. Mit großen Obstausstellungen wurde die Vielfalt des regionalen Obstes präsentiert und es entstanden große Streuobstgürtel um die Dörfer, die heute noch in Resten erhalten sind. Allerdings wurden in den Jahrzehnten nach dem Zweiten Weltkrieg Neubaugebiete vielfach genau in diesen Obstwiesengürteln angelegt und das Landschaftsbild änderte sich. Obstwiesen entstanden auch als Folgenutzung des Weinbaus an den Hängen des Siebengebirges, des Siegtales und im Vorgebirge. Daher ist noch heute der Rhein-Sieg-Kreis der mit Abstand obstwiesenreichste Kreis in Nordrhein-Westfalen.

Kirschen im Vorgebirge

Zurück zur *Cardorfer Frühen* – einer früh reifenden Süßkirschsorte, die aufgrund ihres guten Geschmacks eine „gesuchte Marktsorte" war. Die Beschreibung der Sorte in Deutschlands Obstsorten spricht von einer schwarzen Herzkirsche mit schönem Aussehen. Die Sorte ist nach der Gemeinde Cardorf benannt (heute ein Ortsteil von Bornheim und mit „K" geschrieben). Bei einer Obstbaumzählung 1913 wurden hier über 5600 Kirschbäume erfasst, von denen die Sorte *Cardorfer Frühe* etwa ein Viertel des Bestandes ausmachte. Als weitere Anbauregionen sind noch die Ausläufer des Hunsrücks, das

Der Roisdorfer Obstmarkt, Vorläufer des Centralmarktes in Roisdorf (Foto aus Rh. Monatsschrift 1914, 7. Jg. Nr. 8, S. 237)

Die Obstausstellung in Honnef von 1909 (Foto aus Rh. Monatsschrift 1909, 2. Jg. Nr. 11, S. 163)

Rheinische Kaiserkirsche, eine früh reifende Süßkirsche

Spätbronge, vereinzelt sind noch alte Kirschbäume im Vorgebirge zu finden.

Nahetal und Rheinhessen erwähnt. Wie kann es sein, dass eine Sorte mit einer so weiten Verbreitung heute nicht mehr zu finden ist?

Die Hauptanbauflächen für die als Hochstämme gezogenen Bäume lagen an den Vorgebirgshängen, die heute weitgehend bebaut sind. Das Ernten von solch großen Obstbäumen ist sehr arbeitsintensiv. Spätestens nach dem Zweiten Weltkrieg wurden die Kosten für Arbeitskräfte ein zunehmend wichtiger Faktor. Zudem wird neben den guten Eigenschaften der Sorte in der Beschreibung in Deutschlands Obstsorten aber auch der unsichere Ertrag erwähnt. Heute kann kein Baum mehr dieser Sorte zugeordnet werden; sie gilt als verschollen. Aber vielleicht steht in einem Hinterhof noch ein unerkannter Altbaum der *Cardorfer Frühen* oder der ähnlich aussehenden *Boitzeburger*.

Die Vorgebirgshänge von Bornheim und Alfter waren ein Zentrum der Kirschproduktion. Verschiedene Regionalsorten wie die *Rheinische Kaiserkirsche, Rheinische Braune Leber, Geisepitter* oder *Spätbronge* konnten wiederentdeckt werden. Sie deckten die gesamte Kirschsaison von Ende Mai bis in den Juli hinein ab.

Rheinische Braune Leber

Die *Perle von Muffendorf* sah dem *Kernechten aus dem Vorgebirge* sehr ähnlich, der eine weit verbreitete weißfleischige Pfirsichsorte aus der Region ist.

Pfirsichanlage bei Muffendorf im Jahr 1914 (Foto aus Rh. Monatsschrift 1914, 8. Jg. Nr. 5, S. 134)

Von rheinischen Plüschprumme (Pfirsichen)

Während Süßkirschen durchschnittlich 60 bis 80 Jahre alt werden – einzelne Veteranen werden deutlich älter – liegt die Lebenserwartung bei Pfirsichen wesentlich niedriger. Schmitz-Hübsch nennt in seinem Artikel „Muffendorf und seine Pfirsiche" in der *Rheinischen Monatsschrift für den Obst-, Garten- und Gemüsebau* bei den Muffendorfer Sämlingspfirsichen ein Höchstalter von 30 bis 40 Jahren, bei veredelten Sorten ein noch geringeres Alter. Sie ahnen es schon, *Perle von Muffendorf* und *Oberpräsident von Schorlemer* sind zwei von mehreren regional verbreiteten, heute verschollenen Pfirsichsorten. Neben Muffendorf und Lannesdorf waren

auch die Bad Honnefer Siebengebirgshänge für ihren Pfirsichanbau bekannt (zudem noch für Sauerkirschen und Aprikosen).

Absatz fanden die Früchte unter anderem bei den meist gut betuchten Kurgästen in Honnef und Godesberg. Die Wahrscheinlichkeit, heute noch einen Baum aus der Blütezeit des Pfirsichanbaus zu finden, ist bei der geringen Lebenserwartung nahezu null; aber hat vielleicht doch ein Obstliebhaber „Großvaters Schätzchen" weitervermehrt? Bei Fruchtbeschreibungen wie „sehr saftreich und wohlschmeckend, etwas rötlich um den Stein, löst gut" (Anmerkung, gemeint ist: löst sich vom Stein), möchte man schon gerne mal in eine *Perle von Muffendorf* hineinbeißen. Die früheren Anbauflächen existieren heute nicht mehr. Im

Bereich Muffendorf und Lannesdorf sind sie überwiegend dem wachsenden Platzbedarf der Hauptstadt Bonn zum Opfer gefallen. Dies kann ebenso für die unteren Lagen des Bad Honnefer Talkessels postuliert werden; oberhalb wurden die Flächen aufgegeben und sind entweder verbuscht oder wurden aufgeforstet.

Blau, gelb, rot oder grün – Farbenvielfalt bei den Pflaumen

Auch bei den Pflaumen hat es große Veränderungen gegeben. Früher für Obstbrand, Pflaumenmus oder zum Dörren angepflanzt, stehen heute Frischobst und maximal eine Zwetsche zum Backen zur Verfügung.

Mirakosa reift Ende August und eignet sich neben dem Frischverzehr als Kompott-, Konserven- und Kuchenfrucht.

Blick auf Hohenhonnef von Westen, ca. 1915; Die früheren Weinberge und Obstanbauflächen sind heute bewaldet.

Peter Ersfeld
Eitorf-Sieg
Halfterfähre
═══

Rheinisches Apfel-Birnenkraut
gesüßt

Das Krautkochen hatte im Rhein-Sieg-Kreis eine weite Verbreitung. Neben der häuslichen Produktion für den Eigenbedarf besaß nahezu jedes Dorf eine oder mehrere sogenannte *Krautpatschen*, die im Neben- oder auch Haupterwerb ihre Dienste anboten bzw. die Ernte aufkauften. Die größte Krautfabrik des Siegkreises stand in Herchen-Bahnhof. Lands Apfelkrautfabrik bestand von 1872 bis 1977; die markante Blechdose und der Markenname werden heute von der letzten in der Region tätigen Krautfabrik weitergeführt.

Ein Baum für jedes Fleckchen – von Sorten und Standorten

Am Beispiel der Süßäpfel zeigt sich ein Problem, das bei zahlreichen lokalen oder regionalen Obstsorten zu ihrem Aussterben beiträgt. Das Wissen der Sortennamen, Baumeigenschaften und der Fruchtverwertung ist verloren gegangen. Obstwiesen mit großen Hochstämmen wurden seit Beginn des Wirtschaftswunders, spätestens seit Ende der 1960er-Jahre als unrentabel und hinderlich für die moderne Landwirtschaft eingestuft. Für die Abholzung von Hochstämmen wurden von der Landwirtschaftskammer noch Anfang der 1970er-Jahre Rodungsprämien gezahlt. Die geringe Wertschätzung führte dazu, dass angestammtes, oft nicht schriftlich fixiertes Wissen über Sortennamen, Wuchsverhalten, Obstbaumschnitt, Veredeln etc. nicht an die nächste Generation weitergegeben wurde und auch keine Bäume mehr nachgepflanzt wurden.

Von süß bis sauer – ein Füllhorn voller Birnen und Äpfel

Der Frischverzehr ist bei den sogenannten Süßäpfeln im Gegensatz zu den Pfirsichen kein wirkliches Vergnügen. Pappsüß und fade, ohne eine ausgleichende Säure im Hintergrund sind diese Sorten kein Genuss. Als Tafelapfel waren sie auch nie gedacht. Ihre wahren Qualitäten bewiesen sie bei der im Rheinland weit verbreiteten Krautproduktion. Willi Schnaß beschreibt in der *Rheinischen Monatsschrift* eine Krautproduktion im Kreis Heinsberg:

Beim Einfüllen der Früchte ist darauf zu achten, dass beim Kochen von gemischten Früchten die süßen Äpfel nach unten kommen, denn die sauern brennen schnell an. [...] Auch die harten Birnen müssen unten liegen.

Wenn durch die Verwendung von Süßäpfeln und Krautbirnen in der ersten Zeit das kräftezehrende Rühren gespart werden konnte,

Der Handel hat uns gut erzogen: Eine Zwetsche ist blau-violett, oder? *Fey`s Gelbe Hauszwetsche* oder die in Neustadt an der Wied gezüchtete *Mirakosa* zeigen ein anderes Bild. Beide Sorten stehen kurz vor dem Aussterben, weil sie nicht mehr nachgefragt und gepflanzt, geschweige denn gehandelt werden. Auch das gelbgrüne *Dressprümmche* – zudem *Gielsdorfer Gelbe* genannt – fällt aus dem Raster. Ihre Früchte fallen bei Vollreife und müssen ausgerechnet zur Zeit der Gielsdorfer Kirmes in Alfter schnell zu Kompott verarbeitet werden, was den Namen und die geringe Wertschätzung erklärt.

bedeutete dies eine enorme Arbeitserleichterung. Die Früchte wurden eine Zeit lang weich gekocht, danach mit großen Pressen entsaftet und der Saft bis zur Konsistenz von zähem Sirup weiter eingekocht. Durch das Krautkochen konnten in kurzer Zeit große Mengen Obst haltbar gemacht werden. Heute kennt man als Alternative das Rübenkraut; Apfel- oder Birnenkraut führen maximal ein Nischendasein. Die heutigen Rezepturen entsprechen nicht mehr der traditionellen Herstellung; da heute keine Süßäpfel verwendet werden, wird das Kraut meist zusätzlich aufgezuckert. Früher zählte das Produkt als Zuckerersatz, billiges Süßungsmittel und Brotaufstrich zum „Arme-Leute-Essen". Marmelade war im Vergleich durch die Notwendigkeit des damals teuren Zuckers kostspielig. Ab der Zeit des Wirtschaftswunders konnte man sich Besseres leisten und das Apfel- oder Birnenkraut wurde sein schlechtes Image als „Altbackenes" nicht wieder los.

Bei der Krautfabrik wird Obst angeliefert.

Diese imposante *Hufenbirne* bei Wachtberg-Niederbachem hat einen Stammdurchmesser von über einen Meter.

Die *Bergische Schafsnase* entwickelt in warmen Lagen ein gutes Aroma, wird aber schnell mehlig.

Erst Ende der 1980er-Jahre setzte sich langsam die Erkenntnis durch, dass Obstwiesen wertvolle Lebensräume und Bestandteile unserer Kulturlandschaft sind. Die Obstbäume erlangen jedoch erst im Alter und mit zunehmender Dicke ihre volle ökologische Funktion. Ein hohes Baumalter, das bei einem Birnbaum auch schon einmal bei über 200 Jahre liegen kann, erreichen Obstbäume nur, wenn die Sorte mit den Standortbedingungen der Fläche zurechtkommt. Schwere Böden lassen krebsanfällige Obstsorten im Wachstum stagnieren oder absterben, hohe Luftfeuchtigkeit fördert Schorfbefall, eine warme Lage unter Umständen Mehltau (die drei Hauptpilzerkrankungen beim Kernobst). Eine früh blühende Kirschsorte wie die *Cardorfer Frühe* oder auch die überregional bekannte Apfelsorte *Schöner aus Boskoop* pflanzt man besser nicht an einen spätfrostgefährdeten Standort; die Beachtung einiger Grundsätze erleichtert den Bäumen das gesunde Wachstum und damit den Menschen die Freude am Obst.

Wenn heute Obst angepflanzt werden soll, wird häufig nicht nach den örtlichen Gegebenheiten geschaut, sondern bei Baumschulen nach Sorten gefragt, die aus dem Handel bekannt sind. Es wird nicht beachtet, dass ein Obstbauer z. B. seine *Elstar, Pinova, Jonagold* oder *Braeburn* in der Plantage regelmäßig schneidet, ausdünnt und zumindest gegen Pilzbefall mehrfach im Jahr spritzt. Das Fruchtergebnis auf der Obstwiese oder im Hausgarten lässt ohne diese Maßnahmen meist zu wünschen übrig.

Bei pomologischen Kartierungen stößt man immer wieder auf unbekannte, namenlose Sorten, bei denen es sich um Lokal- oder Regionalsorten handeln könnte, für die aber kein Name mehr herauszufinden ist. Selten gelingt es, über Befragungen und der kaum vorhandenen alten Literatur Name und Baum zusammenzuführen. Nicht nur die wenigen alten Bäume erreichen ihr Lebensende; auch die Damen und Herren, die das althergebrachte Wissen besitzen, werden rar. Daher vergeben Pomologen schon einmal Arbeitsnamen, solange der richtige Sortenname nicht herausgefunden werden kann. So werden in dem vom LVR herausgegebenen Handbuch *Lokale und Regionale Obstsorten im Rheinland – neu entdeckt!* neben namentlich identifizierten Süßapfelsorten wie *Bergische Schafsnase* und *Doppelter Neuhäuser* auch Süßapfelsorten mit Arbeitsnamen wie *Heller kegelförmiger Süßapfel, Roter kegelförmiger Süßapfel, Roter breitrunder Süßapfel* und *Flachkegeliger Süßapfel* beschrieben, die alle noch im Siebengebirge vorkommen und deren eigentliche Sortennamen nicht herausgefunden werden konnten.

Viele Regional- und Lokalsorten besitzen positive, an die Gegebenheiten vor Ort angepasste Baumeigenschaften; das ein oder andere „Wehwehchen" kann aber auch hier vorkommen. So ist die *Rheinbirne*, eine großfrüchtige Krautbirne, zwar sehr krebsfest, jedoch schorfanfällig. Sie wurde früher gerne als Alleebaum unter anderem entlang von Gemeindestraßen gepflanzt, der Obstertrag wurde verpachtet. Unter anderem bestand die Obstallee zwischen Königswinter-Dollendorf und Bonn-Oberkassel überwiegend aus *Rheinbirnen*. Ihre Birnen können im Gegensatz zu denjenigen der *Ölligsbirne* nicht lange gelagert werden. Die *Ölligsbirne* (für den Nicht-Rheinländer: Ölli<u>ch</u>sbirne gesprochen, Öllig = Zwiebel), selten auch *Zwiebelbirne* genannt, wird im Baumschulkatalog der Firma Dahs & Neuenfels von 1911/1912 als Lokalsorte angeboten:

Der *Rote breitrunde Süßapfel* wurde auch gerne als robuster Stammbildner verwendet.

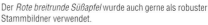

Rheinbirne

Oberhalb der Veredlungsstelle besitzt der *Ölligsbirnenstamm* seine sortentypische Drehung.

Wertvolle Winterkochbirne. Baum bildet starke aufstrebende Kronen, ist durchaus unempfindlich, trägt im Alter sehr reich und eignet sich für Strassenpflanzung in allen Böden und selbst in ungünstigen Lagen. Dezember – März.

Mit der letzten Angabe wird die Genussreife angegeben. Neben der Krautherstellung, die bei dieser Sorte in der *Rheinischen Monatsschrift* mehrfach erwähnt wird, ist hier eine weitere wichtige Eigenschaft aufgeführt. Erst bei der Verwertung wird aus der unscheinbaren *Ölligsbirne*, die man erst beim zweiten Hinschauen als Birne identifiziert, eine hocharomatische Kochbirne. Sie entwickelt ihr volles Aroma erst nach dem Erhitzen und behält auch nach längerem Kochen ihre Konsistenz, im Gegensatz zu den heute meist verwendeten Tafelbirnen. Zu Bohnen-, Speck-, Lamm- oder anderen herzhaften Fleisch-, aber auch Käsegerichten ist die Birne ein Gedicht!

Ein Lagerversuch wird von Willy Henseler aus Hennef-Westerhausen in der *Rheinischen Monatsschrift* von 1933 beschrieben. Im November in einer Erdmiete eingelagert und erst im März wieder geöffnet, war bei der *Ölligsbirne* nur ein Verlust von 12 Prozent zu verzeichnen. Es gibt nur wenige gute Lagerbirnen – die *Ölligsbirne* zählt hierzu. Von *Rheinbirne* und *Ölligsbirne* (die im Gelände bereits durch ihren immer gedrehten Stamm auffällt) konnten im Rhein-Sieg-Kreis und auch darüber hinaus noch an ver-

schiedenen Stellen Bäume identifiziert werden. Drei weitere Krautbirnensorten sind dagegen räumlich deutlich beschränkt. Die *Röttgesbirne* (Röttches oder Röttjes gesprochen) konnte nur im Raum Ruppichteroth und dem angrenzenden Oberbergischen Kreis, die *Schöpgesbirne* (auch hier bitte ein rheinisches „ch" oder „j" nutzen) nur um Eitorf und die *Hufenbirne* in Wachtberg im Bereich der Ortsteile Ließem und Niederba-

chem gefunden werden. Weitere, bisher namentlich unbekannte Krautbirnen harren noch einer Benennung. Bei der einen oder anderen Sorte wäre ein Versuch, einen Edelobstbrand herzustellen, sicherlich Erfolg versprechend, da die Sorten – zum richtigen Zeitpunkt geerntet – gute Aromen entwickeln. Dies zeigen Auftragsproduktionen von *Rhein-* und *Ölligsbirne* bei regionalen Obst-Brennereien.

Die *Ölligsbirne* hat eine olivgrüne bis braungraue Berostung und eine rundliche bis kreiselförmige Fruchtform.

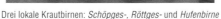
Drei lokale Krautbirnen: *Schöpges-, Röttges-* und *Hufenbirne*

Flüssiges Obst – egal ob mit oder ohne Promille

Der alkoholischen Verwertung kam in den früheren Jahrhunderten eine viel größere Bedeutung zu als heute, da der Alkohol das Lebensmittel sicher machte. Dabei darf man (nicht nur) an Hochprozentiges denken. Apfelwein und Cider spielten eine große Rolle. Dr. Anton Lohmann beschreibt in der Medizinischen Topographie des Siegkreises von 1825 in dem Kapitel zur Nahrungsweise der Bevölkerung über den Apfelwein:

Eines der beliebtesten Getränke unter dem gemeinen Mann, besonders im Sommer zur Erntezeit, ist der Cyder oder Apfelwein, wovon dann auch allgemein der Essig bereitet wird. Bei guten Obstjahren wird desselben keine unbedeutende Quantität im hiesigen Kreis verfertigt, wo dann derjenige Teil, welcher nicht selbst im Kreis verbraucht wird, nach den Städten Bonn und Köln an die Essig-Fabrikanten und Weinhändler abgesetzt wird. Mäßig genossen ist der Apfelwein, wenn er übrigens in der Bereitung gut behandelt ist, kein unangenehmes Getränk und in keiner Hinsicht ungesund; im Sommer bei drückender Hitze oft ein wahres Kühlungs- und Erquickungsmittel für den armen Landmann, indem er nicht die erhitzende Kraft des Weins hat und die ihm beiwohnende Apfelsäure als ein Mittel, das das erhitzte Blut abkühlt und verdünnt, angesehen werden muss. Im Übermaß ist der Cyder sowohl als alles schädlich.

Damals war das Haltbarmachen des heute beliebten Apfelsaftes noch nicht bekannt; die alkoholische Gärung war die einzige Möglichkeit, ein lange haltbares, gesundheitlich sicheres Getränk herzustellen.

Wirtschaftlichkeit kontra Sortenreichtum: Es lebe die Vielfalt!

Die meisten Apfelsorten, die heute noch auf den Obstwiesen zu finden sind, zählen zum sogenannten Wirtschaftsobst, das heißt, ihre wirtschaftliche Bedeutung lag früher in der Verwertung und weniger bis gar nicht im Frischverzehr. Für die Bevölkerung war es wichtig, auch ohne die heute unerlässlichen Kühlhäuser der Obstbauern, das ganze Jahr mit Obst versorgt zu sein. Die Geschmacksqualität als frische Tafelfrucht hatte nicht die hohe Bedeutung wie heute – viele Wirtschaftssorten entfalten erst interessante Aromen und Geschmacksrichtungen, wenn sie erhitzt oder anderswie verarbeitet werden. So wurde Kraut gekocht, Wein, Essig und Schnaps hergestellt, gedörrt und ab der zweiten Hälfte des 19. Jahrhunderts auch eingekocht. Ob das Obst mal groß oder klein war oder Schorfflecken besaß, spielte keine große Rolle – dies sah man dem verarbeiteten Produkt nicht an. Erst der zu Beginn des 20. Jahrhunderts zunehmende Handel mit Frischobst und eine Rationalisierung in der Obstverarbeitung förderte eine Vereinheitlichung des Handels, reduzierte Obst-

sortimente und forderte einheitliche Fruchtgrößen und -qualitäten. Ein „Rheinisches Obst-Anbausortiment" festgelegter Sorten wurde von der Landwirtschaftskammer propagiert, indem kostenlos Edelreiser von bestimmten Sorten abgegeben wurden.

Viele Obstwiesenbesitzer nutzten die Gelegenheit, mit diesen kostenlosen einjährigen Trieben bereits stehende Bäume umzuver-

Dörrobst von Apfel, Pflaume, Birne und Mirabelle (im Uhrzeigersinn)

Mit Fruchtbehang sind die beiden Sorten an den unterschiedlichen Schalenfarben erkennbar: *Roter Trierer Weinapfel* in der unteren, *Ontario* in der oberen Kronenhälfte.

edeln, in der Hoffnung auf gewinnbringendere Erträge mit den empfohlenen Sorten. Ob aus späterer Unachtsamkeit, weil man doch an der alten Sorte hing oder sie einfach besser wuchs: Heute findet man hin und wieder Mehrsortenbäume auf Obstwiesen, in der neben einer Sorte aus dem Rheinischen Anbausortiment eine Wirtschaftssorte (teilweise auch Lokalsorte) die Baumkrone bildet. So finden sich beispielsweise auf den Obstwiesen oberhalb von Königs-

Jakob Lebel, ein beliebter Apfel für Apfelmus, -kompott oder -kuchen

winter-Oberdollendorf Mehrsortenbäume, bei denen *Roter Trierer Weinapfel* mit *Ontario* umveredelt wurde, *Grünapfel* mit *Kaiser Wilhelm* oder *Weißer Kanadarenette*, *Nimmermür* mit *Rheinischem Bohnapfel* oder *Rheinische Schafsnase* mit *Jakob Lebel*. Letztgenannte Sorte wurde früher von Bäckereien als Herbstbackapfel für Kuchen gesucht und in großem Umfang gehandelt. Stellen Sie sich einen Rheinischen Riemchenapfelkuchen vor; dieser war früher oft mit *Jakob Lebel* gebacken, ein Apfel, der beim Erhitzen schnell zu Mus zerfällt. Sollten die Stücke sichtbar bleiben oder der Kuchen erst im Spätherbst oder Winter gebacken werden, so mussten andere Sorten her; die Auswahl war groß. Wichtig ist, dass die gewählte Sorte genügend Säure enthält. Da beim Erhitzen immer ein Teil der Säure verschwindet, ist das Ergebnis ansonsten laff und schmeckt nicht. Dieses Phänomen erlebt man bei vielen modernen Sorten aus dem Supermarkt. Ihnen fehlt die ausreichende Säure. Daher schafft es der bereits erwähnte *Schöne aus Boskoop* als eine von wenigen alten Sorten noch in die Supermarktregale. Einen Backapfel muss der Handel schließlich anbieten, doch es gibt noch so viel mehr ...

Mit einer Reduzierung zum Backapfel degradiert man den *Boskoop* und viele andere, sogenannte alte Sorten. Der Handel hat uns mit seinem eingeschränkten Sortiment in eine bestimmte Richtung erzogen. Ein Apfel muss rot, süß und knackig sein und dies 12

Monate im Jahr. Denken Sie mal bitte darüber nach – jede Frucht hat ihre optimale Reife- und damit auch Aromazeit. Früher war die Tatsache, dass der *Boskoop* mürbe wurde, ein Qualitätsmerkmal! Die zahnärztliche Versorgung war nicht so gut wie heute und ein weicher Apfel daher gefragt.

Zurück zur Reifezeit: Der *Gravensteiner* kommt Anfang September als hocharomatischer, knackiger, süßsäuerlicher Tafelapfel

Der *Gravensteiner* ist ein hocharomatischer Frühapfel ...

... und eine sehr starkwüchsige Sorte.

Trotz des unscheinbaren Aussehens ein aromatischer Tafel-apfel – *die Graue Herbstrenette*

mit tollem Duft vom Baum (pomologisch bereits am Geruch bestimmbar); bereits einen Monat später ist sein Geschmack deutlich abgeflacht und es gibt weit bessere Alternativen. Die *Graue Herbstrenette* hat als Herbstapfel Ende September ein fast birniges, fruchtiges Aroma; im November steht man vor einem gummiartig geschrumpelten „Etwas". Bei ihr zeigt sich das Problem vieler alter Sorten – sie sind dem Handel zu unscheinbar und nicht lange genug lagerbar. Der Name ist bei der *Grauen Herbstrenette* Programm: Genetisch mit einer vollständig grauen Schalenberostung ausgestattet, fällt sie in Apfelstiegen einfach nicht auf. Bei Blindverkostungen gehört sie zur richtigen Jahreszeit immer zu den Siegern, übrigens genau wie der *Transparente aus Croncels*, der mit seiner hellgelben Farbe auch ein Imageproblem besitzt. Bei ihm kommt noch eine starke Druckempfindlichkeit hinzu, die einen Transport über weite Strecken unmöglich macht. Jedoch besitzt die Sorte ein sehr frosthartes Holz, die den Apfel insbesondere für Höhenlagen interessant werden lässt. Die Frage der Frosthärte mag zwar in Zeiten des Klimawandels im Rhein-Sieg-Kreis zukünftig immer weniger eine Rolle spielen. Die Spätfrostgefahr jedoch wird aller Wahrscheinlichkeit nach zunehmen. Damit wächst die Bedeutung von spät blühenden Sorten, von denen viele zu den Regional- und Lokalsorten gehören. Im Rhein-Sieg-Kreis blüht der *Grünapfel* etwa zeitgleich mit dem weit verbreiteten und bereits spät blühenden *Rheinischen Winterrambur*.

Zu diesem Zeitpunkt zeigen *Triumpf aus Luxemburg* und *Roter Bellefleur* erst die ersten Knospenspitzen und man überlegt, ob die Bäume des *Tulpenapfels* und der *Luxemburger Renette* überhaupt noch leben, da sie

noch keinerlei Regung zeigen. Sie gehören zu den am spätesten blühenden Sorten und

Stolz präsentieren die Sachverständigen den Lagerversuch mit *Grünäpfeln* in einer Erdmiete im März 1933 (Foto aus Rh. Monatsschrift 1933, 26. Jg. Nr. 10, S. 253).

Die *Luxemburger Renette* ist eine der am spätesten blühenden Apfelsorten.

stehen erst in Vollblüte, wenn andere Sorten ihr Laub schon voll ausgetrieben haben. Dabei handelt es sich wahrlich nicht nur um geschmacksarme Wirtschaftsäpfel: *Luxemburger Renette* und *Roter Bellefleur* können sich geschmacklich durchaus sehen lassen und der *Triumpf aus Luxemburg* kann zu den hocharomatischen Sorten gezählt werden. Der *Grünapfel* schmeckt vom Baum

erst einmal nur sauer; man lagert ihn am besten ein und schaut ihn vor Januar nicht mehr an. Traditionell wäre der Lagerort ein gemauerter Bruchsteinkeller mit Lehmboden, heute ist ein Kühlschrank optimal. Im Januar besteht allerdings die Gefahr, dass man den *Grünapfel* nicht wiedererkennt. Das dunkle Flaschengrün hat sich in ein leuchtendes Gelb umgefärbt, wodurch sich

die trübrote Deckfarbe in ein freundliches Rot umgewandelt hat. Bei dem zuvor im Zusammenhang mit der *Ölligsbirne* beschriebenen Lagerversuch lagen die Verluste beim Grünapfel nur bei 1 Prozent. Er ist kein guter Tafelapfel, aber einen schönen Apfelkuchen oder eine andere Verwertung kann man immer aus ihm zaubern. Gleiches gilt für den *Tulpenapfel*, der jedoch nicht so lange lagerfähig ist.

Vier Regionalsorten: der oft schief gebaute *Rote Bellefleur,* die *Luxemburger Renette* mit gehauchter ...

... und der *Luxemburger Triumpf* mit gestreifter Deckfarbe sowie der hoch gebaute *Tulpenapfel*.

Pflanzt mehr Obst!

Der Rückgang der Obstwiesen hat nach dem extremen Einbruch in den 1960er- und 1970er-Jahren in den letzten Jahren durch Überalterung und fehlende Nachpflanzungen wieder dramatische Ausmaße angenommen. Damit geht ein landschaftsprägendes Kulturgut und ökologisch wertvoller Lebensraum im Rhein-Sieg-Kreis verloren. Ob als Genpool für spätere Züchtungen, als Reservoir für Apfelallergiker (die meisten alten Sorten sind gut verträglich), als langlebige Landschaftselemente oder schlicht als Quelle einer enormen Geschmacksvielfalt – die Obstvielfalt sollte in der Landschaft auf Obstwiesen erhalten bleiben und wieder ausgebaut werden. Durch verschiedene, meist örtliche Streuobstvereine, ausgebildete Obstbaumwarte, Naturschutzverbände, die Biologische Station und viele kleine Privateigentümer sind bereits gute Initiativen geschaffen worden, die bisher den Rückgang aber nicht aufhalten konnten.

Daher der Aufruf: Pflanzt mehr Obst!

Literatur:
Deutschlands Obstsorten 1905–1934, erschienen in 26 Lieferungen, Hrsg.: Müller, J. et. al. Vlg. Eckstein & Stähle, Stuttgart:
- Lieferung 17, Nr. 199: Cardorfer Frühe
- Lieferung 17, Nr. 198: Boitzeburger
Lohmann, A. (1825): Die medizinische Topographie. Der Siegkreis um 1825. In: Linn, H. (Hrsg.) (1997): Quellen zur Geschichte des Rhein-Sieg-Kreises. Bd. 14, Siegburg, S. 135.
LVR- Netzwerk Kulturlandschaft – Biologische Stationen Rheinland (Hrsg.) (2017): Lokale und regionale Obstsorten im Rheinland – neu entdeckt! 2. erweiterte Auflage, Köln.
Lucke, Rupprecht/ Silbereisen, Robert/ Herzberger, Erwin (1992): Obstbäume in der Landschaft. Stuttgart.
Rheinische Monatsschrift für Obst-, Garten- und Gemüsebau, Bonn. Jg. 1.1908–Jg. 31.1943:
- Das Rheinische Anbausortiment, u.a. In: 1. Jg. 1908, S. 202.
- Baumann, W.: Der Roisdorfer Obstmarkt. In: 7. Jg. 1914, H. 8, S. 236–239.
- Schmitz-Hübsch: Muffendorf und seine Pfirsiche. In: 7. Jg. 1914, Nr. 5, S. 133–138.
- Schnaß, W.: In einer niederdeutschen Krautpresse. In: 5. Jg. 1912, Nr. 11, S. 262–263.
- Nordmann: Die Honnefer Ausstellung. In: 5. Jg. 1912, Nr. 11, S. 253–258.
- Henseler, W: Versuche von Erdmieten mit Winterobst. In: 26. Jg. 1933, Nr. 10, S. 252–253.
Schaal, G. Originalausgabe von 1930: Obstsorten, Bd. 2, Stein-, Beeren- und Schalenobst. Nachdruck 1999, Manuscriptum: Fruchtbeschreibung der Perle von Muffendorf auf S. 11, Oberpräsident von Schorlemer auf S. 12.

Der *Grünapfel* ist ein Chamäleon und färbt sich während der Lagerung komplett um.

Am Baum ist die Grundfarbe des Grünapfels ein kaltes Flaschengrün.

„Das Confect ... wirdt dieser tage alles beysammen gemacht"

Eine Bestellung für die Tafel des Abtes Bertram von Bellinghausen

Von Andrea Korte-Böger

Die Schlacht an der Aggerbrücke,
Reinhard Zado: Öl auf Leinwand, 2014

Als Abt Bertram von Bellinghausen eine Bestellung an Spezereien – vermutlich Ende
Mai/Anfang Juni 1639 – für seine Tafel an
seinen Klostersekretär Johannes vanden
Cloot nach Köln sandte, hatte er seine Mitbrüder und den Siegburger Hof in Köln bereits verlassen. Dorthin, in die gut gesicher-
te Reichsstadt, hatte sich der gesamte Kon-

vent unter Mitnahme des Klosterarchivs,
aller Schätze und Schreine im Oktober 1631
vor den herannahenden schwedischen Truppen geflüchtet. Die Abtei auf dem Michaelsberg sowie die Stadt Siegburg mit all ihren
Bewohnern am Fuße der Berges wurden sich
selbst und dem Kriegsunheil überlassen. Bis
dahin war man durch das geschickte Taktie-

ren Abt Bellinghausens und seines Vorgän-
gers leidlich ungeschoren durch die Wirren
und Grausamkeiten des Dreißigjährigen
Kriegs (1618-1648) gekommen.

1636 zog sich dann, so die offizielle Lesart,
der Abt aus Gesundheitsgründen von seinem Amt zurück und lebte auf der väterli-

Wappen der Äbte Bertram von Bellinghausen und Johann Bock von Pattern. Detail aus einer Wappentafel der Siegburger Äbte, um 1929, ehm. Abtei St. Michael, Siegburg

chen Wasserburg in Bernsau, von der heute nur noch einige wenige Mauerreste Zeugnis ablegen, die seit 2009 im Eigentum der Stadt Overath sind. Dort – wie die stadtgeschichtlichen Quellen berichten – „vergnügte [er] sich bei seiner schwächlichen Körperkonstitution aus Gesundheitsgründen mit der Ausübung der Jagd". Vielleicht wich er auf diese Weise aber auch dem Streit mit seinen Mitbrüdern aus; denn immerhin hatten sechs Siegburger Mönche sich einige Jahre zuvor mit einer Beschwerdeschrift an den Erzbischof in Köln gewandt, in der sie den „unmonastischen Lebenswandel ihrer Mitbrüder" und unzulässige Eingriffe in die Vermögensverwaltung durch den Abt beklagten. 1650 verstarb Abt Bellinghausen, ohne sein Amt wieder aufgegriffen zu haben. In den langen Jahren leitete sein Vertreter und schließlich auch Nachfolger im Amt als Abt, Johann Bock von Pattern, die Abtei.

Hier interessieren die Wünsche eines Adligen in schlimmsten Kriegszeiten für seine Tafel*.

Das Kochbuch des Marx Rumpoldt

Um die Bestellung des Abtes einordnen zu können, ist ein Blick in die Speisegepflogenheiten an den Tafeln adeliger Kreise notwendig. Er wird am ehesten durch das wohl wichtigste Kochbuch dieser Zeit aus dem Rheinland vermittelt, „Ein new Kochbuch", verfasst vom kurmainzischen Hofkoch Marx Rumpoldt. 1581 erschien es in der ersten Auflage, gefolgt von weiteren Auflagen 1586, 1587 und 1604. Es sollte für die nächsten 100 Jahre das grundlegende Werk

bleiben, quasi die *rheinische Koch-Bibel*. In über 2000 Rezepten fasst Rumpoldt sein gesamtes Fachwissen, bis hin zur richtigen Weinbereitung, zusammen; denn, wie er in seiner Vorrede selbst ausführt, wie schnell kann ein schlechter Koch „Leben und Gesundheit abstellen vnd zum Mörder werden". Um dieser Gefahr zu entgehen, half eben nur der Blick in Rumpoldts Kochbuch.

Rezepte und Vorschriften zur Weinbereitung, zum Stopfen und Brühen von Würsten, zur Zubereitung von Braten, Pasteten, Eintöpfen, Süßspeisen, Marmeladen, Früchtekuchen und Gelees, fast alles, was man an Vorschlägen für eine einfache, aber eher doch überaus opulente Speisefolge sucht, findet man in der *rheinischen Koch-Bibel*. Was aber vollständig fehlt, sind Anleitungen, um Konfekt selbst herzustellen. Und genau danach leckerte es Abt Bellinghausen und so bestellte er es bei seinem Klostersekretär.

„Das Confect wirdt dieser tage alles beysammen gemacht ..."

Die für diesen Bericht vorliegende Quelle ist nicht die Bestellung selbst, sondern das Antwortschreiben vanden Cloots, mit der er auf die Wünsche seines Abtes antwortete und zusammenfasst, was er alles bereits besorgt hat, aber auch, was er auf dem Kölner Markt nicht im Angebot fand. Zum Konfekt, womit sein Antwortschreiben beginnt, weiß er zu berichten: „Das Confect wirdt dieser tage alles beysammen gemacht."

Konfekt war sicherlich eine Leckerei! Sie zu verzehren gab es aber mehr als den Grund „Schmeckt gut!", denn da es viele Gewürze enthielt, galt es zugleich als Medizin und diente der Gesunderhaltung. Man erwarb es deshalb üblicherweise beim Apotheker, seltener beim Gewürzhändler. Andere Händler, die vielleicht auch feine Kuchen und Marmeladen im Angebot hatten, boten es nicht an. Und damit die Gewürze nicht an Aroma verloren, wurde es nach Bestellung frisch zubereitet. Nunmehr aber sei es bald fertig, wie der Klostersekretär, sicherlich zufrieden, zu berichten weiß.

Wir wissen nicht, welche Sorten Konfekt bestellt wurden, auch nicht, in welcher Kölner Apotheke es angefertigt wurde. Da dieser Punkt der Bestellung aber so verführerisch lecker ist, soll er mit einem Blick in die Überlieferung aus der französischen Küche der Zeit noch etwas vertieft werden.

Da werden Früchte, Samen und auch Nüsse mit geschmolzenem Zucker überzogen, eine kostspielige Angelegenheit, denn das übliche Süßungsmittel war Honig. Der eignete sich, natürlich geschmolzen, auch zum Überzug – und würde heute vermutlich von uns bevorzugt. Damals aber griff man lieber zum kostspieligen Zucker, schließlich zeigte er, was sich der Hausherr alles leisten konnte. Vom Küchenmeister des französischen Marschalls du Plessis-Praslin (1598-1675) ist überliefert, dass er für seinen Herrn in Zucker geröstete „gebrannte Mandeln" erfand. Er nannte sie zu Ehren seines Herrn *pra(s)lines*.

Titelblatt des Kochbuchs „Ein new Kochbuch" von Marx Rumpoldt, Nachdruck der Ausgabe Frankfurt a.M. 1581

Mittelalterlicher Verkaufsstand eines Apothekers, der Zuckerhüte anbietet. Miniatur aus: Romain Gilles: Le Gouvernement des Princes, Frankreich Ende 15. Jh. (Bibliothèque nationale de France, Paris), aus: Süßes Rheinland. Zur Kulturgeschichte des Zuckers, Bonn 1998

Der Zuckerbäcker, Christoph Weigel, Regensburg 1698, Kupferstich, aus: Süßes Rheinland. Zur Kulturgeschichte des Zuckers, Bonn 1998

„Beschlagenen Ingber Sucker ist allhie nergent zu bekommen …"

Diese Aussage verwundert, denn „beschlagener", d.h. streufähiger Ingwer-Zucker, vergleichbar mit Zimt-Zucker unserer heutigen Küche, ist in größeren Mengen leicht herzustellen und auch lagerfähig, auch wenn das Aroma bei einer frischen Zubereitung besser ist. Eigentlich wäre zu erwarten gewesen, dass davon ein selbst gemachter Vorrat in der Küche auf den Gütern des Vaters von Abt Bellinghausen vorhanden gewesen wäre, aber vielleicht mangelte es an Nachschub von Ingwer.

Zur Worterläuterung des „beschlagenen – geschlagenen" Zuckers noch der Hinweis: Zucker wurde damals in sog. Zuckerhüten geliefert (heute noch benutzt und daher bekannt bei der Bereitung einer Feuerzangenbowle). Für die besprochene Herstellung von Ingwer-Zucker musste der Zuckerhut zerschlagen und, um ihn dann wirklich feinkörnig zu bekommen, sicherlich auch noch gemörsert werden.

Doch zurück zum Ingwer. Er war, neben Zimt, Safran, Muskatblüte und -nuss, eines der Lieblingsgewürze des Mittelalters und blieb es bis zum Ende des 17. Jahrhunderts. Gleichgültig, ob süß, sauer oder salzig – Ingwer musste hinein, und das auch in großen Mengen! Vielleicht ist seine überaus häufige Verwendung in der Küche damit zu

Kandierte Orangenschalen findet man und mit Zucker überzogene Blüten. Veilchen-, Rosen-, Fliederblüten in lauwarme zuckrige Lösung getaucht und dann getrocknet, sollen ihren Duft behalten und wurden gerne als duftendes, dekoratives Naschzeug auf der Tafel verteilt. Dazu in Zucker oder Honig gesottene Früchte aller Art, auch Nüsse, Zimtrinde, Muskatblüte, Kalmus und natürlich Ingwer. Kirsch- und Pflaumenkerne wurden zuckrig überzogen und abgeknabbert oder abgelutscht.

Bei der Bestellung des Abtes konnte der Apotheker sicherlich auf einen Vorrat an kandierten Früchten zurückgreifen. Ihre Herstellung dauert mehrere Wochen, das Produkt ist sodann auch gut haltbar und lagerfähig, aber gezuckerte Blüten und Früchte werden wohl frisch hergestellt worden sein.

Stillleben mit Brot und Zuckerwerk, Georg Flegel (1563-1638), Öl auf Holz (Städelsches Kunstinstitut, Frankfurt/Main), aus: Süßes Rheinland. Zur Kulturgeschichte des Zuckers, Bonn 1998

erklären, dass er als Hauptabwehrmittel, zusammen mit Pfeffer, gegen epidemische Erkrankungen, speziell auch der Pest, galt.

Nun, Abt Bellinghausen musste bei dieser Bestellung auf seine Lieferung verzichten und damit konnten die aufgetragenen Speisen nicht frisch mit „gewürztem Zuckerschnee", wie es andernorts in einer Anleitung auch heißt, überstreut werden.

„Keine frensche gläßer ..."

„Frensche" = französische Gläser waren für vanden Cloot auf dem Kölner Markt, zumindest in der gewünschten Menge, nicht aufzutreiben. Vier Stück, wie er schreibt, hatte er erworben, er werde sich aber nach weiteren umhören.

Das geografische Attribut „französisch" weist auf den Herstellungsort hin. Wofür diese Gläser aber bestimmt waren – sollten sie vielleicht die einfache Ausstattung an Gläsern und Geschirr im väterlichen Haushalt aufbessern oder sollten sie doch einen Einsatz in der Küche finden, vielleicht vergleichbar mit den heutigen Einmachgläsern –, muss unbeantwortet bleiben.

„Haben noch Romeinsche Succat" erworben ...

Endlich einmal ein gelungener Einkauf! *Sucade*, heute vielleicht besser bekannt als Zitronat, also kandierte Zitronenschale, war auf dem Kölner Markt im Angebot gewesen. Das Herkunftsattribut *römische Sucade* verweist auf den Lieferort, der vermutlich in der Stadt Rom lag, dorthin, wo die Zitronen aus dem Umland geliefert worden waren. Ob die Sucade auch dort gefertigt wurde oder ob die unreif geernteten, grünen Zitronen in der Kiepe eines Händlers oder im Korb eines Lasttieres die Alpen überquert hatten und

dann in Köln vom Gewürzhändler in einer gut eine Woche dauernden Prozedur selbst kandiert wurden, wissen wir nicht.

Gab es nun Rodonkuchen für Abt Bellinghausen? Ein Blick in Rumpoldts Kochbuch zeigt, dass in den Kuchen bevorzugt kandierte einheimische Früchte verbacken wurden. Sie fanden auch Verwendung in Gemüsen und Soßen oder wurden dekorativ auf Gerichte aufgestreut. Die Rosinen im Rheinischen Sauerbraten könnten hier ihre Herkunft haben. Wobei der Sauerbraten an sich, das Einlegen des Fleisches in Essig zur Haltbarmachung in Zeiten ohne Kühlschrank und Gefriertruhe, ohnehin seine Wurzeln in alten Kochtraditionen hat.

Die kandierte Zitronenschale, die Sucade, aber verschwand nicht in irgendwelchen Gerichten. Sie wurde als besondere Leckerei „solo" genossen.

„Spanische Bisquit ... soll man auch schwerlich haben können ..."

Die nächste Absage! Sicherlich lag diese Einkaufslücke nicht daran, dass eine Biskuitlieferung aus Spanien ausgeblieben war. Hier weist das geografische Attribut wohl eher auf den – vermeintlichen (?) – Herkunftsort des Rezeptes hin. Mit dem Aufstieg Spaniens zur Weltmacht im 16. Jahr-

„Spanferkel am Grill", aus: Johann Rottenhöfer: Anweisung in der feineren Kochkunst, Nachdruck der Ausgabe 1866, Sonderausgabe Rhenania Buchhandlung Koblenz, o. Dat.

hundert war es modern geworden, Attribute aus allen Lebensbereichen dieser Herkunft zuzuordnen. Die Küche war davon nicht ausgenommen und in Rumpoldts Rezeptbuch weisen Pasteten, Tunken, Spanische Kuchen usw. auf diese Verbindung hin. Lustig, dass der typische Eintopf der kastilischen Küche, der *Olla potrida*, schwungvoll zu *Holopotrida* eingedeutscht wurde.

Warum aber bestellte Abt Bellinghausen Biskuit von einem Kölner Kuchenbäcker? Der Blick in ein heutiges Backrezept zeigt, dass die Zubereitung doch keinesfalls sehr aufwendig, geschweige denn schwierig ist. Die Beantwortung dieser Frage führt uns in die Küchenausstattung des 17. Jahrhunderts.

Der Koch- und Backherd, so wie wir ihn heute kennen, war noch lange nicht erfunden. Ein Herd mit verschlossenem Feuerungsteil wurde erst 1802 in England zum Patent angemeldet. Bis dahin wurde auf oder über dem offenen Feuer gekocht und gebraten. Lediglich das Brot wurde in einem gesonderten Brot-Backofen abgebacken.

Das Spanferkel vom Grillspieß, das Grillhähnchen, aber auch jeder andere Braten wurden aufgespießt, über der Glut gedreht und gegart. Manchmal packte man sogar Pasteten in einen besonders festen Teig und buk sie so ab. Alles Übrige wurde in Töpfen gekocht, die über dem Feuer hingen oder in die Glut gestellt wurden. Dazu gab es noch Pfannen mit langen Stielen, die auf Feuerböcken ebenfalls über der Feuerstelle standen und in denen – bevorzugt in viel Schmalz – die Zutaten ausgebacken wurden. Das Kuchenbacken erforderte mithin eine Backmethode, die man auf einer offenen Feuerstelle umsetzen konnte.

Dazu gibt Rumpoldt folgende Anweisung [frei übersetzt und mit erläuternder Beschreibung versehen. Dass vor dem Backen das Backgut natürlich in die genannte Tortenpfanne gelegt wird, würde heute in den Rezepten angegeben, Rumpoldt setzt dieses Fachwissen voraus]:

Nimm eine Tortenpfanne, setze sie in die heiße Asche und verschließe sie mit einem passenden Deckel, der eine gerade oder nach innen gewölbte Oberfläche hat. Schütte glühende Kohlen darauf und backe es so unter dem Deckel. Die „Oberhitze" soll stärker als die „Unterhitze" sein. So backt es geschwind ab. Schau aber ab und zu unter den Deckel, dass du es nicht verbrennst, „so bleibts also gantz beyeinander".

„Ein Koch in seiner Küche", aus: Platina Cremonensis: Von der Eerlichen zimlichen auch erlaubten Wolust des Leibs, Nachdruck Olms Presse, Hildesheim 1980

Da war der Abt von der guten Küche bzw. dem guten abteilichen Koch in seiner Abtei auf dem Michaelsberg wohl verwöhnt, der sich diese Zubereitung zutraute und ein zartes Biskuit auf die Tafel zu stellen in der Lage war. Im Haushalt seines Vaters war diese Küchenkunst scheinbar nicht vorhanden! Und nun auch noch eine Absage, dass Biskuit in Köln nicht zu kaufen war; ebenso wenig wie ein Ferkelchen. Denn der ganze, oben mit einer Leerstelle zitierte Satz der Absage vanden Cloots lautet vollständig: „Spanische Bisquit als auch Verfelger soll man auch schwerlich haben konnen."

„Verfelger soll man auch schwerlich haben konnen ..."

Ferkelchen, hier sicherlich für die Zubereitung als „Spanferkel vom Grill" vorgesehen, hätte der Kölner Markt eigentlich liefern können müssen. Wieso vanden Cloot keines auftreiben konnte, verwundert. Vielleicht zeigten sich in der Angebotslücke doch Auswirkungen der kriegerischen Unruhen im Umland von Köln, die sich in der Beschickung des Kölner Markts niederschlugen.

„Spanferkelbraten", aus: Johann Rottenhöfer: Anweisung in der feineren Kochkunst, Nachdruck der Ausgabe 1866, Sonderausgabe Rhenania Buchhandlung Koblenz, o. Dat.

„Ob Ew. F. Gn. [Euer Fürstliche Gnaden] noch Caperen vnnd Olieven nötig, haben dieselbe durch Zeigertz ggf. [gegebenfalls] zu bevehlen."

Der abteiliche Sekretär kannte die Tafel seines Herrn, sicherlich auch dessen Vorlieben. So schließt er seinen Bericht zu beauftragten Einkäufen mit der Frage ab, ob er noch Kapern und Oliven kaufen solle. Dazu erbittet er sich dann eine weitere Anzeige, eine „Zeigertz".

DIE REGEL DES HEILIGEN BENEDIKT

Kapitel 39: Das Maß der Speise

Nach unserer Meinung dürften für die tägliche Hauptmahlzeit, ob zur sechsten oder neunten Stunde, für jeden Tisch mit Rücksicht auf die Schwäche Einzelner zwei gekochte Speisen genügen. Wer etwa von der einen Speise nicht essen kann, dem bleibt zur Stärkung die andere. Zwei gekochte Speisen sollen also für alle Brüder genug sein. Gibt es Obst oder frisches Gemüse, reiche man es zusätzlich. Ein reichlich bemessenes Pfund Brot genüge für den Tag, ob man nur eine Mahlzeit hält oder Mittag und Abendessen einnimmt. Essen die Brüder auch am Abend, hebe der Cellerar ein Drittel dieses Pfundes auf, um es ihnen beim Abendtisch zu geben. War die Arbeit einmal härter, liegt es im Ermessen und in der Zuständigkeit des Abtes, etwas mehr zu geben, wenn es guttut. Doch muss vor allem Unmäßigkeit vermieden werden; und

nie darf sich bei den Mönchen Übersättigung einschleichen. Denn nichts steht so im Gegensatz zu einem Christen wie Unmäßigkeit, sagt doch unser Herr: „Nehmt euch in acht, dass nicht Unmäßigkeit euer Herz belaste." Knaben erhalten nicht die gleiche Menge wie Erwachsene, sondern weniger. In allem achte man auf Genügsamkeit. Auf das Fleisch vierfüßiger Tiere sollen alle verzichten, außer die ganz schwachen Kranken.

Zum Thema der guten, wohl kaum noch den Regeln des hl. Benedikts entsprechenden Küche der Alten Abtei auf dem Michaelsberg gehört auch ein einzelnes Blatt mit einem Backrezept, in der Handschrift des 18. Jahrhunderts, das sich ohne weitere Zuordnungsmöglichkeiten im Nachlass von P. Mauritius Mittler OSB fand.

Das Rezept verlockte zum Ausprobieren und Nachbacken und so können hier nun die original Siegburger Schokoladenbusel empfohlen werden.

Quellen:
Landesarchiv NRW, Abtei Siegburg, Nr. 50a, Konzept. Historisches Archiv des Erzbistums Köln, Archiv der Benediktiner, Siegburg 377.

*Die turbulenten Verhältnisse im Konvent werden umfassend dargestellt durch P. Dr. Marcel Albert OSB: Die Benediktinerabtei Siegburg in der Berichterstattung der Kölner Nuntien (1584-1794). In: Siegburger Studien NF, Bd. 1, Siegburg 2014.

DIE SCHOKOLATY BUSEL ZUMACHEN

Die Mehl ganz wie Dir vorgeschriebenen, als da man auf ain pfundt Zucker 6. loth geriebene Schucolate nimbt, Undt gleich Darin geriret, wann mann Die abgeschlupfte Eyr Schlar darin, hat geriret. Undt da mann einen schwarzen Zucker nimbt Undt da Blätl murb nicht Vil geschmiert seine [sunsten] verliren, für Den but Undt ganz einschlachte Hiz Zum bachen, Undt wann mann die weißßen Bußßel will rundt haben, so gibt mann aus ein wenig ein getrischterten Durmevil in den Doig, Undt macht [da/en] runnt so [vil] mann will.

SCHOKOLADENBUSEL

Ausprobiert und empfohlen von Andrea Korte-Böger

2 Eiweiß
100 g Puderzucker
30 g geriebene Schokolade, bevorzugt halbbitter
Einige Torteletts, fertig gebacken

Das Eiweiß mit einer Prise Salz halb steif schlagen, dann, während des Weiterschlagens, löffelweise den Puderzucker zugeben, zum Schluss die Schokolade.

Die fertigen Torteletts dünn buttern und auf ein gebuttertes Blech setzen. Die Eischneemasse mit einer Spritztülle darauf spritzen.

Die Küchlein ca. 70 Min. bei 100-120 Grad, Ober-/Unterhitze, sanft backen. Dann den Ofen öffnen und abdampfen lassen, nach ca. 20 Min. das Gebäck zum Auskühlen herausnehmen.

Ein kross-knuspriges, leicht süßes Baiser-Gebäck lädt zum Verzehr ein.

Tradition seit 1971:
50 Jahre Waffelfest
der Dorfgemeinschaft Gerressen

Von Waltraud Sieg

Das Dorf Gerressen liegt auf einer Höhe zwischen Herchen und Eitorf am westlichen Rand der Gemeinde Windeck im östlichen Rhein-Sieg-Kreis. Die Gemeinde Windeck besteht aus 67 Ortschaften mit insgesamt ca. 20 000 Einwohnern auf einer Fläche von ca. 107 Quadratkilometern. Gerressen hat ca. 350 Einwohnerinnen und Einwohner, verteilt auf 110 Haushalte.

Erstmals erwähnt wurde Gerressen 1348 in einer Akte des Klosters in Herchen; dies erfuhr der Namensforscher und Dialektologe Heinrich Dittmaier bei seinen regionalen Erkundungen. Charakteristisch für das Dorf waren die alte Scheune und das Stallgebäude, welche inzwischen im Heimatmuseum in Altwindeck wiederaufgebaut wurden.

Die alte Linde mit dem Heiligenhäuschen am Dorfeingang, vom Halfter Berg kommend, prägen ebenso das Dorfbild. Diese beiden Merkmale finden sich im Logo der Dorfgemeinschaft wieder.

Dorfgemeinschaft Gerressen e.V.

Eine aktive Gemeinschaft und ein lebendiges Dorfleben

Die Dorfgemeinschaft Gerressen wurde 1970 nach der kommunalen Neugliederung von 1969 gegründet, 1971 wurde ihr erster offizieller Vorstand gewählt. In diesem Zusammenhang gab es auch eine erste Spende an das Dorf, von ihr wurden ein Schaukasten und Geräte für einen Spielplatz angeschafft, darunter auch ein Karussell. Dessen Einweihung wurde mit einem Waffelfest auf dem Spielplatz gefeiert – dies war der Startschuss für eine kulinarische Tradition.

1981 hat die Familie Schürger die Dorfscheune kostenlos für diverse Dorfaktivitäten zur Verfügung gestellt. Seitdem finden nicht nur Versammlungen dort statt – auch das *Waffelfest* wird dort gefeiert und ebenso das *Helferfest* für die Helferinnen und Helfer des Waffelfestes.

Von den zahlreichen Aktivitäten in und für Gerressen zeugt ein eigenes Archiv mit ca. 400 Dias aus der Zeit von 1900 an bis in die1980er-Jahre hinein. Danach gab es andere Medien, mit denen die Ereignisse auch für spätere Zeiten festgehalten wurden. Heute kümmert sich der Antikkreis federführend um das Archiv.

In den 1920er-Jahren gab es im Dorf noch zehn Geschäfte, so zum Beispiel einen Lebensmittelhändler, eine Bäckerei, eine Schneiderei, eine Drogerie und zwei Gaststätten.

Heute gibt es leider keine Geschäfte mehr im Ort. Im Jahr 2006 gelangte Gerressen jedoch zu regionaler Berühmtheit, als ein Team des WDR eigens aus Köln anreiste, um den Ort und seine aktive Dorfgemeinschaft in seiner Sendung „OP JÖCK" vorzustellen.

Diese Gemeinschaft sorgt nämlich nicht nur für die Instandhaltung des Kinderspielplatzes und des Bolzplatzes, sie pflegt auch den Brunnenplatz mit seinen schönen Sitzgelegenheiten in der Dorfmitte. Dort wird, wenn der erste Schnee gefallen ist, das sogenannte *Schnee-Grillen* veranstaltet. Außerdem findet hier der Martinszug seinen gemütlichen Abschluss.

Die Dorfgemeinschaft kümmert sich darüber hinaus um die Pflege von rund 25 Sitzbänken, die im gesamten Dorfbereich und rund um das Dorf herum verteilt sind und sorgt ebenso für die Anlage am Heiligenhäuschen. Zweimal hat sie ihren Heimatort für den Wettbewerb „Unser Dorf soll schöner werden" besonders herausgeputzt und damit im Jahr 1999 Platz 9 und im Jahr 2002 Platz 4 erreicht. Damit das Dorf so schön und lebenswert bleibt, treffen sich alljährlich im Frühling viele Aktive zu einer Müllsammelaktion.

Aktionen wie das *Pfingsteiersingen* (das ausschließlich den männlichen Dorfbewohnern, vom Kind bis zum Senior, vorbehalten ist), das *Neubürgerfest*, der *Familienwandertag* mit anschließendem Imbiss, die Teilnahme am Karnevalsumzug in Windeck-Herchen sowie die Teilnahme an Umzügen in den umliegenden Ortschaften bei deren

WIR MÖGEN MENSCHEN DIE EINEN AN DER WAFFEL HABEN.

Die ganz besonderen sind sogar mit Puderzucker bestreut.

#WAFFELFEST

„zu kurz" gekommen waren, wurde ein Spielplatz in der Mitte des Dorfes und einige Jahre später auf Wunsch der größeren Jugendlichen am Ortsrand ein Bolzplatz angelegt. Pflege und Unterhaltung dieser Plätze werden nach wie vor von dem Erlös des Waffelfestes finanziert. Spenden aus Erlösen des Waffelfestes gingen auch an verschiedene Projekte wie den Hospizverein Windeck und an Erdbebenopfer in Nepal. Eine Spende ging einmal an eine Familie aus dem Dorf, deren Mutter in Griechenland bei einem Verkehrsunfall gestorben war und nach Deutschland überführt werden musste. Außerdem erhielten die Opfer der Flutkatastrophe in Ostdeutschland eine Spende und darüber hinaus wurden viele andere Menschen unterstützt, die in Notsituationen geraten sind.

Seit 1975 gibt es das Waffelfest Gerressen in zweijährigem Turnus. Rund 100 bis 120 Helferinnen und Helfer der Dorfgemeinschaft sind dann im Einsatz. In den Jahren, in denen kein Waffelfest stattfindet, wird vom Erlös des Vorjahres für die Kinder eine Tagestour in Begleitung der Eltern angeboten.

Das Waffelfest startet am Samstagmittag und endet am Sonntagabend. Zur Eröffnung wird ganz offiziell die Fahne mit dem Waffeleisen gehisst und zum Ende des Waffelfestes (nach den Aufräumarbeiten am Montag danach) wird sie wieder eingeholt. Circa eine Woche vor Beginn des Waffelfestes fangen die Aufbauarbeiten an. Auch hier engagieren sich Alt und Jung gleichermaßen. Dabei werden eine Bühne für das Unterhaltungsprogramm, zwei Thekenanlagen, eine Cock-

Veranstaltungen, die Weihnachtsfeier für Senioren und die Besuche von Kranken sind nur einige Beispiele für das lebendige Dorfleben.

Die Dorfgemeinschaft wird geprägt durch die besonders gute Zusammenarbeit zwischen Alt und Jung. Dies zeigt sich vor allem bei den Arbeitseinsätzen zur Pflege von Kinderspielplatz und Bolzplatz sowie beim Auf- und Abbau rund um das Waffelfest. Dort helfen alle Generationen tatkräftig mit.

Rund um das Waffelfest

Das Waffelfest gibt es in Gerressen seit 1971. Von seinem Erlös werden seither Anschaffungen für das Dorf und dessen Verschönerung finanziert. Damals wurde beschlossen, dass insbesondere für die Kinder und Jugendlichen etwas getan werden sollte. Da diese bis dahin offenbar ein wenig

Traditionelles Herdbacken

tailbar, die alten Kohleherde mit den Ofenrohren und den Beistelltischen aufgebaut, außerdem ein Verkaufstand (die sogenannte Waffelbude), die Bonkasse, ein Grill, ein Imbisswagen und natürlich eine „Küche". Diese wird in einer Garage eingerichtet und dort werden die verschiedenen Teigsorten hergestellt. Zudem müssen natürlich Tische und Bänke aufgestellt und der Grün- und Blumenschmuck angebracht werden.

Am Freitagnachmittag werden die Kartoffeln für die *gerevenen Kartoffel-Waffeln* unter anderem von den Seniorinnen und Senioren geschält. Beim ersten Waffelfest im Jahr 1971 wurden circa zwei Zentner Kartoffeln geschält – heute sind es etwas mehr. Da die alten Herd-Waffeleisen zwei Jahre lang nicht benutzt worden sind, müssen diese zunächst „eingebacken" werden. Wenn dann am Samstag das Fest beginnt, gibt es verschiedene Sorten von Waffeln, die nach einem „streng geheimen Rezept" hergestellt werden, und zwar süße Waffeln, gerevene Waffeln und gerevene Waffeln mit Speck und Zwiebeln. Zu den gerevenen Kartoffel-Waffeln schmeckt am besten Butter und/oder Apfelkraut.

Die süßen Waffeln werden nicht ausschließlich in den alten gusseisernen Waffeleisen von dem Kohleherd gebacken; es gibt sie auch aus dem Elektro-Waffeleisen. Dazu werden wahlweise Puderzucker, Sahne oder heiße Kirschen serviert.

Das Geheimnis der richtig gebackenen Waffel liegt in der Feuerung des Herdes. Die Kohleherde werden mit Holz und Briketts bestückt. Die süßen Herdwaffeln sind schneller fertig gebacken und es ist wichtig, dass bei ihrer Herstellung weniger Feuer im Herd ist. Die gerevenen Kartoffel-Waffeln hingegen brauchen mehr Feuer und eine längere Garzeit. Da ist also viel Übung und Erfahrung gefragt, um eine originale und perfekte Gerressener Waffel zu backen. Im Zuge der Gleichberechtigung sind dabei natürlich sowohl Frauen als auch Männer mit Schürze und *Stocheisen* an den Kohleherden im Einsatz.

Übrigens:

Das nächste Waffelfest findet vom **12.06.2021** bis **13.06.2021** statt. Die Dorfgemeinschaft Gerressen würde sich sehr über viele Besucherinnen und Besucher freuen!

Sonntags gibt es außerdem – ebenfalls schon traditionell – ab 12.00 Uhr Erbsensuppe.

Höllenwein
und
Drachenblut

Kneipen mit Engelbert Humperdinck

Von Christian Ubber

Seit dem durchschlagenden Erfolg seiner Märchenoper *Hänsel und Gretel* war er ein europaweit reisender und geachteter Komponist: Engelbert Humperdinck (1854-1921). Der gebürtige Siegburger eilte von einer umjubelten Aufführung zur nächsten, wenn er nicht gerade als Hochschulprofessor seine Meisterschüler im Komponieren unterwies. Abseits dieses „öffentlichen" Humperdincks ist jedoch nur wenig über persönliche Eigenheiten bekannt.

Auf der Suche nach dem Privatmann Humperdinck wird man vor allem in seinen Tagebüchern fündig. Dabei handelt es sich um Taschenkalender – in deren schmalen Spalten, die für jeden Tag zur Verfügung standen, hielt er stichwortartig die wichtigen

Ereignisse des Tagesverlaufs in zierlicher, manchmal mikroskopisch kleiner Schrift fest: wann er was komponierte, mit wem er zusammentraf, wann er welche Schüler unterrichtete, wann er wohin reiste – und auch, was er wo an Speisen, Getränken und anderen Leckereien zu sich nahm.

Nur wenig verraten die Kalendereinträge über Humperdincks Essgewohnheiten oder über bevorzugte Mahlzeiten. Da ist die Rede von – was immer er damit meinte – „Traubenfraß"[1], von Hasenbraten, ein anderes Mal von „Bier mit Schweinefleisch"[2]. Vergleichsweise ausführlich tut Humperdinck am 23. Juli 1892 kund: „Bier, Schinken, Eier und Krebse in einer Wirtschaft. 2 M[ark]." Am 2. Januar 1893 verzehrt er „Hackerbier und Würstel". (Bezeichnenderweise nennt Humperdinck jeweils das Bier an erster Stelle.) Am 19. Juli 1917 heißt es, nun immerhin das Essen an erster Stelle nennend: „Abendessen mit 3 Krug Bier (!)."

Als er noch alleinlebender Junggeselle war, speiste Humperdinck zumeist in den örtlichen Lokalen; nach seiner Heirat übernahm Gattin Hedwig die Essenszubereitung, wozu sie einen Kochkurs besuchte. Den Erfolg dieses Lehrgangs dokumentierte Humperdinck prompt am 25. Juli 1892: „Hedwig zum ersten Male zu Hause gekocht (viel Rauch)."

„Kneipen"

Ausführliche Auskunft jedoch gibt Humperdinck zu seinen Vorlieben, was alkoholische Genussmittel in allen Varianten und zu verschiedenen Anlässen betrifft. Dabei gibt es ein Schlüsselwort, das für ihn ein Synonym für den Genuss von Alkohol ist und in seinen Notizen immer wieder genannt wird: das „Kneipen". So schreibt er beispielsweise am 26. Oktober 1888: „Sekt gekneipt", am 13. September 1890: „Wein gekneipt bis 12" oder am 18. April 1895: „Weißbierkneiperei". Das Kneipen war dabei nicht unbedingt an den Besuch gleichnamiger öffentlicher Wirtschaften gebunden, es konnte genauso gut in den heimischen vier Wänden, durchaus auch allein, oder privat bei Freunden geschehen. Am 7. September 1905 kam es in Assmannshausen zu einem „Mittagessen bei Hufnagel [Inhaber des Traditionshotels ‚Krone'] mit nachfolgender Kneiperei (Rotwein, Markobrunner und Heidrich Sekt 5 Fl.)". *Marcobrunner* ist ein Wein des Rheingaus. Am 21. November 1896 notiert er: „9 [Uhr, im Keller] Wein abgefüllt, 11 [Uhr] oben Wein gekneipt."

Das Kneipen war für Humperdinck fester Programmpunkt auf seinen Ausflügen und Wanderungen. So notierte er über einen Siebengebirgsausflug am 13. September 1886, den der mit seinem Freund Lascoux von Köln aus „in der Stadt (Kölner Bier)" startete, später ging es dann „nach Königswinter, mit Zahnradbahn hinauf (Drachenblut)". *Drachenblut* ist ein Rotwein, dessen Anbaugebiet die rheinwärts gelegenen Abhänge des Drachenfelses sind. Und am 21. Mai 1890 lesen wir vom „Aufstieg zum Drachenfels, oben Maiweinhäuschen".

Weinlager, 1. November 1904
(Humperdinck, Universitätsbibliothek
Johann Christian Senckenberg,
Frankfurt a. M., Musik- und
Theaterabteilung,
Nachlass Humperdinck, C29)

Humperdinck, der Weinliebhaber

Drachenblut war nicht der einzige von Humperdinck getrunkene Wein, der mit einer blumigen Aufschrift auf dem Etikett aufwarten konnte. Dazu sind noch *Xereswein* – heute besser bekannt als Sherry –, Liebfrauenmilch – ein lieblicher weißer Cuvée aus Rheinhessen – und Drei-Grazien-Federweißer zu zählen.[3] Am 5. Dezember 1901 probiert er „Höllenwein aus Schierstein", allerdings ist dieser Wein, ein Riesling aus dem Rheingau, harmloser als er klingt, denn „Hölle" leitet sich in diesem Fall von „Halde" ab.

Auch Glühwein gab es bisweilen, einmal sogar mitten im Sommer am 14. Juli 1884. Eine nicht zu knappe Zeit muss Humperdinck in seinem Weinkeller verbracht haben: Immer wieder wurde Wein bestellt, kam Wein an, wurde Wein ausgepackt, wurde Wein abgefüllt, wurden Flaschen geordnet. Als er 1897 sein Schlösschen in Boppard bezog, befüllte er natürlich auch seinen Weinkeller: 10. Mai „Weißwein (95 [Flaschen]) angekommen", 12. Mai „Marsalawein (115) angekommen", 13. Mai „Rotwein (von Isselmann) M[ark] 45 angek." Das Tagebuch gewährt, allerdings nur einmal, einen weiteren Blick in diesen sagenumwobenen Wein-

Geliehene Musikalien.

Von: Titel des Stückes:

Weinlager am 1/11 1904
Rotwein (Boppard)   60 Flasch
Weisswein (durkheim): 14 + 10 + 18
+ 24 + 17 + 13 + 13 + 18 = 125 Fl
(+ 5 = 130 Fl am 31. 12.)
Theodor Cahn Großschlachthof bei Mergelstein

keller: Im Kalender von 1904 findet sich – unter der Rubrik „Geliehene Musikalien" – eine eigenhändige Aufstellung „Weinlager am 1/11 1904", die 60 Flaschen Rotwein (Bopparder) und 125 Flaschen Weißwein (Dürkheimer) auflistet, darunter den Namen eines Weingutsbesitzers, Theodor Catoir aus Großkarlbach bei Ungstein.

Humperdincks Weinliebe ging so weit, dass er kurzzeitig im Bopparder Garten selbst Reben anbaute: Am 21. Juni 1897 „Weinlaub aufgebunden", am 20. Oktober „Weinlese" und am 23. Oktober „Wein gekeltert" vermerkt das Tagebuch. Spätestens 1901 hatte es damit jedoch ein Ende, als er nach Berlin umzog. (Apropos Umzug: Bei einem seiner Frankfurter Umzüge vermerkt er eigens den „Weintransport 2,60 M[ark]".[4]) Abgerundet hat Humperdinck in passender Weise seine Weinleidenschaft mit dem Erwerb eines Bildes am 19. Dezember 1898: „neues Bild, Weinlese'".

Weine, die Humperdinck über die bereits genannten besonders geschätzt haben muss, da sie wiederholt in seinen Kalendereinträgen Erwähnung finden, sind: Rauenthaler[5], Assmannshauser Wein[6], Drachenfelser Wein[7], Oberdollendorfer Wein[8], Bopparder Hamm und andere Weine seiner zeitweiligen Wahlheimat Boppard[9], Moselwein[10] und Ahrwein[11]. Dabei lässt sich eine gewisse Vorliebe für Rheinwein, insbesondere aus den Anbaugebieten Rheingau und Mittelrhein, feststellen.

„... abends Bowle, später Sekt"

Eine weitere Vorliebe Humperdincks galt dem Sekt. Von der (auch 5 Flaschen Sekt umfassenden) Kneiperei mit Freund Hufnagel war bereits die Rede. Sekt gab es immer wieder zu feierlichen Anlässen wie Silvester (31.12.1890: „Neujahrsgruß mit Apfelweinsekt"), zur Geburt seines Sohnes Wolfram, „zur Erinnerung an die 10jährige Ehe"[12]. Bisweilen erfahren wir die dabei genossenen Marken, etwa Kupferberg oder Heidsieck – ein Champagner, von dem er 1894 drei Flaschen für 36 Mark erwarb[13].

Beinahe kurios nehmen sich zwei Einträge aus, die eine große Menge an Alkoholkonsum dokumentieren: „Erinnerungen an Spanien mit Rheinwein, abends Bowle, später Sekt" (16. März 1896), und als Gattin und Kinder einmal aushäusig waren, feierte Humperdinck dies ausgiebig: „abends allein 2 Fl[aschen] Sekt" (16. April 1909).

Bowle in allen Variationen

Das Getränk jedoch, das sich mit schönster Regelmäßigkeit und – von den frühen Jahren bis in die letzte Lebenszeit – statistisch gesehen mit Abstand am häufigsten in Humperdincks Tagebüchern aufgeführt findet, das er möglicherweise noch regelmäßiger als Wein und Bier zu sich nahm und das offenbar hauptsächlich der Begleitung privater Geselligkeit diente, ist die heute etwas aus der Mode gekommene Bowle, und zwar in allen Variationen. Die Bowle ist ein aromatisches Kaltgetränk auf der Basis von Weißwein mit Zusatz von Früchten, manchmal auch zusätzlich mit Sekt angerei-

Jann van der Straet, gen. Stradanus, Weinlese am Rhein, 2. Hälfte 16. Jahrhundert, aus Familienbesitz Humperdinck (Stadtmuseum Siegburg)

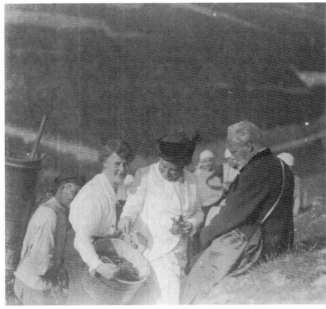

Engelbert und Hedwig Humperdinck im Weinberg zu Assmannshausen, 1915 (Universitätsbibliothek Johann Christian Senckenberg, Frankfurt a. M., Musik- und Theaterabteilung, Nachlass Humperdinck, P I c 112, 113)

chert. Ob „Pfirsichböwlchen", „Erdbeerböwlchen", „Bowlengesellschaft", „Silvesterbowle im Club", Maibowle oder „Maibowlengesellschaft", Bowle nach der Weihnachtsbescherung, Pfirsichbowle mit Schaumwein, Ananasbowle zu Gamsbraten („mit Hedwig auf ‚Du' abgestoßen") oder zur Verlobung („Abendessen bei Taxers [den künftigen Schwiegereltern], später Bowle")[14]: Bowle stand regelmäßig auf dem (zumeist abendlichen) Programm, vornehmlich Erdbeer-, Pfirsich- und die mit Waldmeister aromatisierte Maibowle. Dabei konnte der Bowlenkonsum durchaus exzessive Züge annehmen, sodass er einmal ins Tagebuch eintrug: „Bowle getrunken bis ?", ein anderes Mal „Abendessen mit Bowle. Auf dem Stuhle eingeschlafen" oder auch „Abendessen, Maibowle. Schlimme Folgen!"[15]

In seinem Bopparder Schlösschen hatte Humperdinck eine Kegelbahn einbauen lassen, und so verwundert es nicht, dass das Tagebuch einen „Kegelabend mit Erdbeerbowle" verzeichnet.[16] Bisweilen genehmigte er sich aber auch ein „Böwlchen (allein)" (16. April 1892), oder er genoss eine „Kalte Ente", eine Zitronenbowle mit Wein und Sekt.[17]

Neben der Bowle hat Humperdinck, zumindest zu feierlicheren Anlässen, dem Punsch (ein heißes, meist mit Arrak, Zucker, Zitronen, Tee oder Wasser und Gewürzen zubereitetes Mischgetränk) gerne zugesprochen: Eierpunsch, Punsch an Weihnachten, „Citronenpunsch" – ebenfalls an Weihnachten – oder bei Freunden „zum Thee und Theepunsch" an Neujahr[18]. Einmal gab es auch „Burgunderpunsch"[19].

Bier-Genuss

Auch dem Bier hat Humperdinck oft und gerne zugesprochen. Am 3. Oktober 1886 berichtet er von „5 Krüge[n] Bier", die er zu sich genommen hatte. Wiederholt ist von Weißbier die Rede.[20] Außerdem hortete er offenbar auch im heimischen Keller einen Biervorrat: So findet sich am 20. November 1886 der Eintrag „Bier abgezapft (50 l)" und am 17. Dezember gleichen Jahres abermals eine „Bierabzapfung" in seinem Kalender.

In seinen späten Jahren wurde das Biertrinken für Humperdinck zu einer lieben und regelmäßigen Gewohnheit. Ein Beispiel aus dem Jahr 1921, während seines mehrmonatigen Aufenthalts in Utting am Ammersee: Nahezu täglich protokollierte er im Kalender für den späten Vormittag und häufig auch den frühen Abend jeweils „1/2 h.", gelegentlich auch „1/2 d." Gemeint sind ein halber Liter helles bzw. dunkles Bier, die er „bei Rauch", offenbar einer Wirtschaft, im Anschluss an seine Spaziergänge oder Besorgungen zu sich nahm. Bereits in Charlottenburg hatte Humperdinck es sich zur Gewohnheit gemacht, am Nachmittag oder frühen Abend zum Bahnhof zu spazieren und dort sein tägliches Bierchen zu trinken, so beispielsweise am Sonntag, 23. November 1919, um 4 Uhr: „Kurt Weill Bhf., später Lauer, 1/2 h." (Kurt Weill und Joseph Joachim Lauer waren Schüler Humperdincks.)

½ L.

Immer durch
die Kehle,
immer durch
die Kehle.
Tröste Deine
arme Seele!

O Susanna!

Titel Mosel-Wein-Lieder (Stadtarchiv Siegburg, Bestand Humperdinck)

Künstlerische Bezüge: Kulinarik im Werk Humperdincks

Speis und Trank haben auch in Humperdincks Opern ihre Spuren hinterlassen, besonders in *Hänsel und Gretel*: Die Kinder werden von der Mutter zum Beerensuchen in den Wald geschickt und gelangen dort zum Knusperhäuschen der Hexe, die sie gefangen nimmt. Hänsel wird von der Hexe gemästet, damit er ein gutes Abendessen für sie abgeben kann. Am Ende werden die Lebkuchenkinder, die den Zaun um das Hexenhaus bildeten, wieder zum Leben erweckt. Auch in den *Königskindern* gibt es eine Hexe, deren vergiftetes Zauberbrot der Gänsemagd und dem Königssohn zum tragischen Verhängnis wird.

Seine Vorliebe für das Kneipen schlug sich in seiner letzten (im Studentenmilieu spielenden) Oper *Gaudeamus*, uraufgeführt 1919, nieder, wie in der dem Bier gewidmeten Episode: „Bier her! Bier her! gebt ihm Bier zu saufen! Bier her, Bier her, oder ich fall um!"[21] Natürlich wird in dieser Oper nicht nur Bier, sondern auch Wein getrunken, und auch hier – wen wundert's, spielt die Handlung des ersten Aktes doch auf dem Drachenfels – begegnen wir dem Drachenblut:

„Hehe! Was gibt's denn da?" „'Drachenblut'! – Gibt Würze der Süße – stark und feurig, wie Frauenküsse."[22]

Bekannter sind aber Humperdincks Lieder, die den Rhein- und Moselwein besingen. Bereits 1874 komponierte Humperdinck ein *Rheinlied* auf einen Text des befreundeten

Siegburger Malers August Halm, in dem es heißt: „Wir fröhlichen Zecher beim goldenen Wein, wir füllen die Becher: ein Hoch auf den Rhein!" Auch das Lied *Am Rhein* (1902) auf einen Text von Johann von Wildenradt huldigt nicht nur dem Fluss, sondern ebenso der Kneiperei:

„Wenn im sonnigen Herbste
die Traube schwillt
am sagenumwobenen Rhein,
wie so freudig der Sang
aus der Seele quillt
beim funkelnden, köstlichen Wein!"

Am Rhein, das aufgrund seiner eingängigen Melodik weite Verbreitung fand, dürfte das erfolgreichste und bekannteste unter Humperdincks Liedern sein, gemessen an der Vielzahl an Bearbeitungen, in denen es veröffentlicht wurde. Humperdinck hatte zeitweise sogar geplant, es in den Drachenfels-Akt von *Gaudeamus* zu übernehmen, gesungen von einem „Sänger vom Drachenfels". Dafür erstellte er eine kammermusikalische Orchesterfassung, ersetzte diese jedoch durch die Bearbeitung für großes Orchester, die seine Schülerin Mary Wurm verfasste. In die endgültige Fassung der Oper hat *Am Rhein* letztlich aber weder in der einen noch in der anderen Bearbeitung Eingang gefunden.

Zwei Lieder steuerte Humperdinck 1898 für einen Sammelband mit dem Titel *Preisgekrönte und andere ausgewählte Mosel-Wein-Lieder aus dem „Trarbacher Sängerkrieg"* bei: *Dein grünes, stilles Tal* (Text: Carl Hessel) und *Kennt ihr die Heimat trauter Seelenlust*, zu dem sein Vater Gustav den Text beisteuerte. In Ersterem heißt es beispielsweise:
„Zur Traubenlese Winzersang
erschallt das Tal entlang.
Und wenn's zum Herbste geht
und man die Kelter dreht,
dann gibt es Wein!
O blanker, lieblicher Moselwein!"

Und – der vom Niederrhein stammende – Gustav Humperdinck dichtete, geradezu pathetisch in Mosel-Lokalpatriotismus sich hineinsteigernd, für das zweite Lied:

„Kennt Ihr die Heimat trauter Seelenlust,
der deutschen Westmark lieblich
Fruchtgelände?
Kommt her und schaut mit
frohbewegter Brust
dies Tal, geschmückt mit gold'ner
Rebenspende.

Lith. A. Henry, Bonn.

Gruss vom Drachenfels

Anmerkungen:

1 Tagebucheintrag am 23.09.1884.
2 Tagebucheinträge am 23.09.1884, 24.09.1886, 28.07.1891.
3 Tagebucheinträge am 20.01.1886, 25.03.1886, 20.10.1886.
4 Tagebucheintrag am 09.05.1894.
5 Tagebucheinträge z. B. am 16.03.1888, 30.03.1888, 05.08.1895.
6 Tagebucheinträge z. B. am 11.07.1895, 01.11.1920.
7 Tagebucheintrag am 14.12.1895.
8 Tagebucheintrag am 03.11.1886.
9 Tagebucheinträge z. B. am 07.09.1896, 05.05.1902, 25.11.1908, 12.09.1917.
10 Tagcbucheinträge z. B. am 09 11.1899, 31.01.1900, 20.08.1905.
11 Tagebucheintrag z. B. am 30.01.1910.
12 Tagebucheinträge am 29.04.1893, 19.05.1902.
13 Tagebucheinträge am 26.12.1908, 13.10.1894.
14 Tagebucheinträge z. B. am 14.08.1884, 18.09.1884, 28.06.1885, 10.01.1886, 11.04. und 01.06.1886, 24.12.1887, 11.10.1884, 17.11.1889, 25.12.1890.
15 Tagebucheinträge am 06.04.1884, 24.08.1891, 26.04.1913.
16 Tagebucheintrag am 02.07.1898.
17 Tagebucheinträge am 05.09.1897, 02.07.1905.
18 Tagebucheinträge am 30.12.1894, 25.12.1891, 26.12.1917, 01.01.1892.
19 Tagebucheintrag am 04.11.1914.
20 Tagebucheinträge z.B. am 18.04.1886, 15.05.1901, 10. und 11.06.1901.
21 Engelbert Humperdinck: Gaudeamus. Klavierauszug von Otto Singer, Berlin 1919, S. 99.
22 ebd., S. 52.

Abdruck der Abbildungen S. 179 (oben), S. 180 und S. 181(oben) mit freundlicher Genehmigung des Stadtmuseums Siegburg bzw. der Universitätsbibliothek J. C. Senckenberg Frankfurt a. M., Abt. für Musik und Theater.

Wie ein Juwelengeschmeide
der Strom aus Klüften blinkt,
wo sich um graue Trümmer
der Vorzeit Sage schlingt.
O Moseltal! Ihr weinbekränzte Höh'n!
Heil Dir, o Land von allen Landen schön!
Ja, kommt, hier rastet, die ihr einzig nur
den Rhein und seine laute Pracht
wollt loben!
Des Frohsinns Glück, in herrlichster Natur,
sollt Ihr bei edler Labe hier erproben.
Wohlan, die Becher fülle
Mosellas Göttertrank!
Mosella hoch! Ihr schalle laut
unser Preisgesang!"

Engelbert Humperdincks Protokolle seiner Trinkvorlieben geben genügend Anhaltspunkte – ja fordern geradezu dazu heraus – sich auf Entdeckertour zu begeben und beispielsweise die Weinkultur des Rheintals auf seinen Spuren neu zu entdecken.

Es wäre ein Leichtes, sich einen „Humperdinck-Weinkorb" zusammenzustellen, im Gedenken an ihn (2021 jährt sich sein Todestag, der 27. September 1921, zum 100. Mal) das Glas zu heben und stilecht mit ihm zu kneipen!

„Man nehme ..."

Regionale Gerichte
in Kriegs- und Nachkriegsjahren

Von Margarethe Rogalla

„Man nehme" – mit diesen Worten beginnen viele Rezepte in Kochbüchern und dann folgt die Aufzählung der Zutaten.

Aus einer reichhaltigen Auswahl an Zutaten zu schöpfen – so war es im und nach dem Zweiten Weltkrieg nun ganz und gar nicht. Die Mahlzeiten bestanden aus dem, was auf den Feldern und im Garten wuchs. Daraus wurden von den Müttern frei ausgedachte Gerichte gekocht, deren Geschmack ich heute noch zeitweilig auf der Zunge habe.

Wer kennt heute noch den *Wöschbrei*? Damit begann manchmal das Frühstück, und zwar dann, wenn von den wenigen Eiern, die die Hühner legten, eines oder vielleicht auch zwei abgezweigt werden konnten, weil sie nicht verkauft werden mussten. Denn ein Verkauf brachte etwas Bargeld, eine der wenigen Möglichkeiten, ein kleines Einkommen zu erzielen. Der Trost Petter, in Winterscheid allen bekannt, kam regelmäßig mit seinem Fahrrad aus Eitorf. An der Lenkstange hing ein großer Korb, ähnlich dem Korb der Bäcker zum Brötchenausfahren. Der Petter kaufte Eier für sein Geschäft in Eitorf ein. Die legte er in den Korb, 100 Stück

und noch mehr, unverpackt, und dann brachte er sie heil und unzerbrochen in seinen Laden.

Die Zubereitung des *Wöschbreis* war einfach und schnell. Man brauchte nur eine Pfanne, in der etwas Fett erhitzt wurde, gab, wenn vorhanden, einige Speckwürfel dazu

Wöschbrei

und goss dann die mit Milch und Mehl verquirlten Eier hinein. Das Ganze musste man nur etwas stocken lassen, mit dem *Suuvenbessemchen*, (einem aus geschälten Birkenreisern zu einem Bündel zusammengebundenen Rührbesen) zu einem dicklichen Brei rühren und mit Salz und etwas Zucker würzen.

Gegessen wurde der noch warme *Wösch-brei* auf einer Scheibe Schwarzbrot, quasi als Brotbelag. Dazu gab es eine heiße Tasse *Schleeßefix* (davon erzähle ich später). Es schmeckte köstlich und ist auch heute noch in manchen Haushalten Bestandteil des Essensplans.

Beliebt war auch der *Aepelswiemer*. Ich erinnere mich gerne daran, er schmeckt heute aber nicht mehr so wie in der Nachkriegszeit. Mein Vater konnte ihn besonders schmackhaft zubereiten.

Heute würde man dazu vielleicht Kartoffelkuchen sagen. Ein gefetteter Pfannenboden wurde mit großen Zwiebelscheiben ausgelegt und darauf gesalzene Stampfkartoffel gefüllt, bis zum Pfannenrand; dann wurde das Ganze bei mäßiger Hitze gebraten. Es erforderte schon etwas Geduld, die Hitze durfte nicht zu arg sein, sonst verbrannten die Zwiebelscheiben. Gut und gerne brauchte so ein *Aepelswiemer* eine halbe Stunde Garzeit. Serviert wurde er umgestürzt auf einem flachen Teller. Die gebräunten Zwiebelscheiben lagen dann obenauf. Jeder hatte eine Gabel und alle aßen von dem einen Teller. Köstlich!

Mittags kam oft ein Eintopfgericht auf den Tisch, bei uns hieß es *Schniederschkurahsch*.

Aepelswiemer

Übersetzt heißt das wohl: Schneiders Mut. Den brauchte man auch bei solch einer Kombination: Bohnen und Backpflaumen! Es bestand aus den folgenden Zutaten: *je-kewwerte Wölleklöös*, Backpflaumen, Kartoffeln, Möhren und Suppengrün. Das ist jetzt vielleicht schwer zu verstehen. *Wölle-klös* sind eine spezielle Stangenbohnenart (ob es die noch gibt?), die bis in den Herbst hinein an den Stangen im Garten blieben, dann ins Haus geholt und zum vollständigen Trocknen auf dem *Older* (Speicher) ausge-

breitet wurden. An langen Winterabenden, ich weiß nicht ob es zur Unterhaltung diente, wurde dann oft ein Korb mit den getrockneten Bohnenschoten auf den Küchentisch geschüttet, und alle beteiligten sich am *Kewwern*, also daran, die Bohnenkerne aus den Schoten zu pellen. So hatte man einen Vorrat für eben dieses Gericht. Ich habe es nicht gerne gegessen, die Bohnenkerne waren sehr mehlig und rutschten schlecht den Schlund hinunter.

Abends gab es fast immer Milchbrei – den aber in vielen Variationen. Zum Beispiel *Brockenbrei*, der war nicht sehr beliebt. Er bestand aus altbackenem Brot, das man in gesüßte Dick- oder Buttermilch brockte. Das war mehr ein Gericht für heiße Tage, da es kalt gegessen wurde. *Ribbelchesbrei* war schnell zubereitet. In kochende und gesüßte Milch ließ man mit der einen Hand Mehl einrieseln und mit der anderen Hand rührte man mit besagtem *Suuvenbessemchen*. Das Mehl klumpte schnell und ergab die *Ribbelchen*. Beliebter war da schon der *Quetschensuuv*. Das waren im Backes auf Hürden selbst getrocknete Zwetschgen, eingeweicht und in gesüßte angedickte Milch gegeben.

Ich habe oben den *Schleeßefix* erwähnt. Es war Kaffeeersatz, dem heutigen Linde's-

Suuvenbessemchen

Schniederschkurahsch

Das Gerät zur Herstellung des Schleeßefix aus Gerste (oder auch aus anderen Materialien) wurde in die Öffnung des Herdes eingelassen.

oder Kathreiner Kaffee ähnlich. Er bestand aus selbst geernteter Gerste, die auf dem Ofen geröstet wurde. Dafür hatte man einen gusseisernen Topf, der mit einem Rührwerk versehen war.

Das Gerät zur Herstellung des *Schleeßefix* aus Gerste (oder auch aus anderen Materialien) wurde in die Öffnung des Herdes eingelassen. Hier hinein wurden die Gerstenkörner gefüllt und dann auf den Herd ins offene Feuer gestellt, es wurde tüchtig Hitze gemacht und unter Drehen des Rührwerks geröstet. Das Ergebnis war oft Glückssache. Dicke Rauchschwaden strömten bald aus den geöffneten Küchenfenstern und Türen. Die Nachbarn konnten sehen oder riechen, was hier vor sich ging. Das Ergebnis wurde dann in der handbetriebenen Kaffeemühle gemahlen und aufgebrüht. Sehr gewöhnungsbedürftig!

Heute können wir uns unsere Nahrungsmittel aus der ganzen Welt aussuchen. Doch schätzen wir das – so wie damals in und nach dem Zweiten Weltkrieg, als das Wenige, was wir hatten, etwas Besonderes war? Ich habe da so meine Zweifel!

Erklärungen der Wörter
für Nicht-Winterscheider

Wöschbrei = Rührei
Suuvenbessemchen = Rührbesen aus Birkenreisern
Schleeß = Raum in der Scheune über der Tenne
Schleeßefix = Kaffeeersatz
Aepelswiemer = Kartoffelkuchen
Schniederschkurahsch = ein Eintopfgericht
Wölleklöös = getrocknete Bohnenkerne
jekewwert = ausgepellt
Older = Speicher
Suuv = Brei

186

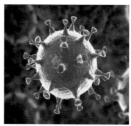

**Rückblick vom
1. Juli 2019
bis 30. Juni 2020**

STREIFLICHTER

Von Alexandra Lingk

2019-2020

POLITIK & ZEITGESCHEHEN

Juli 2019

Erstmalig findet der sogenannte Petersburger Dialog in Nordrhein-Westfalen statt. Auf dem historisch und politisch bedeutsamen Petersberg in Königswinter treffen sich Vertreter aus der Bundesrepublik und aus Russland, so unter anderem die Außenminister beider Länder, um über gesellschaftliche Fragen und die bilateralen Beziehungen zu diskutieren.

August 2019

Die aktuelle Modellrechnung des Statistischen Landesamtes zur zukünftigen Bevölkerungsentwicklung besagt, dass die Einwohnerzahl im Rhein-Sieg-Kreis bis zum Jahr 2040 voraussichtlich auf rund 635 000 – und damit um etwa 6 Prozent – anwachsen wird. Den größten Zuwachs wird dabei voraussichtlich mit + 15,3 Prozent Bornheim aufweisen. In den Gemeinden Windeck und Eitorf sieht das anders aus: Dort liegt die Prognose bei -11,7 bzw. -10,7 Prozent.

Der Kreistag des Rhein-Sieg-Kreises beschließt mehrheitlich, die Zahl seiner Mitglieder künftig auf 70 zu verringern. Eine solche Verringerung ist durch einen Passus im Kommunalwahlgesetz möglich. Das bedeutet aber in der Folge auch, dass die Kreistagswahlkreise neu zugeschnitten werden müssen.

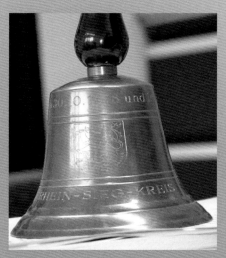

September 2019

Nachdem bereits die Teilnehmer des Petersburger Dialoges dort getagt haben, wird das ehemalige Gästehaus der Bundesregierung als edles Grandhotel im Rahmen eines großen Festaktes mit rund 600 geladenen Gästen nun auch offiziell wiedereröffnet. Dem vorangegangen war eine rund 40 Millionen Euro teure Sanierung und Modernisierung, mit der rund zweieinhalb Jahre lang 70 Planer, etwa 90 Firmen und circa 1300 Handwerker befasst waren.

Die Wirtschaftsförderung des Rhein-Sieg-Kreises stellt dem Kreiswirtschaftsausschuss ein umfassendes Kompendium vor, dessen Inhalte den Kommunen des Kreises als Steuerungsinstrument für Bodenpolitik dienen sollen. Damit soll das Problem des bezahlbaren Wohnraums unter Berücksichtigung der sich verändernden Altersstruktur aktiv angegangen werden. Dabei wird es unerlässlich sein, interkommunal noch enger zusammenzuarbeiten.

Oktober 2019

Nach über fünf Jahren Arbeit ist es nun so weit: Der Bundestag beschließt das sogenannte „Gaststaatengesetz". Mit diesem Gesetz soll z. B. erreicht werden, dass internationale Unternehmen von bestimmten Steuer- und Versicherungspflichten befreit werden und Erleichterungen für Visa und Einreisemöglichkeiten erhalten können. Für Bonn und damit für die gesamte Region steigen dadurch die Chancen im Konkurrenzkampf um die Ansiedlung internationaler Organisationen.

November 2019

Bundesverteidigungsministerin Annegret Kramp-Karrenbauer besucht in der Tomburg-Kaserne in Rheinbach den neuen militärischen Organisationsbereich Cyber- und Informationsraum. Hier geht es unter anderem um Cybersicherheit, operative Kommunikation und militärisches Nachrichtenwesen. Der Bund plant, in den nächsten fünf Jahren am Standort Rheinbach 23 Millionen Euro in neue Infrastruktur zu investieren.

Elisabeth Winkelmeier-Becker, CDU-Kreisvorsitzende und Bundestagsabgeordnete für den Rhein-Sieg-Kreis, wird von Bundesminister Peter Altmaier zur neuen Parlamentarischen Staatssekretärin im Bundesministerium für Wirtschaft und Energie ernannt.

Dezember 2019

Zu einem Empfang anlässlich ihres 50-jährigen Bestehens lädt in Siegburg die SPD-Kreistagsfraktion ein. Zahlreiche Kreistagsmitglieder der vergangenen 50 Jahre und viele weitere Gäste aus Politik und Verwaltung, darunter auch Landrat Sebastian Schuster und der ehemalige Landrat Frithjof Kühn sowie Mitglieder der Kreisverwaltung folgen der Einladung und kommen zum Austausch zusammen.

Der nordrhein-westfälische Verfassungsgerichtshof in Münster hat entschieden: Bei den Bürgermeister- und Landratswahlen wird die Stichwahl beibehalten. Damit kippt das Verfassungsgericht eine Neuregelung zur Abschaffung der Stichwahl, die der Landtag von Nordrhein-Westfalen mit der Mehrheit der Regierungsfraktionen für die im September stattfindenden Kommunalwahlen im Land getroffen hatte. Zuvor hatten Landtagsabgeordnete von SPD und Grünen gegen das neue Gesetz geklagt. Mit Erfolg, denn es gilt nun weiterhin: Wenn keiner der Bewerber im ersten Wahlgang mehr als die Hälfte der Stimmen für sich verbuchen kann, entscheidet eine Stichwahl zwischen den beiden Erstplatzierten im zweiten Wahlgang.

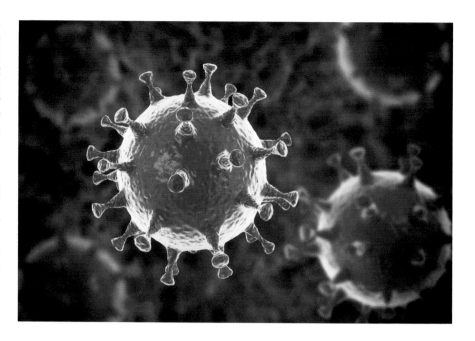

Januar 2020

Die Gemeinnützige Wohnungsbaugesellschaft (GWG) für den Rhein-Sieg-Kreis baut an der Rathausallee in Sankt Augustin ein Mehrfamilienhaus mit 23 mietpreisgedämpften Wohnungen. Zum symbolischen Spatenstich versammeln sich Vertreter der GWG und der Stadt Sankt Augustin sowie die verantwortlichen Architekten. Das „Bügeleisen", wie das Haus bereits jetzt aufgrund seiner Form genannt wird, ist ein konkreter Beitrag zur Bewältigung der Problematik, dass bezahlbarer Wohnraum Mangelware ist und bis zum Jahr 2030 noch rund 30 000 Wohnungen im Kreisgebiet fehlen. Bis zum Herbst 2021 soll das Haus fertiggestellt sein.

Februar 2020

Ursprünglich stand für den Beginn des neuen Jahres ein erstes Gespräch für den Bonn-Vertrag an, dem dann konkrete Verhandlungen folgen sollten. Doch das geplante Treffen wird aufgrund der Erkrankung der zuständigen Staatssekretärin kurzfristig abgesagt. Ein neuer Termin muss nun gefunden werden.

Mit dem Bonn-Vertrag soll die Zukunft Bonns als zweiter Regierungssitz geregelt werden. Zuvor war die Position Bonns über eine lange Zeit hinweg vom Bund durch die Verlagerung von Dienstposten nach Berlin geschwächt worden. Im Raum steht ein möglicher Verzicht auf einzelne Ministerien,

sofern im Vertrag Ausgleichsmaßnahmen vereinbart werden, von denen die Region profitieren würde. Verhandlungsgrundlage aufseiten der Region ist ein im Sommer des vergangenen Jahres entwickeltes Leitbild. Anhand dessen erarbeitet der Bund zurzeit seine Verhandlungslinie. Bonn und die Region streben an, den Vertrag bis Sommer 2020 zu unterzeichnen.

März 2020

Das neuartige Virus SARS-CoV-2 ist auch in Deutschland angekommen und verbreitet sich immer weiter. Das beeinflusst auch die Gremientätigkeit, die auf ein Minimum reduziert wird. Der Kreiswahlausschuss kommt notwendigerweise zu seiner Sitzung zusammen. Bis Ende des Monats müssen die Kreistags-Wahlbezirke für die am 13. September geplante Kommunalwahl festgelegt sein. Um dabei den gebotenen Abstand halten zu können, werden im Siegburger Kreishaus zwei Sitzungssäle zusammengelegt.

Ebenfalls unter dem Eindruck der Pandemie stellen sich im Laufe der Tage und Wochen jedoch manche Kommunalpolitiker in NRW die Frage, ob sich der vorgesehene Termin überhaupt unter den gegebenen Vorzeichen halten lässt. Bei den Parteien im Rhein-Sieg-Kreis findet eine mögliche Verschiebung zum jetzigen Zeitpunkt keine Mehrheit. Sie sehen noch keinen Zeitdruck, eine solche Entscheidung treffen zu müssen.

April 2020

Die Diskussion um eine Verschiebung der Kommunalwahl wird lauter, die Zweifel, dass sich der Termin im September mit Blick auf die gebotenen Fristen halten lässt, werden größer. Das Land NRW hält bislang am Wahltermin fest, Städtetag, Landkreistag und Städte- und Gemeindebund fordern NRW-Innenminister Herbert Reul auf, zu prüfen, ob die Wahl unter den gegebenen Umständen ordnungsgemäß stattfinden könnte oder ob eine Verschiebung oder eine ausschließliche Briefwahl eine Option darstellen könnten.

Mai 2020

Ab Mitte des Monats kommen die Fachausschüsse des Rhein-Sieg-Kreistags unter Einhaltung der Abstands- und Hygieneregelungen wieder zusammen. Die Sitzungen sind öffentlich, jedoch steht nur eine eingeschränkte Anzahl von Plätzen für Interessierte zur Verfügung. Die politische Gremienarbeit war zuvor wegen der Corona-Pandemie für zwei Monate ausgesetzt worden. Notwendige Entscheidungen wurden im Kreisausschuss bzw. als Dringlichkeitsentscheidung durch den Landrat und ein Kreistagsmitglied getroffen.

Die Landesregierung NRW hat entschieden: Die Kommunalwahl soll wie geplant am 13. September stattfinden. Für den Wahltag selbst sieht ein Gesetzesentwurf vor, dass die Möglichkeit bestehen soll, Stimmbezirke deutlich zu vergrößern, um so die Anzahl der benötigten Urnenwahlvorstände und Räume reduzieren zu können. Abgesehen davon rechnen die Landtagsfraktionen mit sehr viel mehr Briefwählern. Auch dann könnte die Anzahl der Wahllokale verringert werden. Im Sinne eines fairen Wettbewerbs soll die Frist für die Einreichung von Wahlvorschlägen um elf Tage verlängert werden. Zudem soll die Zahl an notwendigen Unterstützer-Unterschriften für nicht in den Kreistagen, im Landtag oder im Bundestag vertretene Parteien auf 60 Prozent der zuvor notwendigen Anzahl gesenkt werden. Doch einige kleinere Parteien, Wählergemeinschaften und unabhängige Kandidaten sehen ihre Rechte dennoch beeinträchtigt und klagen vor dem Verfassungsgerichtshof in Münster.

Bürgermeister und Kämmerer aus dem gesamten Kreisgebiet senden einen Hilferuf nach einem Rettungspaket für Kommunalfinanzen. Die Kommunen haben bedingt durch die Maßnahmen während der Pandemie massive Gewerbesteuerausfälle zu beklagen. Durch finanzielle Zuwendungen vom Land soll nun das Schlimmste verhindert werden. Der Kreisausschuss verabschiedet daher eine Resolution, nach der Land und Bund auch die Kommunen und kommunale Unternehmen in ihre Förderprogramme aufnehmen sollen.

Juni 2020

Die Zahl der Häuser und Wohnungen im Kreisgebiet steigt. Neuer Wohnraum entsteht zudem durch Aus- und Umbau. Auch im Gewerbe und in der Landwirtschaft wird viel gebaut.

Präventive Massentests sind zurzeit die wirkungsvollste Maßnahme im Kampf gegen die Ausbreitung des Corona-Virus. Der Rhein-Sieg-Kreis folgt den Empfehlungen des Robert-Koch-Instituts und führt Reihentests für Bewohner und Beschäftigte in den Altenheimen und Kliniken des Kreisgebietes durch. Insgesamt geht es um circa 10 000 Personen. Allerdings gibt es einen Konflikt hinsichtlich der Kostenübernahme für diese Tests. Daher kritisiert Landrat Schuster, dass der Rhein-Sieg-Kreis in nicht unerheblichem Maße in Vorleistung getreten ist und nach wie vor auf eine Verordnung

vonseiten der Bundesregierung wartet, die auch die finanzielle Grundlage für präventives Testen schafft. Die Erwartungshaltung findet Gehör in Berlin und Bundesgesundheitsminister Jens Spahn will die Verordnung schnellstmöglich auf den Weg bringen.

Die Zahlen der Statistiker verraten es: Im 50. Jahr seines Bestehens hat der Rhein-Sieg-Kreis die magische Einwohnerzahl von 600 000 geknackt. Nach wie vor ist der Rhein-Sieg-Kreis ein beliebtes Zuzugsgebiet, dessen Bevölkerungszahl auch weiterhin stetig wächst.

Als vorsichtige Rückkehr zur Normalität kann die Entscheidung gewertet werden, die Rathäuser und das Kreishaus zum Ende des Monats hin schrittweise wieder für Publikumsverkehr zu öffnen. Nach wie vor wird aber auf Terminvereinbarungen und Online-Angebote hingewiesen, um einen möglichen Ansturm zu verhindern, der sich nachteilig auf das ansonsten als positiv zu wertende Infektionsgeschehen im Kreis auswirken könnte.

Juli 2019

Als „klares Bekenntnis zum Standort" sieht die Firma Reifenhäuser aus Troisdorf Investitionen in Höhe von insgesamt rund 17 Millionen Euro für die kommenden fünf Jahre. Mit Blick auf den sogenannten „Zukunftsatlas Deutschlands", der soeben erschienen und demzufolge der Rhein-Sieg-Kreis im Bereich „Wettbewerb und Innovation" ein wenig abgesackt ist, ist das ein wichtiger Impuls für die Region. Zudem gilt es, sich nun vermehrt der Herausforderung des demografischen Wandels zu stellen.

In Rheinbach geht das DHL-Distrbutionszentrum für den Elektronikkonzern Eaton in Betrieb. Mit dieser von DHL maßgeschneiderten Lösung steigert das neue Zentrum die Wettbewerbsfähigkeit von Eaton. Kundenservice und Kundenzufriedenheit in ganz Westeuropa sollen dadurch verbessert werden. Dies wiederum bietet den DHL-Mitarbeitern vor Ort sichere Arbeitsplätze.

August 2019

Lead City heißt das Projekt, bei dem in fünf Städten der Bundesrepublik – unter anderem in Bonn – verschiedene Maßnahmen zur Luftreinhaltung erprobt werden, so zum Beispiel die Verbesserung des öffentlichen Personennahverkehrs (ÖPNV). Der Status Bonns als Lead-City-Modellstadt wirkt sich auch auf den Rhein-Sieg-Kreis aus. So tritt ein neuer Fahrplan in Kraft, der vor allem grenzüberschreitende Linien zwischen dem Kreisgebiet und der Bundesstadt betrifft.

Hier werden der Fahrplantakt verdichtet und die Streckenführung einiger Buslinien verändert. All dies wird vom Bund mit rund 38 Millionen Euro gefördert.

Der Tourismus in der Region boomt weiterhin. Sowohl die Zahl der Gäste als auch die Zahl der Übernachtungen ist gestiegen. Das belegt eine Auswertung des statistischen Landesamtes aus den ersten sechs Monaten des aktuellen Jahres im Vergleich zum Vorjahr. Den Ergebnissen zufolge übersteigt die Zahl der Gäste aus dem Inland dabei die der aus dem Ausland kommenden Touristen.

September 2019

Die Planungs- und Verkehrsausschüsse der Stadt Bonn und des Rhein-Sieg-Kreises stimmen in einer gemeinsamen Sitzung einem Konzept zur Weiterentwicklung des Straßenbahnnetzes zu. Voraussichtlich bis 2023 sollen demnach die Bahnen im Fünf-Minuten-Takt fahren. Zudem soll es mehr Direktverbindungen geben. Zur Realisierung dieses Planes müssen 22 zusätzliche Stadtbahnfahrzeuge angeschafft werden. Damit geht die Region einen weiteren wichtigen Schritt im kontinuierlichen Ausbau ihres Bus- und Bahnangebotes im Sinne einer nachhaltigen Mobilitätsentwicklung.

Für die Zeit bis 2023 verabschiedet die Verbandsversammlung des Zweckverbandes Nahverkehr Rheinland (NVR) ein Investitionsprogramm, von dessen Fördersumme 3,7 Millionen Euro in den Rhein-Sieg-Kreis fließen. Mit dem Geld sollen hauptsächlich Haltestellen barrierefrei ausgebaut werden. Nahtlos daran anschließen soll sich der Ausbau zu Mobilstationen.

Oktober 2019

„JOBWÄRTS" heißt ein vom Bund gefördertes Mobilitätsprogramm, das langfristig eine spürbare Reduzierung der Verkehrsbelastung in der Region Bonn/Rhein-Sieg anstrebt. Hierzu wollen die Stadt Bonn, der Rhein-Sieg-Kreis, der Verkehrsverbund Rhein-Sieg und das Zukunftsnetz Mobilität NRW passgenaue Angebote für in Bonn und dem Rhein-Sieg-Kreis ansässige Unternehmen schaffen, die es deren Mitarbeitern ermöglichen, sich vom Auto weg hin zu anderen Fortbewegungsmitteln zu orientieren. Ziel ist dabei nicht nur eine Entlastung der

Straßen in der Region, sondern auch eine größere Zufriedenheit der Angestellten durch stressfreieres Pendeln.

Das Verkehrsgutachten zur „Rheinspange" liegt vor. In einer Planungswerkstatt diskutieren Bürger und Vertreter aus Kommunen, Wirtschaft und Interessenverbänden, welche der möglichen Varianten einer Rheinquerung als Straßenverbindung südlich von Köln auf dem Gebiet des Rhein-Sieg-Kreises in einem nächsten Schritt vertieft untersucht werden sollen. Ergebnis der Diskussionen sind zehn Vorschläge für mögliche Trassenverläufe, die jetzt vom Landesbetrieb Straßen NRW geprüft und verglichen werden.

November 2019

Verspätungen und Ausfälle der Stadtbahnlinie 66 sorgen für Unmut und für Kritik an den Stadtwerken Bonn. Da die Klagen von Fahrgästen immer mehr zunehmen, stellen die Stadt Bonn und der Rhein-Sieg-Kreis den Stadtwerken ein Ultimatum, die Mängel beim „Herzstück" des Nahverkehrs umgehend abzustellen. Kritisiert wird unter anderem auch, dass einem offensichtlichen Mangel an Fahrpersonal nur sehr schleppend begegnet wird. Gerade mit Blick auf das ambitionierte Projekt Lead City wird diese Situation als nicht tragbar erachtet.

Nach über zweijähriger Sanierung ist der Eselsweg am Drachenfels wieder freigegeben. Für die nächsten Jahrzehnte ist nun die Gefahr gebannt, dass sich Gesteinsblöcke unterhalb des Bergfrieds lösen und auf den beliebten Wanderweg stürzen könnten. Die Kosten für die Sanierung belaufen sich auf rund 3,5 Millionen Euro.

Dezember 2019

Mit dem Antoniuskolleg in Neunkirchen soll im Rahmen der Regionale 2025 eine bestehende Immobilie einer zukunftsorientierten Nutzung zugeführt werden. Für den leer stehenden Gebäudeteil des ehemaligen Internats werden zurzeit verschiedene Nutzungsalternativen erarbeitet. Einen Großteil der Kosten, die für die Konzepterstellung anfallen, trägt der Rhein-Sieg-Kreis.

Der Fahrplanwechsel der Deutschen Bahn AG sorgt mit seinen Änderungen bei den ICE-Verbindungen für Ärger und Missmut. Der Bahnhof Siegburg/Bonn ist ein entscheidender Haltepunkt für Pendler aus der Region. Für sie fallen mit dem neuen Fahrplan wichtige Verbindungen weg. Politiker aus dem Rhein-Sieg-Kreis und der Bundesstadt Bonn fordern, diese Verbindungen aufrechtzuerhalten.

NRW-Verkehrsminister Hendrik Wüst spricht sich gegen den Einsatz weiterer ICE4-Züge auf der Hochgeschwindigkeitsstrecke zwischen Köln und Frankfurt aus. Diese Züge sind zwar komfortabler, aber deutlich langsamer und somit verantwortlich für zum Teil gestrichene Stopps, da die Bahn dieses Mittel wählt, um den Fahrplan dennoch einzuhalten.

Um den Druck auf die Deutsche Bahn zu erhöhen, verabschieden der Kreistag des Rhein-Sieg-Kreises und der Siegburger Rat Resolutionen zum Angebot am ICE-Bahnhof.

Ein Gespräch zwischen der Stadt Bonn, dem Rhein-Sieg-Kreis und Landesverkehrsminister Hendrik Wüst gibt Aufschluss darüber, dass es einen Radschnellweg aus Richtung Rheinbach/Meckenheim über Bonn bis hin zur anderen Rheinseite geben, dieser jedoch nicht entlang der Autobahn A 565 verlaufen wird. Dies wäre aufgrund des hohen finanziellen Aufwands für die dafür notwendigen Bauwerke nicht wirtschaftlich und würde zudem zu Verzögerungen beim Baubeginn des dringend sanierungsbedürftigen „Tausendfüßlers", des auf Ständern geführten Teilstücks der Autobahn auf Bonner Stadtgebiet kurz vor der Nordbrücke, führen. Jetzt gilt es, eine Alternativroute zu finden.

Gemeinsam mit 24 Städten und Landkreisen beteiligt sich der Rhein-Sieg-Kreis an der Online-Plattform „TIC Kommunal" (Traffic Information Center). Diese Plattform zeigt, wo es aufgrund von Baustellen zu Staus kommt. Ziel ist es, dadurch die Beeinträchtigungen für Pendler so gering wie möglich zu halten.

Januar 2020

1700 Züge in NRW – darunter auch die 99 Bahnen der Stadtwerke Bonn (SWB) – erhalten neue Notfallschaltungen. Grund hierfür ist ein Vorfall, der jüngst für Entsetzen gesorgt hatte: Ein Fahrer der Linie 66 war in seiner Kabine zusammengebrochen und hatte das Bewusstsein verloren. Daraufhin fuhr der Zug führerlos und ungebremst durch den Rhein-Sieg-Kreis und Bonn und passierte dabei acht Haltestellen. Die Notbremsen funktionierten nicht. Mit großer Mühe konnten Passagiere die Fahrerkabine aufbrechen und die Bahn zum Stehen bringen. Später stellte sich heraus, dass es eine Verkettung unglücklicher Zufälle war, die dazu geführt hatte, dass die eingebauten Mechanismen die Bahn nicht stoppten.

Der Zweckverband Nahverkehr Rheinland (NVR) startet das Förderprogramm „Regionale Schnellbusse". 18 der 49 grundsätzlich förderfähigen Verbindungen liegen im Rhein-Sieg-Kreis. Daher stellt die Kreisverwaltung nun einen entsprechenden Förderantrag, damit schrittweise ein regionales Schnellbusnetz im Kreis etabliert werden kann. Für fünf Linien wird schließlich eine Förderung beschlossen. Davon profitiert vor allem der Öffentliche Personennahverkehr (ÖPNV) im ländlichen Raum. Gefördert werden die Linien Bad Honnef – Windhagen, Hennef – Asbach, Hennef – Ruppichteroth – Waldbröl, Overath – Much und Siegburg – Neunkirchen-Seelscheid – Much.

Februar 2020

Während die Pläne für eine neue Rheinquerung einerseits als wichtige Infrastrukturmaßnahme gesehen werden, formiert sich auf der anderen Seite erheblicher Widerstand gegen mögliche Varianten. Fest steht einem Gutachten zufolge, dass eine neue Rheinquerung auf jeden Fall mit massiven Eingriffen in die Umwelt verbunden sein wird. Eine Tunnellösung wird bereits von ihren Befürwortern als die für Flora und Fauna verträglichere Variante gewertet. Andere sind strikt dagegen. Wieder andere erachten es als nicht sinnvoll, sich bereits zum jetzigen Zeitpunkt auf eine bestimmte Querungslösung festlegen zu wollen. In die Überlegungen miteinbezogen werden soll überdies die geplante rechtsrheinische Bahnverbindung zwischen Köln und Bonn. Dies führt hier wie da zu Interessenkollisionen. Coronabedingt gibt es zudem in den Entscheidungsfindungsprozessen erhebliche Verzögerungen.

Ab 2030 soll der Verkehr über die neue Rheinquerung rollen können, um bestehende Rheinbrücken und damit die gesamte Verkehrssituation zu entlasten. Darüber hinaus soll das Bus- und Bahnangebot – zum Beispiel durch Schnellbuslinien – ausgebaut und somit eine Verringerung des Straßenverkehrs erreicht werden.

März 2020

Corona bringt nicht nur Sorgen und Nöte um die Gesundheit der Menschen, sondern auch um das wirtschaftliche Überleben mit sich. Mit rigorosen Maßnahmen versuchen die Regierungen, die Ansteckungsgefahr zu verringern und die Infektionskurve möglichst flach zu halten, um eine Überforderung des Gesundheitssystems zu vermeiden. Das öffentliche Leben wird sehr stark eingeschränkt, Teile des Wirtschaftslebens kommen zum Erliegen. Viele Unternehmen, Selbstständige und Freiberufler kämpfen um ihre Existenz. Die Bundesregierung schnürt deshalb ein Notpaket mit Wirtschaftshilfen. Auch der NRW-Landtag beschließt einen Rettungsschirm. Mit einem Sondervermögen von bis zu 25 Milliarden Euro und einem Nachtragshaushalt für 2020 soll es möglich werden, die Folgen der Krise zu bewältigen.

Es ist so weit: Das neue Institut des Deutschen Zentrums für Luft- und Raumfahrt (DLR) geht im Rhein-Sieg-Kreis an den Start. In Rheinbach hat die DLR Räumlichkeiten am Campus der Hochschule Bonn-Rhein-Sieg angemietet und am Standort Sankt Augustin zieht sie in Büros im Gebäude der Konrad-Adenauer-Stiftung. An beiden Standorten werden ab sofort Forschung und Entwicklung zum Schutz kritischer Infrastrukturen vorangetrieben. Eine enge Zusammenarbeit mit der Hochschule Bonn-Rhein-Sieg ist dabei vorgesehen. Damit wird Cybersicherheit für Deutschland künftig auch vom Rhein-Sieg-Kreis aus sichergestellt.

Im Zuge des Förderprogramms „Nahmobilität 2020" werden in Nordrhein-Westfalen rund 20,9 Millionen Euro investiert. Davon profitiert auch die Gemeinde Wachtberg. Dort kann nun der etappenweise vorgesehene Ausbau einer wichtigen Fahrrad-Verbindung zwischen Villiprott, Villip und Berkum beginnen.

April 2020

Die Verbreitung des Corona-Virus stürzt die Firmen in der Region in eine schwere Krise. Laut Industrie- und Handelskammer Bonn/Rhein-Sieg (IHK) ist rund ein Viertel der Unternehmen von Insolvenz bedroht. Die Agentur für Arbeit Bonn/Rhein-Sieg erreichen immer mehr Kurzarbeitsanzeigen.

Daher wird der Ruf nach maßvollen Lockerungen des sogenannten Lockdown – dem Herunterfahren des öffentlichen Lebens und bestimmter Wirtschaftsbereiche mit hohem Infektionsrisiko – immer lauter. Der Einzelhandel bereitet sich darauf vor, mit Plexiglasscheiben, Mundschutzen und Abstands-Aufklebern den Auflagen zu entsprechen und ein Wiedereröffnen zu ermöglichen.

Doch deutschlandweit stagniert das Konsumverhalten: Die Kauflaune der Menschen ist aufgrund der eingefrorenen Wirtschaft und akuter Ängste um den Arbeitsplatz so gering wie nie zuvor.

Der Rhein-Sieg-Kreis wirbt für die Online-Plattform „lokalwirkt.de". Hier erhalten die lokale Gastronomie, der Einzelhandel und das Dienstleistungsgewerbe die kostenfreie Möglichkeit, ihre Angebote und Informationen „an den Mann" zu bringen. Das ehrenamtliche Projekt wird vom Rhein-Sieg-Kreis, den Städten Bonn und Düsseldorf, der IHK und dem kommunalen Rechenzentrum Rhein-Erft-Ruhr unterstützt.

Mai 2020

In der Region stürzt aufgrund der Corona-Krise die Wirtschaft ab. Deutlich mehr Menschen als sonst sind arbeitslos gemeldet. Tausende Betriebe zeigen Kurzarbeit an. Eine Konjunkturumfrage der Industrie- und Handelskammer zeigt historisch schlechte Ergebnisse.

Kreiswirtschaftsförderer Dr. Hermann Tengler hat eine Vision für die Zeit nach Corona: Er rechnet mit einer partiellen Neuorganisation der Globalisierung, bei der Produkte der Daseinsvorsorge vor Ort produziert werden. Zudem sieht er in der jetzigen Krise eine Schubverstärkung für Digitalisierung und digitales Arbeiten, was sich positiv auf den Verkehr in der Region auswirken kann. Ein weiterer Effekt wäre, dass der ländliche Raum dadurch neue Chancen erhält.

„Schneller ans Ziel" – dieses Motto haben sich der Rhein-Sieg-Kreis und der Kreis Neuwied auf die Fahne geschrieben und verständigen sich in diesem Sinne darauf, den Busverkehr künftig wieder durchgehend anzubieten. Die Rhein-Sieg-Verkehrsgesellschaft (RSVG) übernimmt den grenzüberschreitenden Verkehr zwischen dem südlichen Nordrhein-Westfalen und der Verbandsgemeinde Asbach im nördlichen Rheinland-Pfalz. Das Verkehrsangebot zwischen Hennef, Eitorf und Asbach wird dadurch erheblich verbessert.

In Sachen Rad-Pendler-Route zwischen dem Kreisgebiet und Bonn tut sich zwar noch nichts bahnbrechend Neues, doch immerhin haben Vertreter von Politik und Verwaltung in Alfter, Bornheim, Meckenheim, Rheinbach und Swisttal es gemeinsam mit dem Allgemeinen Deutschen Fahrradclub (ADFC) nun ermöglicht, dass zwei neue Routen für Radpendler aus Bonn und dem Kreisgebiet ausgewiesen wurden. Sie führen über bereits bestehende Fahrradwege und ruhige Nebenstraßen. Eine Route führt von Rheinbach über Meckenheim, Röttgen, Ückesdorf und Lengsdorf bis in die Bonner Innenstadt. Die andere führt von Rheinbach über Swisttal-Buschhoven und Alfter-Oedekoven bis nach Bonn-Dransdorf, wo sie auf die sich in Planung befindende Rad-Pendler-Route treffen soll.

Juni 2020

Corona hat auch eine besorgniserregende Entwicklung am Ausbildungsmarkt verursacht. Die Unsicherheit ist groß, die Zahl der eingetragenen Ausbildungsverträge liegt deutlich unter dem Vorjahresstand. In den Branchen, die durch die Pandemie nahezu zum Erliegen gekommen sind, soll daher für Bewerber und Unternehmen laut Ausbildungskonsens NRW im kommenden Februar ein zusätzlicher Starttermin ermöglicht werden.

Die Drachenbrücke im Zuge der Bundesstraße B 42 bei Königswinter wird saniert. Ihre Statik soll verstärkt werden und die Arbeiten dazu beginnen nun früher als eigentlich erwartet. Rund zwölf Monate soll die Sanierung der Drachenbrücke, über die täglich rund 27 000 Fahrzeuge rollen, dauern. Die zurzeit bereits geltende einspurige Verkehrsführung bleibt bestehen.

Das Land Nordrhein-Westfalen gibt bekannt, mit 8,5 Milliarden Euro die Konjunktur in NRW beleben zu wollen. Finanzielle Hilfen sind für Kommunen, Schulen, Kliniken und Kleinunternehmer vorgesehen. In den ÖPNV wird ebenso investiert wie in die digitale Ausstattung von Schulen. Auch der Städte- und Straßenbau sowie Projekte des Umwelt- und Klimaschutzes erhalten Hilfsgelder.

In seiner letzten Sitzung in der laufenden Wahlperiode beschließt der Kreistag des Rhein-Sieg-Kreises, die im Rahmen des Bundesförderprojektes „Lead City" verbesserten Busangebote zwischen der Stadt Bonn und dem Rhein-Sieg-Kreis fortzuführen, auch wenn die Förderung durch den Bund entfallen sollte.

Ebenfalls soll das Projekt „JOBWÄRTS einfach.besser.pendeln" weiter aufgebaut werden. Hierbei geht es um maßgeschneiderte Angebote für die Arbeitgeber in Bonn und dem Rhein-Sieg-Kreis. Dabei sollen die Mobilität der Mitarbeitenden analysiert und gemeinsam Alternativen zur Autonutzung entwickelt werden.

KUNST, KULTUR & GESCHICHTE

Juli 2019

Nachdem der Gasthof Röttgen in Neunkirchen-Seelscheid seine Pforten dank neuer Pächter wieder öffnen konnte, steht nun fest, dass auch die beliebte Veranstaltungsreihe „Kulturjedöns" wieder nach Seelscheid zurückkehren wird. Sie startet im Oktober mit den „kulinarischen Verzällcher". Auch das Programm für das kommende Jahr steht schon fest.

Auf 100 Jahre in Kloster Heisterbach in Königswinter kann die Ordensgemeinschaft der Cellitinnen zurückblicken. Nach dem Ersten Weltkrieg kamen sie nach Heisterbach und übernahmen dort zunächst die Landwirtschaft. Mit den Cellitinnen zog wieder klösterliches Leben in das gut ein Jahrhundert zuvor säkularisierte und später privatisierte Gelände ein. Inzwischen sind keine Schwestern des Ordens mehr vor Ort, aber das von ihnen gegründete Altenheim besteht fort.

August 2019

Der erste große Sanierungsabschnitt an der Tomburgruine bei Rheinbach ist abgeschlossen. Seit 2017 wurden die Mauerkronen der Umfassungsmauern restauriert. Dies ermöglichten unter anderem die Deutsche Stiftung Denkmalschutz, die Kulturförderung des Landschaftsverbandes Rheinland, der Förderverein „Freundeskreis Tomburg" sowie die „Tomburg Ritter". Die Deutsche Stiftung Denkmalschutz betont, dass ausschließlich Projekte gefördert werden, für die sich auch umfangreich ehrenamtlich engagiert wird. Die Tomburg wurde erstmals im 11. Jahrhundert als Sitz der Pfalzgrafen erwähnt. 1473 wurde sie nach einer Belagerung durch Wilhelm von Jülich zerstört.

Sein 100-jähriges Bestehen feiert der Männergesangverein Merten/Sieg. In der Zeit seit der Gründung 1919 ging es den Mitgliedern des Vereins nicht nur darum, gemeinsam zu singen und dabei schöne Stunden zu verbringen, sondern auch darum, sich aktiv in das Dorfleben einzubringen und gesellschaftlich zu engagieren.

September 2019

Im Rhein-Sieg-Kreis ist der Blick klar auf das Beethoven-Jubiläumsjahr gerichtet. Als eine Art Testlauf gelten die sieben Konzerte des Beethovenfestes 2019 an sechs Orten im Kreisgebiet. Im Kultur- und Sportausschuss erhalten die Kommunalpolitiker des Rhein-Sieg-Kreises fortlaufend einen Eindruck davon, welche Projekte für BTHVN2020 geplant sind. Rund 70 Veranstaltungen stehen im Jubiläumsprogramm für den Rhein-Sieg-Kreis. Das Jubiläum soll Kultur und Tourismus im Kreis fördern und Beethoven der Gesamtbevölkerung näherbringen.

Nach einem Jahr Bauzeit eröffnet in Rheinbach frist- und kostengerecht das Römerkanal-Infozentrum. Großzügige Fördermittel – so zum Beispiel aus dem Europäischen Fonds für Regionale Entwicklung (EFRE), vom Landschaftsverband Rheinland (LVR) und der NRW-Stiftung – haben die Realisierung dieses ehrgeizigen Projektes ermöglicht. Mit einem Römerfest, bei dem auch Gladiatorenkämpfe nicht fehlen, wird das Zentrum stilecht eröffnet. Im Römerkanal-Infozentrum geht es künftig nicht nur um Wissensvermittlung – es soll mit seinen vielen antiken Originalstücken auch zum Publikumsmagneten auf der Route des Römerkanal-Wanderweges (120 Kilometer quer durch die Eifel, die Voreifel, die Ville bis nach Köln) avancieren und so Kultur und Tourismus miteinander verbinden. Herzstück ist dabei die Ausstellung „Wasser für Roms Städte".

Seit 100 Jahren gibt es den Männergesangverein „Rheingold" Witterschlick. Dieses Jubiläum wird mit einem großen Fest gefeiert. Auch andere Chöre gratulieren den „Rheingold"-Sängern im Rahmen eines Freundschaftssingens, das viele Besucher ins Festzelt auf dem Dorfplatz lockt.

Oktober 2019

Als erstes sichtbares – und dauerhaftes – Zeichen des Beethovenjubiläums wird der Beethoven-Rundgang in Bonn und im Rhein-Sieg-Kreis eröffnet. Er gliedert sich in zwei Erlebniswelten. Die BTHVN STORY bietet mit elf Stationen auf Bonner Stadtgebiet ein Bild des jungen Beethoven in seinem unmittelbaren Lebensumfeld. Weitere elf Stationen führen in der BTHVN REGION zu Sehenswürdigkeiten in die Natur im heutigen Rhein-Sieg-Kreis. Hier hat der junge Beethoven Erholung und Inspiration gesucht und gefunden. Die Stationen mit informativen Stelen befinden sich im Kreisgebiet in Alfter, Bornheim, Meckenheim, Rheinbach, Swisttal und Wachtberg sowie in Königswinter (Drachenfels, Petersberg, Kloster Heisterbach) und in Siegburg (Michaelsberg). Nähere Infos unter www.bthvn-story.de.

Wer zurzeit Königswinter besucht, kann sich auf eine Reise in die Vergangenheit der besonderen Art begeben. Unter dem Titel „50 Jahre – 50 Bilder" präsentiert eine Ausstellung, was sich von 1969, also seit der kommunalen Neugliederung, bis zum Jahr 2019 in Königswinter getan und vor allem verändert hat. Mit der Auswahl dieser Bilder wird zwar nicht repräsentativ, aber eindrücklich ein Stück Stadtgeschichte erzählt.

Bei den Hennefer Kunsttagen, die in diesem Jahr auf ein Oberthema verzichtet haben, überzeugen die Exponate, die die Initiative Kunst Hennef (IKH) in der Meys Fabrik präsentiert, durch eine besondere Vielfalt der Inhalte und künstlerischen Mittel.

November 2019

Die 32. „Morenhovener Lupe", der Kleinkunstpreis der Initiative Kunst und Spektakel in Swisttal (KuSS), geht an den Entertainer, Musiker und Buchautor Jürgen von der Lippe. Die Auszeichnung wird einmal pro Jahr anlässlich der Morenhovener Kabarett-Tage im Kulturzentrum Kreaforum verliehen und ist der drittälteste Kleinkunstpreis Deutschlands. Besonders von der Lippes Umgang mit der Sprache hat die Jury beeindruckt und überzeugt. Die Auszeichnung erhält der Künstler aus den Händen von Dr. Klaus Grewe, dem Intendanten der Morenhovener Kabarett-Tage.

Dezember 2019

Mit einem großen Festakt wird in Bonn der Auftakt zum Beethoven-Jubiläumsjahr begangen. Oberbürgermeister Ashok Sridharan und NRW-Ministerpräsident Armin Laschet, Kulturstaatsministerin Monika Grütters und Landrat Sebastian Schuster eröffnen den Festreigen in der Bonner Oper. In den nächsten zwölf Monaten wird nicht nur in der Region, sondern auf der gesamten Welt auf vielfältige Weise der 250. Geburtstag des gebürtigen Bonner Komponisten gefeiert werden.

Unter der Leitung von Generalmusikdirektor Dirk Kaftan läuft das Beethoven-Orchester zu Hochform auf. Auch der Chor und die beiden Solisten erhalten von den rund 1000 Gästen im Anschluss an das abwechslungsreiche Programm begeisterten und langanhaltenden Applaus.

Januar 2020

Auch im Rhein-Sieg-Kreis starten die Projekte zum Beethoven-Jubiläum. Zum Beginn des Festivals „Orgelkultur im Rhein-Sieg-Kreis" findet in Swisttal ein Konzert in der Ollheimer Pfarrkirche statt. Der Organist des Speyerer Doms, Markus Eichenlaub, greift virtuos in die Tasten der dortigen „König-Orgel". Dazu zeigt Musikwissenschaftlerin Marie Luise Maintz die jeweiligen Verbindungen der vorgestellten Stücke zu Beethoven auf, während Kirchenkenner Heiner Meurs dem Publikum den neoromanischen Baustil der Pfarrkirche nahebringt.

Bibliotheken und Archive aus dem Rhein-Sieg-Kreis und der Stadt Bonn schließen sich zu einem Notfallverbund zusammen. Das bedeutet, dass sich Expertinnen und Experten in einer Erklärung verpflichten, sich nach Bränden oder Überschwemmungen gegenseitig zu helfen und gemeinsam dazu beizutragen, dass das Ausmaß des Schadens so gering wie möglich bleibt.

Dafür werden jetzt Notfallpläne ausgearbeitet. Zudem müssen die richtigen Handgriffe für den Ernstfall bekannt sein und trainiert werden, damit das kollektive Gedächtnis unserer Gesellschaft geschützt und im Notfall gerettet werden kann. Dabei kann unter anderem das sogenannte „Conservation Kit" des Landschaftsverbandes Rheinland (LVR) gute Dienste leisten.

Der promovierte Königswinterer Historiker Ansgar Klein spricht im Siebengebirgsmuseum über die Ergebnisse seiner vom Rhein-Sieg-Kreis und dem Landschaftsverband Rheinland ermöglichten Forschung zu NS-Medizinverbrechen. Über 140 Menschen aus dem heutigen Kreisgebiet galten demnach damals als „lebensunwertes Leben" oder „Ballastexistenzen". Sie fielen der Euthanasie (gr.: der gute Tod), einer euphemistischen Umschreibung für systematische Krankenmorde, zum Opfer. Weitaus mehr Menschen wurden überdies willkürlich mit der Begründung einer mangelhaften Erbgesundheit zwangssterilisiert. Die Forschungsergebnisse sollen demnächst als Buch veröffentlicht und in einer Ausstellung präsentiert werden.

Februar 2020

„8sam on the wall" ist ein Kunstwerk der besonderen Art. Es ist Teil des Projektes „8sam!", das sich gegen Rassismus und religiös motivierten Extremismus richtet. Dieses Projekt wird vom Bundesministerium für Familie, Senioren, Frauen und Jugend im Zuge des Programms „Demokratie leben!" gefördert. In Sankt Augustin haben Schüler der Toleranz AG des Albert-Einstein-Gymnasiums eine 250 Quadratmeter große Wand im Zentrum der Stadt künstlerisch gestaltet und damit ein Zeichen für eine Gesellschaft ohne Diskriminierung gesetzt. Im Beisein von mehreren Hundert Gästen weiht Joachim Stamp, Landesminister für Kinder, Familie, Flüchtlinge und Integration in Nordrhein-Westfalen das Graffiti-Kunstwerk ein.

Der Burghof ist ein denkmalgeschütztes Gebäude im Siebengebirge am Aufstieg zum Drachenfels. Unternehmer Marc Asbeck hatte die seit 1989 leer stehende und viele Jahre dem Verfall preisgegebene Immobilie 2016 erworben und später wieder zum Verkauf angeboten. Nun ist der Rhöndorfer Immobilienunternehmer und Weingutbesitzer Bernd G. Siebdrat neuer Eigentümer des Burghofs. Er plant die Sanierung und könnte sich den Burghof später als öffentliches Objekt vorstellen. Landrat Sebastian Schuster wirbt beim Land NRW um Unterstützung des neuen Eigentümers. Der Erhalt des Burghofes sei für die historische Kulturlandschaft des Siebengebirges und des gesamten Rhein-Sieg-Kreises enorm wichtig. Einen Beitrag dazu leistet der Rhein-Sieg-Kreis mit einem Naturschutzprojekt, das rund um das ehemalige Gasthaus geplant ist. Im Rahmen des Naturschutzgroß-

projektes „chance7" soll dort eine Streuobstwiese entstehen, wo sich jetzt noch zum Teil kahle und abgestorbene Bäume befinden.

Das Jahr 2020 steht im Zeichen Ludwig van Beethovens. Davon zeugt auch der eigens ausgewiesene Beethoven-Wanderweg, den die Tourismus Siebengebirge GmbH in der neuen Auflage der Wanderfibel Siebengebirge vorstellt. Drei der 22 BTHVN-Stelen, die in Bonn und im Rhein-Sieg-Kreis anlässlich des Jubiläums installiert worden sind, um den Einfluss der regionalen Gegebenheiten auf Beethovens Werk zu verdeutlichen, sind in den neuen Wanderweg eingebunden. Der Weg ist 15 Kilometer lang und mit einem weißen B mit Beethoven-Silhouette auf grünem Grund markiert.

März 2020

Für Projekte der kulturellen Bildung an Schulen erhält der Rhein-Sieg-Kreis 132 000 Euro aus dem Landesprogramm Kultur und Schule. Auf diese Weise erhalten Schülerinnen und Schüler in Projekten mit professionellen Künstlerinnen und Künstlern die Möglichkeit, Kunst und Kultur außerhalb des Unterrichts und unabhängig von ihrem familiären Hintergrund aktiv zu erleben.

Was von langer Hand sorgfältig geplant und inszeniert wurde, kann nun aufgrund widriger Umstände schlicht und ergreifend nicht stattfinden: Die Corona-Epidemie zerschlägt jegliche Termin- und Veranstaltungsorganisation und hinterlässt vielerorts Traurigkeit

und Ratlosigkeit. Die umfangreichen staatlichen Maßnahmen, um die Ausbreitung des Virus unter Kontrolle zu bringen, bedeuten das zeitweilige Aus für öffentliche Kulturveranstaltungen auch in Bonn und der Region in den nächsten Wochen und Monaten.

So ist die Ausstellung „Familie Mühlhens und Königswinter" anstatt in der Talstation der Drachenfelsbahn zunächst nur virtuell im Internet zu sehen. Sie erzählt die Geschichte der Industriellenfamilie Mühlhens, deren Urahn Wilhelm Mühlhens einst in Köln das 4711-Imperium gegründet hatte. Diese Familie – und besonders der Enkel des Unternehmensgründers, Ferdinand, auch „de Naas vun Kölle" genannt – hat die Entwicklung im Siebengebirge durch Investitionen und Innovationen maßgeblich mitgeprägt. Auch die Beziehung, die Ludwig van Beethoven zum Drachenfels empfand, wird in der Ausstellung thematisiert und anhand von Exponaten erklärt.

April 2020

Die Kulturstätten und ihre Betreiber leiden unter der Corona-Krise. Vielen Künstlern ist auch durch das Soforthilfeprogramm des Landes nicht geholfen. Auch die Feierlichkeiten zum Beethoven-Jubiläum nehmen mit dem Lockdown zunächst ein jähes Ende. Jetzt heißt es Kurzarbeit statt Konzerte. Doch in einer Sondersitzung beschließt der Aufsichtsrat der Jubiläumsgesellschaft, die Aktivitäten rund um den 250. Geburtstag Ludwig van Beethovens nicht zu beenden,

Königswinter
Drachenburg mit Hôtel Burghof

sondern zu verschieben. Das Jubiläum soll nun bis Ende September 2021 gefeiert werden. Damit können die im ersten Halbjahr ausgefallenen Projekte nachgeholt werden.

Das Denkmalförderprogramm 2020 der Landesregierung NRW dient dem Erhalt des historisch-kulturellen Erbes. Davon profitiert der Rhein-Sieg-Kreis in hohem Maße. Er hat von allen Kreisen in Nordrhein-Westfalen die meisten Denkmäler. Rund 424 000 Euro fließen aus dem Landesprogramm für besondere Restaurierungsarbeiten und Einzelprojekte in den Kreis.

Mai 2020

Beim Beethovenfest steht ein Generationenwechsel an: Der 1986 geborene Kulturmanager und Cellist Steven Walter wird zum neuen Intendanten berufen und tritt Ende des kommenden Jahres in die Fußstapfen von Nike Wagner, deren auslaufender Ver-

trag aufgrund der Corona-Krise um zehn Monate verlängert wurde. Auf diese Weise kann sie die ursprünglich für September 2020 geplante Jubiläums-Ausgabe des Festivals, die in den Spätsommer 2021 verschoben wird, wie vorgesehen leiten. Steven Walter hat sich als Festivalleiter in Esslingen mit innovativen Konzertformaten, die auch junge Menschen für die klassische Musik begeistern, einen Namen gemacht.

Auch die sogenannten BTHVN-Musik-Picknicks der sechs linksrheinischen Kommunen fallen der Pandemie zum Opfer. Die Möglichkeit, Beethoven unter freiem Himmel zu erleben, ist aber nur aufgeschoben, nicht aufgehoben: Die Veranstaltungsreihe ist nun komplett für den Sommer des kommenden Jahres geplant.

Der Kulturkreis Alfter macht aus der Not eine Tugend: Da Ausstellungen in Zeiten von Corona nicht so einfach zu realisieren sind, sind die aktuellen Werke der 14 Künstlerin-

nen und Künstler in einer virtuellen Ausstellung kostenlos auf der Homepage des Kulturkreises zu sehen.

Juni 2020

Aufgrund der Einschränkungen durch die Pandemie wird das sogenannte „Beethoven Pastoral Project" zu einem digitalen Event. Weltweit interpretieren am 5. Juni, dem Weltklimatag, über 250 Künstlerinnen und Künstler die Pastorale, Beethovens Sinfonie Nr. 6 mit starken Bezügen zur Natur, als Zeichen für den Klimaschutz.

Trotz einiger Lockerungen ist das kulturelle Leben weiterhin stark beeinträchtigt. So bleibt beispielsweise die Studiobühne Siegburg bis zum Herbst geschlossen, weil die Abstandsregelungen nicht eingehalten werden können. Das Kunsthaus Seelscheid hingegen kann seine Pforten unter entsprechenden Auflagen zumindest für eine musikalisch begleitete Lesung öffnen.

Sport & Freizeit

Juli 2020

Konstanze Klosterhalfen ist in der Weltspitze des Laufsports angekommen und geht als sechstschnellste Läuferin über 3000 Meter in die Leichtathletik-Geschichte ein. Die aus Königswinter-Bockeroth stammende Ahtletin verbesserte ihre persönliche Bestmarke von 2017 um nahezu zehn Sekunden.

In den kommenden Jahren will das Land Nordrhein-Westfalen 300 Millionen Euro in die Sportinfrastruktur vor Ort investieren und so die rund 38 000 Sportstätten im Land sanieren und modernisieren. Für den Rhein-Sieg-Kreis stellt das Programm „Moderne Sportstätte 2022" insgesamt 8,56 Millionen Euro zur Verfügung und ruft Vereine und Sportbünde auf, Förderanträge zu stellen.

Das Projekt „Quartier in Bewegung", das vom Verein Kivi („Kids Vital") initiiert worden ist, erhält den Gesundheitspreis 2019 des Landes Nordrhein-Westfalen. Ausgezeichnet werden damit die präventiven Maßnahmen für mehr Bewegung und gesunde Ernährung im Alltag, die das Projekt Kindern, Jugendlichen und ihren Familien wohnortnah und niedrigschwellig anbietet. Für diese Maßnahmen gehen der Verein Kivi und seine Kooperationspartner mitten ins Geschehen, also in die einzelnen Stadtteile und Quartiere hinein. So nimmt zum Beispiel auch das Wohnviertel Friedrich-Wilhelms-Hütte aktuell am Projekt teil.

August 2019

Auf den nächsten Rekord muss Konstanze Klosterhalfen nicht lange waren. Im Berliner Olympia-Stadion knackt sie nach ihrem fulminanten 3000-Meter-Lauf auch den 20 Jahre alten deutschen Rekord über 5000 Meter. Ihre Begründung für diese Leistung ist recht gut nachvollziehbar: „Ich wollte einfach schnell laufen." Offenbar erneut von diesem Wunsch getrieben, läuft sie zwei Wochen später beim Diamond-League-Meeting der Leichtathleten in Birmingham auch noch die nationale Bestzeit über die Meile.

#BE-FIT-COACH ist der Name einer Kampagne, die der KreisSportBund Rhein-Sieg und der Stadtsportbund Bonn gemeinsam entwickelt haben. Ziel dieser Kampagne ist es, den Sport und damit mehr Bewegung in die Unternehmen zu bringen. Und nicht nur das: Indem Bewegungsexperten aus den eigenen Reihen ausgebildet werden, soll die betriebliche Gesundheitsförderung aktiv mitgestaltet werden können. Dies soll unter anderem durch eine Vernetzung mit den ortsansässigen Sportvereinen geschehen.

September 2019

Im Zuge eines Pilotprojektes werden in Bonn und im Rhein-Sieg-Kreis sportmotorische Potenziale und Defizite bei Kindern untersucht, nachdem sich unter anderem herausgestellt hatte, dass 50 Prozent der Zweitklässler nicht richtig schwimmen können und fast ein Fünftel übergewichtig ist. Auf der Grundlage der erhobenen Daten sollen dann gezielt Bewegungsangebote unterbreitet werden. Im Anschluss an die Pilotphase werden die Tests auf das gesamte Kreisgebiet ausgedehnt. Koordiniert wird das Projekt vom KreisSportBund Rhein-Sieg e. V.

Bei der Europameisterschaft im Rollstuhl-Tischtennis gewinnt Janina Sommer die Silbermedaille im Damen-Einzel. Damit gibt die Athletin des TuS Winterscheid im schwedischen Helsingborg ein überaus gelungenes Debüt.

Oktober 2019

Den vorläufigen Höhepunkt ihrer Erfolgsserie erlebt Konstanze Klosterhalfen bei der Leichtathletik-WM in Doha/Katar: Beim Lauf über 5000 Meter gewinnt sie die Bronzemedaille. In ihrer Heimatstadt Königswinter wird sie wenig später mit einem offiziellen Empfang geehrt.

STARKE KIDS NETZWERK ist der Name einer Initiative, die die AOK Rheinland ins Leben gerufen hat. Sie vergibt Geldpreise für Projekte, die zu einer Verbesserung der Kinder- und Jugendgesundheit führen. Aus dem Rhein-Sieg-Kreis und Bonn werden im Zuge dessen acht Vereine, Kindertagesstätten und Schulen mit jeweils 500 bis 1000 Euro prämiert. Diese Einrichtungen haben sich besonders stark für die Gesundheitsprävention engagiert.

Aufgrund einer Neuausrichtung beschließt der Deutsche Fußballbund (DFB) den Umzug der Fußballlehrer-Ausbildung von der Sportschule Hennef nach Frankfurt, wo der DFB derzeit seine neue Akademie baut. Diese Entscheidung, die 2021 wirksam werden soll, bedauert man zwar in Hennef, die Leitung der Sportschule bleibt jedoch gelassen: Ihre Existenz ist dadurch in keiner Weise gefährdet. Davon zeugt auch der Neubau eines Parkhauses, das in diesem Monat in Betrieb geht und den Service für die vielen Gäste der Sportschule deutlich verbessert.

November 2019

Der Kreisverband Bonn/Rhein-Sieg des Allgemeinen Deutschen Fahrradclubs (ADFC) kann sein 6000. Mitglied begrüßen. Nur der Kreisverband München ist mit rund 8000 Mitgliedern noch größer. Insgesamt sind im ADFC rund 450 Orts- und Kreisverbände organisiert. Doch trotz dieser guten Bilanz gibt es Grund zur Sorge: Wie viele andere Organisationen hat auch der regionale ADFC-Kreisverband mit dem Problem der Überalterung zu kämpfen.

Januar 2020

Sein 125-jähriges Jubiläum begeht der Hennefer Turnverein, der mit über 4000 Mitgliedern größte Sportverein im Rhein-Sieg-Kreis. Das wird im laufenden Jahr mit unterschiedlichen Veranstaltungen gefeiert. Die Schwimmabteilung des Vereins kann dabei noch mit einem eigenen Jubiläum aufwarten: Sie besteht 2020 seit 100 Jahren.

Anlässlich seines 50. Geburtstags im vergangenen Jahr hatte der Rhein-Sieg-Kreis die Bevölkerung dazu aufgerufen, Lieblingsplätze im Kreisgebiet zu fotografieren und die Bilder dann auf Instagram zu posten. Das Gewinnerfoto dieses Wettbewerbs zeigt einen einsamen Baum auf der Löwenburg im Siebengebirge. Fotograf ist Bastian Klein aus Siegburg. Er gewinnt ein Preisgeld in Höhe von 250 Euro. Unterstützt wurde der Wettbewerb von der Kreissparkasse Siegburg.

März 2020

Mit drei Bronzemedaillen zeigt sich das Leichtathletikzentrum (LAZ) Puma Rhein-Sieg erfolgreich bei den Deutschen Crosslauf-Meisterschaften in Sindelfingen. Leander Ihle überzeugt in der männlichen U-18-Klasse über 4,4 Kilometer und Sonja Vernikov holt Bronze bei der weiblichen U-20-Konkurrenz. Zudem geht die Team-Bronzemedaille an sie, Nele Siebert und Tamika Vomberg.

Auch die Sportwelt wird vom Corona-Virus SARS-CoV-2 erschüttert. Das führt dazu, dass das Internationale Olympische Komitee (IOC) entscheidet, die Olympischen Spiele in Tokio in diesem Jahr nicht stattfinden zu lassen, sondern auf 2021 zu verschieben. Für einige Sportler aus dem Kreisgebiet, die berechtigte Hoffnungen auf eine Teilnahme hatten, ist dies zunächst ein Schock. Doch mit Blick auf die Situation halten die Athleten die Entscheidung für sinnvoll und richtig und passen ihre Trainingspläne nun an die neue Situation an. Bereits erreichte Qualifikationen behalten ihre Gültigkeit auch für 2021.

In allen Sportarten wird der Spielbetrieb unterbrochen oder für die laufende Saison ganz eingestellt. Ganz besonders ist der Mannschaftssport betroffen. Im Fußball beispielsweise entscheidet man sich nach einer langen und intensiven Diskussion für einen Abbruch der Saison. Die Tabellenführer nach dem letzten regulären Spieltag spielen demnächst eine Klasse höher. Es gibt aber keine Absteiger.

Betroffen ist aber auch das umfangreiche Trainings- und Kursangebot der Vereine. Für die Leiterinnen und Leiter dieser Gruppen, soweit sie nicht ehrenamtlich tätig sind, bedeutet dies Einkommensverluste und je nachdem den Weg in die Kurzarbeit.

Die traditionelle, im Frühjahr stattfindende Sportlerehrung des Rhein-Sieg-Kreises und der Kreissparkasse Köln fällt aufgrund der Beschränkungen ebenfalls aus.

April 2020

Not macht erfinderisch. Das gilt besonders in Krisenzeiten und so entsteht in Rheinbach die Idee, auf einem Firmengelände ein Autokino zu errichten. Dafür kooperieren die Betreiber des Adendorfer Drehwerks mit einem Rheinbacher Veranstaltungsunternehmen und einem Dienstleistungsunternehmen. Jeder der drei Partner bringt dabei kostenlos die technischen und sonstigen Mittel ein, die ihm zur Verfügung stehen. Die Idee, beliebte Filme unter freiem Himmel, aber dennoch im Trockenen und unter Wahrung des gebotenen Abstandes schauen zu können, wird begeistert angenommen. Dies ist nur eines von vielen Beispielen, wie mit den Einschränkungen, die die Corona-Pandemie mit sich gebracht hat, kreativ umgegangen wird.

Allmählich werden erste Lockerungen im Zusammenhang mit Corona wirksam. Das gilt auch für den Sport: Viele Vereine können Plätze und Hallen unter Auflagen wieder nutzen und nehmen nach und nach den Sportbetrieb wieder auf. In Fitnessstudios darf wieder trainiert werden, auch andere sogenannte kontaktlose Sportarten sind möglich; Mannschaftssport jedoch bleibt zunächst untersagt.

Juni 2020

Die Situation hat sich so weit entspannt, dass nun auch sogenannter Mannschaftssport mit Körperkontakt wieder unter bestimmten Voraussetzungen betrieben werden darf. Hygieneregeln sind streng zu beachten.

Juli 2019

In Bornheim wird es neben der Europaschule künftig eine weitere Gesamtschule geben. Einstimmig beschließt der Stadtrat, die Heinrich-Böll-Sekundarschule zum Schuljahr 2020/2021 in eine vierzügige Gesamtschule mit zweizügiger Oberstufe umzuwandeln. Da allerdings erst ab dem Schuljahr 2024 eine eigene Oberstufe existieren wird, bleibt bis dahin die bislang bereits praktizierte enge Zusammenarbeit mit der Europaschule bestehen.

Die Rheinische Friedrich-Wilhelms-Universität zu Bonn darf sich ab sofort Exzellenz-Universität nennen. Dieser Erfolg ist eine Chance für die gesamte Region, denn er wirkt sich nicht nur auf die Wirtschaft positiv aus, sondern trägt auch dazu bei, Bildung, Forschung, Kultur und Internationalität voranzutreiben.

August 2019

Mit dem Start ins Schuljahr 2019/2020 beginnen auch die neuen Achtklässler einen systematischen Prozess der Berufs- und Studienorientierung. Zum ersten Schritt gehört die Potenzialanalyse, bei der sich kreisweit über 5000 Jugendliche mit ihren persönlichen Stärken und Interessen auseinandersetzen. Auf dieser Basis folgen verschiedene Praktika, um Erfahrungen für spätere Entscheidungen zu machen. Der Rhein-Sieg-Kreis koordiniert die verschiedenen Angebote der Berufsorientierung im Rahmen der Landesinitiative „Kein Abschluss ohne Anschluss".

Die Bezirksregierung ist bereit, das Verfahren zur Umwandlung der Heimerzheimer Georg-von-Boeselager-Schule in eine Gesamtschule zum Schuljahr 2021/2022 mitzutragen. Hierzu muss zunächst der Swisttaler Schulausschuss den Auftrag zu einem sogenannten anlassbezogenen Schulentwicklungsplan (SEP) erteilen. In diesem soll dargelegt werden, dass auf Dauer eine

Vierzügigkeit erreicht werden kann. Für eine Umwandlung ist eine Zahl von 100 Schülerinnen und Schülern in den fünften Klassen erforderlich. Außerdem soll ermittelt werden, wie viele zusätzliche Räume eine vierzügige Gesamtschule benötigt.

September 2019

Aus dem sogenannten Digitalpakt Schule, mit dem der Bund die Länder und Gemeinden bei Investitionen in die digitale kommunale Bildungsstruktur unterstützt, erhalten die Schulträger im Rhein-Sieg-Kreis circa 24 Millionen Euro Fördergelder. Der Rhein-Sieg-Kreis selbst erhält als Schulträger rund 5,3 Millionen Euro. Im Kreishaus kümmert sich schon länger ein Team von Fachleuten darum, die Ausstattung seiner Schulen mit Blick auf den digitalen Wandel auf den neuesten Stand zu bringen. Grundlage ist ein bereits 2016 beschlossenes Medienentwicklungskonzept für die Schulen des Rhein-Sieg-Kreises, zu dessen Finanzierung bislang hauptsächlich Fördermittel des Landes aus dem Programm „Gute Schule 2020" dienten. Diese Mittel (rund 4,5 Millionen Euro) wurden besonders für grundlegende Maßnahmen im Bereich der digitalen Infrastruktur eingesetzt, die in den Schulen des Kreises schon in den Jahren 2019 und 2020 umfassend erweitert und erneuert wurde. Nun bietet der Digitalpakt Schule die Möglichkeit, beispielsweise auch in digitale Endgeräte und Klassenraumausstattungen zu investieren. Folgerichtig wird nun das Medienentwicklungskonzept fortgeschrieben.

Der Kreis kommt seiner Verantwortung in Bezug auf Kompetenzvermittlung in der digitalen Lebenswelt auch auf anderem Weg nach. Gemeinsam mit der Bildungs-Stiftung der Kreissparkasse Köln finanziert er im Rahmen eines Projektes die Ausbildung von sogenannten „Medienscouts". Hierbei werden Jugendliche der Jahrgangsstufen 7 bis 9 in Workshops zu Themen wie z.B. Cybermobbing, Datensicherheit, Computer-Spielsucht, Schadprogrammen oder Kostenfallen qualifiziert.

Oktober 2019

Mit einer Feierstunde werden die Sanierungs- und Umbauarbeiten an der Schule „An der Wicke", Förderschule des Rhein-Sieg-Kreises mit dem Förderschwerpunkt Sprache in Alfter-Gielsdorf, offiziell als abgeschlossen erklärt. Gut drei Jahre hat es gedauert, die Schule moderner und komfortabler zu machen und sie energetisch zu optimieren, damit sich die ihr anvertrauten Kinder dort nun wieder uneingeschränkt wohlfühlen können. Rund 4,5 Millionen Euro hat der Rhein-Sieg-Kreis in die Modernisierung seiner Schule investiert.

Die MINT-Förderung, welche die Bereiche Mathematik, Informatik, Naturwissenschaft, Technik umfasst, ist eines der zentralen bildungspolitischen Handlungsfelder des Rhein-Sieg-Kreises. Aus diesem Grund hatte sich der Kreis zur Unterstützung des neugierig-forschenden Lernens und zur Förderung der naturwissenschaftlich-technischen Interessen von Kindern und Jugendlichen bis hin zur beruflichen Orientierung im Jahr 2017 der landesweiten Initiative „Zukunft durch Innovation" (zdi) angeschlossen. Seitdem wachsen das Angebot und die Kooperation der verschiedenen MINT-Bildungspartner kontinuierlich. Nun werden 24 weitere Schulen, Kindertageseinrichtungen, Unternehmen und Bildungsinstitutionen in das regionale MINT-Netzwerk aufgenommen, wodurch es sich auf über sechzig engagierte Kooperationspartner erweitert.

Einige der Schulen aus dem Netzwerk tragen das bundesweite Siegel „MINT-freundliche-Schule" beziehungsweise „Digitale Schule". Im Oktober konnten neun Schulen aus dem Rhein-Sieg-Kreis erstmals oder bereits wiederholt die Auszeichnung durch NRW-Schulministerin Yvonne Gebauer erhalten. Die Signets basieren auf einer umfänglichen Prüfung durch eine Jury und werden bei Bestehen für drei Jahre vergeben. Den ausgezeichneten Schulen wird attestiert, dass sie durch gute Konzepte ihre Schülerinnen und Schüler für MINT zu begeistern verstehen bzw. sich stark und nachhaltig in der informatorischen Bildung und Digitalisierung aufstellen.

November 2019

Nach der „Langen Nacht der Industrie" im September und der „Nacht der Hotellerie" im Oktober findet erstmals auch die „Nacht der Technik" in der Region statt, an der sich mehr als dreißig Unternehmen, Institutionen und Wissenschaftseinrichtungen aus dem Rhein-Sieg-Kreis und der Stadt Bonn beteiligen. Zwischen 18 Uhr und Mitternacht erhalten Interessierte einen exklusiven Einblick in Forschungszentren und Produktionsanlagen. Neben Informationen über die neueste Forschung gibt es aber auch viel Unterhaltung. Der Rhein-Sieg-Kreis unterstützt diese Veranstaltungsformate aktiv, da junge Menschen auf diesem Weg unmittelbar entdecken und erleben können, welche Chancen und Möglichkeiten sich ihnen hinsichtlich Ausbildungs-, Studien- und Arbeitsplatzmöglichkeiten in der Region eröffnen. Organisiert wird die Nacht der Technik von den Kölner Bezirksvereinen von VDI (Verein Deutscher Ingenieure e. V.) und VDE (Verband der Elektrotechnik, Elektronik und Informationstechnik e. V.).

Unter dem Titel „Mind the gap! – Gemeinsam lernen und die Zukunft gestalten" findet die 11. Bildungskonferenz der Bildungsregion Rhein-Sieg-Kreis am Georg-Kerschensteiner-Berufskolleg des Rhein-Sieg-Kreises statt. Nach einem Auftaktvortrag der angehenden deutschen Astronautin Dr. Insa Thiele-Eich tauschen sich in praxisbezogenen Workshops fast 200 Teilnehmende darüber aus, welche Kompetenzen Kinder

heute benötigen, um für die spätere digitalisierte Arbeits- und Lebenswelt gut vorbereitet zu sein und darüber, wie ihre Bildungsbiografien bereits in der Schule unterstützt werden können, damit nach der Schulzeit möglichst kein „gap" – also keine Lücke entsteht.

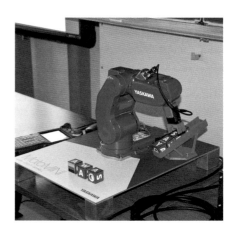

Dezember 2019

Die Berufskollegs des Rhein-Sieg-Kreises sollen ihr Bildungsangebot erweitern. Das beschließt der Kreistag für den Beginn des Schuljahres 2020/2021. So wird im Troisdorfer Georg-Kerschensteiner-Berufskolleg der Bildungsgang „Praxisintegrierte Erzieher-/Erzieherinnenausbildung" eingerichtet. Er besteht wöchentlich aus drei Schultagen und zwei Praxistagen in einer anerkannten sozialpädagogischen Ausbildungseinrichtung. Abgesehen davon kooperiert das Berufskolleg mit dem Weltverband der deutschen Auslandsschulen. Schülerinnen und Schüler, die sich in Troisdorf zu Erzieherinnen oder Erziehern ausbilden lassen, können künftig ein Praktikum an einer Auslandsschule absolvieren.

Im Berufskolleg des Rhein-Sieg-Kreises in Bonn-Duisdorf werden die neuen Bildungsgänge „Berufsfachschule Wirtschaft und Verwaltung" und „Berufsfachschule Agrarwirtschaft" eingerichtet. Damit wird auch eine

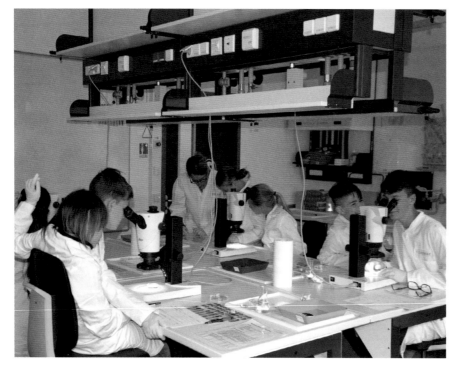

Lücke im Bildungsangebot im linksrheinischen Kreisgebiet geschlossen. Schüler, die im Berufskolleg in Duisdorf die Ausbildungsvorbereitung absolviert und den Abschluss nach Klasse 9 erworben haben, können jetzt auch in Duisdorf den Hauptschulabschluss erwerben.

Schule ohne Rassismus Schule mit Courage

Insgesamt neun Schulen aus dem Rhein-Sieg-Kreis haben in diesem Jahr das Zertifikat „Schule ohne Rassismus – Schule mit Courage" erhalten und sind auf diese Weise einem bundesweiten Netzwerk beigetreten. Voraussetzung dafür war, dass sich die Schülerinnen und Schüler im Unterricht und in Workshops intensiv mit Themen wie Rassismus, Hass und Ausgrenzung auseinandersetzen und sich mit Möglichkeiten beschäftigen, was man dagegen tun kann. Kinder, die eine „Schule ohne Rassismus" besuchen, übernehmen damit Verantwortung für das gesellschaftliche Klima an ihrer Schule.

Ein deutlicher Anstieg der Schülerzahlen bei den Förderschwerpunkten emotionale und soziale Entwicklung sowie Sprache und bauliche Mängel an einem bislang genutzten Schulgebäude lassen im rechtsrheinischen Kreisgebiet dringenden Raumbedarf bei den entsprechenden Förderschulen entstehen. Eine Lösung für dieses Problem bieten die leer stehenden Internatsgebäude des Bodelschwingh-Gymnasiums in Windeck-Herchen. Der Kreistag beschließt, hier die notwendigen Räume von der Evangelischen Kirche langfristig anzumieten. Dort werden nun Teilstandorte der Richard-Schirrmann-Schule (Förderschwerpunkt emotionale und soziale Entwicklung) und der Rudolf-Dreikurs-Schule (Förderschwerpunkt Sprache) eingerichtet.

Januar 2020

Aus dem Gründerwettbewerb EXIST-Potenziale des Bundesministeriums für Wirtschaft und Energie geht die Internationale Hochschule Bad Honnef IUBH als einer der Preisträger hervor. Gemeinsam mit der Hochschule Weihenstephan-Triesdorf (HSWT) wird ein IUBH-Team ab dem Frühjahr den Lehr-, Forschungs- und Start-up-Bereich „Food Entrepreneurship" aufbauen und erhält dafür Fördermittel in Höhe von 200 000 Euro.

Acht Teams aus dem Rhein-Sieg-Kreis und zwei aus Bonn treten im Siegburger Anno-Gymnasium zum zweiten lokalen „zdi-Roboterwettbewerb" an. „Galaktisch gut" lautet das Motto, zu dem die Teams jeweils zehn Aufgaben bewältigen müssen. Ziel des Wettbewerbs ist es, junge Menschen an MINT-Berufe heranzuführen, also an Berufe aus den Bereichen Mathematik, Informatik, Naturwissenschaften und Technik. Sieger sind am Ende die Teams SGR 1 vom Städtischen Gymnasium Rheinbach und CoJoRobos vom Collegium Josephinum Bonn.

Februar 2020

Das Bangen um die Zukunft der Philosophisch-Theologischen Hochschule der Steyler Missionare in Sankt Augustin hat ein Ende: Vertreter der Steyler Missionare e. V. und der neuen Trägerin, einer Stiftung des Erzbistums Köln, unterzeichnen den Übernahmevertrag. Diese „Stiftung zur Förderung von Bildung, Wissenschaft und Forschung im Erzbistum Köln" kommt mit der übernommenen Trägerschaft in den nächsten sechs Jahren für die Kosten der „Kölner Hochschule für Katholische Theologie (KHKT) Sankt Augustin" in Höhe von rund 1,2 Millionen Euro jährlich auf. Ziel ist es nun, möglichst schnell mit einer innovativen Weiterentwicklung der Einrichtung zu beginnen. Eine Standortgarantie ist damit leider nicht verbunden, wie sich im Juni zeigen wird.

Für über 100 zugewanderte Schülerinnen und Schüler aus dem Rhein-Sieg-Kreis ab der Klasse 10, die bisher keine berufliche Orientierung erhalten haben, beginnt mit dem Angebot „KAoA-kompakt" (KAoA = Landesprogramm Kein Abschluss ohne Anschluss) eine intensive Phase der Berufsorientierung. Hierzu gehören eine umfängliche Potenzialanalyse, um Stärken und Interessen festzustellen, wie auch diverse Praxisworkshops bei Bildungsträgern, z.B. in den Branchen Handwerk, Industrie oder Gastronomie.

März 2020

Das Virus SARS-CoV-2 breitet sich aus. In Nordrhein-Westfalen spricht die Landesregierung als Teil der umfangreichen Maßnahmen zur Eindämmung des Infektionsrisikos auch ein Betretungsverbot von Schulen aus. Drei Wochen vor den Osterferien werden die Schulen somit für den Präsenz- und Regelunterricht geschlossen. Die Schulen gehen neue Wege, um die Kinder zu Hause zu erreichen und zu unterrichten. Unterschiedliche Konzepte zum Lernen auf Distanz und digitalem Lernen werden eingesetzt.

Während der Zeit der Schulschließungen wurden an allen Schulen im Bedarfsfall für die Klassen 1 bis 6 Notbetreuungsgruppen auch an den Wochenenden und in den Osterferien eingerichtet.

Als erster Landkreis in Nordrhein-Westfalen stellt der Rhein-Sieg-Kreis – genauer: das Medienzentrum des Kreises – seinen Schulen ein datenschutzkonformes Modul zur Videokommunikation zur Verfügung. Lehrer und Schüler der Schulen im Kreisgebiet können über das in die Plattform des Kreismedienzentrums integrierte Programm „Jitsi" virtuell miteinander in Kontakt treten.

April 2020

Der Rhein-Sieg-Kreis übernimmt die regionale Netzwerkkoordination für die Stiftung „Haus der kleinen Forscher" und intensiviert damit die kreisweite MINT-Förderung für Kindertagesstätten und Grundschulen. Ansatz aller Bildungsangebote ist das entdeckend-forschende Lernen, bei dem die Kinder schrittweise eigenen Fragen und spannenden Phänomenen auf den Grund gehen. Über 100 aktive Einrichtungen im Kreisgebiet nehmen bereits regelmäßig an Fortbildungsangeboten des „Hauses der kleinen Forscher" teil, um die Inhalte zu festen Bestandteilen ihres pädagogischen Konzeptes zu machen.

Die Hochschule Bonn-Rhein-Sieg wird in den internationalen Kreis der „Magna Charta Universitatum" aufgenommen. Dabei verpflichten sich Universitäten weltweit, für Wissenschaftsfreiheit und Hochschulautonomie einzutreten und auf diese Weise die Integrität der Wissenschaft in Institutionen und in der Gesellschaft zu gewährleisten und die Beziehungen zwischen den Hochschulen zu stärken. Die Erklärung wurde 1988 von 388 Hochschulrektoren erstmalig unterzeichnet. Heute bekennen sich 900 Hochschulen aus 90 Ländern zur Charta.

An den Hochschulen der Region startet das Sommersemester aufgrund der Corona-Pandemie verspätet und als Online-Semester. Die Studierenden erhalten digitale Lehr-

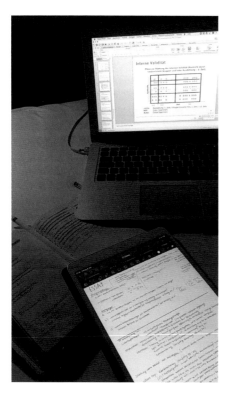

angebote, sie können beispielsweise im Netz Lehrveranstaltungen besuchen oder von zu Hause aus online Referate halten.

Nach fast acht Wochen bereiten sich die Schulen in der Region auf eine schrittweise Wiedereröffnung vor. Es wird an differenzierten und auf den jeweiligen Schultyp abgestellten Konzepten gearbeitet. Ging es nach den Osterferien zunächst darum, die Abiturprüfungen mit Abstand und unter Einhaltung der gebotenen Hygienevorschriften zu ermöglichen, steht im weiteren Verlauf die Rückkehr in den Präsenzunterricht im Blickpunkt. Die einzelnen Schulen und Schultypen nehmen zu unterschiedlichen Zeitpunkten und schrittweise den Betrieb wieder auf. Für den Primarbereich gibt die Landesregierung als Ziel vor, dass jedes Grundschulkind vor den Sommerferien zumindest zeitweise noch einmal in der Schule gewesen sein soll.

Juni 2020

Das Erzbistum Köln teilt mit, die Kölner Hochschule für Katholische Theologie nach Köln-Lindenthal zu verlegen. Der Wegzug der erst im Februar von den Steyler Missionaren übernommenen und umbenannten Hochschule von Sankt Augustin ist zum Sommersemester 2021 geplant. Bis zum Umzug verbleibt die Hochschule zur Miete in den Räumen der Steyler Missionare.

Ab dem 15. Juni kehren die Grundschulkinder für die verbleibende Zeit bis zu den Sommerferien wieder in den Unterricht zurück, nachdem im Mai der Präsenzunterricht zuerst nur für die Abschlussklassen und dann im rollierenden System für alle Jahrgangsstufen aufgenommen wurde. Dieser Übergang zum Regelbetrieb erfolgt im Sinne der Bildungsgerechtigkeit und folgt einer Empfehlung von Kinderärzten und Psychologen. Eltern und Lehrer hingegen zeigen sich teilweise sehr skeptisch. Doch dank vieler individueller Schutzkonzepte sind die Erfahrungen in den Grundschulen überwiegend gut.

Der Kreistag des Rhein-Sieg-Kreises beschließt, die Waldschule, Förderschule des Rhein-Sieg-Kreises für emotionale und soziale Entwicklung in Alfter, neu zu bauen. Das bestehende Gebäude soll brandschutztechnisch saniert und auch danach noch weiter als Schule genutzt werden. Damit investiert der Kreis weiter in die Sanierung

und Modernisierung seiner Schulen und kommt vor allem dem wachsenden Bedarf an Förderschulen entgegen.

Indessen wird die Sanierung und Erweiterung des Carl-Reuther-Berufskollegs des Kreises in Hennef abgeschlossen. Mit Beginn des neuen Schuljahres können die Unterrichtsräume wieder bezogen werden. Damit endet die provisorische Unterbringung der Klassen in vielen Containern. Seit 2017 hat der Kreis über 66 Millionen Euro investiert, um das im Kern aus den 1970er-Jahren stammende Gebäude den aktuellen Anforderungen anzupassen und zukunftsfest zu machen. Zusätzlich zur Kernsanierung wurde das Hauptgebäude um eine Etage aufgestockt.

Auch in Corona-Zeiten sind Schülerinnen und Schüler mit der Frage nach ihrer Zukunft konfrontiert. Am Berufskolleg des Rhein-Sieg-Kreises in Siegburg zum Beispiel werden daher – ebenso wie an der Hochschule Bonn-Rhein-Sieg – die virtuellen Beratungsangebote deutlich ausgebaut. Dazu gehören Workshops in digitaler Form ebenso wie unterschiedliche Möglichkeiten, Kontakte zu Unternehmen zu knüpfen.

Die Förderschullandschaft im Rhein-Sieg-Kreis verändert sich weiter. Im linksrheinischen Kreisgebiet muss der Kreis dringend ein weiteres Schulangebot für Schülerinnen und Schüler der Sekundarstufe I mit sonderpädagogischem Unterstützungsbedarf im Bereich der emotionalen und sozialen Entwicklung schaffen. In der Vergangenheit deckten Förderschulen der Stadt Bonn aufgrund einer Vereinbarung mit dem Kreis diesen Bedarf ab. Dies ist in dem notwendigen Umfang nicht mehr möglich. Der Kreisausschuss stimmt nun dem Vorschlag der Verwaltung zu, ein Gebäude in Bornheim anzumieten, in dem diese Schule kurzfristig eingerichtet werden kann.

In der gleichen Sitzung beschließt der Kreisausschuss weitere Maßnahmen zur Erweiterung der „Fördernden Offenen Ganztagsschule" und der Übermittagsbetreuung an den Förderschulen des Kreises. Der Kreis baut dieses Angebot seit Jahren kontinuierlich aus und sieht darin eine wichtige Weichenstellung für eine familienpolitisch attraktive Schullandschaft.

Juli 2019

In Eitorf entsteht auf dem früheren Bauhofgelände das neue Jugendhilfezentrum des Rhein-Sieg-Kreises für Eitorf und Windeck. Auch die Erziehungsberatungsstelle des Kreises wird dort einziehen. Der Neubau wurde notwendig, weil die Einrichtungen bislang an drei verschiedenen gemieteten Standorten untergebracht waren und dort künftig eine anderweitige Nutzung ansteht. Abgesehen davon ist der Raumbedarf in der Vergangenheit stetig angestiegen.

Im Alter von 88 Jahren stirbt Klaus Stammen, der frühere Präsident der Industrie- und Handelskammer (IHK) und ehemaliger Chef der Siegwerk Druckfarben AG & Co. KGaA in Siegburg. In Erinnerung bleibt eine Persönlichkeit mit ausgeprägter sozialer Ader, der sich nicht nur für Auszubildende und vielfältige Kooperationen, sondern auch für Integration und Völkerverständigung einsetzte.

September 2019

Auf dem Petersberg wird Nordrhein-Westfalens Minister für Wirtschaft, Innovation, Digitalisierung und Energie, Prof. Dr. Andreas Pinkwart, zum neuen Aalkönig von Bad Honnef gekrönt und stellt sich damit für das kommende Jahr in den Dienst einer guten Sache. Ursprünglich einmal dienten

die Einnahmen des Krönungsfestes der Restaurierung des Aalschokkers „Aranka", dem Wahrzeichen Bad Honnefs. Als dieses Ziel erreicht war, beschloss das Aalkönigkomitee, Projekte im Bereich Jugend und Soziales zu fördern. Seit 17 Jahren werden inzwischen verdiente Persönlichkeiten des öffentlichen Lebens zum Aalkönig ernannt und unterstützen auf individuelle Weise die wertvolle Arbeit des Aalkomitees.

Sein 50-jähriges Bestehen feiert der Kreisfeuerwehrverband des Rhein-Sieg-Kreises. Mit der kommunalen Neuordnung von 1969 erlebte er seine Geburtsstunde. Heute zählt der Dachverband der Feuerwehren in den 19 Kommunen des Rhein-Sieg-Kreises rund 3550 freiwillige Feuerwehrleute in insgesamt 107 Einheiten sowie zusätzlich die Mitglieder zweier Werksfeuerwehren. Anlässlich der Feier können die Delegierten NRW-Innenminister Herbert Reul begrüßen. Außerdem erhalten Landrat Sebastian Schuster und der Leitende Polizeidirektor Günter Brodeßer für ihr besonderes Engagement für das Feuerschutzwesen im Rhein-Sieg-Kreis die Ehrennadel des Kreisfeuerwehrverbandes in Gold.

Oktober 2019

Nach 42 Jahren im Polizeidienst, davon zwanzig bei der Kreispolizeibehörde Rhein-Sieg, verabschiedet sich der Leitende Polizeidirektor Günter Brodeßer in den Ruhestand. An seinem letzten Arbeitstag wird er von Landrat Sebastian Schuster und dessen Vertreterin Svenja Udelhoven zu Hause abgeholt und zu seinem Arbeitsplatz eskortiert. Nachfolger von Günter Brodeßer und damit neuer Abteilungsleiter Polizei der Kreispolizeibehörde wird Harald Wilke, der bislang Leiter des Ständigen Stabes im Polizeipräsidium Düsseldorf war.

Dank spezieller Schutzhüllen werden im Rhein-Sieg-Kreis nun auf Wunsch Schwerbehindertenausweise zu „Schwer-in-Ordnung-Ausweisen". Der Schriftzug „Schwer in Ordnung" auf diesen Hüllen verdeckt den oftmals als herabwürdigend empfundenen Begriff „schwerbehindert" auf dem offiziellen Dokument. Rund 500 Schutzhüllen hat der Rhein-Sieg-Kreis auf eine Initiative der SPD-Kreistagsfraktion hin bestellt. Damit soll ein symbolischer Schritt in Richtung inklusiver Gesellschaft gemacht werden.

November 2019

Nachdem im vergangenen Jahr erstmalig die Städte Niederkassel und Königswinter das Siegel „Interkulturell orientiert" erhalten hatten, verleiht das Kommunale Integrationszentrum des Rhein-Sieg-Kreises (KI) nun vier weitere Siegel. Als „Interkulturell orientiert" dürfen sich ab sofort die Stadt Troisdorf, die Gemeinde Swisttal, das Jobcenter Rhein-Sieg und das Siegtal-Gymnasium in Eitorf bezeichnen. Das Siegel ist Zeichen der Wertschätzung, dass der Prozess der interkulturellen Öffnung durchlaufen und gelungen ist und die jeweiligen Stätten sich aktiv für mehr Integration und ein besseres Miteinander einsetzen. Jeweils nach zwei Jahren stehen Rezertifizierungen an. Damit wird gewährleistet, dass interkulturelle Öffnung gelebt und stetig weiterentwickelt wird.

Sein 50-jähriges Bestehen feiert der Verschönerungsverein Much. Seit einem halben Jahrhundert engagieren sich hier viele Menschen ehrenamtlich dafür, Much für alle Mucher, aber auch Erholungssuchende schön zu erhalten und schöner zu machen.

Dezember 2019

Über Schecks im Wert von insgesamt 17 500 Euro können sich fünf gemeinnützige Einrichtungen im Rhein-Sieg-Kreis freuen. Diese überreicht die Nachbarschaftshilfe Rhein-Sieg e.V. auf Einladung von Landrat Sebastian Schuster in guter Tradition im Siegburger Kreishaus. Begünstigt werden in diesem Jahr die „Behindertenschifffahrt des Deutschen Roten Kreuzes", der Verein „Hope's Angel Foundation" aus Sankt Augustin, die Hilfsorganisation „Beta Humanitarian Help", das „Netzwerk FrauenWohnen" und das Projekt „Gewaltfrei Lernen" der Gemeinschaftsgrundschule Hanftal.

Mit großer Mehrheit wird Harmut Ihne als Präsident der Hochschule Bonn-Rhein-Sieg von Senat und Hochschulrat in seinem Amt bestätigt. Damit bleibt er bis zum 31. Oktober 2024 an der Spitze der Hochschule.

Januar 2020

Er war Gründer, Stimme und Gesicht von „Oberhau aktuell", Zeitung und Informationsportal der Gemarkung Oberhau mit dem Kirchspiel Eudenbach und seinen 14 Orten: der Heimathistoriker Wilbert Fuhr. Jetzt be-

endet er seine langjährige Vorstands- und Redaktionsarbeit. Aus Dank für sein Engagement richtet der Heimat- und Bürgerverein seinen Abschied aus und ernennt ihn zum Ehrenvorsitzenden.

„Rhein-Sieg-Sicher" heißt das neue Sicherheitsprogramm der Kreispolizeibehörde Rhein-Sieg. Es verspricht mehr offensive Polizeipräsenz im öffentlichen Raum, um Straßenkriminalität entgegenzuwirken. Ziel ist, dass sich das Sicherheitsempfinden der Menschen verbessert. Rund hundert Einsatzkräfte beteiligen sich an der Auftaktveranstaltung, auf der Landrat Sebastian Schuster, der Leiter der Behörde, verdeutlicht, dass die Sorgen der Menschen sehr ernst genommen werden.

Februar 2020

Einstimmig wählt der Kreistag des Rhein-Sieg-Kreises Svenja Udelhoven zur Kreisdirektorin. Auch in ihrer Funktion als Kämmerin des Rhein-Sieg-Kreises wird sie bestätigt. Bereits seit Februar 2018, als die damalige Kreisdirektorin Annerose Heinze die passive Phase ihrer Altersteilzeit begonnen hat, ist Svenja Udelhoven allgemeine Vertreterin von Landrat Sebastian Schuster. Sie wird ihr Amt als Kreisdirektorin zum 1. Juli antreten.

Da der Neubau des Jugendhilfezentrums und der Erziehungsberatungsstelle in Eitorf teurer wird als vorgesehen, stellt der Kreistag gut zweieinhalb Millionen Euro zusätzlich bereit, um die Mehrkosten im laufenden Jahr decken zu können. Gründe für die Kostensteigerung sind bei Korrekturen in der Planung, zusätzlichen Anforderungen der Genehmigungsbehörde und dem gestiegenen Baupreisindex auszumachen.

Nach 20 Jahren als Vorsitzender der Kreisbauernschaft Bonn/Rhein-Sieg gibt Theo Brauweiler sein Amt in jüngere Hände. Einstimmig wählt der Kreisbauernausschuss Johannes Brünker aus Swisttal zu seinem Nachfolger. Neuer stellvertretender Vorsitzender und damit Nachfolger von Johannes Frizen aus Alfter wird Dietmar Tüschenbönner aus Much.

Beinahe 25 Jahre lang war Michael Jaeger Dezernent beim Rhein-Sieg-Kreis. Jetzt wird er in den wohlverdienten Ruhestand verabschiedet. Begonnen hat der Jurist Michael Jaeger in der Kreisverwaltung als Umweltdezernent, doch im Laufe der Jahre fielen auch diverse andere Bereiche in seine Verantwortung, die er stets kompetent und mit der ihm eigenen Zuverlässigkeit und Geradlinigkeit wahrgenommen hat. Seine Nachfolge als Dezernent für das Prüfungsamt, das Rechts- und Ordnungsamt, das

Straßenverkehrsamt und das Amt für Bevölkerungsschutz tritt Dr. Michael Rudersdorf an. Der 42-Jährige ist im Kreis Euskirchen aufgewachsen und zur Schule gegangen, hat später an der Universität Düsseldorf Rechtswissenschaften studiert und berufliche Erfahrungen auf Bundes-, Landes- und kommunaler Ebene gesammelt. Vor seinem Wechsel in den Rhein-Sieg-Kreis war er bei der Stadt Leverkusen Leiter des Fachbereichs Recht und Ordnung.

März 2020

Zum Monatsletzten verabschiedet sich Polizeidirektorin Ursula Brohl-Sowa aus dem Polizeipräsidium Bonn. Seit 1982 war die Juristin im NRW-Landesdienst tätig, davon seit 1989 in verschiedenen Führungspositionen im Innenministerium. Bonner Polizeipräsidentin war Ursula Brohl-Sowa seit November 2011. Nachfolger von Ursula Brohl-Sowa wird Frank Höver, der bisherige Leiter des nordrhein-westfälischen Landeskriminalamtes. Der 59-Jährige startete seine Karriere bei der Polizei im Jahr 1976. Als gebürtiger Bonner und Beueler Bürger freut er sich auf seine dienstliche Rückkehr in heimatliche Gefilde.

Das neuartige Corona-Virus SARS-CoV-2 erreicht die Region. Auf einmal ist das gesamte öffentliche Leben dieser unsichtbaren Gefahr untergeordnet. Unter dem Motto „social distancing" gelten strenge Auflagen und Vorschriften, wie man sich außerhalb der eigenen vier Wände zu verhalten hat. Alles Denken und Handeln und die staatlichen Anordnungen, die mit Eingriffen in die Grundrechte verbunden sind, sind darauf ausgerichtet, die Infektionskurve flach zu halten, also die Zahl an Neuinfektionen mit

allen verfügbaren Möglichkeiten zu verlangsamen und auf diese Weise das Gesundheitssystem zu entlasten.

Schulen und Kitas werden bis auf eine Notbetreuung für Kinder, deren Eltern in systemrelevanten Berufen arbeiten, geschlossen.

Bei aller Sorge kristallisiert sich aber auch Gutes aus dieser Krise heraus: Menschen nehmen auf vielfältige Weise Rücksicht aufeinander, halten Abstand, nehmen sich Zeit. Gesten der Solidarität und Freundschaft werden sichtbar. Für alte und hilfsbedürftige Menschen zum Beispiel werden Einkaufsaktionen ins Leben gerufen. Es gibt spontane Musikaktionen im Internet, die zum Durchhalten animieren. Institutionen und Vereine für ratsuchende Menschen sind zumindest am Telefon und online erreichbar.

Kommunen verzichten trotz oft prekärer Haushaltslage auf Betreuungsbeiträge für Kinder. Verbände, deren täglicher Einsatz von unermesslicher Bedeutung für seelisch bedürftige, wohnungslose oder hungrige Menschen ist, sagen „jetzt erst recht" und finden kreative Alternativen, wenn der gesundheitliche Schutz aller bei der normalen Arbeit nicht mehr gewährleistet ist.

April 2020

Da Schutzmaterialen knapp sind, spendet die Rhein-Sieg-Abfallwirtschaftsgesellschaft (RSAG) dem Eitorfer Krankenhaus Masken aus dem eigenen Bestand. Das Lülsdorfer Werk von Evonic Industries spendet der Stadt Niederkassel und dem Kreis 2300 Liter Desinfektionsmittel. Das Technische Hilfswerk (THW) errichtet auf dem Siegwerk-Gelände in Siegburg einen Logistikstützpunkt, von wo aus zentral beschaffte Schutzmasken und anderes Gesundheitsmaterial verteilt werden kann.

Der Rhein-Sieg-Kreis bereitet sich darauf vor, in seinem Georg-Kerschensteiner-Berufskolleg in Troisdorf-Sieglar ein Behelfskrankenhaus mit Platz für 50 Patienten zu schaffen.

Nach längerem Hin und Her erlässt die Landesregierung NRW schließlich eine Maskenpflicht für den Nahverkehr und beim Einkaufen.

Mai 2020

Mit Blick auf die Pandemie ist auch weiterhin Improvisation gefragt. So verlegen beispielsweise einige Jugendzentren ihr Angebot ins Internet und informieren dort über Spiele oder digitale Kommunikation.

Doch die Kontaktbeschränkungen und weiteren Maßnahmen zeigen Erfolg. Die Zahl der Neuinfizierten geht deutlich zurück. Allmählich stehen daher auch in Nordrhein-Westfalen die Zeichen auf Lockerung: Gesperrte Spielplätze sind wieder zugänglich, Kirchen öffnen ihre Pforten wieder und feiern unter strengen Vorgaben Messen und Gottesdienste. Auch die Kitas öffnen schrittweise wieder, wenngleich zunächst nur für Vorschulkinder. Kontaktbeschränkungen werden leicht gelockert. Fitnessstudios, Tanzschulen und Sporthallen dürfen wieder öffnen, Ferienwohnungen und Campingplätze zu touristischen Zwecken genutzt werden. Wenig später dürfen schließlich auch Theater, Opern und Kinos ihren Spielbetrieb wieder aufnehmen. All dies ist jedoch nur unter strengen Auflagen möglich.

Juni 2020

Nach zwölf Wochen unfreiwilliger Pause nehmen die Kitas ihren Regelbetrieb wieder auf. Dies geschieht allerdings unter strengen Hygienevorschriften und mit einer verkürzten Betreuungszeit. Dabei bleiben die Kinder in ihren jeweiligen Gruppen unter sich. Wo es möglich ist, werden auch separate Eingänge genutzt.

Wie bereits in den vergangenen Monaten so geschehen, beschließt der Rhein-Sieg-Kreis, die Elternbeiträge für Kitas in den Monaten Juni und Juli nur zur Hälfte zu erheben und die Eltern – auch mit Blick auf den noch eingeschränkten Regelbetrieb – auf diese Weise weiterhin zu entlasten. Damit schließt sich das Kreisjugendamt einer landesweiten Regelung an.

UMWELT & LEBEN

Juli 2019

Große Hitze und Dürre stellen die Region auch in diesem Sommer wieder vor Herausforderungen. Es gilt vermehrt, Feld-, Wiesen- und Waldbrände zu bekämpfen. Die Feuerwehren im Rhein-Sieg-Kreis reagieren darauf, indem sie eine neue Alarm-Bereitschaft für Einsätze bei Waldbränden ins Leben rufen. Da es auf jede Minute ankommt, sieht das neue Konzept vor, dass die Wehrleute sich nicht an einem Punkt sammeln, um dann gemeinsam auszurücken, sondern sich direkt am Brandherd treffen und so unverzüglich mit den Löscharbeiten beginnen können. Rund 60 Einsatzkräfte und 14 Fahrzeuge gehören zur neuen Alarm-Bereitschaft.

weiter aus und schädigt die Fichtenwälder. Große Bestände sterben ab; die toten Bäume werden vielerorts großflächig gefällt. Städte und Gemeinden fordern einen nationalen Aktionsplan von Bund und Ländern, der finanzielle Hilfen für die Behebung von Schäden und die Aufforstung mit widerstandsfähigen Baumarten gewährleistet. Während der Bund für Umwelt- und Naturschutz Deutschland (BUND) den sofortigen Stopp des „Fichtenkahlschlags" fordert und darauf setzt, tote Fichten als Schutz gegen Sturm, Hitze und Frost für die Naturverjüngung in den Wäldern der Region zu belassen, sind der Kreis und der Landesbetrieb Wald und Holz im Einklang mit vielen Fachleuten der Ansicht, derartiges „Nichtstun" sei keine Alternative: Der Wald dürfe dann aus Sicherheitsgründen nicht mehr betreten werden und Aufforstungen seien nicht möglich. Es wird daher angestrebt, den Wald gezielt mit Neupflanzungen, vor allem von Eichen und Buchen, umzubauen.

August 2019

Die RSAG plant auf ihrem Gelände in Sankt Augustin-Niederpleis eine neue Anlage, die ein in die Jahre gekommenes Kompostwerk ersetzen soll. Die Bioabfallbehandlungsanlage soll als Modellprojekt dem Klimaschutz Rechnung tragen. Sie wird nicht nur Kompost, sondern auch Biogas erzeugen. Mit der aus dem Projekt „BIENE Bioenergie aus Abfall" gewonnenen Energie soll die komplette Fahrzeugflotte der RSAG betrieben werden. Auf diese Weise würden sich bei einer Nutzungszeit von 20 Jahren rund 123 000 Tonnen Kohlendioxid einsparen lassen.

Die Situation der Wälder in der Region wird durch den Klimawandel immer dramatischer. Der Borkenkäfer breitet sich aufgrund der für ihn günstigen Witterung ungehindert

Dort, wo früher Panzer das Bild bestimmten, haben heute seltene und bedrohte Pflanzen und Tiere ein Refugium. Nachdem 2012 die belgischen Truppen nach 50 Jahren aus der Wahner Heide abgezogen worden waren, ist es der Bundesanstalt für Immobilienaufgaben (BImA) nach und nach gelungen, das Gelände des früheren Camps Altenrath zu renaturieren und hier nach und nach ein Biotop entstehen zu lassen. Diese Bemühungen um die Bewahrung und Vergrößerung des einzigartigen Naturareals werden jetzt als UN-Dekade-Projekt 2019 ausgezeichnet.

September 2019

Auch wenn der Klimawandel große Sorgen bereitet, wird im Rhein-Sieg-Kreis entgegen einiger Forderungen kein Klimanotstand ausgerufen. Stattdessen beschließt der Kreisumweltausschuss ein umfangreiches Maßnahmenprogramm für mehr Klimaneutralität in der Kreisverwaltung und in den Gesellschaften mit Kreisbeteiligung. Demnach soll Planen und Bauen in den Städten und Gemeinden des Kreisgebietes klimafreundlicher werden, eine Aufklärungskampagne soll zur Vermeidung von Plastikverpackungsmüll beitragen. Zudem soll die Verkehrswende forciert und mehr Raum für klimafreundliche Verkehrsmittel geschaffen werden. Alle zwei Jahre soll es darüber hinaus einen Bericht des Kreises auf der Basis der 17 globalen UN-Nachhaltigkeitsziele geben. Für die Umsetzung der geplanten Maßnahmen wird im Siegburger Kreishaus eine Steuerungsgruppe eingerichtet.

Auch die einzelnen Kommunen des Kreises engagieren sich für mehr Klimaneutralität. Dies zeigt sich zum Beispiel in der energetischen Sanierung alter städtischer Gebäude oder in strukturellen Umstellungen in den einzelnen Fuhrparks. Die Straßenbeleuchtung wird Zug um Zug auf LED umgestellt und Blühstreifen werden angelegt. Die Gemeinde Windeck beschließt, dem Verein „Energieagentur Rhein-Sieg" beizutreten. Dieser kümmert sich um das Energiesparen im Kreisgebiet.

Oktober 2019

Als Träger des Rettungsdienstes einigt sich der Rhein-Sieg-Kreis mit den Krankenkassen nach langen Verhandlungen auf Gebühren für Leistungen der Notfallrettung und des Krankentransportes. Dieser Einigung stimmt der Kreistag zu und ändert rückwirkend zum Jahresbeginn eine bereits beschlossene Gebührensatzung, die zum Teil höhere Gebühren festsetzte. Damit ist nunmehr Rechtssicherheit für alle Beteiligten hergestellt.

November 2019

Der Wolf ist wieder da. Inzwischen ist nachgewiesen, dass einzelne Tiere durch die Region streifen. Teile des Rhein-Sieg-Kreises gehören zum neu ausgewiesenen „Wolfsverdachtsgebiet Oberbergisches Land". Vereinzelt haben Halter von Nutztieren Verluste zu beklagen. Das Land NRW fördert über die Bezirksregierung Köln den Aufbau von Schutzzäunen. Abgesehen davon stellt der Rhein-Sieg-Kreis kostenlos ein Notfall-Set zur Verfügung. Für den Menschen besteht keine Gefahr.

Dezember 2019

Seinen 150. Geburtstag feiert der Verschönerungsverein für das Siebengebirge im kommenden Jahr. Der rund 1700 Mitglieder starke Verein kümmert sich nicht nur um die touristische Infrastruktur, sondern versteht sich auch als „Stimme des Naturschutzes im Siebengebirge". Die Auftaktveranstaltung zum Festjahr findet genau 150 Jahre nach der Vorbesprechung zur Vereinsgründung im Dezember 1869 statt, in Form einer Podiumsdiskussion zu Klimawandel und Biodiversität. Im Laufe des Festjahres will der Verein 150 Mitglieder hinzugewinnen und für jedes neue Mitglied einen Baum pflanzen.

Der Rhein-Sieg-Kreis und die Stadt Bonn zeichnen zwölf Unternehmen aus der Region als sogenannte Ökoprofit-Betriebe aus. Die Bezeichnung Ökoprofit steht für „Ökologisches Projekt für integrierte Umwelttechnik". Im Rahmen einer Kooperation von Stadt, Kreis und Wirtschaft werden dabei Betriebe bei der Einführung beziehungsweise Verbesserung ihres Umweltmanagements unterstützt.

Januar 2020

Um sich der Herausforderung des Klimawandels zu stellen, hat der Verein Region Köln/Bonn mit Fachleuten gemeinsam die „Regionale Klimawandelvorsorgestrategie" (KWVS) erarbeitet. Gefördert wurde dies durch Gelder der Europäischen Union und des Landes Nordrhein-Westfalen. Dabei werden beispielsweise für jede Kommune im Vereinsgebiet die spezifischen klimabedingten Risiken ausgewiesen. Der Leitfaden enthält umfang- und hilfreiches Material für die Umsetzung von Klimaanpassungsmaßnahmen.

Rund 3,4 Millionen Euro investiert der Rhein-Sieg-Kreis in eine hochmoderne und leistungsstarke Rettungswache in der Gemeinde Much. Hierzu wird jetzt *Im Bockemsfeld* der Grundstein für die neue Wache gelegt. Damit kommt der Kreis seiner Verantwortung nach, für eine bedarfsgerechte und flächendeckende Versorgung der Bevölkerung zu sorgen.

Februar 2020

Starkes Hochwasser an Rhein und Sieg macht den Anliegern zu schaffen. Vielfach heißt es in der Region „Land unter". Dazu gesellt sich die Sorge vor dem angekündigten Sturmtief „Sabine". Die Feuerwehren im Rhein-Sieg-Kreis bereiten sich auf vielfältige Einsätze vor, viele Schulen sagen vorsichtshalber den Unterricht ab. Als „Sabine" schließlich auf die Region trifft, werden Bäume entwurzelt und Dächer abgedeckt. Insgesamt kommt die Region relativ glimpflich davon. Dennoch haben mehr als 900 Einsatzkräfte alle Hände voll zu tun und rücken insgesamt zu über 300 Einsätzen aus.

Unstimmigkeiten In Bad Honnef: Die Stadt hatte rund zwei Millionen Euro Fördergelder aus dem Städtebauförderprogramm „Zukunft Stadtgrün" erhalten und mit den Vorarbeiten einer Umgestaltung der Insel Grafenwerth begonnen. Vertreter des Bundes für Umwelt und Naturschutz Deutschland (BUND) sehen in dem Projekt „Insel Grafenwerth – Grünes Juwel in neuem Glanz" jedoch einen Verstoß gegen den für die Insel geltenden Landschaftsschutz und haben gegen die „landschaftsrechtliche Befreiung", die die Untere Naturschutzbehörde des Rhein-Sieg-Kreises erteilt hatte, geklagt. Um der aufschiebenden Wirkung dieser Klage entgegenzuwirken und durch das Förderprogramm gesetzte Fristen einhalten zu können, hat die Stadt im Sinne des öffentlichen Interesses „sofortige Vollziehung" beantragt. Dabei hat sie sich auch auf Gutachten zu Artenschutz und einer Verträglichkeit mit den Flora-Fauna-Habitat-Richtlinien berufen. Diesem Antrag hat der Rhein-Sieg-Kreis stattgegeben, sodass der Umbau nun fortgesetzt wird. Doch der BUND besteht per Eilantrag auf einem sofortigen Baustopp. Das Kölner Verwaltungsgericht will jedoch zunächst den Eilantrag im Einzelnen prüfen und verfügt, dass bei der Weiterführung der Arbeiten keine irreversiblen Schäden verursacht werden dürfen.

Im Rhein-Sieg-Kreis wird ein Management-Team zusammengestellt, das Vorbereitungen für mögliche Erkrankungen durch das neuartige Corona-Virus treffen soll. Beim Kreisgesundheitsamt finden wöchentliche Koordinierungsgespräche statt. Sechs Kliniken im Kreisgebiet stehen für Verdachtsfälle bereit. Zudem beraten auch Landrat Schuster und die Bürgermeisterinnen und Bürgermeister der 19 Kreiskommunen über den Pandemiefall.

März 2020

Im Rhein-Sieg-Kreis gibt es die ersten Corona-Fälle. Die Kontaktpersonen werden ermittelt und unter häusliche Isolation gestellt. Erste Veranstaltungen in der Region werden abgesagt oder verschoben. Mit den nächsten festgestellten Fällen wächst nicht nur die Zahl der Kontaktpersonen, sondern auch die Unsicherheit. Viele Menschen nutzen die Möglichkeit, sich über das Bürgertelefon, das der Rhein-Sieg-Kreis eingerichtet hat, zu informieren. Der Kreis eröffnet ein zentrales Abstrichzentrum in Siegburg, um das Testen zu beschleunigen. Doch die Zahl der Infizierten steigt weiter. Die Ermittlung der Kontaktpersonen wird immer schwieriger. Dennoch bleibt das erklärte Ziel, Infektionsketten zu unterbrechen.

Doch das Virus breitet sich unaufhaltsam aus. Im Rhein-Sieg-Kreis nehmen zwei weitere Abstrichzentren ihren Betrieb auf: linksrheinisch in Rheinbach und rechts-

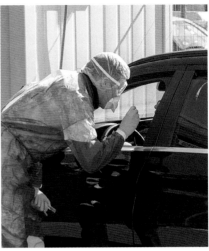

rheinisch in Hennef. In der Hoffnung, die Infektionsgefahr weitestgehend zu verringen, werden viele öffentliche Gebäude und Einrichtungen, Sportstätten und Schwimmbäder von den Kommunen geschlossen, der Regionalverkehr wird ausgedünnt. Auch Gastronomie- und Dienstleistungsbetriebe schließen. Landrat Sebastian Schuster appelliert an die Menschen im Kreisgebiet, soziale Kontakte so weit wie möglich zu reduzieren. In der Kreisverwaltung können Angelegenheiten nur noch mit Termin erledigt werden. Doch die Fallzahlen steigen weiter an, sodass schließlich auch alle vereinbarten Termine abgesagt werden müssen und das Kreishaus für den Publikumsverkehr komplett schließt, um eine weitere Ausbreitung zu verhindern. Das Kreisgesundheitsamt stößt personell an seine Grenzen.

Bundesweit werden die Menschen nun angehalten, die sozialen Kontakte zu reduzieren. Es gilt ein Mindestabstand im öffentlichen Raum von mindestens 1,50 Metern. Die Kommunen verstärken ihre Ordnungsdienste, um die Einhaltung dieser neuen Regelungen sicherzustellen. Zwischenzeitlich können in jedem der drei Abstrichzentren täglich 150 Tests vorgenommen werden. Der Rhein-Sieg-Kreis hat nun auch erste Todesfälle im Zusammenhang mit Corona zu beklagen.

Doch allmählich zeigen die Einschränkungen Wirkung: Die Zahl der Neuinfizierten im Kreisgebiet steigt nicht mehr exponentiell. Parallel zum Krisenstab des Rhein-Sieg-Kreises wird nun auch eine Corona-Einsatzleitung einberufen. Unter der Leitung des Corona-Beauftragten und Kreisbrandmeisters Dirk Engstenberg sollen im Bedarfsfall die Einsätze der Hilfsorganisationen sowie der Bundeswehr koordiniert werden.

April 2020

Die Corona-Pandemie erreicht die Seniorenheime in der Region. Mobile Abstrichteams sind unterwegs. Die Zahl der Todesfälle im Zusammenhang mit Corona steigt. Für die anstehenden Osterfeiertage wird ein Notdienst für Abstriche eingerichtet. In einem Sankt Augustiner Altenheim spitzt sich die Lage dramatisch zu. Etliche Bewohnerinnen und Bewohner sowie eine größere Zahl Pflegender werden positiv auf das Corona-Virus getestet. Da die Grundversorgung aufgrund der prekären Personalsituation nicht mehr sichergestellt werden kann, wird die Einrichtung von Einheiten des Katastrophenschutzes teilweise evakuiert. Zahlreiche weitere Ehrenamtliche helfen ebenfalls. Um zu klären, wie es zu dieser Situation kommen konnte, ermittelt die Staatsanwaltschaft. Eine neue Verordnung des Landes sieht nun vor, dass Pflegeheime Isolierbereiche schaffen müssen.

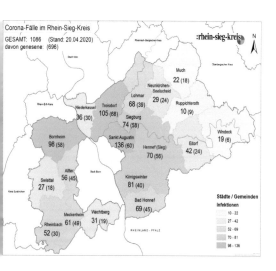

Zumindest eine gute Nachricht gibt es in diesen unruhigen Zeiten: Der Rhein-Sieg-Kreis hat mit einer Investition von 3,3 Millionen Euro 17 neue Rettungswagen angeschafft. Damit ist der Rettungsdienst im Kreisgebiet bestmöglich und sehr modern aufgestellt und garantiert noch mehr Sicherheit und noch bessere Versorgung im Notfall.

Mai 2020

Insgesamt ist nun eine erfreuliche Entwicklung des Infektionsgeschehens im Kreisgebiet zu erkennen. Doch dann gibt es in einer zentralen Flüchtlingsunterkunft des Landes in Sankt Augustin noch einmal einen größeren Corona-Ausbruch. Bereits mit den ersten positiv getesteten Bewohnern wird die Unterkunft unter Quarantäne gestellt und bei allen Bewohnern ein Abstrich vorgenommen. Die Zahl der Infizierten steigt schnell, die meisten zeigen jedoch keine oder nur schwache Symptome. Personen mit negativem Testergebnis werden anderweitig untergebracht.

Lange Zeit mussten sich die politisch Verantwortlichen, Eltern und viele andere Menschen in der Region um eine mögliche Schließung der Asklepios-Kinderklinik in Sankt Augustin sorgen. Nachdem zwei Chefärzte des Deutschen Kinderherzzentrums an die Uniklinik Bonn gewechselt waren, hatte der Asklepios-Konzern die Schließung der Kinderklinik angekündigt, da sie sich aus eigener Kraft nicht mehr halten könne. In diesem Fall wäre die medizinische Versorgung von Kindern und Jugendlichen im Rhein-Sieg-Kreis mit Blick auf längere Wege bei einer permanent schwierigen Verkehrssituation möglicherweise nicht mehr gewährleistet gewesen. Doch nach intensiven Gesprächen und Verhandlungen bekennt sich der private Klinikbetreiber einige Zeit später in seiner Jahrespressekonferenz mit deutlichen Worten zur Kinderklinik in Sankt Augustin. Landrat Sebastian Schuster dankt dem Konzern für dieses gerade vor dem Hintergrund der aktuellen Krise besonders wichtige Signal.

Im Zusammenhang mit den Bauarbeiten auf der Insel Grafenwerth in Bad Honnef gibt das Verwaltungsgericht der vom BUND eingereichten Klage in Teilen Recht und verhängt einen Baustopp für die geplanten Sitzstufen und die Bühne, die Teil des Naherholungskonzeptes sind. Es gilt nun, die Gründe für die Beanstandungen sowie vorhandene Unstimmigkeiten aus dem Weg zu räumen.

Juni 2020

Die Corona-Zahlen im Rhein-Sieg-Kreis sind derzeit erfreulich niedrig. Daher können auch die Krisenstäbe in der Region in den Stand-by-Modus fahren. Bei Bedarf können sie jederzeit reaktiviert werden.

Mitte des Monats geht die Corona-Warn-App an den Start. Die Installation der App ist freiwillig und datensicher. Bei einer ausreichenden Nutzung können sich Ansteckungsketten bereits im Keim ersticken lassen und auf diese Weise zu einer weiterhin positiven Entwicklung beitragen. Bei einem Infektionsalarm durch die App soll künftig auch ohne vorhandene Symptome getestet werden. Zum Ende des Monats haben bereits über 13 Millionen Nutzer die App heruntergeladen.

Da es dem aus dem Jahr 1979 stammenden Kreisfeuerwehrhaus an Kapazitäten fehlt und es nicht mehr auf dem neuesten Stand ist, vor allem aber auch aufgrund der gestiegenen Anforderungen im Bereich der Brandbekämpfung, des Katastrophenschutzes und in anderen Einsatzgebieten der Gefahrenabwehr, benötigt der Rhein-Sieg-Kreis ein

neues Gefahrenabwehrzentrum (GAZ). Der Kreistag stellt erste Weichen und beschließt, in Sankt Augustin ein Grundstück zu erwerben, auf dem das Zentrum entstehen soll.

215

CHRONIK
DER
COVID-19-PANDEMIE
IM RHEIN-SIEG-KREIS

Von Julia Solf

Im Februar zur Karnevalszeit war Covid-19 noch weit weg. Rückblickend hatten wir hier in einer der Karnevalshochburgen in Deutschland vermutlich großes Glück: Trotz der Sitzungen und des Trubels im Straßenkarneval und in den Kneipen kam es hier im Kreis nicht – wie in Gangelt im Kreis Heinsberg – bereits früher zu einem schlimmen Verlauf mit einer Vielzahl von Infektionen.

Doch wenig später erreichte das Virus auch den Rhein-Sieg-Kreis, und es gab Phasen, in denen die Infektionszahlen innerhalb kürzester Zeit immer weiter stiegen. Zum jetzigen Stand (Juli 2020) hat sich die Situation glücklicherweise merklich entspannt. Die Zahlen der Neuinfizierten stagnieren auf einem sehr niedrigen Niveau. Dies liegt sicherlich an den vielen vorsorglichen Maßnahmen und Beschränkungen, die ergriffen wurden. Mittlerweile konnten viele Regelungen gelockert werden, der Alltag entspannt sich wieder. Die Covid-19-Pandemie hat in der ersten Jahreshälfte 2020 das Leben im Rhein-Sieg-Kreis in jeglichen Bereichen geprägt, durch Beschränkungen, durch Änderungen, aber auch durch Sorgen und völlig neue Herausforderungen im Alltag.

In den Streiflichtern wird bereits von den Auswirkungen der Corona-Pandemie im Rhein-Sieg-Kreis berichtet. Hier sollen noch einmal wichtige Schritte, insbesondere auch in der Arbeit der Kreisverwaltung, nachgezeichnet werden.

5. März   1 Infektion

Das Kreisgesundheitsamt erhält die Meldung über die erste Corona-Infektion im Kreis. In den darauffolgenden Tagen kommen pro Tag einige wenige Fälle hinzu. Zuvor bereits hat Landrat Sebastian Schuster für diesen Fall vorsorglich den Krisenstab des Rhein-Sieg-Kreises einberufen, damit dieser über weitere Schritte – jeweils in enger Abstimmung mit den 19 kreisangehörigen Städten und Gemeinden – entscheidet. Ein Bürgertelefon für Fragen rund um Corona wird eingerichtet. Zunächst arbeiten dort Mitarbeitende aus der Presse- und Öffentlichkeitsarbeit und aus dem Amt für Bevölkerungsschutz, später wird das Team durch Freiwillige aus anderen Abteilungen aufgestockt. Zudem werden die häufigsten Fragen zum Corona-Virus auf der Homepage des Rhein-Sieg-Kreises beantwortet und fortlaufend mit neuen Informationen ergänzt. In der Verwaltung ist das Amt für Bevölkerungsschutz für die Gesamtlogistik zuständig, im sogenannten Lagezentrum werden alle Informationen zusammengefasst, gefiltert und an die entsprechenden Stellen weitergeleitet. Deutschlandweit steigen die Zahlen täglich so stark an, dass alle zwei bis drei Tage eine Verdopplung der Fälle festzustellen ist. Es gilt schnell zu handeln, um Kontaktpersonen der Infizierten ausfindig zu machen und diese zu informieren, damit eine unbemerkte Übertragung durch symptomlose Virusträger und damit eine immer höhere Anzahl Infizierter vermieden werden kann. Doch trotz aller Bemühungen können die ersten Sekundärinfektionen nicht verhindert werden. Täglich finden nun Pressekonferenzen des Landrats statt, um die Öffentlichkeit über die wichtigsten Entwicklungen im Rhein-Sieg-Kreis zu informieren.

12. März   23 bestätigte Fälle

Nur knapp eine Woche nach dem ersten bestätigten Covid-19-Fall im Rhein-Sieg-Kreis hat das erste Abstrichzentrum – organisiert durch die Kassenärztlichen Vereinigung in Zusammenarbeit mit der Kreisverwaltung – im Rhein-Sieg-Kreis seine Arbeit aufgenommen: Am Siegburger Krankenhaus können nun Personen nach ärztlicher Abklärung und mit Überweisung auf das Covid-19-Virus getestet werden.

16. März   84 bestätigte Fälle

Nachdem bis dahin nur vereinzelt Schulen aufgrund bestätigter Infektionen schließen mussten, ändert sich die Lage: Per Erlass werden alle Schulen in NRW geschlossen, ebenso die Kindertagesstätten.

Um die Abteilungen, die besonders mit coronabedingten Aufgaben beschäftigt sind, zu entlasten, werden weitere Mitarbeiter aus ihren originären Fachbereichen abgeordnet. Landrat Schuster dazu: „Derzeit ziehen wir aus vielen Teilen der Verwaltung Personal für diese wichtige Aufgabe zusammen und ich danke allen Mitarbeiterinnen und Mitarbeitern dafür, dass sie sich so engagiert einsetzen. Wir werden aber insgesamt alles dafür tun, die publikumsrelevanten Bereiche in gewohnter Weise offen zu halten."

18. März   158 bestätigte Fälle

Wenige Tage später stellt sich jedoch heraus, dass die Öffnung der Kreisverwaltung für Publikum nicht länger möglich ist. Das Kreishaus und seine Nebenstellen werden – mit Ausnahme von schriftlich bestätigten Terminen – für die Öffentlichkeit geschlossen. Der interne Betrieb geht weiter, wenn auch in anderer Form: Um die Kontaktmöglichkeiten zu verringern, geht nun im Wechsel jeweils ein Teil der Beschäftigten ins Home Office. Die Städte und Gemeinden reagieren ähnlich und schließen ebenfalls ihre Rathäuser, die regelmäßigen Besprechungen des Landrats mit den Bürgermeisterinnen und Bürgermeistern des Kreises finden nun per Telefonkonferenz statt.

23. März   336 bestätigte Fälle, 4 geheilt

In ganz Nordrhein-Westfalen gilt ab sofort die Kontaktsperre, um den Anstieg der Infektionszahlen zu bremsen, damit das Gesundheitssystem nicht überlastet wird. Aus diesem Grund ist nun die Kreisverwaltung für den Publikumsverkehr komplett geschlossen. Die Vorbereitungen für zwei weitere Abstrichzentren sind indes abgeschlossen, sodass nun auch in Hennef und Rheinbach getestet werden kann.

24. März   356 bestätigte Fälle, 4 geheilt

Bei fast allen Kommunen wird entsprechend des Landestrends auf die Erhebung der Elternbeiträge für die Kindertagesstätten verzichtet. Aber auch traurige Neuigkeiten müssen an diesem Tag vermeldet werden: Im Kreisgebiet gibt es die ersten beiden Corona-Todesfälle.

27. März   490 bestätigte Fälle

Zu Beginn der Pandemie gestaltet sich die Versorgung mit ausreichender Schutzausrüstung überall schwierig. Neben eigenen Beschaffungen trifft nun eine erste Lieferung mit Schutzmasken des Landes NRW im Kreis ein. Insgesamt 7526 Masken können in Empfang genommen und dann an Krankenhäuser und Pflegeeinrichtungen verteilt werden. Ab dann erreichen den Rhein-Sieg-Kreis fortlaufend weitere Materiallieferungen, die anschließend verteilt werden.

1. April   619 bestätigte Fälle insgesamt, Fälle aktuell: 532

Ein ärztlicher Hintergrunddienst für die Rettungskräfte wird installiert. „Der Hintergrunddienst steht den Einsatzkräften in den Fahrzeugen bei Fragen rund um das Corona-Virus und damit einhergehenden besonderen Verhaltensweisen mit Rat und Tat zur Seite", erklärt Rainer Dahm, Leiter des Amtes für Bevölkerungsschutz. „Diese Maßnahme dient dem Schutz unserer Einsatzkräfte."

7. April   829 bestätigte Fälle insgesamt, Fälle aktuell: 549

Per Telefonkonferenz stimmt sich Landrat Schuster mit den Bürgermeisterinnen und Bürgermeistern ab, um Eckpunkte für eine vorsorgliche Personalplanung zu definieren, die gewährleistet, dass die Kontaktpersonenverfolgung auch bei weiter steigenden Infektionszahlen bewältigt werden kann. Dies hatten das nordrhein-westfälische Ministerium für Arbeit, Gesundheit und Soziales und das Innenministerium per Erlass gefordert.

10. April   923 bestätigte Fälle insgesamt, Fälle aktuell: 527

Insgesamt 41 positiv getestete Bewohnerinnen und Bewohner der Senioreneinrichtung St. Monika der Caritas-Betriebsführungs- und Trägergesellschaft (CBT) aus Sankt Augustin müssen in verschiedene Krankenhäuser in der Region gebracht werden, da auch eine größere Zahl der Pflegenden eine Infektion aufweist und somit die Pflege nicht mehr sichergestellt ist. Zuvor war eine umfangreiche Testung in der Einrichtung durchgeführt worden. Der Rhein-Sieg-Kreis begleitet die Situation von Beginn an konsequent sowohl in Bezug auf die medizinische als auch die heimaufsichtliche Seite. Um ähnliche Fälle zu vermeiden, werden flächendeckend in Senioreneinrichtungen und Pflegediensten Testungen vorgenommen.

23. April   1113 bestätigte Fälle insgesamt, Fälle aktuell: 264

Aufgrund des Rückgangs der aktiven Fälle, der darauf hinweist, dass der Lockdown Erfolge gezeigt hat, werden die kreiseigenen Schulen (Berufskollegs und Förderschulen) wieder für Schülerinnen und Schüler geöffnet. Trotz der kurzen Vorlaufzeit klappt der Start zurück in den Schulalltag gut. Mit Einbahnstraßensystemen, Wartezonen und Desinfektionsspendern wurde ein Schutzkonzept für Lernende und Lehrende entwickelt.

10. Mai   1202 bestätigte Fälle insgesamt, Fälle aktuell: 112

Aufgrund von Masseninfektionen in Schlachtbetrieben in anderen Teilen von NRW hat das Land angeordnet, sämtliche Mitarbeiter und Mitarbeiterinnen von Schlachtbetrieben zu testen. Die Testung von insgesamt 760 Personen, die in fleischverarbeitenden Betrieben im Kreis tätig sind, beginnt. Die bisherigen Ergebnisse sind glücklicherweise negativ.

13. Mai   1208 bestätigte Fälle insgesamt, Fälle aktuell: 80

Da bislang, mit Ausnahme der Berufsschulen, noch kein regulärer Schulunterricht möglich ist, stellt der Rhein-Sieg-Kreis als erster Kreis in NRW den Schulen ein neues datenschutzkonformes Modul zur Videokommunikation zur Verfügung. Lehrkräfte können aus den unterschiedlichen Modulen Lernlisten zusammenstellen, sie für ihre Klassen aufbereiten und den Schülerinnen und Schülern einen Zugangscode weiterleiten. Über ihre eigenen Geräte (Tablet, PC, Smartphone) können diese zu Hause auf die Inhalte zugreifen.

15. Mai   1220 bestätigte Fälle insgesamt, Fälle aktuell: 75

Erntehelfer eines Betriebes in Bornheim protestieren gegen die hygienischen Zustände in ihren Unterkünften. Die Prüfung der Unterkünfte ergibt, dass die sanitären Einrichtungen nicht dem gebotenen Standard entsprechen. Das Kreisgesundheitsamt steht im engen Kontakt mit der Stadt Bornheim und der Bezirksregierung. Maßnahmen werden ergriffen, damit die betroffenen Menschen ihren hygienischen Bedürfnissen nachkommen können und das Risiko für ein Ausbruchsgeschehen minimiert wird.

18. Mai   1339 bestätigte Fälle insgesamt, Fälle aktuell: 185

Das Straßenverkehrsamt öffnet wieder, allerdings nur mit Termin und unter Einhaltung der gebotenen Schutzmaßnahmen.

20. Mai   1386 bestätigte Fälle insgesamt, Fälle aktuell: 218

Insgesamt ist die Entwicklung des Infektionsgeschehens im Kreisgebiet als positiv einzustufen. Allerdings trübt ein erhöhtes Ausbruchsgeschehen in der Zentralen Unterbringungseinrichtung für Flüchtlinge in Sankt Augustin das Bild.

28. Mai   1428 bestätigte Fälle insgesamt, Fälle aktuell: 230

Die Kontaktpersonennachverfolgung soll zunächst weiterhin in der Verantwortung des Kreisgesundheitsamtes liegen, das diese Aufgabe mit einer neu eingesetzten Software wahrnehmen wird. In einem nächsten Schritt sollen dann aber auch Mitarbeiterinnen und Mitarbeiter der Kommunen geschult werden, um im Notfall ebenfalls einsatzbereit zu sein.

10. Juni   Fälle aktuell: 29

Die Zahl der Infizierten sinkt stetig. Landrat Sebastian Schuster und die Bürgermeisterinnen und Bürgermeister der 19 Städte und Gemeinde einigen sich darauf, ab dem 22.06.2020 die Rathäuser und das Kreishaus wieder für den allgemeinen Besuchsverkehr zu öffnen.

25. Juni   Fälle aktuell: 11 genesen: 1402, verstorben: 49

Mittlerweile wurden knapp 800 Tests in fleischverarbeitenden Betrieben genommen, die Ergebnisse waren glücklicherweise alle negativ. Da die Zahl der Infizierten weiterhin gering bleibt, wird der Krisenstab nach 47 Sitzungen auf „Stand-by" gesetzt. Wenn es die Situation verlangt, kann dieser natürlich kurzfristig wieder hochgefahren werden.

Aus dem Kreishaus:
Kreistag und Ausschüsse im Überblick

Der Kreistag des Rhein-Sieg-Kreises wird von den Bürgerinnen und Bürgern des Kreisgebietes gewählt. Als Vertretung der Bürgerschaft entscheidet er in allen Angelegenheiten des Kreises von grundsätzlicher Bedeutung. Vorsitzender des Kreistages ist Landrat Sebastian Schuster, der auch den Vorsitz im Kreisausschuss führt. Die Kreisordnung weist diesem Ausschuss zentrale Aufgaben zu: Er beschließt über alle Angelegenheiten, soweit sie nicht dem Kreistag vorbehalten sind oder soweit es sich nicht um Geschäfte der laufenden Verwaltung handelt. Er hat insbesondere die Beschlüsse des Kreistags vorzubereiten und die Geschäftsführung des Landrats zu überwachen. Wegen dieser besonderen Verantwortung und Zuständigkeit tagt der Kreisausschuss in der Regel einmal monatlich, während der Kreistag meist viermal im Jahr zu einer Sitzung zusammenkommt. Darüber hinaus findet ein großer Teil der politischen Arbeit in den Fachausschüssen des Kreistages statt.

Im Berichtszeitraum Juli 2019 bis Juni 2020 fanden fünf Sitzungen des Kreistages statt. Die wesentlichen Tagesordnungspunkte und Entscheidungen sind nachfolgend aufgeführt. Die Nummerierung der Sitzungen bezieht sich auf die laufende Wahlperiode (2014 bis 2020). Einige Beschlüsse des Kreistages und seiner Ausschüsse sind darüber hinaus auch an anderer Stelle entsprechend dem Sachzusammenhang erwähnt.

23. SITZUNG AM 4. JULI 2019

Beschluss über die Anforderung eines Arbeitsprogramms über die kurz-, mittel- und langfristigen Ziele der Metropolregion Rheinland e. V. als Entscheidungshilfe hinsichtlich der Mitgliedschaft des Rhein-Sieg-Kreises im Verein

Beschluss zur Forderung des Erhalts der Kinderklinik in Sankt Augustin zur Sicherstellung der medizinischen Versorgung von Kindern und Jugendlichen im Rhein-Sieg-Kreis

Verabschiedung des Gleichstellungsplans für den Zeitraum 2019 bis 2024

Beschluss zur Neufassung des Gesellschaftsvertrags der Energieversorgungsgesellschaft Sankt Augustin mbH (EVG)

Beschluss zur Verkleinerung des Kreistags um zwei Sitze auf 70

24. SITZUNG AM 8. OKTOBER 2019

Beschluss zur Erweiterung des Stellenplans um 14 Planstellen zur Beschleunigung der vom Kreistag beschlossenen Bauprojekte

Beschluss des Maßnahmenprogramms 2025 als Ergänzung des Klimaschutz-Beschlusses von 2011, um einen Klimanotstand zu vermeiden

Beschluss zur Fortschreibung des Nahverkehrsplans

Beschluss zur Begründung der Mitgliedschaft des Rhein-Sieg-Kreises im „Gesunde-Städte-Netzwerk der Bundesrepublik Deutschland"

Beschluss zur Neukalkulation der Rettungs- und Leitstellengebühren im Rhein-Sieg-Kreis rückwirkend zum 01.01.2019

25. SITZUNG AM 12. DEZEMBER 2019

Resolution zur Fahrplanänderung am ICE-Bahnhof Siegburg/Bonn

Verabschiedung der Abfallsatzung und der Gebührensatzung für die Abfallentsorgung für das Jahr 2020

Feststellung des Jahresabschlusses des Rhein-Sieg-Kreises für das Haushaltsjahr 2018 und Entlastung des Landrates

Beschluss zur Änderung der Rechnungsprüfungsordnung

26. SITZUNG AM 6. FEBRUAR 2020 WAHL DER KREISDIREKTORIN

(Wieder-)Bestellung der Kämmerin

27. SITZUNG AM 23. JUNI 2020

Beschluss zur Fortführung der Angebotsverbesserungen im ÖPNV, die durch das Projekt „Lead City" entstanden sind (auch im Fall einer auslaufenden Förderung durch den Bund)

Beschluss zum Neubau der Waldschule Alfter, Förderschule des Rhein-Sieg-Kreises, sowie zur Weiternutzung des bestehenden, dann brandschutzsanierten Gebäudes

Beschluss zur Änderung der Satzung über die Förderung der Kindertagespflege für mehr Flexibilität und Qualität

PERSONELLE VERÄNDERUNGEN

Volker Heinsch (SPD) scheidet aus dem Kreistag aus. Seine Nachfolge tritt Matthias Großgarten aus Niederkassel an. Für Ursula Studthoff (SPD) aus Bad Honnef zieht Barbara Heymann aus Meckenheim in den Kreistag ein. Annegret Viehmann (CDU) aus Meckenheim tritt die Nachfolge von Raimund Schink an.

Musiknachwuchs im Rhein-Sieg-Kreis

Die Wettbewerbe „Jugend musiziert" und „Musizierende Jugend"

Von Julia Solf

Insgesamt 113 Mädchen und Jungen zeigten am 18. und 19. Januar 2020 ihr Können auf verschiedenen Instrumenten beim 57. Regionalwettbewerb „Jugend musiziert" im Rhein-Sieg-Kreis. Die Kategorien wechseln jährlich, im diesjährigen Wettbewerb waren es Klavier, Harfe, Gitarre, Gesang, Drum-Set, Streicher-Ensemble, Holz- und Blechbläser.

Diesmal lief allerdings alles etwas anders als in den vorherigen Jahren: Die drei Preisträgerkonzerte, die bisher jährlich im Frühjahr nach den Wertungsspielen stattfanden und bei denen viele der jungen Künstlerinnen und Künstler ihr Können nochmals vor einem größeren Publikum unter Beweis stellen konnten, mussten aufgrund der Covid-19-Pandemie kurzfristig abgesagt werden. Somit entfiel auch die feierliche Übergabe der Urkunden an die Teilnehmenden. Landrat Schuster ließ es sich daher nicht nehmen, allen Teilnehmenden am Wettbewerb herzlich per Brief zu gratulieren.

Leider mussten auch die Teilnehmenden, die sich beim Regionalwettbewerb durch besonders gute Leistungen hervorgetan

hatten und einen ersten Platz mit Weiterleitung zum Landeswettbewerb erringen konnten, kurze Zeit nach den erfolgreichen Wertungsspielen eine schlechte Nachricht vernehmen. Die sonst im Anschluss stattfindenden Landes- und Bundeswettbewerbe

konnten in diesem Jahr ebenfalls nicht durchgeführt werden.

Auch wir gratulieren allen Teilnehmenden zu ihrer hervorragenden Leistung und freuen uns bereits aufs nächste Jahr!

Der Wettbewerb im Überblick

Im Regionalwettbewerb auf Kreisebene wurden folgende Preise vergeben:

KATEGORIE KLAVIER

Erster Preis mit Weiterleitung zum Landeswettbewerb

Christian Brandenburger (Sankt Augustin), Alejandro González Gerwig (Königswinter), Valeria Erandi González Gerwig (Königswinter), Anna Jung (Königswinter), Miriam Jülich (Wachtberg), Alexander Klapper (Swisttal), Anouk Vidrih Kaufmann (Bad Honnef), Florian Plücker (Rheinbach), Colin Alexander Pütz (Niederkassel), Joe Russo (Bornheim), Stefan Schmierer (Siegburg), Regina Walter (Königswinter)

Erster Preis

Tristan Bendix Bennerscheidt (Troisdorf), Estella Berndt (Meckenheim), Claire Xiwei Cheng (Sankt Augustin), Jiaqi Chen (Hennef), Illiyana El Alaoui (Troisdorf), Karla Ferrier (Bad Honnef), Simson Hartmann (Hennef), Elena Sophia Henke (Bornheim), Radomir Jovasevic (Rheinbach), Stefanie Kässbohrer (Nickenich), Sophie Kässbohrer (Nickenich), Alicia Klare (Wachtberg), Felix Lang (Rheinbach), Katharina Liu (Bonn/Euskirchen), Sonja Joy Münning (Sankt Augustin), Milan Pamukbezci (Hennef), Cindy Mo Ran (Königswinter), Jule Marlene Winkler (Rheinbach), Leo Xue (Sankt Augustin)

Zweiter Preis

Louisa Baumert (Königswinter), Ida Hille (Troisdorf), Maximilian Krebs (Königwinter), Konstantin Schmit (Bornheim), Raphael Schmidt (Siegburg)

Dritter Preis

Vincent Weida Cui (Troisdorf), Johanna Jaschob (Rheinbach), Henrike Joest (Bornheim), Ariana Meißner (Alfter), Linn Rosener (Troisdorf), Georg Völzgen (Bad Honnef)

KATEGORIE HARFE

Erster Preis mit Weiterleitung zum Landeswettbewerb

Katharina Bockemühl (Wachtberg), Elsie Gehlen (Wachtberg), Wilma-Irini Giannacidis (Alfter), Catalina Trostorf (Hennef), Isabelle Wirtgen (Bad Honnef)

Erster Preis

Mariana Kusserow (Siegburg), Talea Kühn (Lohmar), Susanna von Heising (Bad Honnef), Maya Heyer (Meckenheim)

KATEGORIE GITARRE (POP)

Erster Preis mit Weiterleitung zum Landeswettbewerb

Noah Adelmann (Neunkirchen-Seelscheid)

Erster Preis

Anneke Baer (Sankt Augustin), Florian Bauer (Lohmar), Matthias Mörsch (Lohmar), Konstantin Schmit (Bornheim)

Zweiter Preis

Arthur Krasjuk (Sankt Augustin), Daniel Kühltau (Lohmar)

KATEGORIE GESANG

Erster Preis mit Weiterleitung zum Landeswettbewerb

Mariella Budzinski (Sankt Augustin), Emilia Sophie Matissek (Königswinter), Elisa Pizzo (Bonn), Janna Rasche (Hennef), Lilli Retzlaff (Wachtberg)

Erster Preis

Anna Dowling (Bonn), Laura Körner (Bonn), Julian Ohlbach (Bonn)

KATEGORIE DRUM-SET (POP)

Erster Preis mit Weiterleitung zum Landeswettbewerb

Maximilian Brenner (Siegburg), Anton Hagen (Lohmar)

KATEGORIE STREICHER-ENSEMBLE

Erster Preis mit Weiterleitung zum Landeswettbewerb

Lilit Roggendorf (Bonn), Levi Sabinski (Bornheim), Luna Sabinski (Bornheim), Nadeshda Schmid (Bonn)

Erster Preis

Raphael Ipfelkofer (Siegburg), Jonathan Elias Meyer (Sankt Augustin), Nina Elena Otto (Hennef), Bera Polat (Köln)

KATEGORIE HOLZBLÄSER – GLEICHE INSTRUMENTE

Erster Preis mit Weiterleitung zum Landeswettbewerb

Katja Abecker (Siegburg), Sude Deliktas (Grevenbroich), Amelia Faber (Siegburg), Johannes Frenken (Meckenheim), Malin Höfgen (Siegburg), Aamir Mohammed (Grevenbroich), Emilie Kulesch (Grevenbroich), Nina Lienemann (Hennef), Anna Maria Neumann (Wachtberg), Klara Sauerland (Bonn), Maike Schmitz (Jüchen), Noelle Sieber (Siegburg), Annika Smeets (Siegburg), Sophia Solibieda (Swisttal), Finja Ten Thoren (Bornheim), Eliana Ubber (Siegburg)

Zweiter Preis

Lilian Elin Sophie Nau (Sankt Augustin), Mascha Pabst (Siegburg), Thomas Pützer (Hennef), Merle Sezer (Siegburg)

KATEGORIE BLECHBLÄSER – GLEICHE INSTRUMENTE

Dritter Preis

Laurenz Küsche (Hennef), Henriette Schneider (Hennef), Jonathan Weinz (Hennef)

KATEGORIE HOLZ-UND BLECHBLÄSER GEMISCHT

Erster Preis mit Weiterleitung zum Landeswettbewerb

Emilia Jalocha (Erftstadt), Leonie Kramer (Moers), Janik Nagel (Rheinbach), Nele Tennestedt (Detmold), Sina Vetter (Duisburg)

MUSIZIERENDE JUGEND IM RHEIN-SIEG-KREIS 2019

Der Wettbewerb „Musizierende Jugend" findet glücklicherweise immer im Herbst statt, sodass dieser nicht von der Covid-19-Pandemie betroffen war und regulär durchgeführt werden konnte. Die Wertungsspiele des 40. Wettbewerbs fanden an den Wochenenden 9./10. und 16./17. November 2019 an verschiedenen Orten im Rhein-Sieg-Kreis statt. Rekordverdächtig war die Anzahl der teilnehmenden Jugendlichen: Ganze 321 junge Musiker und Musikerinnen zwischen 6 und 18 Jahren zeigten, was sie in den unterschiedlichen Sparten, wie z.B. kleine und große Vokal- und Instrumentalensembles, Musikklassen, Streichinstrumente u.a. fleißig gelernt hatten. Erneut hatte die Arbeitsgemeinschaft der Musikschulen im Rhein-Sieg-Kreis zudem einen Sonderpreis ausgeschrieben: 300 Euro Preisgeld winkten der überzeugendsten Interpretation eines Werkes einer Komponistin.

Der jährlich stattfindende Wettbewerb „Musizierende Jugend im Rhein-Sieg-Kreis" wurde bereits 1980 vom Rhein-Sieg-Kreis und der Kreissparkasse ins Leben gerufen. Zielgruppe des Wettbewerbs sind junge Leute, die im Rhein-Sieg-Kreis wohnen oder ihren Musikunterricht dort erhalten. Er soll über „Jugend musiziert" hinaus eine breitere Förderung musizierender Jugendlicher ermöglichen. Veranstalter ist die Arbeitsgemeinschaft der Musikschulen im Rhein-Sieg-Kreis, die auch Orientierungswettbewerbe anbietet – hier können junge Musikerinnen und Musiker ihr Können unabhängig von den im Regional-, Landes- und Bundeswettbewerb „Jugend musiziert" turnusmäßig wechselnden Sparten in einer Wettbewerbssituation unter Beweis stellen.

Die Jury bestätigte das hohe Niveau des Wettbewerbs und vergab daher ganze 43 erste Plätze. Der Sonderpreis für die überzeugendste Interpretation eines Werkes einer Komponistin ging an Cedric Hiller (Violine) und Eleni Arslan (Klavier) aus Troisdorf für ihre Darbietung „Romanze Op.22 Nr. 2" von Clara Schumann.

„Musizierende Jugend im Rhein-Sieg-Kreis" wird von der Kreissparkasse Köln gesponsert und so überreichte Bernd Weber, Filialdirektor Rheinbach der Kreissparkasse Köln, beim Preisträgerkonzert am 15. Dezember 2019 im Stadttheater Rheinbach zusammen mit Vizelandrätin Silke Josten-Schneider die Urkunden und Preise an die strahlenden Erstplatzierten. Traditionell waren alle Teilnehmenden mit ihren Familien zu diesem Konzert eingeladen.

Der Wettbewerb versteht sich als Ergänzung und Erweiterung von Jugend musiziert und ist in dieser Form ein Alleinstellungsmerkmal des Rhein-Sieg-Kreises. Ein herzliches Dankeschön gilt der Kreissparkasse Köln, die, wie bereits in den Vorjahren, den Wettbewerb finanziell und organisatorisch unterstützt hat.

Die Preisträgerinnen und Preisträger 2019

KLEINE INSTRUMENTAL- UND VOKALENSEMBLES (3-8 PERSONEN) / KAMMERMUSIK
Erster Preis
Die Jungs vom Sägewerk (Troisdorf/ Nümbrecht), Querflötenquartett Königswinter (Bonn/Königswinter), Saitenhüpfer (Troisdorf), Junior Ensemble Hennef (Köln/Hennef), Querflötentrio Siegburg (Siegburg/ Hennef), Saitenschwung (Troisdorf)

KATEGORIE: GROSSE INSTRUMENTAL- UND VOKALENSEMBLES (AB 9 PERSONEN) / ORCHESTER
Erster Preis
Bigband Heavy Tunes der Gesamtschule Meiersheide in Hennef, Musikschulband Königswinter, Jugendstreichorchester der Musikschulen Sankt Augustin/Troisdorf

MUSIKKLASSEN
Erster Preis
Black Thirtheen (Hennef, Gesamtschule Meiersheide 6b), Bläserklasse 10b (Hennef, Gesamtschule)

Zweiter Preis
Bläserklasse 8b (Hennef, Gesamtschule), Dream Beat (Hennef, Gesamtschule Meiersheide 9b), Street Symphonie (Hennef, Gesamtschule Meiersheide 7b)

DUO – Zwei beliebige Instrumente
Erster Preis
Louisa Carlet und Jannes Berg (Niederkassel, Trompete/Cornett), Simson Franz und Silas Romeo Hartmann (Hennef, Klavier/Saxofon), Luna und Levi Sabinski (Bornheim, Geige), Hannah und Justus Beitz (Königswinter, Harfe/Trompete)

Zweiter Preis
Livia Nowak und Tilli Sophie Eich (Wesseling/Bornheim, Querflöte), Lea Hanschmann und Felicia Schlimock (Bad Honnef, Harfe/Klavier), David Overberg und Jonas Ivo (Königswinter, Trompete), Arthur Krasjuk und Daniel Kühltau (Sankt Augustin/ Lohmar, Gitarre)

SONDERPREIS
Cedric Hiller (Violine) und Eleni Arslan (Klavier)

ORIENTIERUNGSWETTBEWERB

STREICHINSTRUMENTE
Erster Preis
Eleni Arslan (Troisdorf), Jara Mathilda Brombach (Hennef), Cedric Hiller (Troisdorf), Nina Elena Otto (Hennef), Bera Polat (Köln)

Zweiter Preis
Pia Mathäus (Siegburg)

HARFE
Erster Preis
Suzanna von Heising (Bad Honnef), Isabell Wirtgen (Bad Honnef)

GESANG
Erster Preis
Mariella Budzinski begleitet von Anna Dowling am Klavier (Sankt Augustin/Bonn), Janna Rasche begleitet von Julian Ohlbach (Hennef/Bonn)

HOLZBLASINSTRUMENTE
Erster Preis
Chaima Tebourski (Niederkassel)

BLASINSTRUMENTE
Erster Preis
Sophie Bonerz (Bornheim), Bastian Budzinski (Sankt Augustin), Arik Weigt (Troisdorf)

Zweiter Preis
Liam Billig (Troisdorf)

BLÄSERENSEMBLE
Erster Preis
Katja Abecker (Siegburg), Malin Höfgen (Siegburg), Annika Smeets (Siegburg), Eliana Ubber (Siegburg)

Zweiter Preis
Lilian Nau (Sankt Augustin), Mascha Pabst (Siegburg), Thomas Pützer (Hennef), Merle Sezer (Siegburg)

KLAVIER
Erster Preis
Tristan Bennerscheidt (Troisdorf), Jiaqi Chen (Hennef), Radomir Jovasevic (Rheinbach), Alexander Klapper (Swisttal), Joe Russo (Bornheim), Leo Xue (Sankt Augustin)

Zweiter Preis
Teresa Hartmann (Bonn), Linn Rosener (Troisdorf), Antonia Zöllig (Troisdorf)

Dritter Preis
Pola Henrike Claus (Eitorf), Gabriel Remiszewski (Siegburg), Raphael Schmidt (Siegburg)

ZUPFINSTRUMENTE
Erster Preis
Alexander Karlson (Windeck)

Zweiter Preis
Elisa Erlemeier (Sankt Augustin), Tamina Klöckener (Sankt Augustin), Ilja Semenov (Sankt Augustin), Hannah Tegtmeyer (Troisdorf), Sarah Tegtmeyer (Troisdorf)

Dritter Preis
Florian Baumann (Troisdorf)

Der Verdienstorden der Bundesrepublik Deutschland

Von Astrid Mackenbach und Dagmar Papke

„Es ist besser,
Ehrungen zu verdienen
und nicht geehrt zu sein,
als geehrt zu sein
und es nicht zu verdienen."

Mark Twain (1835-1910)

Die Bürgerinnen und Bürger des Rhein-Sieg-Kreises, die Ihnen auf den folgenden Seiten vorgestellt werden, haben doppelt Glück: Sie haben die Ehrungen verdient und wurden dafür auch geehrt! Sie wurden geehrt, da sie sich über das normale Maß hinaus für das Allgemeinwohl engagiert haben. Dafür erhielten sie im Zeitraum von Juli 2019 bis Juni 2020 den Verdienstorden der Bundesrepublik Deutschland bzw. einen Landesverdienstorden.

An dieser Stelle finden Sie Zusammenfassungen des besonderen Engagements der geehrten Personen. Die Erläuterungen sind zumeist den amtlichen Ordensbegründungen entnommen und stellen daher auf den Zeitpunkt der Entscheidung des Bundespräsidenten ab. Da es im Laufe eines Jahres auch zu Aushändigungen durch übergeordnete Stellen kommt, die nicht immer an den Rhein-Sieg-Kreis gemeldet werden, erhebt diese Übersicht keinen Anspruch auf Vollständigkeit.

Jürgen Becker, Siegburg,
Bundesverdienstkreuz am Bande

Jürgen Becker erhielt das Bundesverdienstkreuz am Bande aufgrund seines außerordentlichen jahrzehntelangen kommunalpolitischen Engagements. Auch wenn er während seiner beruflichen Tätigkeit in den verschiedenen Leitungsfunktionen als Ministerialbeamter in mehreren Bundesministerien zeitlich und inhaltlich sehr eingebunden war, engagierte und engagiert er sich über das normale Maß hinaus und das mit hohem Verantwortungsbewusstsein und vorbildlicher Kontinuität.

Er hat über das bloße Tagesgeschäft hinaus sehr erfolgreich die Weichen für die Weiterentwicklung der Region, des Kreises und der Kreisstadt Siegburg gestellt. Beispielhaft ist sein Engagement in der Diskussion um das Bonn/Berlin-Gesetz, in der eine inhaltliche Geschlossenheit der Region allein aufgrund seiner Vorarbeit eines Positionspapiers zustande kam.

Weitere Impulse hat er in den Bereichen Verkehrsplanung, bei der kommunalen Zusammenarbeit und in der strategischen Ausrichtung der Kreisbeteiligungen gegeben.

Zunächst im Rat der Kreisstadt vertreten, hat Jürgen Becker sein kommunalpolitisches Engagement schon früh erweitert und wurde Mitglied im Kreistag, dem er von 1994 bis

1995 und dann erneut von 1999 bis 2009 angehörte und seit 2014 wieder angehört. Von 2009 bis 2014 engagierte er sich als stellvertretender sachkundiger Bürger im Finanzausschuss.

Von 1999 bis 2004 hat er den Planungs- und Verkehrsausschuss geleitet und seit 2014 den Finanzausschuss des Kreistages. Daneben leitet er als Vorsitzender den Arbeitskreis Konsolidierung. Jürgen Becker ist immer ansprechbar für die Belange des Rhein-Sieg-Kreises und hat diese in zahlreichen Ausschüssen und Gremien maßgeblich mitgestaltet.

Nicht unerwähnt bleiben soll auch seine Arbeit als ehrenamtliches Mitglied im Stiftungsrat der Kölner FC-Stiftung seit 2010.

Für seine Verdienste wurde er bereits mehrfach geehrt, schon 1990 für sein Engagement im Rat der Stadt Siegburg mit dem Silbernen Ehrenschild und im vorletzten Jahr für seine 40-jährige Tätigkeit im Rat der Stadt Siegburg.

Heinrich Bücher, Neunkirchen-Seelscheid, Bundesverdienstmedaille

Heinrich Bücher hat durch sein jahrzehntelanges Engagement in verschiedenen Bereichen auszeichnungswürdige Verdienste erworben.

Er engagiert sich seit 1996 als Mitglied im CDU-Gemeindeverband Neunkirchen-Seelscheid. Dies tat er zunächst als Beisitzer und ab 2011 als stellvertretender Vorsitzender. Seit der Kommunalwahl 1999 ist Heinrich Bücher ein direkt gewähltes Mitglied des Rates. Er ist in einer Vielzahl von Ausschüssen tätig – den Schwerpunkt seines kommunalpolitischen Engagements legt er auf die Rechnungsprüfung und den Verwaltungsrat der Gemeindewerke Neunkirchen-Seelscheid.

Federführend und mit hohem persönlichem Einsatz leitet er die Plakat-Aktion bei Wahlkämpfen und bei Aktionen, wie z.B. „Für einen sicheren Schulweg".

Darüber hinaus setzt Heinrich Bücher sich seit 2004 als Vorsitzender des Fördervereins des Antonius-Kollegs in Neunkirchen-Seelscheid in vielfältiger Weise ein. Er unterstützt Renovierungs- und Baumaßnahmen der Schule, einzelne Fachschaften und setzt sich für bedürftige Familien ein. Daneben sind vor allem sein Engagement und seine Werbeaktion zum Erhalt des Antoniuskollegs als christliche Schule hervorzuheben.

Auch für den Förderverein des Katholischen Familienzentrums St. Margareta hat er sich persönlich durch die Akquirierung von Mitgliedern und der Organisation von Basaren und Festen so stark eingebracht, dass der Kindergarten im ersten Jahr trotz prekärer Haushaltslage wichtige Anschaffungen tätigen und die Umgestaltung des Spielplatzes verwirklichen konnte. Insgesamt fünf Jahre war Heinrich Bücher als Gründungsmitglied Vorsitzender des Fördervereins.

Heinrich Bücher rastet nicht. Wo er Bedarf sieht, setzt er sich ein. 2004 gründete er mit Gleichgesinnten den Verein „Neunkirchen-Seelscheider Wohltat e.V.". Hier war er zunächst Schriftführer und von 2006 bis 2017 stellvertretender Vorsitzender. Als solcher setzte er sich unermüdlich für die Organisation und Durchführung von Aktivitäten des Vereins ein. Dieser sammelte über die Jahre durch den traditionellen Verkauf von „Marzipanschweinchen" auf Weihnachtsmärkten bisher rund 25 000 EUR für mildtätige Zwecke.

In all den Jahren profitierten viele Bereiche in Neunkirchen-Seelscheid vom hohen persönlichen Einsatz, der Kompetenz und den guten Organisationsqualitäten von Heinrich Bücher. Dabei hat er sein breites Wissen und seine Erfahrungen besonders für Mitmenschen, die es nicht leicht haben, eingesetzt. Selbst gesundheitliche Schwierigkeiten in den letzten Jahren haben ihn nicht davon abgehalten, für andere Menschen da zu sein, an Bedürftige zu denken und ihnen zu helfen.

Wally Feiden, Bad Honnef, Bundesverdienstkreuz am Bande

Wally Feiden hat schon mehrere Würdigungen und Auszeichnungen erhalten, so beispielsweise im Jahr 2014 die Dr. Johann-Christian Eberle Medaille für mehr als 20-jährige Zugehörigkeit zum Verwaltungsrat und zu weiteren Sparkassen-Ausschüssen. Im gleichen Jahr wurde ihr als Bürgermeisterin a. D. die Ehrenbürgerschaft und der Ehrenring der Stadt Bad Honnef verliehen – eine Auszeichnung, die bis dato nur an drei Personen verliehen wurde. Die Sozialdemokraten widmeten ihr mit der Pflanzung eines Rotahorns auf der Insel Grafenwerth ein Denkmal zu Lebzeiten.

Im Jahr 2019 nun hat der Bundespräsident Wally Feiden das Bundesverdienstkreuz am Bande des Verdienstordens der Bundesrepublik Deutschland für ihr jahrzehntelanges Engagement, vor allem im kommunalpolitischen Bereich, verliehen.

Den ersten Impuls für ihr politisches Engagement bekam Wally Feiden aus eigener Betroffenheit, als sie als Mutter 1976 die damals fehlenden Betreuungsmöglichkeiten für Kindergarten und Schulkinder im Ortsteil Aegidienberg erlebte. Damit wurden die Bereiche Kinderbetreuung und Jugendarbeit zu ihren zentralen politischen Themen.

Lange vor der gesetzlichen Bundesregelung setzte sie durch, dass im Stadtteil Aegidienberg auch die unter Dreijährigen für den Bedarf an Betreuungsplätzen berücksichtigt wurden. Außerdem organisierte sie zunächst in Privaträumen und später in einem öffentlichen Gebäude Krabbelgruppen für Eltern mit Kleinkindern. Auch die Gründung eines Jugendtreffs im Ortsteil Aegidienberg ging maßgeblich auf ihr Engagement zurück.

Ihr politisches Engagement begann 1978 mit dem Eintritt in die SPD. Bereits ein Jahr später wurde Wally Feiden Mitglied des Bezirksausschusses für den Stadtteil Aegidienberg im Stadtrat von Bad Honnef und engagierte sich als sachkundige Bürgerin und als Vorstandsmitglied des SPD-Ortsvereins aktiv in der Kommunalpolitik. Von 1983 bis 2004 wirkte sie in verschiedenen städtischen Ausschüssen mit, wurde zur Stadträtin und später auch zur SPD-Fraktionsvorsitzenden in Bad Honnef gewählt. Sie war Vorsitzende des Personalausschusses und des Ausschusses für den Stadtbezirk Aegidienberg. Außerdem war sie im Fraktionsvorstand und im Verwaltungsrat der Stadtsparkasse aktiv. 1994 kam ihre Tätigkeit als erste stellvertretende Bürgermeisterin noch hinzu. Das Amt der hauptamtlichen Bürgermeisterin, in das sie 2004 gewählt wurde, hat sie als erste Frau bekleidet. In ihrem Amt wurde Wally Feiden bestätigt und blieb bis zum Jahr 2014 Bürgermeisterin der Stadt Bad Honnef. Mit großem zeitlichem Aufwand und viel Herzblut engagierte sie sich für die Belange ihrer Bürgerinnen und Bürger.

Von 1995 bis heute ist sie auch im Stiftungswesen aktiv. Zudem war Wally Feiden von 1989 bis 2000 als Jugendschöffin am Amts- und Landgericht Bonn ehrenamtlich im regelmäßigen Einsatz.

Mit dem Aufkommen des Flüchtlingszuzuges im Jahr 2015 engagierte sie sich in hohem Maße im Bereich der Flüchtlingshilfe. Wally Feiden wurde zur Ehrenamtskoordinatorin für den Bereich Aegidienberg ernannt, koordinierte die Patinnen und Paten, den Patenstammtisch, das Internationale Café in Aegidienberg, diente als Sprachrohr zwischen Verwaltung und Ehrenamt und gab Deutschkurse. Auch heute hilft sie immer noch dort, wo sie gebraucht wird.

Karla Hauhut, Sankt Augustin,
Verdienstmedaille

Karla Hauhut hebt sich mit ihrem Engagement deutlich hervor und leistet Besonderes für die Gemeinschaft. 1990 nahm sie zusammen mit ihrem Ehemann Horst ihr ehrenamtliches und über mehrere Jahrzehnte währendes Engagement für Pflegekinder auf. Horst Hauhut verstarb im Juni 2017. Er war als Hausmeister u.a. in einer Flüchtlingsunterkunft tätig, als er im Winter 1990 ein vierjähriges Flüchtlingskind allein auf sich gestellt auf dem Gelände der Unterkunft auffand. Der kleine Junge wurde als Pflegekind offiziell im Haushalt aufgenommen.

Schon kurze Zeit später kam ein zweites Pflegekind in die Familie Hauhut. Im Laufe der Jahre folgten circa 30 weitere Kinder und Jugendliche. Viele kamen aus zerrütteten Familien, litten unter Verwahrlosung, Vernachlässigungen oder Gewalt und hatten schlimme Dinge erlebt. In der Familie Hauhut wurde vielen der Zöglinge durch liebevolle Betreuung, gute Versorgung und konsequente Erziehung der Start in eine bessere Zukunft und in ein eigenständiges und eigenverantwortliches Leben ermöglicht. Mit viel Herzblut vermittelte Karla Hauhut gesellschaftliche und soziale Werte und bereitete ihre Zöglinge auf die Zukunft vor. Derzeit leben zwei jugendliche Flüchtlinge aus Syrien bei Karla Hauhut.

Üblicherweise werden in Pflegefamilien ein bis zwei Pflegekinder aufgenommen, bevorzugt Babys und Kleinkinder, da diese einfacher zu integrieren sind als ältere Kinder. Die generelle Bereitschaft, Jugendliche und pubertierende Pflegekinder aufzunehmen, ist eher gering. Karla Hauhut jedoch stört sich weder an der Herkunft noch am Alter oder an sonstigen Umständen. Manche der aufgenommenen Kinder blieben nur kurze Zeit in der Familie Hauhut, andere bis zur Ver-

selbstständigung. Durch das gelebte Engagement hat sie sehr vielen Kindern und Jugendlichen Heimaufenthalte und negative Erfahrungen erspart. Sehr viele ehemalige Pflegekinder halten bis zum heutigen Tage den Kontakt zu ihr.

Karla Hauhut ist eine besonders engagierte und zupackende Persönlichkeit, die sich nicht scheut, dauerhaft das Wohl ihrer Mitmenschen über ihre eigenen Bedürfnisse zu stellen. Das verschafft ihr eine allseitige Beliebtheit und erklärt sie zugleich: ansprechbar für Jung und Alt, für Einheimische und Zugereiste und immer bereit, Hilfestellung zu leisten!

Hans Theodor Heck, Lohmar,
Verdienstmedaille

Schon seit vielen Jahren ist Hans Theodor „Theo" Heck sehr umtriebig. Dafür hat er schon mehrere Würdigungen und Auszeichnungen erhalten. Im Jahr 2010 erhielt er die Auszeichnung „Ein Lohmarer" des örtlichen Karnevalsvereins. Im darauffolgenden Jahr zeichnete ihn die Stadt Lohmar mit dem „Ehrenamt des Monats" aus. Im Jahr 2014 wurde er zum internationalen Tag der Migranten im Auswärtigen Amt für sein 20-jähriges ehrenamtliches Engagement in der Flüchtlingsarbeit geehrt. Im Jahr 2019 nun hat der Bundespräsident ihm die Bundesverdienstmedaille des Verdienstordens der Bundesrepublik Deutschland verliehen.

Theo Heck hat durch sein jahrelanges Engagement im sozialen Bereich vor allem bei der Betreuung von Flüchtlingen auszeichnungswürdige Verdienste erworben. Bis zu seinem Einstieg in den Ruhestand war er bei der Stadt Lohmar vor allem im Hausdienst beschäftigt. Darüber hinaus war er zusätzlich als „Allrounder" im Einsatz und fungierte mehr als 20 Jahre lang als ein erster

Ansprechpartner für die Sorgen und Probleme von ausländischen Familien und Flüchtlingen. Durch seine empathische Art hatte er stets einen besonderen Zugang zu ihnen. Dank seines Netzwerkes und seiner praktischen Fähigkeiten fand Theo Heck Wohnraum für Familien, begleitete sie bei Arztbesuchen und vermittelte, falls es beim Schulbesuch der Kinder mal Probleme gab. Im Jahr 2017 bestellte das Amtsgericht ihn als ehrenamtlichen Vormund für einen minderjährigen unbegleiteten Flüchtling, den er mit viel persönlichem Einsatz auf seinem Weg in unsere Gesellschaft begleitete.

Seit dem Jahr 2001 ist er Mitglied des „Heimat- und Kulturverein Breidt e.V." in Lohmar, seit dem Jahr 2010 gehört er dort dem Vorstand an und übt die Funktion des Geschäftsführers aus. Mit seinem Organisationstalent und seinem Blick für das Wesentliche ist er immer zur Stelle, wenn Hilfe benötigt wird. Sein Motto lautet: Es gibt keine Probleme, sondern nur Lösungen!

So vermittelte er beispielsweise einem syrischen Flüchtling eine Hausmeisterstelle und sorgt insgesamt für die Integration von Flüchtlingen in das Vereinsleben. Bei Bustouren des Vereins stellt sich Theo Heck als Fahrer zur Verfügung.

Frühlingsfest, Stadtfest, Kirmes, Weihnachtsmarkt oder Karnevalsfeiern sind ohne sein Organisationstalent in der jetzigen Ausprägung fast undenkbar. Seit Jahren fährt er außerdem Schulkinder bei Klassenfahrten zu ihren Unterkünften. Gerne stellt er sich dann auch für mehrere Tage als Begleitperson zur Verfügung.

Im Jahr 2006 wurde die „BürgerStiftung Lohmar" gegründet, die Theo Heck seitdem tatkräftig unterstützt. Dabei liegt ihm die „Weihnachtswunschbaumaktion" besonders am Herzen. Hier werden jährlich für rund 100 Kinder und 60 Seniorinnen und Senioren Weihnachtsgeschenke besorgt.

Als passionierter Jäger hat er bereits seit 1998 die ehrenamtliche Aufgabe des Wildschadenschätzers inne. Seit dem Jahr 2000 betreut er zusätzlich den Bereich Siegburg. Im Jahr 2003 wurde er zum Landschaftswart bestellt. Dafür erhält er eine geringe Aufwandsentschädigung, betreut aber mit viel Sachverstand und Begeisterung den größten Bezirk des Rhein-Sieg-Kreises. Seit dem Jahr 2014 ist er zudem CDU-Ratsmitglied der Stadt Lohmar.

Theo Heck hat stets zum Wohl, insbesondere der Mitmenschen, die es nicht leicht haben, sein breites Wissen, seine Erfahrungen und seine guten und vielfältigen Kontakte eingesetzt.

Karl-Martin Heringer, Lohmar,
Bundesverdienstkreuz am Bande

Karl-Martin Heringer hat durch sein jahrzehntelanges Engagement für Kinder und Jugendliche auszeichnungswürdige Verdienste erworben. Für ihre Belange engagierte er sich kontinuierlich und weit über das normale Maß hinaus. Bis zu seinem Renteneintritt war er als Pädagoge tätig.

Sein ehrenamtliches Engagement begann Karl-Martin Heringer schon 1980 als Mitbegründer des Trägervereins „Abenteuerspielplatz Friedrich-Wilhelms-Hütte e.V.". Dort war er bis 1987 als 1. Vorsitzender tätig, von 1999 bis 2014 übernahm er die Geschäftsführung und anschließend, von 2014 bis zur Auflösung des Vereins im Jahr 2018, wieder die Position des 1. Vorsitzenden. 1981 war er einer der Mitbegründer des Fördervereins des Abenteuerspielplatzes, von 1989 bis 1998 Beisitzer im Vorstand.

In der gesamten Zeit im Vorstand des Vereins war Karl-Martin Heringer Impulsgeber vieler Projekte, die dann durch sein beispielhaftes Engagement umgesetzt werden konnten. So ist es seinem Einsatz zu verdanken, dass der Spielplatz seit 1984 ganzjährig ohne Pausen geöffnet ist. Er führte immer wieder teils zähe Verhandlungen mit der Stadtverwaltung und mit Politikern, um das Bestehen des Abenteuerspielplatzes durch öffentliche Förderungen langfristig zu sichern.

In den letzten Jahren hat er sich intensiv dafür eingesetzt, einen neuen Träger für den Abenteuerspielplatz zu finden, da die Finanzierung durch den Verein nicht mehr gesi-

chert war. Auf diese Weise konnte die Katholische Jugendagentur Bonn als neuer Träger gewonnen werden, sodass der Abenteuerspielplatz weiterhin unverändert erhalten werden kann.

Seit seinem Renteneintritt hat Karl-Martin Heringer sein ehrenamtliches Engagement durch die Gründung der „KinderStiftung Troisdorf" noch weiter verstärkt. Er ist Mitglied im Kuratorium und als Geschäftsführer tätig. Die Stiftung ist eine nachhaltige und dauerhafte Finanzierungsmöglichkeit für die Kinder- und Jugendförderung in Troisdorf. Sie fördert sowohl einzelne bedürftige Familien als auch größere Projekte.

Durch seinen Einsatz hat Karl-Martin Heringer erreicht, dass die Stiftung bereits wenige Jahre nach ihrer Gründung im Gemeinwesen und im Bewusstsein vieler Bürgerinnen und Bürger verankert ist. Er gewinnt immer wieder neue Zustifter und organisiert Benefizveranstaltungen, um der Stiftung mehr Mittel für ihre Arbeit zur Verfügung zu stellen. Dadurch konnte das Stiftungskapital auf mittlerweile 500 000 Euro erhöht werden. Auch ist Karl-Martin Heringer an der Organisation vieler Projekte der Stiftung führend beteiligt. Seit 2016 setzt er sich gezielt für eine Flüchtlingsunterkunft zum Schutz von Frauen und Kindern ein, die allein nach Deutschland gekommen sind.

Alfred Keller, Siegburg,
Bundesverdienstkreuz am Bande

Alfred Keller hat durch sein Engagement, insbesondere im sozialen Bereich, auszeichnungswürdige Verdienste erworben. Er ist Inhaber und Repräsentant der Firma „Siegwerk Druckfarben AG & Co.KGaA". Als Hauptanteilseigner und Vorsitzender des Aufsichtsrates lenkt Alfred Keller die Geschicke des über 180 Jahre alten Familienunternehmens mit weltweit 5400 Mitarbeiterinnen und Mitarbeitern bereits in sechster Generation.

Neben dem innerbetrieblichen Engagement für seine Mitarbeiterinnen und Mitarbeiter, z.B. der Schaffung von Betreuungsplätzen für deren Kinder, dem Umbau der Sozialräume und des Betriebsrestaurants, der Durchführung der jährlichen Weihnachtsfeier und dem Ausflug der Rentnerinnen und Rentner, engagiert sich Alfred Keller, der Familientradition folgend, insbesondere im sozial-gesellschaftlichen Bereich.

Im Jahr 2004 gründete er gemeinsam mit seiner Ehefrau und seinen Eltern die „Nikolaus-Stiftung für Kinder und Jugendliche in Siegburg" und hat seitdem das Amt des Stiftungsratsvorsitzenden inne. In dieser Funktion engagiert er sich nicht nur finanziell mit Spenden, sondern auch persönlich für die Belange der Kinder und Jugendlichen, indem er die verschiedenen Förderprojekte inhaltlich begleitet.

So wurde z.B. auf seine Initiative hin gemeinsam mit dem Jugendamt der Stadt Siegburg das Dauerprojekt Siegburger Spielmobil „ARMIN" realisiert. Dabei handelt es sich um ein Fahrzeug, das mit vielfältigen pädagogischen Angeboten ausgestattet ist. Jeweils täglich von April bis Oktober ist das Spielmobil vor Ort in den Siegburger Stadtteilen unterwegs und bietet auf öffentlichen Plätzen Nachmittagsangebote für die im Stadtteil lebenden Familien mit Kindern an.

Daneben werden von der Stiftung auch Einzelprojekte unterstützt, wie z.B. die Anschaffung pädagogischer Ausstattung für Kindergärten oder Spielplätze, die Förderung von Präventionsmaßnahmen in Schulen sowie die Finanzierung regelmäßiger Fortbildungstage, z.B. für Erzieherinnen und Erzieher.

Das Siegburger Kinderheim Pauline von Mallinckrodt wird von Alfred Keller unter anderem dadurch unterstützt, dass er seit einigen Jahren Mitarbeiterinnen und Mitarbeiter seines Unternehmens, die freiwillig helfen möchten, das Heimgelände instand zu halten, für mehrere Tage freistellt. So wurde der riesige Garten komplett neu angelegt, inklusive eines Mutter-Kind-Gartens. Spielgeräte wurden neu gestrichen bzw. neue Spielgeräte aufgebaut.

Seit 1988 engagiert Alfred Keller sich zunächst als aktives Mitglied und anschließend seit 2002 als Vorsitzender ehrenamtlich im „Förderverein Kinderklinik St. Augustin e.V.". Es ist ihm über Jahre gelungen, umfangreiche Mittel einzuwerben, die dabei helfen, die Situation der kranken Kinder zu verbessern.

Für die SOS-Kinderdörfer setzt er sich ebenfalls ein. So zählt das Siegwerk seit 2010 zu deren großzügigen Spendern. Mit den Geldern wurden bisher Kinderdörfer auf den Philippinen, in Brasilien, Vietnam und Chile unterstützt. Dank seines fortdauernden Engagements wurde die Firma Siegwerk für hervorragende unternehmerische Verantwortung bereits mehrfach von der „SOS Kinderdörfer Global Partner GmbH" mit dem „Children`s Village Cup" ausgezeichnet.

Jörg-Peter Schlieder, Sankt Augustin,
Bundesverdienstkreuz am Bande

Jörg-Peter Schlieder begann 1966 seinen Dienst bei der Bundeswehr und engagierte sich schon während seiner Dienstzeit als Offizier der Luftwaffe für die „Jugendbehindertenhilfe Siegburg Rhein-Sieg e.V.". 1994 setzte er sich persönlich dafür ein, dass der Bau der Kinderburg „Veronika Keller" von der Bundeswehr im Rahmen der gesetzlichen Möglichkeiten gefördert wurde. Auch ein Jahr später war er maßgeblich an der Planung und Durchführung der ersten „Integrativen Jugendspiele" in der Luftwaffenkaserne beteiligt. Diese wurden von 1997 bis 2009 ausgetragen und umfassten bis zu 1400 teilnehmende Schülerinnen und Schüler aus dem Rhein-Sieg-Kreis und dem Umland. Die Jugendspiele wurden vom „Entenrennen" als Folgeveranstaltung abgelöst. Die hierbei erzielten Gewinne, ca. 6000 Euro pro Jahr, fließen in die Jugendeinrichtung der Jugendbehindertenhilfe.

Nach seiner Pensionierung engagierte sich Jörg-Peter Schlieder verstärkt bei der Jugendbehindertenhilfe und übernahm im Jahr 2006 die stellvertretende Geschäftsführung sowie 2007 die Geschäftsführung. Beide Ämter übte er rein ehrenamtlich und mit einem hohen Zeitaufwand aus. So brachte er bei der Umstrukturierung und dem Aus- und Aufbau der Jugendbehindertenhilfe seine beruflichen Erfahrungen äußerst zielfüh-

rend ein. Weitere Kindertagesstätten wurden übernommen und in integrative Einrichtungen umgebaut. Jörg-Peter Schlieder hat neben der Kinderburg „Veronika Keller" auch die Einrichtung „Die kleinen Strolche" mit ins Leben gerufen und trug die Verantwortung für insgesamt neun Gruppen mit circa 170 Kindern (darunter fast 30 Kinder mit Behinderung oder besonderem Förderbedarf) und für mehr als 50 Mitarbeiterinnen und Mitarbeiter.

Daneben setzte er sich für weitere Projekte der Jugendbehindertenhilfe ein, so für die Projekte „Integratives Familienzentrum Wolsdorf" und „Ball Kids". Das Projekt „Ball Kids" wird gemeinsam mit dem Siegburger Turnverein durchgeführt. Hier wird Kindern mit und ohne Förderbedarf auf spielerische Weise der Umgang mit dem Ball vermittelt, um sie für den Vereinssport zu gewinnen und somit auch zu integrieren. Mit seiner Ausbildung zum inklusiven Übungsleiter beschritt Jörg-Peter Schlieder neue Wege an der Schnittstelle von Sport und Jugendhilfe.

Im Jahr 2014 drohte durch die Änderung der Förderrichtlinien der Wegfall von Förderungen des Landschaftsverbandes Rheinland für therapeutische Leistungen. Um die therapeutische Förderung an den integrativen Kindertagesstätten nicht zu verlieren, entwickelte Jörg-Peter Schlieder ein umfangreiches neues Konzept und hatte damit Erfolg.

Durch sein ausgesprochenes Organisationsgeschick sowie seine geradlinige und analytische Arbeitsweise gelang es ihm, die Einrichtungen der Jugendbehindertenhilfe als Standort der Diagnostik und Leistungserbringung zu qualifizieren und im Jahr 2016 die Kassenzulassung nach § 124 SGB V beantragen zu können. Im Jahr 2018 übergab er die Geschäftsführung an einen Nachfolger, ist aber nach wie vor mit Rat und Tat zur Stelle, wenn er gebraucht wird.

Rudolf Schmitz, Hennef,
Bundesverdienstkreuz am Bande

In seiner Heimatstadt Hennef setzte Rudolf Schmitz sich seit Jahrzehnten in vielfältiger Weise ehrenamtlich für das gesellschaftliche Gemeinwohl ein.

1960 trat er in die freiwillige Feuerwehr der ehemaligen Gemeinde Uckerath ein (heute ein Stadtteil von Hennef/Sieg). Dort unterstützte er im aktiven Dienst bis 1997 die Arbeit der Feuerwehr Hennef/Sieg, Löschzug Uckerath. Für seine Verdienste wurde ihm 1995 das Feuerwehr-Ehrenzeichen in Gold verliehen. Die Ernennung zum Ehrenmitglied der Feuerwehr erfolgte 1997 und 2010 erhielt Rudolf Schmitz die Ehrenurkunde in Gold für 50 Jahre Mitgliedschaft.

Im Jahr 1975 gehörte Rudolf Schmitz zu den Gründungsmitgliedern der „Bürgergemeinschaft Uckerath e.V.", wo er bis zum Jahr 2016 verschiedene Ämter im Vorstand innehatte, wie das des stellvertretenden Geschäftsführers und das des stellvertretenden Vereinsvorsitzenden. Auf die tatkräftige Hilfe von Rudolf Schmitz war bei Festivitäten und der Umsetzung von Projekten stets Verlass. So sind u.a. der Bau von insgesamt drei Spielplätzen in Uckerath, die Herrichtung und Pflege des Pantaleon-Schmitz-Platzes und die Erneuerung des Brunnenplatzes untrennbar mit seinem Namen verbunden. Auch die Rettung der historischen Plunger-Pumpe, die für die Wasserversorgung in Uckerath einmal von Bedeutung war, ist maßgeblich Rudolf Schmitz zu verdanken.

Seit 1979 war er auch politisch aktiv. Zunächst engagierte er sich als sachkundiger Bürger im Bauausschuss der Stadt Hennef. Von 1981 bis 2014 gehörte Herr Schmitz für die FDP dem Stadtrat der Stadt Hennef an und setzte sich in zahlreichen Ausschüssen für die Belange aller Bürgerinnen und Bürger ein. Außerdem gehörte er der Grünflächenkommission der Stadt Hennef an. Als

Mitglied und Vertreter des „VHS – Zweckverband Rhein-Sieg" machte er sich von 1994 bis 1999 und von 2004 bis 2014 um die Entwicklung der Weiterbildung vor Ort verdient. Ungeachtet seines hohen Alters zog Rudolf Schmitz 2017 als „Nachrücker" erneut in den Stadtrat ein. Mit seiner mehr als 35 Jahren andauernden Ratszugehörigkeit wurde er anerkennend als „Urgestein" bezeichnet.

Von 2002 bis 2007 war Rudolf Schmitz Vorsitzender der Forstbetriebsgemeinschaft Uckerath. In dieser Eigenschaft unterstützte er die Fusion der Hennefer Forstbetriebsgemeinschaften Uckerath und Bödingen. 2007 wurde er stellvertretender Vorsitzender der Forstbetriebsgemeinschaft Hennef und war dort seit 2011 als Beisitzer tätig.

Darüber hinaus setzte er sich seit 1970 für den Kirchenchor St. Uckerath als aktiver Sänger und Förderer ein.

In der Bevölkerung genießt Rudolf Schmitz ein hohes Ansehen, weil er sich stets dem Allgemeinwohl verpflichtet fühlte und sich durch sein Verantwortungsbewusstsein sowie seine zupackende Art auszeichnete. Im November 2019 verstarb Rudolf Schmitz.

Dieter Tischmann, Alfter,
Verdienstmedaille

Dieter Tischmann hat durch sein vielfältiges ehrenamtliches Engagement in den Bereichen der Jugendförderung und der Völkerverständigung auszeichnungswürdige Verdienste erworben. So wurde er für sein bürgerschaftliches Engagement um den internationalen Jugendaustausch bereits in den Jahren 2013 und 2014 parteiübergreifend mit dem Ehrenamtspreis der Bonner CDU ausgezeichnet.

Im Jahr 1975 war Dieter Tischmann Gründungsmitglied und bis 1991 Vorstandsmitglied der „Deutsch-Finnischen-Gesellschaft e.V.", Bezirksgruppe Bonn. In dieser Funk-

tion hat er als verantwortlicher Leiter Jugendbegegnungen und Austausche mit Finnland durchgeführt. Außerdem hat Dieter Tischmann sich seit 1991 im „Bonner Verein für Jugendförderung e.V." (BJV), der außerschulische internationale Jugendbegegnungen und Jugendfachkräfteaustausche organisiert und durchführt, engagiert.

Nach dem Ausscheiden aus dem aktiven Dienst wurde er dann Vorstandsmitglied des Vereins. Als Schatzmeister oblag ihm bis 2012 insbesondere die Beantragung und Verwaltung von Kommunal-, Landes- und Bundesmitteln sowie die Abwicklung von Spendengeldern. Ein besonders intensiver Kontakt mit der Stadt Kaliningrad hat sich in diesem Rahmen seit 1992 entwickelt und führte im Jahr 2015 zur Gründung des Deutsch-Russischen Jugendparlaments Bonn/Kaliningrad, das er als Mentor bis heute begleitet und unterstützt. Beteiligt sind etwa 50 Jugendliche, die einmal im Jahr wechselweise in Bonn oder Kaliningrad, und seit 2007 auch in Moskau, plenar zusammentreffen.

Seit März 2014 ist Dieter Tischmann stellvertretender Vorsitzender des „Potsdam-Club e.V. Bonn", eines gemeinnützigen Vereins zur Förderung der Städtepartnerschaft zwischen Bonn und Potsdam. Hier ist er an der Organisation von regelmäßig stattfindenden Informationsveranstaltungen und der Kooperation von vernetzten Zusammenschlüssen beteiligt. Besonders hervorzuheben ist sein Engagement für die Orgelkonzerte zum Tag der Deutschen Einheit in den Jahren 2015 und 2016 mit Professor Dr. Wolfgang Bretschneider in der Münsterbasilika in Bonn bzw. in der Friedenskirche in Berlin, die aufgrund seiner Vermittlung zustande kamen.

Seit April 2014 engagiert sich Dieter Tischmann zusätzlich als stellvertretender sachkundiger Bürger für die SPD der Gemeinde Alfter in den verschiedenen kommunalpolitischen Gremien.

Walter Ullrich, Wachtberg,
Verdienstorden des Landes Rheinland-Pfalz

Seit dem Jahr 1979 hat Walter Ullrich die Intendanz der Landesbühne Rheinland-Pfalz inne. Gemessen an der Platzausnutzung und dem Verhältnis von Einspielergebnissen und Zuschüssen zählt die Landesbühne Rheinland-Pfalz zu den erfolgreichsten öffentlichen Theatern Deutschlands. An diesem Erfolg hat Walter Ullrich einen erheblichen Anteil.

Als er im Sommer 2019 in den Ruhestand trat, hatte er mit seinen 88 Jahren nicht nur 40 Jahre lang die Landesbühne Rheinland-Pfalz geleitet, sondern auch fast 61 Jahre lang die Leitung des „Kleinen Theaters" Bad Godesberg inne. Damit ist Walter Ullrich der dienstälteste Intendant Deutschlands. Ermöglicht wurde das durch seine Beständigkeit und Beharrlichkeit und sein nie versiegendes Gespür für die Bedürfnisse des Publikums, das aber auf der anderen Seite „seinem" Walter Ullrich fest die Treue hielt.

Walter Ullrich hat die Synergieeffekte zu nutzen gewusst, die sich aus der Leitung der beiden Theater ergeben haben und großes organisatorisches wie auch unternehmerisches Geschick bewiesen. Begünstigt durch seine eigene künstlerische Vita ist Walter Ullrich gut vernetzt und hat immer wieder renommierte Schauspielerinnen und Schauspieler an die Landesbühne geholt. All dies kam der Landesbühne in ganz besonderer Weise zugute. Sein Eintritt in den Ruhestand hat das Ende einer regelrechten Ära markiert.

Die gewaltigen Spuren, die Walter Ullrich am Theater, in der Kulturszene des Landes und natürlich auch beim Publikum hinterlassen hat, werden durch die Verleihung des Ordens des Landes Rheinland-Pfalz honoriert.

Anmerkungen

Anmerkungen zu dem Artikel:
„Von Pferden, Kühen und Traktoren – Entwicklungen und Erinnerungen", von Rainer Land, Seite 14

1 Rhein-Sieg-Kreis, Der Oberkreisdirektor, Kreisentwicklungsplan, S. 69 ff.
2 Rhein-Sieg-Kreis, Der Landrat, Zahlen und Fakten auf einen Blick 2019, S. 23.
3 http://www.lkv-nrw.de/fachbereiche/ milchleistungspruefung/mlp-historie/ (Internetaufruf vom 15.07.2020).
4 Landeskontrollverband Nordrhein-Westfalen e. V., Jahresbericht 2019. Download unter http://www.lkv-nrw.de/ publikationen/jahresberichte0/
5 https://de.wikipedia.org/wiki/Schlepperboom (Internetaufruf vom 15.07.2020).
6 Siehe dazu beispielsweise: Michael Kamp, Äpfel, Birnen, „Kraut" und Obstwasser – das LVR-Freilichtmuseum in Lindlar und die Obstbaukultur im Bergischen Land, Jahrbuch des Rhein-Sieg-Kreises 2019, S. 136, sowie Frank Hüllen, „Baachemer Krutt, datt modde ens probiere" – Krautfabrikation im Drachenfelser Ländchen, Jahrbuch des Rhein-Sieg-Kreises 2011, S. 110.
7 Sogenannter Emser Beschluss, zitiert nach Reinhard Güll: Streuobstwiesen – Von der früheren Normalität bis zur heutigen Einzigartigkeit, in: Statistisches Monatsheft Baden-Württemberg 12/2015, S. 38, siehe auch: https://www.statistik-bw.de/Service/Veroeff/Monatshefte/20151207.

Anmerkungen zu dem Artikel:
„Weinbau im Siebengebirge", von Sigrid Lange, Seite 48

1 Rupprath, Gisela: Der Weinbau in Ober-und Niederdollendorf. Von seinen Anfängen bis heute. In: Heimatverein Oberdollendorf und Römlinghoven (Hrsg.): Oberdollendorf und Römlinghoven. Ein Festbuch. Königswinter 1986, S. 154.
2 Konold, Werner und Claude Petit: Zur Bau- und Arbeitsgeschichte der Weinbergskultur. In: Natur- und Kulturerbe des Weinbaus aktivieren und vermitteln. Dokumentation der Tagung am 8. und 9. Juli 2013 im Weinkulturellen Zentrum, Bernkastel-Kues (Rheinland-Pfalz). Hrsg. vom Bund Heimat und Umwelt in Deutschland (BHU), Bonn 2013, S. 11.
3 Gilles, Karl Josef: Römerzeitliche Kelteranlagen an der Mosel. In: Ders.: Neuere Forschungen zum römischen Weinbau an Mosel und Rhein. Trier 1995, S. 5-59.
4 Volk, Otto: Weinbau und Weinabsatz im späten Mittelalter. Forschungsstand und Forschungsprobleme. In: Weinbau, Weinhandel und Weinkultur. Sechstes Alzeyer Kolloquium. Hrsg. Alois Gerlich (Geschichtliche Landeskunde, Bd. 40), Stuttgart 1993, S. 49-163; https://www.regionalgeschichte.net/bibliothek/aufsaetze/volk-weinbau-weinabsatz-spaetmittelalter.html (eingesehen am 12.05.2020); Ossendorf, Karlheinz: Der Weinbau im Gebiet des ehemaligen Siegkreises. (Veröffentlichungen des Geschichts- und Altertumsvereins für Siegburg und den Rhein-Sieg-Kreis e. V., Bd. 14, Hrsg. durch Helmut Fischer und Hermann Joseph Roggendorf, Siegburg 1978, S. 25.
5 Levison, Michael: Die Bonner Urkunden des frühen Mittelalters. In: Bonner Jahrbuch des Vereins von Altertumsfreunden im Rheinland und des Rheinischen Provinzialmuseums in Bonn, Heft 136/137, Bonn und Darmstadt 1932, S. 236 f. (Braubach) und S. 240 f. (Mehlem).
6 Hamacher, Wilhelm W.: Reitersdorf. Die Geschichte eines untergegangenen Dorfes und seiner Burg (Studien zur Heimatgeschichte der Stadt Bad Honnef am Rhein, Heft 12). Bad Honnef 1998, S. 20-28.
7 Schmitz, Ferdinand: Die Mark Dollendorf. Versuch einer geschichtlichen Heimatkunde der Dörfer Oberdollendorf, Römlinghoven, Niederdollendorf, Heisterbacherrott. Bergisch Gladbach 1964, S. 174.
8 Van Rey, Manfred: Königswinter im Mittelalter. In: Königswinter in Geschichte und Gegenwart, Heft 5. Hrsg. Stadt Königswinter, Königswinter 1994, S. 9.
9 Becker, Paul: Königswinter und sein Weinbau. In: Der Weinbau im Siegkreis. Heimatblätter des Siegkreises. 15. Jahrgang, September 1939, Heft 3, S. 128; Rupprath (wie Anm. 1), S. 150; Ossendorf (wie Anm. 4), S. 90; Van Rey (wie Anm. 8), S. 9-17.
10 Pfeiffer Friedrich: Rheinische Transitzölle im Mittelalter. Berlin 1997, S. 175 f., Anm. 89.
11 Ossendorf, Karlheinz: Mönche als Weinbauern. Die Bedeutung der Heisterbacher Zisterzienser für den Weinbau am nördlichen Mittelrhein. Siegburg 2000, S. 7-13.
12 Ossendorf (wie Anm. 11), S. 34-36.
13 Ossendorf (wie Anm. 11), S. 28-30 und S. 66-68; Habel, Bernd: Die Grenzsteine von Heisterbach. Ein Beitrag zur Wirtschaftsgeschichte der Abtei. Hrsg. von der Stiftung Abtei Heisterbach, Königswinter 2019.
14 Ossendorf (wie Anm. 11), S. 25.
15 Volk (wie Anm. 4), o. S.; Pfeiffer (wie Anm. 10), S. 161.
16 Volk (wie Anm. 4), o. S.
17 Schmitt Dr.: Der Weinbau im Siegkreis unter besonderer Berücksichtigung der neueren Zeit. In: Der Weinbau im Siegkreis. Heimatblätter des Siegkreises, 15. Jahrgang, September 1939, Heft 3, S. 133.
18 Bouillon, Barbara, Joern Kling, Christiane Lamberty: Zeugen der Landschaftsgeschichte im Siebengebirge. Historische Nutzungen und ihre Auswirkungen auf die Landschaft. Hrsg. vom Landschaftsverband Rheinland (LVR), Fachbereich Regionale Kulturarbeit, Abteilung Kulturlandschaftspflege, Köln 2019, S. 197.
19 Bouillon et. al. (wie Anm. 18), S. 199 f.
20 Bouillon et. al. (wie Anm. 18), S. 209.
21 Bouillon et. al. (wie Anm. 18), S. 201-205.
22 Rupprath (wie Anm. 1), S. 161; Keipert, Konrad: Geschichte des Weinbaues am Siebengebirge in Stichworten. Landwirtschaftskammer Rheinland, Bonn 1999, S.22 ff.
23 Keipert, Konrad: Weinbau im Siebengebirge. Landwirtschaftskammer Rheinland, Bonn 1997, S. 6 f.; Gesetzestext: https://recht.nrw.de/lmi/owa/br_vbl_detail_text?anw_nr=6&vd_id=14212&vd_back=N12&sg=0&menu=1 (eingesehen am 24.05.2020).
24 Diese und nachfolgende Größenangaben beziehen sich auf die unter der „Großlage Petersberg" in der sogenannten Weinbergsrolle festgelegten Zahlen, nicht auf die tatsächlich bewirtschaftete Fläche.
25 Zur Geschichte des Weinguts informierten freundlicherweise Bernd und Josef Blöser, Juni 2020.
26 Bouillon et. al. (wie Anm. 18), S. 270.
27 Bouillon et. al. (wie Anm. 18), S. 212 und S. 271; https://www.rheinischer-verein.de/de/projekte/niederdollendorfer_heisterberg/niederdollendorfer_heisterberg_1.html (eingesehen am 01.05.2020); Corinna Hausemann: Wenn zwei Reben ein Herz bilden … In: Kölnische Rundschau, 11.04.2007.
28 Zur Geschichte des Weinguts informierte freundlicherweise Kay Thiel, Juni 2020.
29 Einzelangaben: Drachenfels (Königswinter) 6,5 ha; Drachenfels (Rhöndorf) 7,4 ha (Flächen lt. offizieller Weinbergsrolle).
30 Zur Geschichte des Weinguts informierte freundlicherweise Felix Pieper, Juni 2020. Dazu auch: Melzer, Hansjürgen: Die Landschaft um Schloss Drachenburg wird neu gestaltet. In: General-Anzeiger vom 07.02.2020.
31 Zur Geschichte des Weinguts informierte freundlicherweise Karl-Heinz Broel, Rhöndorf, Juni 2020.
32 Wiese, Elsbeth: Kulturdenkmal Rüdenet. Notizen zur Geschichte. Förderverein Kulturdenkmal Rüdenet e. V. (Typoskript). Königswinter 1986, S. 3-7; https://weinort-koenigswinter.blogspot.com/p/blogpage.html (eingesehen am 31.05.2020).
33 Haselier, Jörg Erich: Arbeiter im Lehrweinberg und Engagement für die bedrohten Steillagen unterm Drachenfels. In: Natur- und Kulturerbe des Weinbaus aktivieren und vermitteln. Dokumentation der Tagung am 8. und 9. Juli 2013 im Weinkulturellen Zentrum, Bernkastel-Kues (Rheinland-Pfalz). Hrsg. v. Bund Heimat und Umwelt in Deutschland (BHU), Bonn 2013, S. 101-104.
34 http://koetting-bg.de/10-2-8-tradition-des-weinbauswieder-auferstandene-vinea-domini/ (eingesehen am 31.05.2020).
35 Haselier (wie Anm. 33), S. 97-101.

Bildnachweis

Redaktion und Herausgeber bedanken sich bei allen, die Abbildungen für dieses Jahrbuch zur Verfügung gestellt haben.

Trotz aller Sorgfalt ist nicht auszuschließen, dass im Einzelfall Abbildungen verwendet wurden, deren Urheberschaft unklar ist und/oder unzutreffend angegeben wurde. Für diesen Fall bitten wir um Entschuldigung. Etwaige Rechteinhaber werden gebeten, sich mit uns in Verbindung zu setzen.

Edition Blattwelt 10, 48, 92, 94, 95 (oben), 96, 97, 102, 105 (unten rechts), 106 (oben links), 107 (unten), 109 (oben), 110, 111, 112, 138, 139, 140, 141, 143 (unten), 149, 168, 178, 179 (unten), 181 (unten), 183 (oben), 193 (links), 196 (unten), 199, 200, 207 (unten), 211, 215, 219, 230

Stadt Bornheim 11, 12, 13, 197 (Mitte)

Privatsammlung Rainer Land 14, 15, 17, 19, 20

Rhein-Sieg-Kreis 16, 18, 189 (oben), 189 (links), 191, 193 (oben), 193 (rechts unten), 195 (oben), 198, 203, 204, 205, 207 (Mitte), 207 (rechts), 208, 209, 210, 212 (oben), 213 (rechts), 214, 218, 220 (oben), 224, 225, 226, 227, 228, 229, 230

Coca-Cola Deutschland 22, 31 (oben), 32

Wolfgang Isenberg 23, 30

Sammlung Roland Klinger 24 (oben), 25 (oben), 26, 28 (oben), 29

Archiv Stadt Niederkassel 24 (unten), 25 (unten), 27 (unten), 33

Brodeßer 2004, Dorfchronik 1938-1945 von Johann Gronewald 27 (oben)

Sammlung Andreas Odenthal 28 (unten)

Statistisches Bundesamt (Destatis) 31 (unten)

Ira Schneider, www.die-fotokueche.de 34, 35, 36, 37, 38, 39, 40, 41, 42, 43, 44, 45, 46

Siebengebirgsmuseum der Stadt Königswinter/Heimatverein Siebengebirge e. V. 48 (unten), 49 (oben links), 50 (unten), 51 (oben), 52 (unten), 55 (oben)

Brückenhofmuseum, Königswinter-Oberdollendorf 49 (oben rechts)

Pfarrarchiv Bonn, Stiftspfarrei 49 (unten)

Sammlung Klaus Bühne, Bad Honnef 50 (oben)

Sammlung RheinRomantik 51 (unten)

Siebengebirgsmuseum der Stadt Königswinter 52 (oben), 53, 54 (Mitte), 54 (unten)

Klaus Gloystein/Virtuelles Brückenhofmuseum 54 (oben)

Heimatverein Oberdollendorf 55 (unten)

Carl-Reuther-Berufskolleg des Rhein-Sieg-Kreises in Hennef 56, 57, 58, 59, 60

Stadtarchiv Siegburg 62, 66 (oben), 67 (unten), 68 (links oben), 134 (oben rechts), 182

Archiv des Rhein-Sieg-Kreises 63 (rechts oben), 65 (oben), 67 (oben), 68 (rechts oben), 68 (Mitte), 69, 121, 122

Wikimedia Commons 63 (links unten), 63 (unten), 64, 120

Nachlass Erwin Bernauer 66 (unten), 68 (unten), 69 (links oben), 69 (rechts oben)

Privatbesitz 69 (oben Mitte), 69 (unten)

Frank Rossbach 72

Kreissparkasse Köln 73

Pixabay, Sasa Stankovic 74

wacholdas?! GmbH 75 (oben), 78, 79 (oben)

Rheinland Distillers GmbH 75 (unten)

Brennerei Brauweiler 76 (oben), 77

Pixabay, Ernest Roy 76 (unten)

Pixabay, Sue Telford 79 (unten)

Sammlung Heinz Löhrer (mit Dank an photo studio 3, Sankt Augustin – Studio Ernst, Rheinbach – Ernst Mosdzien †, Swisttal-Odendorf) 80, 81, 82, 83, 84, 85, 86, 87, 88, 89, 90, 91

Horst Bursch 93, 95 (unten), 97

Inga Sprünken 98, 99, 100, 101

Sammlung Stefan Großmann (stefan.grossmann1@web.de) 103, 104, 105 (oben), 106 (unten), 107 (oben), 108, 109 (unten), 110 (oben rechts)

HAUS SCHLESIEN 114, 115 (unten), 116, 117, 118 (rechts)

Sammlung HAUS SCHLESIEN 115 (oben)

Christian Martin Weiß 118 (links)

Denkmal- und Geschichtsverein Bonn-Rechtsrheinisch e. V., Archiv im Bürgermeister-Stroof-Haus 123

TeeGschwendner GmbH Meckenheim 124, 125, 126, 127, 128

Stadtarchiv Gummersbach 130, 134 (unten)

Sammlung Michael Kamp 132, 133, 134 (oben links)

Grafschafter Krautfabrik Josef Schmitz KG, Meckenheim 142, 143 (oben), 144, 145, 146, 147, 148

Martin Sauter / CC BY-SA 150

Archiv der Arbeitsgemeinschaft Winterscheider Heimat-Jahrbuch 151, 152, 153 (rechts unten), 154, 155, 184, 185, 186

Wikipedia, Fritz Geller-Grimm 153 (oben)

Wikipedia, Markus Hagenlocher 153 (links unten)

Barbara Bouillon 156, 157 (oben), 158, 159 (oben links), 159 (unten rechts), 161, 162, 163, 164, 165 (oben), 166, 167

Privatsammlung Hans Deutsch 160 (unten)

Andrea Korte-Böger 169, 170, 171, 172, 173

Dorfgemeinschaft Gerressen e. V. 174, 175, 176, 177

Universitätsbibliothek Johann Christian Senckenberg Frankfurt a. M. 179 (oben), 181 (oben)

Stadtmuseum Siegburg 65 (unten), 180

Alexandra Lingk 183 (unten), 192, 194, 196 (oben), 197 (links), 206, 215

René Schwerdtel 189 (rechts)

Bildagentur 123rf 190, 213 (links), 213 (Mitte), 216, 217

Hermann Tengler 195 (unten)

Gemeinde Swisttal 197 (rechts oben)

Stadt Meckenheim 197 (rechts Mitte)

Gemeinde Alfter 197 (rechts unten)

KreisSportBund 201 (Mitte)

Deutscher Fußball-Bund 201 (rechts)

Bastian Klein 202 (oben)

Oliver Wolf 202 (unten)

Hansjürgen Münch 212 (unten)

Hans-Peter Herkenhöhner 220 (unten), 221, 222, 223